精品课程新形态教材

21世纪应用型人才培养"十四五"规划教材

"双创"型人才培养教材

大学语文

修订版

主　编	唐建强	徐　涛	母忠华
副主编	李　松	陈　艳	李　静
	孔飞祥	周争艳	蒋淞宇
	鲁馨遥	刘　攀	张　鹰
	林　豪	艾艺红	赵　伟
	范成娇	金丹丹	李晓红

湖南师范大学出版社　国家一级出版社
全国百佳图书出版单位

·长沙·

图书在版编目（CIP）数据

大学语文 / 唐建强，徐涛，母忠华主编 .—长沙：湖南师范大学出版社，2020.8
（2024.3 重印）
　ISBN 978-7-5648-3922-2

　Ⅰ.①大… Ⅱ.①唐… ②徐… ③母… Ⅲ.①大学语文课-高等学校-教材　Ⅳ.①H193.9

中国版本图书馆 CIP 数据核字（2020）第 154631 号

大学语文
DAXUE YUWEN

唐建强　徐　涛　母忠华　主编

◇全程策划：王　强
◇组稿编辑：杨海云
◇责任编辑：吴亮芳
◇责任校对：刘　伟
◇出版发行：湖南师范大学出版社
　　　　　　地址/长沙市岳麓山　邮编/410081
　　　　　　电话/0731-88872751　传真/0731-88872636
　　　　　　网址/https：//press.hunnu.edu.cn
◇经　　销：全国新华书店
◇印　　刷：涿州汇美亿浓印刷有限公司

◇开　　本：787mm×1092mm　1/16
◇印　　张：20.5
◇字　　数：480 千字
◇版　　次：2020 年 8 月第 1 版
◇印　　次：2024 年 3 月第 3 次印刷
◇书　　号：ISBN 978-7-5648-3922-2
◇定　　价：49.00 元

（教学资料包索取电话：刘老师 13269653338）

前　言

21世纪20年代的钟声已经敲响，为切实提升大学生的文学素养和阅读写作能力，经过充分酝酿和扎实调研，应现实所需，我们编写了这部《大学语文》教材。这部教材是我们集思广益、精益求精、几易其稿而成的，它既体现了与时俱进的时代性，又传承发展了中华优秀传统文化。党的二十大报告指出："从现在起，中国共产党的中心任务就是团结带领全国各族人民全面建成社会主义现代化强国、实现第二个百年奋斗目标，以中国式现代化全面推进中华民族伟大复兴。我们要坚持为党育人、为国育才，全面提高人才自主培养质量。"

本教材主要呈现了以下四大特色：

一是本教材内容做到了"全"与"精"的结合，解决了高校课程设置门数和课程时数紧张的问题。由于专业课程设置门数和课程时数的限制，大多数高校要么只开设纯文学的大学语文课程，要么只开设纯应用文写作的应用写作课程，而传统文化的阅读鉴赏能力和应用写作能力都是当代大学生必须培养和提升的素养，二者缺一不可。那我们怎样将有限的课堂时间发挥出最大的价值效益，通过最精要或最关键的知识点讲解，让学生既能得到文学素养的熏陶，又能掌握应用文写作的规律、技巧和方法呢？我们这部《大学语文》教材就解决了这一难题。因为本部教材是由"文学知识"和"应用文写作知识"两大部分内容组成，使用本教材进行教学既能实现学生文学阅读及鉴赏能力的提升，又能实现学生应用写作能力全面增强的学习目标。根据这部教材，教师讲授经典篇目或重要知识点，学生自学一般篇目或普通知识点，如此解决了长期困扰我们"顾此失彼""非此即彼"的课程设置问题。

二是本教材做到了理论与实践相结合，解决了"虚"与"实"的矛盾问题。本教材不仅具有深厚的理论基础，同时也特别注重学生的实践操作性。比如我们在"文学知识"部分每篇后面设置了"思考与练习"内容环节，在"应用文写作"部分特别注重经典"例文"的选择。如此内容设置，既便于学生在学习过程中抓住重点，又能帮助学生化繁为简、深入浅出地做到学以致用。

三是本教材注重学习方法、规律技巧的讲解和归纳，解决了学习繁难的问题。比如在文学知识部分，我们有意识培养学习阅读与赏析一篇文学作品应该从作品的文体特征、作品创作背景、作家成长经历、作品主题思想、题材内容、结构安排、表现手法、语言特色等方面（角度）进行观照，解决了我们学习文学作品易犯的"以偏概全"问题，也为我们的文章写作提供了借鉴思路。在"应用文写作"知识部分，我们十分注重应用文体写作模式与技巧的归纳总结，比如我们透过"党政机关公文和通用事务文书"几十个文种的纷繁复杂结构，根据其功能用途将其归纳为五种结构模式，这就让学生学习起来简单易行、事半功倍。

四是本教材我们还配套了经典篇章和难点内容的课程视频资料，解决了纯理论教学的抽象性、单一性等问题。微课堂视频库建设也体现了课堂教学与现代前沿科学技术相融合的特性，使课堂教学、学生学习更加灵活自由，不再受时间、空间等限制。

本教材由唐建强、徐涛、母忠华担任主编，李松、陈艳、李静、孔飞祥、周争艳、蒋淞宇、鲁馨遥、刘攀、张鹰、林豪、艾艺红、赵伟、范成娇担任副主编。具体编写分工如下：唐建强：第二章（第三节），第三章（第三、四节），第四章（第一、七节），第八章，第十一章（第一至六节）；徐涛：第一章，第三章（第七节），第四章第六节，第九章，第十二章（第二、五节），第十四章；母忠华：第二章（第一、二节），第三章（第一节），第四章（第二、五节），第十一章（第七节），第十二章（第一节），第十三章（第一节）；孔飞祥、陈艳：第三章（第二节），第四章（第三节），第十二章（第三、四节），第十三章（第二、三节）；周争艳：第三章（第五节），第四章（第四节），第十章；李静：第七章；刘攀：第六章（第一、二节）；李松：第六章（第三、四节）；鲁馨遥、范成娇：第三章（第六节），第五章（第三节）；蒋淞宇、赵伟：第五章（第一、二节）；张鹰：第四章（第八、九节）。

除了上述人员以外，艾艺红、林豪、杨腾、罗莉、许陈陈、耿佳佳、王勇、彭佳、何恋、王贝贝、卞婉君、尹瑜、胡廷敏、李新等老师进行了视频课程录制以及文字资料的编辑和审定工作。全书由唐建强同志负责统稿校订，徐涛、母忠华、李松、林豪、刘攀、艾艺红等老师也参与了全书的校订工作。

本教材在编写过程中参考了一些优秀书刊的思想内容和体例模式，我们以书尾罗列参考文献的方式予以注明，若有疏漏之处，敬请海涵。还需特别说明的是，有部分应用文的写作案例来源于政府机关或企事业单位公开的官方网页，在此一并向所有文献的作者表示由衷的感谢。

由于编者学识和水平有限，虽我们竭心撰述，乃至反复修订，但仍难免挂一漏万，敬请各位专家、同仁批评指正。

编　者

目录

第一编 文学部分

第一章 先秦文学作品精选 … 3
第一节 《老子》二章 老子 … 3
第二节 《论语》八则 孔子 … 5
第三节 蒹葭 《诗经》 … 7

第二章 秦汉魏晋南北朝文学作品精选 … 9
第一节 陌上桑 汉乐府 … 9
第二节 陈情表 李密 … 12
第三节 饮酒（其五） 陶渊明 … 16

第三章 隋唐五代文学作品精选 … 18
第一节 春江花月夜 张若虚 … 18
第二节 山居秋暝 王维 … 21
第三节 行路难（其一） 李白 … 23
第四节 秋兴八首（其一 其四） 杜甫 … 25
第五节 赋得古原草送别 白居易 … 28
第六节 锦瑟 李商隐 … 30
第七节 虞美人（春花秋月何时了） 李煜 … 32

第四章 宋代文学作品精选 … 34
第一节 五代史伶官传序 欧阳修 … 34
第二节 前赤壁赋 苏轼 … 37
第三节 望海潮（东南形胜） 柳永 … 41
第四节 鹊桥仙（仙云弄巧） 秦观 … 43
第五节 声声慢（寻寻觅觅） 李清照 … 45
第六节 书愤 陆游 … 47
第七节 念奴娇 过洞庭 张孝祥 … 49
第八节 水龙吟 登建康赏心亭 辛弃疾 … 51
第九节 扬州慢（淮左名都） 姜夔 … 53

第一编 文学部分

第五章 元明清文学作品精选　55
- 第一节 正气歌 文天祥　55
- 第二节 山坡羊 潼关怀古 张养浩　62
- 第三节 咏史 龚自珍　64

第六章 现当代文学作品精选　66
- 第一节 再别康桥 徐志摩　66
- 第二节 雨巷 戴望舒　69
- 第三节 祖国啊，我亲爱的祖国 舒婷　72
- 第四节 乡愁 余光中　75

第七章 外国文学作品精选　77
- 第一节 我愿是一条急流 裴多菲　77
- 第二节 麦琪的礼物 欧·亨利　80
- 第三节 苦恼 契诃夫　85

第二编 应用文写作部分

第八章 应用文概述　93
- 第一节 应用文的含义与溯源　93
- 第二节 应用文的基本特点　95
- 第三节 应用文的分类与作用　96

第九章 应用文的基本要素　98
- 第一节 应用文的主旨与材料　98
- 第二节 应用文的结构与语言　102
- 第三节 应用文的思维与表达　108
- 第四节 应用文的拟写与修改　111

第十章 党政机关公文概述　115
- 第一节 党政机关公文的含义与作用　115
- 第二节 党政机关公文的特点与分类　116
- 第三节 党政机关公文的格式　117
- 第四节 党政机关公文的行文规则　128
- 第五节 党政机关公文的拟制　129
- 第六节 党政机关公文的办理　130
- 第七节 党政机关公文的管理　131

目 录

第二编 应用文写作部分

第十一章 党政机关公文写作 133
- 第一节 命令 议案 133
- 第二节 公告 通告 137
- 第三节 决定 意见 143
- 第四节 通知 通报 152
- 第五节 报告 请示 批复 167
- 第六节 函 纪要 177
- 第七节 决议 公报 184

第十二章 事务性应用文写作 189
- 第一节 计划 总结 简报 189
- 第二节 诉状 策划书 214
- 第三节 自荐书 讲话稿 227
- 第四节 感谢信 慰问信 贺信 234
- 第五节 章程 办法 238

第十三章 研究性应用文写作 241
- 第一节 调查报告 241
- 第二节 毕业论文 254
- 第三节 申论 262

第十四章 经济文书写作 275
- 第一节 意向书 275
- 第二节 合同 278
- 第三节 经济活动分析报告 284
- 第四节 经济预测报告 288

附 录 293

参考文献 317

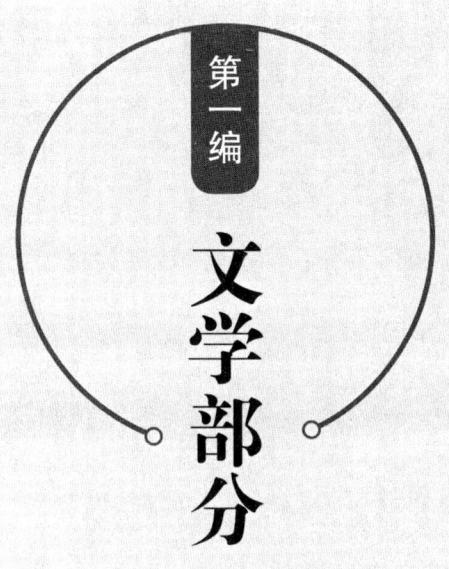

第一编 文学部分

第一章

先秦文学作品精选

第一节 《老子》二章①

老子

老子，即老聃，姓李名耳，字伯阳，楚国苦县（今河南鹿邑东）人。生卒年不详，约与孔子同时而年长，传孔子适周，曾问礼于老子。春秋末期著名思想家。曾任周守藏室之史。后弃官归隐。老子是道家学派的创始人，后世与庄子并称"老庄"。其思想核心是"道法自然"，主张贵柔守弱，无为而治。

《老子》，亦称《道德经》，道家学派的经典。今通行本分上、下两编八十一章（《道经》三十七章，《德经》四十四章）。1973年长沙马王堆汉墓出土的帛书《老子》甲、乙两种本子，则《德经》在前，《道经》在后。相传为老聃所作，今人认为可能编定于战国中期，但基本保留了老子本人的思想。

《老子》语言朴素流畅，多用排比韵语，音调谐婉，便于记诵，具有深刻的哲理性与系统的思辨性，对中国传统文化有着深远的影响。

天下皆知美之为美，斯恶已②；皆知善之为善，斯不善已。故有无相生③，难易相成④，长短相形⑤，高下相倾⑥，音声相和⑦，前后相随。是以圣人处无为之事，行不言之教。万物作焉而不辞⑧，生而不有⑨，为而不恃⑩，功成而弗居⑪。夫惟弗居，是以不去⑫。

天之道⑬，其犹张弓乎⑭？高者抑之⑮，下者举之⑯，有余者损之，不足者补之。天之道损有余而补不足；人之道则不然⑰，损不足以奉有余⑱。孰能有余以奉天下？唯有道者⑲。是以圣人为而不恃，功成而不处⑳，其不欲见贤㉑。

【注释】

①本文所选为《老子道德经》第二章、第七十七章（王弼注本）。
②恶：丑。已：矣。
③有：指世界万物。无：指道之体虚无而不可名状。
④相成：相互生成。

⑤形：比较。
⑥相倾：相互倾斜依靠。
⑦音：指单音。声：混合之声。相和：构成和谐之音。
⑧不辞：不拒绝。
⑨有：指据为己有。
⑩不恃：指不自大而固执定见。
⑪弗居：不居功自傲。
⑫不去：不会失掉功业。
⑬天之道：指自然的规律。
⑭其犹张弓：就像拉开弓一样。其：语气词，大概。
⑮高者抑之：瞄准时高过箭靶的就让弓降低一些。
⑯下者举之：瞄准时低于箭靶的就把弓抬高一些。此处所谓"高"与"低"均就准的而言。
⑰人之道：指人类社会的规则。
⑱奉：供。
⑲有道者：指圣贤及有道明君。
⑳处：居功自处。
㉑见贤：表现贤能才干。见，通"现"，显现，表现出。

【阅读提示】

在古代专制社会中，统治者政治上求"同"，即使是思想，也不能有"腹非"之异，这就严重阻碍了社会的健康发展。《老子》则不同。它以道为根据，指出了世界事物是相反相成，多样统一，在同一自然世界（包括人类社会）中共同生活，构成了"和而不同"的世界。"有无相生""高下相倾""音声相和"，这一对对的矛盾，相互对立，又辩证统一，相互依赖、转化，谁也离不开谁。《老子》从人们常见的现象中揭示了真理。如果强求同一，岂非取消了世界万物及人民大众的生存权利？矛盾的多样性决定了和谐的必然，这是天道自然，也是人类社会发展的最终归宿。但是，天道是"损有余以补不足"，为什么作为万物之灵的人类社会，却偏偏要逆天而行做尽"损不足以奉有余"的阴损事呢？因此，"孰能有余以奉天下？唯有道者"，这是作者的理想追求与对未来的美好期待。

【思考与练习】

1. 谈谈你对美与丑、善与恶的认识。
2. "损有余而补不足"是否说明天道自然是公平的？"损不足以奉有余"是否说明人道总是逆天而行？

第二节 《论语》八则①

孔子

孔子（前551—前479），名丘，字仲尼，生于春秋时鲁国陬邑（今山东曲阜），其先祖为宋国人，因避祸迁居鲁国，遂为鲁国人。我国古代伟大的思想家、教育家，儒家学派的创始人。

孔子的思想核心是"仁""礼"，政治上提倡"仁者爱人""克己复礼"，教育上主张"有教无类""因材施教"。周游列国十三年，终未见用。晚年整理《诗》《书》等古代文献，对传播和保存我国古代文化有重大贡献。

《论语》是先秦时期的一部语录体散文集，主要记载孔子及其弟子的言行，由孔子弟子或再传弟子记录编纂而成，是研究孔子学说及儒家思想的重要著作。《论语》的内容涉及哲学、政治、教育、伦理、文化等各个方面，语言简练，内涵深刻，对中国古代思想、政治、文化、学术等方面都产生了深刻的影响。

子曰②：学而时习之，不亦说乎？有朋自远方来，不亦乐乎？人不知而不愠，不亦君子乎③？

子曰：君子食无求饱，居无求安，敏于事而慎于言，就有道而正焉，可谓好学也已④。

子曰：不患人之不己知，患不知人也⑤。

子曰：学而不思则罔，思而不学则殆⑥。

子曰：默而识之，学而不厌，诲人不倦，何有于我哉⑦！

子曰：三人行，必有我师焉，择其善者而从之，其不善者而改之⑧。

子曰：其身正，不令而行，其身不正，虽令不从⑨。

子曰：志士仁人，无求生以害仁，有杀身以成仁⑩。

【注释】

①这八则语录都是孔子所说，原散见于各章之中，这里按照在原书中出现的先后顺序排列。
②子：先秦时对有学问、有道德的人的尊称，这里指孔子。
③这段话选自《论语·学而》。时：经常，一说按时。习：孔子所说的学习，包括政治、道德、礼仪、音乐、射箭、驾车等多方面的内容，因而这个"习"字也包含温习、练习、实习等多方面的意思。说（yuè）：通"悦"，高兴，愉快。朋：指志同道合的人。知：了解。愠（yùn）：含怒、怨恨。君子：泛指有道德修养的人。
④这段话选自《论语·学而》。饱：充分满足。安：安逸。敏：快捷。慎：谨慎，慎重。就：动词，趋向，跟从，到。有道：有道德有学问的人。正：端正。好（hào）：喜爱。
⑤这段话选自《论语·学而》。患：忧虑，怕。不己知：不知己，宾语前置结构，不

了解自己。

⑥这段话选自《论语·为政》。罔（wǎng）：无，无所得。殆（dài）：疑惑，不安分，招致危险。

⑦这段话选自《论语·述而》。默：有潜心思考、辨别之意。识（zhì）：牢记在心里。厌：通"餍"，满足。何有于我：即于我何有，对我没有什么遗憾了。

⑧这段话选自《论语·述而》。从：追随，采取，效仿。

⑨这段话选自《论语·子路》。虽：即使。

⑩这段话选自《论语·卫灵公》。仁：仁义，仁爱。

【阅读提示】

儒家倡导"好学"，孔子这八则语录都与好学精神有关。孔子所说的学习，包括读书、治学，也包括做人。孔子把好学精神放在很高的地位，认为"君子食无求饱，居无求安"，最重要的是好学上进，做一个既有学问又有道德的人。孔子非常看重道德修养中以身作则的力量："其身正，不令而行；其身不正，虽令不从。"这对于领导者来说，意义十分重大。

孔子对道德修养提出了很高的要求。"人不知而不愠""不患人之不己知，患不知人也"，这是强调只有谦虚、谨慎，永不患得患失，永不自我满足，方能不断进步。"无求生以害仁，有杀身以成仁"，要求具有为崇高道义和理想而勇于自我牺牲的精神，这可以说是儒家道德节操的最高境界。

关于学习态度和方法，孔子重视如下几个方面：一是要"知之为知之，不知为不知"，实事求是，老老实实；二是要"学而时习之""学而不厌"，以学为乐，持之以恒；三是要懂得"三人行，必有我师焉"的道理，善于发现别人的优点，取长补短；四是要主动求教，"就有道而正焉"，乐于切磋，为有志同道合的人来访而高兴；五是既要善于读书，又要善于思考，学思结合，学活思透。孔子晚年主要从事教育和经典整理工作，这些语录都是经验与学识的结合，充满真知灼见，极富哲理意味，两千多年来一直广为流传，多数已成为家喻户晓的格言和志士仁人的座右铭，只要能用历史的和辩证的观点去看问题，这些见解在今天仍具有指导我们学习和修养的积极意义。

孔子的这些语录相当口语化，通俗生动，使我们从中可以感受到孔子在说话时的语气，甚至可以窥测到他当时的神态和心情。另外，在短短的谈话中，孔子还采用了多种修辞手法："学而时习之"一则的排比，"学而不思则罔"一则的对偶，"何有于我哉"句的反诘，都具有很好的表达效果。

【思考与练习】

1. 《论语》八则的中心论点是什么？
2. 这八则语录对道德修养有什么要求？
3. 这八则语录对学习态度和方法有什么要求？
4. 这八则语录采用了哪些修辞手法？

第三节 蒹葭①

《诗经》

《诗经》是我国最早的一部诗歌总集，收录周初至春秋中叶的诗歌305篇。原名《诗》，或《诗三百》，汉以后始称为《诗经》。约编成于春秋中叶，相传由孔子删定。汉代传《诗》的有鲁、齐、韩、毛四家，魏晋以后鲁、齐、韩三家诗皆亡佚，唯毛诗得以通行，即今本。

《诗经》分为风、雅、颂三部分："风"有周南、召南等十五国风，160篇，多为民歌；雅又分大雅、小雅，105篇，多为贵族所作；"颂"有周颂、鲁颂、商颂，40篇，是用于宗庙祭祀的诗。

在内容上，《诗经》相当广泛地反映了当时社会的经济体制、政治制度、意识形态和风俗习尚，不少作品揭露和抨击了统治阶层的剥削、丑恶和凶残，反映了下层劳动人民的生活和感情。

在艺术上，《诗经》以四言为主，节奏简约明快；常用重章叠句，情致回环往复；多用比兴手法，意蕴丰赡含蓄。《诗经》开创了"饥者歌其食，劳者歌其事"的现实主义创作传统，其赋比兴等艺术表现手法对后世文学产生了深远的影响。

蒹葭苍苍②，白露为霜③。
所谓伊人④，在水一方⑤。
溯洄从之⑥，道阻且长。
溯游从之⑦，宛在水中央⑧。

蒹葭萋萋，白露未晞⑨。
所谓伊人，在水之湄⑩。
溯洄从之，道阻且跻⑪。
溯游从之，宛在水中坻⑫。

蒹葭采采，白露未已⑬。
所谓伊人，在水之涘⑭。
溯洄从之，道阻且右⑮。
溯游从之，宛在水中沚⑯。

【注释】

①本诗选自《诗经·秦风》，《秦风》有诗十首，《蒹葭》是第四首。秦：周朝时诸侯国名，在今陕西中部和甘肃东部一带。蒹葭（jiān jiā）：芦苇。

②苍苍：繁盛的样子。后两章"萋萋""采采"义同。

③为：指凝结成。
④伊人：这个人。指诗人所追寻的人。
⑤一方：那一边。
⑥溯洄：逆流而上。从之：追寻他。
⑦溯游：顺流而下。
⑧宛：宛然，真好像。
⑨晞（xī）：干。
⑩湄：岸边，水与草交接之处。
⑪跻（jī）：升，登，攀登。
⑫坻（chí）：水中露出水面的高地，小岛。
⑬未已：指露水尚未被阳光蒸发掉。
⑭涘（sì）：水边。
⑮右：迂回曲折。
⑯沚（zhǐ）：水中的沙滩。

【阅读提示】

《蒹葭》是《诗经》中历来备受赞赏的抒情诗。诗分三章，每章首两句借景起兴，三、四句点明主题：隔河企望、追寻"伊人"；后四句描述追寻境况：一是道阻且长，二是幻象迷离，两者皆以"伊人"不可得为旨归。全诗流溢着诗人对"伊人"的真诚向往、执着追求以及追寻不得的失望惆怅心情。

意境朦胧、含蕴不尽是这首诗的主要特点。"伊人"不坐实，且飘忽不定、幻象丛生，给人以扑朔迷离、悠渺难测之感，引人遐想。有人认为这是一首招贤诗，"伊人"指隐居的贤人；有人认为这是一曲怀念情人的恋歌，"伊人"指意中人；两说皆可通。其实，只要把"在水一方"视作一种象征，它就涵容了世间各种可望而不可即的人生境遇，这样，贤才难觅、情人难得的怅惘，乃至前途渺茫、理想不能实现的失望等心灵的回响，也就都可能从《蒹葭》的意境中得到回应。

本诗所采用的重章叠句形式，不仅有回环往复、一唱三叹之美，而且有层层推进、步步深化诗歌意境的作用。白露之"为霜""未晞""未已"，体现了时间的推移，暗示了追求时间的漫长与追求者的执着；"伊人""在水一方""在水之湄""在水之涘"体现了空间的转移，暗示了追寻对象的飘忽难觅。虽然只用了几个字来表现，但其间的微妙变化和幽深意蕴十分耐人寻味。

【思考与练习】

1. 你认为《蒹葭》的中心意象是什么？这一意象有何象征意义？
2. 以《蒹葭》为例，请你谈谈对诗歌中存在的"朦胧美"的看法。

第二章

秦汉魏晋南北朝文学作品精选

第一节　陌上桑

汉乐府

"乐府"有两层含义：一是指古代掌管音乐的官署机构。设立乐府机构，始于秦代，汉初承之，故汉惠帝时已有"乐府令"，汉武帝时扩大其机构规模，采集民歌民谣，以观风俗民情，也供朝会、祭祀、宴飨愉悦之用。另一层含义是指诗体名。本指乐府官署所采集、创作的乐歌，后来也用以指称魏晋至唐代可以入乐的诗歌和后人仿效乐府古题的作品。甚至宋元以后的词、散曲和剧曲，有时也称乐府。

　　日出东南隅①，照我秦氏楼②。秦氏有好女③，自名为罗敷④。罗敷憙蚕桑⑤，采桑城南隅。青丝为笼系⑥，桂枝为笼钩。头上倭堕髻⑦，耳中明月珠⑧。缃绮为下裙⑨，紫绮为上襦⑩。行者见罗敷⑪，下担捋髭须⑫，少年见罗敷，脱帽着帩头⑬。耕者忘其犁，锄者忘其锄。来归相怨怒，但坐观罗敷⑭。使君从南来⑮，五马立踟蹰⑯。使君遣吏往，问是谁家姝⑰？"秦氏有好女，自名为罗敷⑱。""罗敷年几何？""二十尚不足，十五颇有余⑲。""使君谢罗敷⑳，宁可共载不㉑？"罗敷前置辞㉒，"使君一何愚㉓！使君自有妇，罗敷自有夫。"

　　"东方千余骑，夫婿居上头㉔。何用识夫婿㉕？白马从骊驹㉖；青丝系马尾，黄金络马头；腰中鹿卢剑㉗，可直千万余。十五府小史㉘，二十朝大夫㉙，三十侍中郎㉚，四十专城居㉛。为人洁白皙㉜，鬑鬑颇有须㉝。盈盈公府步㉞，冉冉府中趋㉟。坐中数千人，皆言夫婿殊㊱。"

【注释】

①隅：方。
②我：我们的省称，这句用的是作者的口吻。
③好女：美女。
④罗敷：古美人名，汉代女子常取以为名。
⑤憙：同"喜"。一本作"善"。
⑥青丝：青色丝绳。笼：装桑叶的竹篮。系：系物的绳子。

⑦倭（wō）堕髻：即堕马髻，其髻偏在一边，呈欲堕之状，是当时时髦的式样。

⑧明月珠：宝珠名。

⑨缃：浅黄色。绮：有花纹的绫。帬：同"裙"。

⑩襦：短袄。

⑪行者：过路的人。

⑫下：放下担子。捋：抚摩。宋本《乐府诗集》作"将"，据汲古阁本校改。髭：唇上的胡须。这句描写过路的行人，情不自禁地放下担子，摸着胡须，注视美丽的罗敷。

⑬帩（qiào）头：即绡头，是包头发的纱巾。古人加冠之前，先以纱巾束发。这句描写少年们见罗敷美，脱下帽子整理发巾，用故意做作的举动来炫耀自己。

⑭"来归"两句：坐：因为。这两句意思说，耕者、锄者归来彼此抱怨，只是因为看罗敷而耽误了劳作。又，清代陈祚明说："缘观罗敷，故怨怒妻妾之陋。"（《采菽堂古诗选》）亦通。这是民歌中夸张的手法。

⑮使君：汉代太守或刺史的称呼。

⑯五马：五匹马。汉代太守车用五匹马。踟蹰，徘徊不前。

⑰姝，美女。

⑱"秦氏"两句：是吏人询问后对太守的答词。

⑲"二十"两句：是吏人再次询问后对太守的答词。

⑳谢：问，告。

㉑宁：问词，作"岂"或"其"字解。共载：指与使君共乘，就是嫁给使君之意。以上两句是吏人代太守向罗敷的问词。

㉒置辞：犹致辞，即答话。

㉓一何：与"何其"同义。一说，"一何"作"何"字解，"一"为语助词，亦通。

㉔上头：前列。

㉕用：以。识：辨认。

㉖骊：深黑色的马。驹：两岁的马。这句说，骑着白马后边跟着小黑马的大官是我的丈夫。

㉗鹿卢：即辘轳，井上汲水用的滑轮。鹿卢剑，指剑首用玉作成辘轳形。

㉘府小史：太守府中地位卑下的小官吏。

㉙朝大夫：朝廷中大夫的官职。

㉚侍中郎：也是官名。按汉代的官制，侍中郎是加官，在原官上特加的荣衔，兼任这种官职的经常在皇帝左右侍奉。

㉛专城居：一城之主，如太守、刺史一类的官。

㉜皙：白。白皙，指皮肤的颜色。

㉝鬑鬑（lián）：鬓发稀疏貌。颇：略。颇有须：略微有一点胡须。

㉞盈盈：同下句的"冉冉"都是舒缓貌。公府：官府，公府步犹言官步。

㉟以上两句写自己的丈夫走起路来很有派头，在官府中走来走去。

㊱殊：优秀出众。

【阅读提示】

　　本篇是汉乐府中一篇出色的叙事诗,在《乐府诗集》中属《相和歌辞·相和曲》。《宋书·乐志》题为《艳歌罗敷行》,《玉台新咏》题篇《日出东南隅行》。这首诗塑造了一个美丽、坚贞、智慧、勇敢、心地纯洁、情操高尚的劳动少女形象,热情地赞颂了她蔑视权贵、勇于斗争、善于斗争的精神,揭露了封建阶级上层人物欺侮民女的丑恶行径。

　　这首诗写法新颖,综合运用了侧面描写、夸张描述、烘托对比、对话、自述等多种手法,显得生动活泼而富有变化。语言优美,笔调幽默诙谐,描绘出一幅富有喜剧气氛而色彩绚丽的画面。

【思考与练习】

　　1. 第一自然段从哪些方面描写了罗敷的美?采用了怎样的方法进行描写?
　　2. 对待罗敷的美丽外貌,行者、少年、耕者和锄者与使君相比,在态度上有什么不同?
　　3. 本诗因塑造罗敷的美丽形象,而成为千古传诵的佳作,你认为在罗敷身上有哪些性格让人难忘,值得称颂?

第二节　陈情表①

李密

李密（224—287），一名虔，字令伯，晋犍为武阳县（今四川眉山市彭山区）人。年轻时曾随当时名儒谯周学习，以文学见称。曾仕蜀汉，屡次出使东吴，东吴人很称赞他的才辩。蜀灭亡后，晋武帝征他为太子洗马，逼迫甚紧。他以奉养祖母为由，辞不应征，武帝也就不再勉强。李密祖母死后，丧服期满，出任太子洗马，后来官至汉中太守。不久，因怀怨免官，老死家中。《晋书》有传。

臣密言：臣以险衅②，夙遭闵凶③。生孩六月④，慈父见背⑤；行年四岁，舅夺母志⑥。祖母刘，愍臣孤弱⑦，躬亲抚养。臣少多疾病，九岁不行⑧；零丁孤苦，至于成立⑨。既无伯叔，终鲜兄弟⑩，门衰祚薄⑪，晚有儿息⑫。外无期功强近之亲⑬，内无应门五尺之僮⑭，茕茕独立⑮，形影相吊⑯。而刘夙婴疾病⑰，常在床蓐⑱。臣侍汤药，未曾废离⑲。

逮奉圣朝⑳，沐浴清化㉑。前太守臣逵㉒，察臣孝廉㉓，后刺史臣荣㉔，举臣秀才㉕。臣以供养无主㉖，辞不赴命。诏书特下，拜臣郎中；寻蒙国恩㉗，除臣洗马㉘。猥以微贱㉙，当侍东宫㉚，非臣陨首所能上报㉛。臣具以表闻，辞不就职。诏书切峻㉜，责臣逋慢㉝；郡县逼迫，催臣上道；州司临门㉞，急于星火。臣欲奉诏奔驰，则刘病日笃㉟；欲苟顺私情，则告诉不许㊱。臣之进退，实为狼狈㊲。

伏惟圣朝以孝治天下㊳，凡在故老㊴，犹蒙矜育㊵，况臣孤苦，特为尤甚。且臣少仕伪朝㊶，历职郎署㊷，本图宦达㊸，不矜名节㊹。今臣亡国贱俘，至微至陋，过蒙拔擢㊺，宠命优渥㊻，岂敢盘桓㊼，有所希冀。但以刘日薄西山，气息奄奄㊽，人命危浅㊾，朝不虑夕。臣无祖母，无以至今日；祖母无臣，无以终余年。母孙二人更相为命㊿，是以区区不能废远㉛。

臣密今年四十有四，祖母刘今年九十有六。是臣尽节于陛下之日长，报养刘之日短也。乌鸟私情㊄，愿乞终养。臣之辛苦㊅，非独蜀之人士及二州牧伯所见明知㊆，皇天后土，实所共鉴㊇。愿陛下矜愍愚诚，听臣微志。庶刘侥幸保卒余年，臣生当陨首，死当结草㊈。臣不胜犬马怖惧之情，谨拜表以闻。

【注释】

①表，古代的一种文体，属于"奏议"一类，是臣民对君有所陈请的一种文书。本文就是李密不肯应征，上给晋武帝的表。《文选》题作《陈情事表》。文中陈述他之所以不肯应征，是由于祖母年迈多病，奉养无人，并不是自矜名节，另有所希望。

②险：坎坷。衅（xìn）：罪过。险衅：指命运坎坷，罪孽深重。

③夙：早，这里指幼年时。闵：通"悯"，忧伤。凶：指不幸的事。

④大意是：生下来六个月刚懂得笑的时候。孩：小儿笑。

⑤背：违背，指抛弃人。见背，等于说相弃。这是委婉语，指死亡。注意：这种"见"字句虽由被动句发展而来，但这里已经不再表示被动。类似的结构有"见访""见爱"等。

⑥夺母志：指强行改变了母亲守节之志，即强迫母亲改嫁了。

⑦愍（mǐn）：怜悯。

⑧不行：走不了路。

⑨成立：成人自立。这两句是说，自小到成年，一直是孤苦伶仃的。

⑩《诗经·郑风·扬之水》："既鲜兄弟，维予与女。"鲜（xiǎn）：少，这里指没有。

⑪门衰：家门衰微。祚（zuò）：福。

⑫息：子。

⑬外：家外。期（jī）功：都是古代丧服名称。期，服丧一年。功，指大功小功。大功服丧九个月，小功服丧五个月。古代服丧的不同，是按亲属关系的远近来规定的。强（qiǎng）近，勉强接近。

⑭应门：指做客来开门的事。僮：通"童"。上文说"晚有儿息"，所以这里说"内无应门五尺之僮"。

⑮茕茕（qióngqióng）：孤单的样子。

⑯吊：慰问。

⑰婴：缠绕，等于说缠上了。

⑱蓐（rù）：草垫子，也就是寝褥。

⑲废：废止，指不侍奉；离：离开。

⑳圣朝：指晋，敬词。

㉑沐浴于清化之中，即浸润在清化之中。清化：清明的教化。

㉒太守：指犍为郡太守。逵：太守的名。

㉓察：考察和推举。孝廉：指善事父母、品行方正的人。汉武帝开始令郡国每年推举孝、廉各一人，晋时仍保留此制。

㉔刺史：指益州刺史。刺史在晋代是州的负责监察、军事及行政的长官。荣，益州刺史的名。

㉕秀才：当时由地方推举的人才，由州推举。注意：晋时所谓秀才与后代所谓秀才的含义不同。

㉖主：主持，这里指主持的人。

㉗寻：不久。

㉘洗（xiǎn）马：即太子洗马，太子的侍从官。掌图籍，祭奠先圣先师，讲经；太子出行则为先驱。

㉙猥：鄙，谦词。

㉚东宫：指太子，因太子居东宫。

㉛陨：坠。陨首：即杀身的意思。

㉜切峻：急切严厉。

㉝逋（bū）：逃避。慢：轻慢。逋慢，等于说怠慢，指故意逃避，轻视命令。

㉞州司：等于说州官衙门。

㉟病笃：病重。

㊱告诉：报告、诉说。

㊲狈：一种狼类动物。旧说：狈的前腿很短，走路时常把前腿架在狼身上，否则不能走路。这里“狼狈”指进退两难。

㊳伏惟：伏在地上想，下对上陈述时的表敬之辞。

㊴故老：指旧臣。

㊵矜：怜悯。育：养。

㊶伪朝：指蜀汉。对晋提起蜀，不得不这么说。

㊷这是李密说自己曾经在蜀汉的郎署里做过郎一类的官。署：官署。

㊸宦：做官。达：显达。

㊹矜：自夸。李密这样说是怕晋武帝怀疑自己拒不出仕是以名节自夸。

㊺过：过分地。拔擢：提拔。

㊻宠：恩荣。宠命：指拜洗马等事。优渥：优厚。

㊼盘桓：联绵字，徘徊不进。在这里指故意不去做官。

㊽奄奄（yǎnyǎn）：气息短促将绝的样子。

㊾浅：指不长。

㊿等于说轮流替换着维持彼此的生命，即相依为命的意思。

(51)区区：等于说款款。这里指区区之心，就是孝顺祖母的私衷。废远：指废掉奉养而远离祖母。

(52)乌鸟：即乌鸦。据说乌鸦能反哺其亲，所以常用以比喻人的孝道。

(53)辛苦：辛酸苦楚。与今天所谓“辛苦”不同。

(54)二州：指梁州、益州。汉魏时只有益州，晋武帝才把原来汉中一带分出，立为梁州。梁、益二州大致相当于蜀汉所统治的范围。牧伯，即刺史。上古一州之长称为牧，又称方伯，所以后代以“牧伯”称刺史。明，明白地。所见明知，所看见的、所明明白白知道的。

(55)鉴：察。

(56)结草：春秋时晋卿魏犨有个宠妾，无子。魏犨病了，告诉他儿子魏颗，等他死后一定把宠妾嫁出去。等到病重，又要宠妾殉葬。魏犨死后，魏颗觉得父亲病重神志不清时的话不足从，所以仍把宠妾嫁出去了。后来魏颗与秦人交战，据说看见有一个老人结草把秦的力士杜回绊倒了，于是俘获了杜回。夜里梦见老人自称是宠妾的父亲，是来报答不杀其女之恩的。事见《左传·宣公十五年》。后代就以“结草”表示死后报恩。

【阅读提示】

这是一篇奏章，是李密请求晋武帝允许他终养祖母所上的表章。文中他陈诉了自己的身世，说明他不能赴召的原因，因为他是亡国之臣，恐怕引起武帝的误会，以为他矜守名节，所以特别委婉曲折地说明了这一点。

文章可分为四部分：

第一部分陈述家庭的不幸和祖孙相依为命的情形。先以"臣以险衅，夙遭闵凶"八字，概括自己的坎坷命运。然后讲述幼年时期失父失母，孤苦多病，全赖祖母抚养，说明"臣无祖母，无以至今日"；再述家门人丁不旺，祖母疾病缠身，说明"祖母无臣，无以终余年"。这段内容，是陈情不仕的唯一事实根据。作者写得凄切尽情，以使武帝对自己由恼怒峻责化为同情怜悯。

第二部分写朝廷对自己优礼有加，而自己却由于祖母供养无主，不能奉诏的两难处境。先以"逮奉圣朝，沐浴清化"表达自己对晋武帝的感激之情，再历叙州郡朝廷优礼的事实。然后明确提出奉诏奔驰和孝养祖母的矛盾，为下文留下悬念。

第三部分提出了以孝治天下的治国纲领，陈述自己的从政经历和人生态度，并再次强调自己的特别处境，进一步打消了武帝的疑虑，求得体恤。针对上文留下的孝顺祖母和回报国恩之间的两难选择，这段首句即言以孝治天下是治国纲领，言外之意是孝养祖母虽为徇私情，却也不仅合情亦合理合法，并为下文"乞终养"给出了理论根据。随后说自己出仕蜀是图宦达，不矜名节，打消武帝疑虑。再以祖母病笃，说明自己确实不能远离出仕。

第四部分明确提出陈情的目的"愿乞终养"，先尽孝后尽忠。作者先比较自己和祖母的年岁，说明尽孝之时短，尽忠之日长，然后提出"终养"的要求。再极其诚恳地说明自己的情况，是天人共鉴，表达自己对朝廷生当陨首、死当结草的忠心。

文章辞语恳切，笔调婉曲动人，在语言的锤炼和写作技巧上，值得借鉴。

【思考与练习】

1. 作者陈情的目的是什么？
2. 作者是如何通过"陈情"来达到为祖母尽孝的目的的？
3. 作者如何在进退两难的境地里打动晋武帝的心？
4. 文中表达了作者对祖母刘氏怎样的感情？
5. 从《陈情表》中看出李密是个什么样的人？

第三节　饮酒（其五）①

陶渊明

　　陶渊明（365—427），字元亮，又名潜，字渊明，自号五柳先生，卒后朋友私谥"靖节"，浔阳柴桑（今江西九江）人。早年的陶渊明断断续续做过一些小官，393年入仕江州祭酒，404年为刘裕的镇军参军，405年为彭泽令，因厌恶官场污浊，不愿同流合污，不久就辞官归田，一直过着"躬耕自资"的隐逸生活。

　　陶渊明的作品现存诗120余首，辞赋、散文12篇，有《陶渊明集》。陶渊明是我国山水田园诗派的开创者，他的作品多描写农村田园风光和农耕生活，表达了诗人厌弃官场的束缚污浊，并追求安贫乐道、怡然自得的理想和志趣。陶渊明的诗风平淡自然，情感真挚，语言质朴。

　　　　　　　　结庐在人境，而无车马喧②。
　　　　　　　　问君何能尔？心远地自偏③。
　　　　　　　　采菊东篱下，悠然见南山④。
　　　　　　　　山气日夕佳，飞鸟相与还⑤。
　　　　　　　　此中有真意，欲辨已忘言⑥。

【注释】

　　①此诗是陶渊明《饮酒》组诗二十首中的第五首。《饮酒》组诗都是借酒抒怀，表达诗人厌弃官场、拙守田园、安贫乐道、热爱自然的志趣理想。

　　②结庐：结，修造；庐，房舍；结庐，即修造房屋。人境：人世间，即凡尘世俗的社会里。喧：喧嚣，吵闹。

　　③尔：如此。偏：偏僻。此句是说，只要自己的内心远离尘世，即使是住在喧嚣的人境中，内心也能保持宁静祥和。

　　④篱（lí）：篱笆，即用竹、苇、树枝等编成的围墙屏障。悠然：安闲、闲适的样子。见（xiàn），同"现"，出现，现露之意；一说jiàn：看见之意。南山：指庐山。

　　⑤山气：山中的云气、景色。日夕：傍晚，黄昏时。相与还：结伴而归。

　　⑥真意：真谛，真正的意义。此两句化用了《庄子·齐物论》中"辩也者，有不辩也，大辩不言"和《庄子·外物》中"言者所以在意也，得意而忘言"之意，意即：在这种隐逸生活和大自然中蕴藏着人生的真正意义，想用言语将其表达出来却又无法表达，并且沉浸在这种大美境界中也忘记了要去表达。

【阅读提示】

本篇是一首田园诗。

本诗是陶渊明于405年辞去彭泽县令后所作,主要表现了诗人厌弃世俗污浊的官场生活,而追求自由宁静、"物我两忘"的人生志趣。

全诗以"心远"为纲,因为心远,所以诗人即使身处繁杂世俗生活也能"忘世";因为心远,诗人在大自然中能"忘我";因为心远,诗人在真意的体味中能"忘言"。"忘世""忘我""忘言"的三重境界体现了诗人写作此诗的情感变化和人生感悟。

全诗还成功采用了对比、设问、白描等艺术表现手法,推动了诗歌情节发展。人境中"车马的喧闹"与"心远地偏"形成了强烈的对比;"问君何能尔,心远地自偏"是诗人用自问自答的方式,巧妙地展现了自己的人生志趣和情操修养;"采菊东篱""悠见南山""山气佳""飞鸟还"等景致是诗人运用白描的艺术手法,将大自然的美十分传神地呈现了出来。

【思考与练习】

1. 本诗表达了诗人怎样的思想情感?
2. 举例说明诗人的情感和人生体悟的变化过程。
3. 举例说明本诗运用了哪几种艺术表现手法。

第三章

隋唐五代文学作品精选

第一节　春江花月夜①

张若虚

　　张若虚（生卒年月不详，约660—约720），扬州（今属江苏）人。曾官兖州兵曹，初唐诗人，与张旭、包融、贺知章合称"吴中四士"。《全唐诗》仅录其诗两首，这首《春江花月夜》素享盛名。

　　春江潮水连海平，海上明月共潮生。
　　滟滟随波千万里②，何处春江无月明。
　　江流宛转绕芳甸③，月照花林皆似霰④。
　　空里流霜不觉飞，汀上白沙看不见⑤。
　　江天一色无纤尘，皎皎空中孤月轮。
　　江畔何人初见月？江月何年初照人？
　　人生代代无穷已⑥，江月年年只相似，
　　不知江月待何人⑦，但见长江送流水⑧。

　　白云一片去悠悠⑨，青枫浦上不胜愁⑩。
　　谁家今夜扁舟子？何处相思明月楼⑪？
　　可怜楼上月徘徊⑫，应照离人妆镜台⑬。
　　玉户帘中卷不去，捣衣砧上拂还来⑭。
　　此时相望不相闻，愿逐月华流照君⑮。
　　鸿雁长飞光不度，鱼龙潜跃水成文⑯。
　　昨夜闲潭梦落花⑰，可怜春半不还家⑱。
　　江水流春去欲尽，江潭落月复西斜。
　　斜月沉沉藏海雾，碣石潇湘无限路⑲。
　　不知乘月几人归，落月摇情满江树⑳。

【注释】

①《春江花月夜》：乐府旧题，属《清商曲辞·吴声歌曲》，相传创自南朝陈后主陈叔宝。

②滟滟（yàn）：波光闪烁的样子。

③芳甸：花草丛生的原野。

④霰（xiàn）：细密的雪珠。

⑤"空里"二句：谓月光皎洁柔和如流霜暗中飞泻，江畔白茫茫一片空明。飞霜，比喻月光悄悄泻满大地。汀，水中或水边平地，此指江畔沙滩。

⑥无穷已：没有止境。已，止，止息。

⑦待：一本作"照"。

⑧但：只，只是。

⑨白云：此喻指游子。去悠悠：形容白云缓缓飘荡。

⑩青枫浦：一名双枫浦，故址在今湖南浏阳境内。浦，原指大江、大河与其支流的交汇处，此指离别场所。不胜（shēng），禁不起，受不了。

⑪"谁家"二句：是说在此月夜，有许多游子舟行江中，在外漂泊；也有许多思妇伫立楼头，思念丈夫。"谁家""何处"，互文见义。扁舟，小船。

⑫月徘徊：指月影缓缓移动。

⑬妆镜台：梳妆台。

⑭"玉户"二句：说月光似乎故意与思妇为难，帘卷不去，手拂还来。玉户，此指思妇居室。捣衣砧（zhēn），捣衣时的垫石。

⑮逐：追随。月华：月光。

⑯"鸿雁"二句：谓游子、思妇彼此之间难通音信。鸿雁，此指信使。《汉书·苏武传》记有鸿雁传递书信之事。长飞光不度，（鸿雁）飞得再远，也不能逾越月光。鱼龙，此指鲤鱼，《古诗·饮马长城窟行》"客从远方来，遗我双鲤鱼。呼儿烹鲤鱼，中有尺素书。"说鲤鱼也能传递书信。潜跃水成文，（鲤鱼）在水底潜游，水面上激起波纹。文，通"纹"，波纹。

⑰闲潭：平和、幽静的水潭。

⑱可怜：可惜。

⑲"碣石"句：说游子、思妇分处天南地北，难以相见。碣石潇湘，此处借指天南地北。碣石，山名，古址在今河北省，一说碣石山已沉入海中。潇湘，水名，在今湖南省。

⑳"落月"句：江边树林洒满了落月的余晖，轻轻摇曳，牵系着思妇的离情别绪。

【阅读提示】

这首七言古诗描绘了春江花月夜的幽美景色，并由此生发出对宇宙与人生关系的思索和对游子、思妇在明月今宵里天各一方的惋惜。尽管不无青春苦短的伤感，但叹息轻微，其中仍交织着对生命的留恋、对青春的珍惜、对"人生代代无穷已"的欣慰。尽管也有夫妇别离的哀愁，然而写来柔婉似水，笔致缠绵，悠悠相思中饱含着脉脉温情，蕴含着对重逢的美好企盼。

本诗绘景相当出色。作者以月光统摄群象，描绘了潮水、波光、花林、沙滩、夜空、白云、青枫、闺阁、镜台、海雾等一系列景象，如铺展开一幅春江花月夜的水墨长轴，画面清丽，意趣盎然。

在描绘景物的同时，作者还往往借此以引发、渲染、暗示、寓托思妇的离怀别愁，融入诗人自己对美景常在而人生不再、明月长圆而人情难圆的感怀，使画意、诗情、哲理交相融会，令人思索不尽。

本诗语言优美自然，声韵和谐流畅，结构也很有特色。作者一面以明月初升到坠落的过程作为全诗起止的外在线索，一面又以月亮为景物描写的主体和抒写离情别绪的依托，使全诗显得神气凝聚，浑然一体。

【思考与练习】

1. 本诗在抒情上的最大特点是什么？
2. 简要分析本诗所运用的丰富多彩的表现手法。
3. 如何理解本诗独具匠心的艺术构思？

第二节　山居秋暝①

王维

　　王维（701—761），字摩诘，号摩诘居士。河东蒲州（今山西运城）人，祖籍山西祁县。唐朝著名诗人、画家。开元九年（721）进士，任太乐令，不久被贬，外放离京。晚年任尚书右丞，故世称"王右丞"。因安史之乱及权贵纷争等原因，王维宦海浮沉，一生蹉跎。后皈依佛门，参禅悟佛，在亦官亦隐的生活中消磨时光。

　　王维精通诗、书、画、音乐等，诗作多咏山水田园，有"诗佛"之称。苏轼称"味摩诘之诗，诗中有画；观摩诘之画，画中有诗"。王诗意境高远，脍炙人口，"独在异乡为异客，每逢佳节倍思亲"（《九月九日忆山东兄弟》）、"劝君更尽一杯酒，西出阳关无故人"（《送元二使安西》）、"人闲桂花落，夜静春山空"（《鸟鸣涧》）等诗句流传千年，历久弥新。

　　唐诗有律诗（七言律诗、五言律诗）、绝句和古诗等。古诗在长短、用韵和平仄关系上都比较灵活。近体诗（律诗、绝句）则有严格的格律（平仄、用韵、对仗）要求。

　　律诗的八句每两句为一联，依次叫作首联、颔联、颈联和尾联。格律要求主要有以下三点：其一，每一句都要求平声和仄声相间，一联内上句和下句间平仄相对。如上句为"仄仄平平仄"，下句则应是"平平仄仄平"。其二，首联和尾联可以不要求对仗关系，但颔联和颈联必须对仗，而且要求工对。其三，奇数句即第一、三、五、七句句尾押韵比较灵活，而偶数句即第二、四、六、八句句尾必须押韵。

　　　　　　空山新雨后，天气晚来秋②。
　　　　　　明月松间照，清泉石上流。
　　　　　　竹喧③归浣女④，莲动下渔舟⑤。
　　　　　　随意⑥春芳歇⑦，王孙自可留⑧。

【注释】

①暝：日落，夜晚。
②"空山"二句：秋日的傍晚，雨后的山林更加幽静。
③竹喧：竹林中喧哗的声音，这里指浣衣女的欢笑声。
④浣女：洗衣服的姑娘。浣（huàn）：洗。
⑤下渔舟：渔船行进。
⑥随意：尽管，虽然。
⑦春芳：春草。歇：干枯。
⑧"王孙"句：景色宜人，即便是王孙贵族，也会流连忘返。王孙，贵族子弟。

【阅读提示】

　　因时局动荡以及权贵纷争，诗人的政治理想无法实现，于是静心向佛，寄情山水。王维在简单、安宁的隐居生活中寻找到了内心的宁静，创作出大量的山水田园诗歌，成就了诗人的艺术地位。

　　《山居秋暝》是王维的代表作之一。通过对景物的描写，反映了诗人安静淳朴的生活理想。诗句动与静相得益彰，视与听相映成趣，充分展示了王维的艺术才华，让诗歌与绘画、音乐完美融合。

　　"明月松间照，清泉石上流。"疏影横斜，清流低唱，以动写静，令人叫绝。"竹喧归浣女，莲动下渔舟。"声音与画面的交融，动景与静景的统一，表达了诗人对田园生活的无限热爱。

【思考与练习】

　　1. "空山新雨后"写秋日傍晚的宁静，"竹喧归浣女"写劳动场景的热闹，这种宁静与热闹的"自相矛盾"有何妙处？

　　2. 说说诗句"明月松间照，清泉石上流。竹喧归浣女，莲动下渔舟"是怎样表达诗人对田园风光的无限热爱的。

　　3. 最后一句中"王孙"指谁？表达了作者怎样的思想感情？

第三节　行路难（其一）①

李白

　　李白（701—762），字太白，号青莲居士，祖籍陇西成纪（今甘肃秦安），生于安西都护府碎叶城（今吉尔吉斯斯坦共和国境内）。705年，李白随父迁居绵州彰明县（今四川省江油县）青莲乡；724年，他仗剑出川，漫游全国，后寓居安陆（今属湖北）；天宝元年（742），因吴筠及贺知章推荐，李白被征召长安，供奉翰林，后遭谗去职，赐金放还，东游齐鲁，南下吴越。安史之乱时，他应邀参加永王李璘幕府，后来李璘与唐肃宗抗衡兵败被杀，李白受牵累入狱，再被流放夜郎（今贵州正安），途中遇赦。晚年漂泊东南，最后殁于当涂（今属安徽）县令李阳冰家。

　　李白是我国历史上最伟大的浪漫主义诗人之一，他的诗现存九百余首，有《李太白全集》，诗中多表现他对建功立业的向往，对美好理想的执着追求，对朝政腐败、奸佞当道的痛恨，以及表现自己怀才不遇、报国无门的抑郁愤懑之情。李白性格豪迈，文如其人，他的诗想象丰富、豪放飘逸、雄奇壮丽，有"诗仙太白"的美誉。贺知章赞誉他是"天上谪仙人"，杜甫赞他是"笔落惊风雨，诗成泣鬼神"，韩愈赞他是"李杜文章在，光焰万丈长"。

　　　　　　金樽清酒斗十千，玉盘珍羞直万钱②。
　　　　　　停杯投箸不能食，拔剑四顾心茫然③。
　　　　　　欲渡黄河冰塞川，将登太行雪满山④。
　　　　　　闲来垂钓碧溪上，忽复乘舟梦日边⑤。
　　　　　　行路难！行路难！多岐路，今安在⑥？
　　　　　　长风破浪会有时，直挂云帆济沧海⑦。

【注释】

①此是李白《行路难》组诗三首中的第一首。《行路难》是乐府《杂曲歌辞》旧题，多用它写人生困顿不得志、世途艰险伤别离等情感内容。

②樽（zūn）：古代盛酒的器具。斗：古代量酒的容器；斗十千，即：一斗酒值十千钱。羞，通"馐（xiū）"，佳肴。直，同"值"。此两句言美酒佳肴，十分昂贵难得。

③箸（zhù）：筷子。四顾：环看四周。茫然：渺茫而不知所措的样子。此两句是用典，化用鲍照《拟行路难》："对案不能食，拔剑击柱长叹息。丈夫生世会几时，安能蹀躞垂羽翼？"之意，与前两句形成对比，表达诗人内心困顿愤懑而又无可奈何的样子。

④塞：堵塞。川：河流。太行，即太行山。此两句用比兴手法，表达诗人现实中诸事不顺、事与愿违的遭遇。

⑤此两句用了两个典故，"闲来垂钓碧溪上"讲的是姜太公吕尚在未遇周文王前，在

渭水的磻溪（今属陕西宝鸡市）钓鱼；"忽复乘舟梦日边"讲的是伊尹在未受商汤重用前，有一天忽然梦见自己乘船从日月边经过。此两句表达了诗人希望能得到明君贤臣的重用，并有一番作为的理想抱负。

⑥岐，通"歧"，岐路，即岔路。安在，即在什么地方。此两句用行路难比喻人生前途艰难、复杂凶险，不知如何抉择是好。

⑦会：一定，应当。直：爽快，坦率，毫不犹豫。云帆：指船高大的风帆，因船帆高耸入云，故有"云帆"之谓。"乘风破浪会有时"用了南朝刘宋时宗悫（què）的典故。宗悫年少时，叔父宗炳问其志向，他说："愿乘长风破万里浪。"此两句表达了诗人的用世之情，相信自己将来一定会时来运转，大有一番作为。

【阅读提示】

本篇是一首乐府诗。乐府本是秦汉时期，朝廷设置采集民歌民谣以观风俗民情、政策得失的一种音乐机构，后来演变成为指保存在乐府机构的这一类带有民歌性质的诗歌体裁样式。乐府诗一般具有这三个传统特征：一是思想内容具有强烈的社会现实性，情感真切；二是诗风质朴清新，语言浅易自然；三是能入乐传唱。

本诗是李白于天宝三年（744）被迫离开长安时所作。诗人遭遇政治理想破灭，前途命运渺茫无措，内心极度痛苦愤懑，但诗人并未完全绝望和沉沦，他时时劝慰自己要积极用世，相信理想抱负终会有实现的一天。

本诗情节设置跌宕起伏，情感变化急遽曲折，节奏紧张舒缓有度，将诗人内心的苦闷和矛盾挣扎的心理表现得淋漓尽致。诗歌还成功运用了对比、比兴、典故等多种艺术表现手法。面对美酒佳肴，诗人却停杯投箸，这就是运用了对比、反衬的艺术手法，将诗人内心深沉的痛苦烘托了出来。诗人用欲渡黄河、将登太行，却又遭遇河流结冰封渡、大雪阻断山路等恶劣自然环境，以此来比喻象征在现实仕途中所遭受的打击和挫折。诗中还运用了姜尚垂钓、伊尹梦日、宗悫乘风破浪三个历史典故，抒发了诗人自强不息、积极用世的情怀。

【思考与练习】

1. 乐府诗歌传统特征是什么？
2. 本诗的主题思想是什么？
3. 举例说明本诗运用了哪几种艺术表现手法。

第四节　秋兴八首（其一　其四）①

杜甫

杜甫（712—770），字子美，河南巩县（今河南巩义市）人。因其十三世祖杜预（222—285）是京兆杜陵（今陕西长安东北）人，故自称"杜陵布衣"。又曾居长安城南少陵，故又自称"少陵野老"，世称"杜少陵"。因唐肃宗（756—762在位）授官杜甫为左拾遗，故世称"杜拾遗"。因其764年至成都，时剑南节度使严武聘为参谋，荐为检校工部员外郎，故世称"杜工部"。

杜甫青年时代曾漫游齐、鲁、梁、宋、吴、越等地，胸襟开阔，746年至长安科举落第，客居长安十余年。751年因献《三大礼赋》，玄宗命待制集贤院，755年授右卫率府兵曹参军，756年由于安史之乱被叛军羁扣长安，757年得脱奔唐肃宗凤翔行在，授左拾遗，758年6月被贬为华州司功参军，759年弃官经秦州（今甘肃天水）、同谷（今甘肃成县）至成都草堂居住，其间又曾至梓州（今四川三台）、阆州（今四川阆中）等地短暂避乱，765年至夔州（今重庆奉节），768年正月出巫峡至江陵、岳阳，770年冬病逝于长沙至岳阳的小舟中。

杜甫是我国伟大的现实主义诗人，他的诗深刻反映了社会现实，有"诗史"的美誉。杜甫一生忧国忧民，心系国家命运和民生疾苦。他的诗情感深沉，内容充实，结构精工，音韵谐和，总体诗风呈现出"沉郁顿挫"的风格特征。杜甫诗歌现保存有1500余首，有《杜工部集》《杜少陵集》等作品集。

其一

玉露凋伤枫树林，巫山巫峡气萧森②。
江间波浪兼天涌，塞上风云接地阴③。
丛菊两开他日泪，孤舟一系故园心④。
寒衣处处催刀尺，白帝城高急暮砧⑤。

其四

闻道长安似弈棋，百年世事不胜悲⑥。
王侯第宅皆新主，文武衣冠异昔时⑦。
直北关山金鼓振，征西车马羽书驰⑧。
鱼龙寂寞秋江冷，故国平居有所思⑨。

【注释】

①《秋兴》是组诗，共八首，意即：因秋起兴，因秋感怀。本组诗是诗人766年在夔

州（今重庆奉节）所作。

②玉露：像晶莹剔透的玉石一样的露珠和露水。凋伤：凋零、伤残。巫山巫峡：指长江重庆巫山段大约160余里，两岸山峦峻拔高耸，夹江而立，形成巫峡。气：秋气，秋风。萧森：萧瑟阴森。

③江间：巫峡中的长江水。兼天涌：波浪滔天。塞，指关隘险要之地。塞上：边塞，关塞，这里指地势险要的巫峡上空。接地阴：连接一片，使天地阴沉。

④丛菊：华茂的菊花。两开：两次绽放，此指两年时光过去了，诗人还寓居夔州，北回中原的夙愿还未成行。开，有双关义，既指花开，又指引发诗人伤心落泪。他日泪，指诗人因回忆往事而落泪。一系：一直系着。系义双关，一层意义是指舟船被绳紧系岸边，未能启航东归；另一层意义是指诗人的心为国家前途和百姓福祉所牵系，不能忘怀。

⑤寒衣：御寒的冬衣。催刀尺：赶制冬衣。刀尺，指制衣时用的工具。白帝城：在夔州城东的白帝山，相传为汉代公孙述所筑。急暮砧（zhēn）：傍晚时分，捣制寒衣的砧声一阵紧似一阵。砧：捣衣用的垫石。（捣衣，指古时候制作衣服时，先将衣料放在石砧上用棒槌捶击，使衣料绵软以便裁缝。）

⑥闻道：听说。弈棋：下棋博弈，此指安史之乱后的广德年间（763—764），长安势力交替，宦官专权，吐蕃、回纥又不断入侵，长安曾一度陷落，长安的政权势力好像下棋一样不断博弈，跌宕交替。百年：指诗人的一生，一说指唐王朝。世事：所遭遇的世间之事。不胜：承受不了，经受不住。

⑦第宅：指上层人物的住宅。新主：新的主人。文武衣冠：就是指文武百官。异昔时：与过去不同，都换了新的。此二句是诗人感慨今昔盛衰之种种变化，悲叹自己去京之后，朝廷官吏都全换了一拨，表达了自己被遗忘的悲凉之感。

⑧直北：正北方，指与北边回纥之间的战事。金鼓震：指有战事，金鼓为军中以明号令之物。征西：指与西边吐蕃之间的战事。羽书：羽檄，插着羽毛的军用紧急公文。驰：形容紧急。此二句谓西北吐蕃、回纥侵扰，边患不止，战乱频繁。

⑨鱼龙：泛指水族，传说可以传递书信。寂寞：是指入秋之后，水族潜伏，不在波面活动，此指多久没有音讯，没有都城的信息。《水经注》："鱼龙以秋冬为夜。"相传龙以秋为夜，秋分之后，潜于深渊。故国：指长安。平居：指平素之所居。末二句是说在夔州秋日思念旧日长安平居生活。

【阅读提示】

《秋兴》八首，是一组格律精工的律诗，是诗人766年寄居夔州，看见凋残荒凉的秋景，触景伤情，表达了诗人因战乱而不能东归故园的悲凉之感。诗歌继承了传统的悲秋主题，由悲自然之秋到悲人生之秋、悲国运之秋，也深刻展现了诗人忧国忧民的情怀。

"其一"以自然景物意象起兴，总领八首之景色和情调。前四句泼墨枫叶凋零、气氛肃杀、骇浪滔天、阴云接地，融情于景，蕴藉着对国家时局动荡不安之忧虑，渗透出诗人处境窘迫、思潮翻卷的心情，含不尽之意见于言外。后四句先以"丛菊两开""孤舟一系"

勾起对往日长安朝政昌隆繁华的深长思念，烘染自己不能东归的浓烈伤感；再用寒冬逼近、白帝城上一片捣声来渲染气氛的寂寥悲凉和心情的急切惆怅。

"其四"以社会人事写意，造句简洁畅朗。前六句用"似弈棋"明喻，极写朝堂易主、政局不稳、烽烟四起、社会动乱；后两句用"鱼龙寂寞"隐喻，曲尽时局动荡中百姓困窘的处境和惊恐的心态。全诗一气呵成，诗人忧国忧民的情怀跃然纸上。

这两首诗是七律诗的代表，格律精美，对仗工整，还成功地运用了白描、双关、互文、拟人等艺术修辞手法。"江间波浪滔天""塞上风云连接一片"是生动简练形象直接描写的典范。"丛菊两开"的"开"、"孤舟一系"的"系"就是双关，虚实相生，既是菊"开"，也是心开落泪；既是孤舟系岸不能发，也是心系故园不能忘。"直北关山金鼓振，征西车马羽书驰"一联运用了互文的修辞手法，战鼓擂动、檄书频传、北方回纥、西边吐蕃交相侵犯。"玉露凋伤枫树林""鱼龙寂寞秋江冷"就是拟人手法的生动运用，深秋的露水凋落伤残树叶，鱼虾等因水冷而蛰伏寂寥，赋予了这些动植物以人的情感，十分生动形象。

【思考与练习】

1. 联系这两首诗谈谈你对悲秋主题的理解。
2. 举例说明本诗运用了哪几种艺术表现手法。

第五节　赋得古原草送别①

白居易

　　白居易（772—846），字乐天，号香山居士（又号醉吟先生）。祖籍太原，到其曾祖父时迁居下邽，生于河南新郑。公元781年白居易随父迁居宿州符离。贞元十六年（800）中进士，802年与元稹同举书判拔萃科。803年春，授秘书省校书郎。元和元年（806）罢校书郎，授县尉。元和二年回朝任职，11月授翰林学士，次年任左拾遗。元和四年与元稹、李绅等倡导新乐府运动。五年改京兆府户曹参军，仍充翰林学士，草拟诏书，参与国政。十年，因率先上疏请急捕刺杀武元衡凶手，被贬江州（今江西九江）司马。元和十三年，改忠州刺史，十五年还京，累迁中书舍人。因朝中朋党倾轧，于长庆二年（822）请求外放，先后任杭州、苏州刺史。文宗大和元年（827）拜秘书监，次年转刑部侍郎，四年定居洛阳。后历太子宾客、河南尹、太子少傅等职。会昌二年（842）以刑部尚书致仕。在洛阳以诗、酒、禅、琴及山水自娱，常与刘禹锡唱和，时称刘白。会昌四年，出资开凿龙门八节石滩以利舟民。公元846年病逝，葬于洛阳龙门香山琵琶峰。

　　白居易作为新乐府运动的倡导者，主张"文章合为时而著，歌诗合为事而作"。与元稹合称"元白"。白居易现存诗3800余首，著有《白氏长庆集》，共有七十一卷（《全唐诗》存诗三十九卷）。他的诗歌题材广泛，形式多样，写了不少感叹时世、反映人民疾苦的诗篇，对后世颇有影响，尤以讽喻诗最有名。其诗歌语言通俗易懂，被称为"老妪能解"，语言质朴通俗，议论直白显露，写事绝假纯真，形式流利畅达，具有歌谣色彩。

　　　　　　离离原上草，一岁一枯荣。②
　　　　　　野火烧不尽，春风吹又生。
　　　　　　远芳侵古道，晴翠接荒城。③
　　　　　　又送王孙去，萋萋满别情。④

【注释】

　　①此诗是一首应考习作，相传白居易十六岁时所作。按科举考试规定，凡指定的试题，借古人诗句或成语命题作诗题目前须加"赋得"二字，被称为"赋得体"。该诗通过对古原上野草的描绘，抒发送别友人时的依依惜别之情。

　　②离离：青草茂盛的样子。一岁一枯荣：枯，枯萎。荣，茂盛。野草每年都会茂盛一次，枯萎一次。

　　③"远芳"二句：芳，指野草那浓郁的香气。远芳：草香远播。侵，侵占，长满。远处芬芳的野草一直长到古老的驿道上。晴翠：指在阳光照耀下反射出一片翠绿色的野草。

　　④"王孙"本指贵族子孙、公子或其后代，这里指作者的朋友。萋萋：野草茂盛的样子，形容其连绵与茂密。

【阅读提示】

本篇是一首咏物诗（也可作为寓言诗），作者时年十六，贞元三年（787）应考的习作。按当时科场考试规矩，凡指定或限定的诗题，题目前须加"赋得"二字，作法与咏物相类，起承转合要分明，对仗要精工，全篇空灵浑成。

该诗的首句紧扣题目，用叠字"离离"描写春草的茂盛，写出眼前景色——古原上青草茂盛，正是一派春日景象，同时又交代出送别时的特定环境。第二句"一岁一枯荣"，进一步描写出原上野草秋枯春荣，岁岁循环，生生不已的生长规律，蕴含深长的感叹。第三、四句由上句生发开来，一句写"枯"，一句写"荣"，形象生动地歌颂了春草顽强的生命力。野火无情地焚烧而"不尽"，春风吹过则"又生"。野火貌似强大，春风温润强劲，春草顽强坚韧，作者仅用十个字就精炼地表现了出来，寓意深刻、极富哲理。第五、六句进一步描写春草的勃勃生机——茂盛的野草的芳香播散在古老的道路上，阳光下的绿色草丛一望无际，远远连接着荒凉的古城。"侵""接"二字生动、形象、精当地刻画出春草蔓延，绿野广阔的景象。"古道""荒城"又点出友人即将经历的处所。最后两句点明"送别"之本意，用绵绵不尽的萋萋春草比喻充塞胸臆、弥漫原野的惜别之情，感情深沉而并不悲伤，情景交融，韵味无穷。

全诗章法谨严，用词自然流畅而又对仗工整，虽是命题作诗，却能融入深切的生活感受，字字含真情，语语有余味，且别具一格。写景、抒情水乳交融，意境浑成，在"赋得体"中堪称绝唱。

【思考与练习】

1. 简述"赋得体"的特点。
2. 透过本诗的主题思想我们可以得到什么启迪？
3. 分析本诗的艺术表现手法。

第六节　锦瑟①

李商隐

李商隐（约813—约858），字义山，号玉溪（谿）生，又号樊南生，祖籍怀州河内（今河南焦作沁阳），出生于郑州荥阳（今河南郑州荥阳市），晚唐著名诗人，和杜牧合称"小李杜"，与温庭筠合称为"温李"。李商隐又与李贺、李白合称"三李"。唐元和十一年（816），李商隐三岁左右，随父李嗣赴浙。不到十岁，李嗣去世。李商隐只得随母还乡，过着艰苦清贫的生活。文宗开成二年（837），李商隐考取了进士资格。开成三年（838）春，因博学多识，在参与料理令狐楚的丧事后不久，李商隐应泾原节度使王茂元的聘请，去泾州（今甘肃泾川县北）做了王的幕僚。李商隐因处于"牛李党争"的夹缝之中，一生不得志，抑郁寡欢。唐宣宗大中末年（约858），李商隐在郑州病故。

李商隐在激烈的党争中，横遭排挤，"一生襟抱未曾开"。李商隐的诗歌流传下来的约600首，其中以直接方式触及时政题材的占了相当比重。李商隐擅长律诗、七绝，情致婉曲，构思精巧，文采富丽，对宋初的西昆派诗人产生了很大影响。部分诗歌用典深僻。著有《樊南文集》《李义山诗集》。

> 锦瑟无端②五十弦，一弦一柱思③华年。
> 庄生晓梦迷蝴蝶④，望帝春心托杜鹃⑤。
> 沧海月明珠有泪⑥，蓝田日暖玉生烟⑦。
> 此情可待成追忆，只是当时已惘然⑧。

【注释】

①锦瑟：装饰华美的瑟。瑟：拨弦乐器，通常二十五弦。《周礼·乐器图》："雅瑟二十三弦，颂瑟二十五弦，饰以宝玉者曰宝瑟，绘文如锦者曰锦瑟。"《汉书·郊祀志上》："秦帝使素女鼓五十弦瑟，悲，帝禁不止，故破其瑟为二十五弦。"古瑟大小不等，弦数亦不同。义山《回中牡丹为雨所败》诗有"锦瑟惊弦破梦频"；《七月二十八日夜与王郑二秀才听雨后梦作》诗有"雨打湘灵五十弦"。

②无端：没来由，无缘无故。此隐隐有悲伤之感，乃全诗之情感基调。历代解义山诗者，多以此诗为晚年之作。李商隐妻子故去，所以二十五根弦断后变为五十弦。

③"思"字变读去声（sì），律诗中不允许句尾连续出现三个平声。

④"庄生"句：《庄子·齐物论》："庄周梦为蝴蝶，栩栩然蝴蝶也；自喻适志与！不知周也。俄然觉，则蘧蘧然周也。不知周之梦为蝴蝶与？蝴蝶之梦为周与。"诗人此引庄周梦蝶故事，以言人生如梦，往事如烟之意。佳人锦瑟，一曲繁弦，惊醒了诗人的梦境，不复成寐。这里面隐约包含着美好的情境，却又是虚缈的梦境，同时也有着人生如梦的惆怅和迷惘。

⑤"望帝"句：《华阳国志·蜀志》："杜宇称帝，号曰望帝。……其相开明，决玉垒山以除水害，帝遂委以政事，法尧舜禅授之义，遂禅位于开明。帝升西山隐焉。时适二月，子鹃鸟鸣，故蜀人悲子鹃鸟鸣也。"子鹃即杜鹃，又名子规。蔡梦弼《杜工部草堂诗笺》一九《杜鹃》诗注引《成都记》："望帝死，其魂化为鸟，名曰杜鹃，亦曰子规。"传说蜀国的杜宇帝因水灾让位于自己的臣子，而自己则隐归山林，死后化为杜鹃日夜悲鸣直至啼出血来。

⑥"沧海"句：《博物志》："南海外有鲛人，水居如鱼，不废绩织，其眼泣则能出珠。"《新唐书·狄仁杰传》："仁杰举明经，调汴州参军，为吏诬诉，黜陟使阎立本召讯，异其才，谢曰：'仲尼称观过知仁，君可谓沧海遗珠矣。'"

⑦"蓝田"句：《元和郡县志》："关内道京兆府蓝田县：蓝田山，一名玉山，在县东二十八里。"《文选》陆机《文赋》："石韫玉而山辉，水怀珠而川媚。"《困学纪闻》卷十八：司空表圣云："戴容州谓诗家之景，如蓝田日暖，良玉生烟，可望而不可置于眉睫之前也。李义山玉生烟之句盖本于此。"

⑧"此情"句：拢束全篇，明白提出"此情"二字，与开端的"华年"相为呼应。诗句是说：如此情怀，岂待今朝回忆始感无穷怅恨，即在当时早已是令人不胜惘然惆怅了。那么今朝追忆，其为怅恨，又当如何！诗人用这两句诗表达出了几层曲折，而几层曲折又只是为了说明那种怅惘的苦痛心情：五十的锦瑟乃是天神所用，世间用的锦瑟乃是二十五弦的。五十弦的锦瑟，音律太丰富，音域太广阔；音韵太悲美而让凡人享受不了。五十弦的锦瑟是作者自喻：才高志远却难为世用。

【阅读提示】

李商隐天资聪颖，文思锐敏，但命运多舛，怀才不遇。在"牛李党争"中左右为难，两方猜疑，屡遭排斥，大志难伸。中年丧妻，又因写诗抒怀，遭人贬斥。此诗约作于作者晚年，对《锦瑟》一诗的创作意旨历来众说纷纭，莫衷一是。或以为是爱国之篇，或以为是悼念追怀亡妻之作，或以为是自伤身世、自比文才之论，或以为是抒写思念侍儿之笔。此诗创作于李商隐妻子死后，故五十弦有断弦之意（一说二十五弦的古瑟琴弦断成两半，即为五十弦）。但即使这样它的每一弦、每一音节，足以表达对那美好年华的思念。

此诗为一首七律，诗风凄艳婉转，颔联和颈联连用四个典故，虽难测诗人要表达的主旨情意，但诗歌深沉哀伤的情致、诗人欲说还休的情态清晰在目。这让我们对诗歌含蓄隽永之情品味无穷，历久弥新。

【思考与练习】

1. 诗人由"五十弦"的"锦瑟"想到了什么？这其中运用了什么表现手法？

2. 《锦瑟》用典比较多，请你找出来并分析一下这些典故的运用对表现人物心情有什么作用。

第七节　虞美人（春花秋月何时了）

李煜

　　李煜（937—978），字重光，号钟隐，又号莲峰居士，五代时南唐的最后一个君主，史称李后主。李煜通音律，善书画，尤长于词。他于南唐时写的词反映宫廷的享受生活，风格柔靡；国亡后写的词反映亡国之痛，题材扩大，意境深远，感情真挚深沉，富有感染力。南宋人辑录他与他的父亲李璟的词作，名《南唐二主词》。

　　春花秋月何时了？往事知多少。小楼昨夜又东风，故国不堪回首月明中。
　　雕栏玉砌应犹在①，只是朱颜改②。问君能有几多愁？恰似一江春水向东流。

【注释】

①雕栏玉砌：带雕饰的栏杆，玉石砌成的台阶，指南唐故国的宫苑。
②朱颜：指年轻时的容颜。

【阅读提示】

　　这首词通篇采用问答形式，以高亢快速的调子，刻绘词人悲恨相续的心理活动。"春花秋月"，人们多以为美好，可是过着囚徒生活的李煜，见之反而心烦。"往事知多少"，以往的一切都消逝了，他深叹人生的短暂无常。"小楼昨夜又东风"，点明他归宋后又过了一年，从而引出慨叹"故国不堪回首月明中"。以亡国之君的口吻，直抒亡国之恨，表现其任情纵性、无所顾忌的个性和他那种纯真而深挚的感情。"雕栏玉砌应犹在，只是朱颜改"，"只是"二字的叹惋，传出物是人非的无限怅恨。"亡国之音哀以思"，由于亡国，李煜由国君沦为阶下囚，失去欢乐、尊严与自由，这就引出他的悔恨与追思。
　　以上六句的章法是三度对比，隔句相承，反复对比宇宙之永恒不变与人生之短暂无常，富有哲理，感慨深沉。开头两句以春花秋月之无休尽与人世间"往事"的短暂无常相对比。第三句"又东风"与首句"春花""何时了"相呼应，而与第四句"故国不堪回首"的变化无常相对比。第四句"不堪回首"又呼应第二句"往事知多少"。下面第五、六两句，又以"雕栏玉砌应犹在"与"朱颜改"两相对比。在这六句中，"何时了""又东风""应犹在"一脉相承，专说宇宙永恒不变；而"往事知多少""不堪回首""朱颜改"也一脉相承，专说人生之短暂无常。如此回环往复，一唱三叹，将词人心灵上的波涛起伏和忧思难平徐徐传出。
　　最后词人满腔幽愤，对人生发出彻底的究诘："问君能有几多愁？恰似一江春水向东流！"以水喻愁，显示出愁思如春水的汪洋恣肆，奔放倾泻。"恰似一江春水向东流"这九个字把感情在升腾流动中的深度和力度声情并茂地表达出来，加倍突出一个"愁"字，从而使全词在语气上达到前后呼应、流走自如的地步。

李煜的艺术成就有超越时代的意义。当然,更主要的还是因为他感之深而能发之深,感情本身起着决定性的作用。而王国维说的出于"赤子之心""天真之词"的特色在这首《虞美人》中表现得最为突出,以致李煜为此付出了生命。

【思考与练习】

1. 这首词表达了作者怎样的思想感情?
2. "春花秋月何时了"的深层含义是什么?
3. "小楼昨夜又东风"有着怎样的寓意?

第四章

宋代文学作品精选

第一节　五代史伶官传序①

欧阳修

欧阳修（1007—1072），字永叔，号醉翁，晚年自称"六一居士"，北宋庐陵（今江西吉安）人。宋仁宗天圣八年（1130）进士，因支持范仲淹的"庆历革新"，屡遭贬谪。曾在夷陵（今湖北宜昌）做过县令，在滁州（今属安徽）、颍州（今属安徽阜阳）等做过知州，晚年官至枢密副使、参知政事。谥"文忠"。

欧阳修是北宋中期文坛领袖，曾提携培养苏轼、苏辙、曾巩、张载、程颢等文学巨匠或理学大家。他在文学上积极倡导"诗文革新"运动，提倡平实自然的文风，反对华靡或艰深险怪的"太学体"等形式主义文风，主张文章写作应该"明道""致用""事信""言文"等观点。欧阳修在散文、诗词、经学、史学等方面都卓有成就，有《欧阳文忠公集》《新五代史》《新唐书》等著作。

呜呼！盛衰之理，虽曰天命，岂非人事哉②！原庄宗之所以得天下③，与其所以失之者，可以知之矣④。

世言晋王之将终也⑤，以三矢赐庄宗而告之曰："梁，吾仇也⑥；燕王，吾所立⑦；契丹与吾约为兄弟⑧；而皆背晋以归梁。此三者，吾遗恨也。与尔三矢，尔其无忘乃父之志⑨！"庄宗受而藏之于庙⑩。其后用兵，则遣从事以一少牢告庙⑪，请其矢，盛以锦囊，负而前驱，及凯旋而纳之⑫。

方其系燕父子以组⑬，函梁君臣之首⑭，入于太庙，还矢先王，而告以成功，其意气之盛，可谓壮哉！及仇雠已灭⑮，天下已定，一夫夜呼，乱者四应，仓皇东出，未及见贼而士卒离散，君臣相顾，不知所归。至于誓天断发，泣下沾襟⑯，何其衰也⑰！岂得之难而失之易欤？抑本其成败之迹，而皆自于人欤⑱？

《书》曰："满招损，谦得益⑲。"忧劳可以兴国，逸豫可以亡身⑳，自然之理也。故方其盛也，举天下之豪杰㉑，莫能与之争；及其衰也，数十伶人困之，而身死国灭，为天下笑㉒。夫祸患常积于忽微㉓，而智勇多困于所溺㉔，岂独伶人也哉㉕！

作《伶官传》。

【注释】

①本文选自欧阳修的《新五代史·伶官传》。五代：指唐朝结束至北宋开始期间，后梁、后唐、后晋、后汉、后周五个王朝。伶官：宫廷授有官职的伶人。伶，旧时以演戏为职业的人。

②岂非人事哉：难道不也是人为原因造成的吗？

③原：推究，推本溯源。庄宗：李存勖（xù），唐末西突厥沙陀部族的首领，消灭后梁称帝，建立后唐。

④之：指代"盛衰之理，虽曰天命，岂非人事哉"的道理。

⑤世言：世人说。晋王：指李存勖的父亲李克用，因出兵帮助唐王朝镇压黄巢起义有功，封陇西郡王，后又封为晋王。

⑥梁，吾仇也：朱温，原为黄巢将领，降唐后，受封为梁王。后篡夺唐王朝政权，国号梁，都汴州，又迁都洛阳。朱温曾经想杀害李克用。

⑦燕王，吾所立：燕王，指刘仁恭。刘本为幽州将，李克用帮他夺得幽州，并保举他为卢龙节度使，故曰"吾所立"。不久，刘仁恭叛晋归梁。后来朱温封他的儿子刘守光为燕王。这里称刘仁恭为燕王，是统称。

⑧契丹：唐末北方少数民族，这里指契丹族首领耶律阿保机。李克用曾与他结拜为兄弟，约定合力举兵灭梁。后来耶律阿保机背信弃约，与梁通好。

⑨其后：自此以后。乃：你的。

⑩庙：宗庙，帝王祭祀祖先的地方。

⑪从事：随从的官员。一少牢：用猪、羊各一头作祭品（祭祀时，牛、猪、羊齐备，称太牢）。牢，祭祀用的牲畜。告：祷告。

⑫及：等到。纳：放回。

⑬方：当……时。系燕父子以组：公元912年李存勖遣将攻破幽州，俘获刘仁恭，追捕了刘守光，押回太原，献于太庙。系（jì），捆绑。组，丝带，这里指绳索。

⑭函梁君臣之首：公元923年，李存勖攻破大梁。梁末皇帝朱友贞（朱温的儿子）命令部将皇甫麟将自己杀死，随即皇甫麟也刎颈自杀。函，木匣，这里意为用木匣装盛，名词作动词用。

⑮仇雠（chóu）：仇敌。

⑯"一夫"八句：公元926年，驻扎贝州（今河北清河）的军人皇甫晖因夜间聚赌不胜，发动兵变，攻入邺城（今河北临漳）。邢州（今河北邢台）和沧州（今河北沧州）的驻军相继兵变响应。庄宗派李嗣源（李克用养子）前往镇压，不料李嗣源被部下拥立为帝，联合邺城乱军向京都洛阳进击。庄宗慌张地率军东进，至万胜镇，闻李嗣源已占据大梁（开封），被迫引兵折回，至洛阳城东的石桥，置酒悲泣，部将元行钦等百余人剪断头发，向天立誓。表示以死报国君臣相顾哭泣。一夫，一个人，指皇甫晖。仓皇，匆促，慌张。

⑰何其衰也：多么衰败啊！

⑱"岂得"三句：难道是因为得天下困难、失天下容易的缘故吗？或者认为推究他成

败的原委,其实都是由于人为的呢?抑,或,还。本:推究本源,名词作动词。自,由于。

⑲《书》:即《尚书》。"满招损,谦得益":见《尚书·大禹谟》,原文是"满招损,谦受益"。

⑳忧劳:忧患勤劳。逸豫:安逸享乐,没有忧患意识。

㉑举:全,尽。

㉒"数十伶人"三句:庄宗灭梁后,宠用伶人,纵情声色,朝政日非。继李嗣源兵变后,伶人出身的皇帝近卫军首领郭从谦乘机作乱,庄宗中流矢而死。国灭,庄宗死后,李嗣源即位,称为明宗,后唐灭亡。不过李嗣源是李克用的养子,并非嫡传,按照当时的传统观念来看,也可以说是"国灭"。

㉓积于忽微:从细小事逐渐积累起来。

㉔所溺:沉溺于爱的人或事物。

㉕岂独伶人也哉:难道仅仅是伶人吗?

【阅读提示】

这篇史论通过后唐庄宗李存勖先盛后衰、先成后败的历史事实告诉我们这样一个道理:执政者的主观努力程度对一个国家的盛衰、事业的成败有着重要的影响。并告诫我们要时刻记住"忧劳可以兴国,逸豫可以亡身""祸患常积于忽微,而智勇多困于所溺"等至理名言。

本文中心论点鲜明,论据典型,论证缜密,得出的观点很具有说服力。作者采用了欲抑先扬的结构手法,先极赞庄宗成功时意气之"壮",再叹其失败时形势之"衰",通过盛与衰、兴与亡、得与失、成与败的强烈对比,突出庄宗历史悲剧的根由所在,使"本其成败之迹,而皆自于人"的结论,令人不得不信服。文章气势连贯,笔力雄健,情感充沛,读后发人深省,很具有教育和启迪意义。

【思考与练习】

1. 本文的中心思想是什么?
2. 本文给我们什么启示?

第二节　前赤壁赋①

苏轼

　　苏轼（1037—1101），字子瞻，号东坡居士，眉州（今四川眉山）人，宋仁宗嘉祐二年（1057）进士。神宗熙宁年间，因与主张新法的王安石政见不合，出任杭州、密州、徐州、湖州等地地方官。元丰二年（1079），因作诗"谤讪朝廷"罪被捕入狱，后贬谪黄州（今湖北黄冈）为团练副使。宋哲宗即位，旧党司马光执政，苏轼被召回京，任中书舍人、翰林学士等职。当旧党欲将新法完全废除时，苏轼主张对新法"参用所长"，因而复受排挤。绍圣元年（1094），新党再度执政，苏轼又被贬谪到广东惠州、海南岛儋州，直到1100年宋徽宗即位时，才被赦北还。次年卒于常州，后追谥"文忠"。

　　苏轼是宋代文艺创作成就最为全面的一位作家。他的父亲苏洵、弟弟苏辙都是著名的文学家，被后人列入"唐宋八大家"，称为"三苏"。他的散文汪洋恣肆，明白畅达。诗歌清新豪健，自成一家。词开豪放一派，对后代有很大影响。他在书法、绘画等方面也有很高的造诣。有《苏东坡集》《东坡乐府》传世。

　　壬戌之秋②，七月既望，苏子与客泛舟游于赤壁之下。清风徐来，水波不兴。举酒属客③，诵明月之诗，歌窈窕之章④。少焉，月出于东山之上，徘徊于斗牛之间⑤。白露横江⑥，水光接天。纵一苇之所如⑦，凌万顷之茫然⑧。浩浩乎如冯虚御风⑨，而不知其所止；飘飘乎如遗世独立⑩，羽化而登仙⑪。

　　于是饮酒乐甚，扣舷而歌之⑫。歌曰："桂棹兮兰桨⑬，击空明兮溯流光⑭。渺渺兮予怀⑮，望美人兮天一方⑯。"客有吹洞箫者，倚歌而和之⑰。其声呜呜然，如怨如慕，如泣如诉，余音袅袅⑱，不绝如缕。舞幽壑之潜蛟，泣孤舟之嫠妇⑲。

　　苏子愀然，正襟危坐而问客曰⑳："何为其然也？"

　　客曰："'月明星稀，乌鹊南飞'，此非曹孟德之诗乎㉑？西望夏口㉒，东望武昌㉓，山川相缪㉔，郁乎苍苍㉕，此非孟德之困于周郎者乎㉖？方其破荆州㉗，下江陵㉘，顺流而东也，舳舻千里㉙，旌旗蔽空，酾酒临江㉚，横槊赋诗㉛，固一世之雄也㉜，而今安在哉？况吾与子渔樵于江渚之上，侣鱼虾而友麋鹿㉝；驾一叶之扁舟㉞，举匏樽以相属㉟；寄蜉蝣于天地㊱，渺沧海之一粟㊲。哀吾生之须臾，羡长江之无穷。挟飞仙以遨游㊳，抱明月而长终㊴。知不可乎骤得，托遗响于悲风㊵。"

　　苏子曰："客亦知夫水与月乎？逝者如斯，而未尝往也㊶；盈虚者如彼，而卒莫消长也㊷。盖将自其变者而观之，则天地曾不能以一瞬；自其不变者而观之，则物与我皆无尽也㊸。而又何羡乎？且夫天地之间，物各有主，苟非吾之所有，虽一毫而莫取㊹。惟江上之清风，与山间之明月，耳得之而为声，目遇之而成色，取之无禁，用之不竭，是造物者之无尽藏也㊺，而吾与子之所共适㊻。"

客喜而笑，洗盏更酌。肴核既尽㊼，杯盘狼籍㊽。相与枕藉乎舟中㊾，不知东方之既白㊿。

【注释】

①苏轼因反对王安石的新法，被贬到黄州（今湖北黄冈县）。他曾两次到黄州城外的赤壁（赤鼻矶）去游览，写了两篇赋，这里选的是前一篇。文中谈及赤壁之战。周瑜破曹军于赤壁，地在今湖北嘉鱼县东北，不是黄州的赤壁，作者一时兴会所至，于是托以为文。本文反映了苏轼被贬后的心情，虽流露一些消沉的情绪，而主要的则是表现他的豁达乐观的精神。

②壬戌：指宋神宗元丰五年，即公元1082年，时苏轼四十七岁。

③属（zhǔ）：注，酌，斟酒给人喝。下文"举匏尊以相属"同。

④明月之诗、窈窕之章：指《诗经·陈风·月出》第一章。"窈纠"与"窈窕"声近，所以苏轼称之为"窈窕之章"。

⑤斗牛：二星宿名。

⑥白露：指白茫茫的水气。

⑦一苇：喻小船。《诗经·卫风·河广》："谁谓河广，一苇杭（渡）之。"如，往。

⑧凌：乘。万顷：形容水的广大。茫然：广大的样子。这是说泛舟在广大的万顷波涛之上。

⑨冯：通"凭"，依托。御风：驾着风。《庄子·逍遥游》："夫列子御风而行，泠然（泠音líng，泠然，轻妙的样子）善也。"

⑩遗世：等于说离开人世。

⑪羽化：道教称成仙为羽化，认为成仙后可以飞升。《抱朴子·对俗》："古之得仙者，或身生羽翼，变化飞行。"

⑫舷（xián）：船的两边。

⑬丹桂做的棹：木兰做的桨。

⑭空明：倒映在水中的月亮。流光：水面上随波浮动的月光。

⑮渺渺：悠远的样子。

⑯美人：有隐喻君王的意思。《楚辞·九章·思美人》王逸注："此章言己思念其君，不能自达。""桨""光""方"押韵。

⑰倚：依。

⑱袅袅（niǎo niǎo）：声音细弱而长的样子。

⑲舞、泣：都是使动用法。嫠（lí）妇：寡妇。"慕""诉""缕""妇"押韵。

⑳愀（qiǎo）然：容色变动的样子。危坐：端坐。

㉑指曹操的《短歌行》。

㉒夏口：指夏口城，在今湖北武昌县蛇山上。

㉓武昌：今湖北鄂城。

㉔缪：通"缭"，缠结。

㉕郁、苍苍：都是山川的夜色。

㉖周郎：指周瑜。周瑜字公瑾，三国时庐江郡舒（故城在今安徽庐江县西）人。因他二十四岁就被任为建威中郎将，吴中都叫他周郎。建安十三年（208），破曹操于赤壁。

㉗荆州：东汉时州名，治襄阳，即今湖北襄阳县治。

㉘江陵：东汉时县名，今湖北江陵县。

㉙舳（zhú）：船后掌舵的地方。舻（lú）：船前安棹的地方。"舳舻"连文是说船首尾连接。《汉书·武帝纪》："舳舻千里，薄枞阳（地名）而出。"

㉚酾（shī）：滤酒。酾酒，这里当斟酒讲。

㉛槊（shuò）：长一丈八尺的矛，马上所用。

㉜"东""空""雄"押韵。

㉝侣、友，都是意动用法。麋（mí）：鹿的一种。

㉞扁（piān）舟：小舟。

㉟匏（páo）：葫芦的一种。匏尊：指粗陋的酒器。

㊱蜉蝣（fú yóu）：一种生存期很短的小虫。这是说人的一生像蜉蝣那样生命短促寄托在天地之间。

㊲渺：小。这是说人在宇宙中小得像大海中的一颗小米粒。蜉蝣与沧海一粟的比喻都表现了作者消极的人生观。"鹿""属""粟"押韵。

㊳这是说愿和飞仙一起遨游。

㊴这是说愿同月亮一起长存。

㊵遗：余。遗响：指箫声的余音以及上述的那种心情。"穷""终""风"押韵。

㊶斯：指江水。大意是：江水这样不停地流去，但从整个大江来看，却未曾流去。《论语·子罕》："逝者如斯夫，不舍昼夜！"

㊷盈：指月圆。虚：指月缺。彼：指月。大意是：月亮这样有圆有缺，可是月亮本身始终没有增减。"往""长"押韵。

㊸"瞬""尽"押韵。从"逝者"到"无尽"，大意是：从变的一面看，天地不到一转眼的工夫就完了；从不变的一面看，万物和我都是没有穷尽的。

㊹"主""取"押韵。

㊺藏（zàng）：宝藏。引申为佛教道教经典的总称。

㊻"月""色""竭""适"押韵。

㊼肴（yáo）：豆所盛的食品（菹醢）；核：笾所盛的食品（桃、梅之类）。《诗经·小雅·宾之初筵》："笾豆有楚，殽核维旅。"（笾豆，都是盛食品的器皿；有，形容词词头；楚，陈列整齐的样子；殽，通"肴"；旅，陈列。）这里"肴核"泛指下酒菜。

㊽狼籍（jí）：纵横散乱。

㊾相与枕藉（jiè）：互相枕着、垫着。

㊿既白：已经显出白色，指天明了。"酌""藉""白"押韵。

【阅读提示】

苏轼的这篇赋作于宋神宗元丰五年（1082）七月。三年前，作者因作诗讽刺新法，被捕入狱，虽免一死，却被贬为黄州团练副使。他在政治失意、思想苦闷的情况下，寄情诗酒，放浪山水，作赋以表现对人生的达观看法。全文共六个自然段，以作者感情由乐到悲、再由悲到乐的变化为线索。

第一段写苏子与客秋夜泛舟游赤壁之乐。第二段至第四段主要通过舷歌、箫声和客人的答话，抒发了作者对宇宙无穷、人生短暂的悲苦心情。客之所以"悲"，在于触景伤怀，有感于人生短促。而此时作者身在长江赤壁，自然进一步联想到赤壁之战。于是，苏轼借景抒情，从客的口中，用曹操这个历史人物来感叹现实人生。第五、六两段针对"客"的言论，"苏子"以水月为喻，形象地阐明了"变"与"不变"的哲理，表现了作者自我解脱的达观情怀。

作为游记文章，《前赤壁赋》确实使我们从它所刻画的自然景色中获得了艺术享受，但是，如果文章仅仅停留在山川风物本身，那意义与价值毕竟还是有限的，而《前赤壁赋》则正是通过赤壁之游以表达对宇宙人生的见解。难能可贵的是作者在流放之地而且几乎丧失人身自由的情况下，一点也不灰心丧气，并且还那么坦荡、旷达，具有强烈的生活信念。尤为可贵的是作者表达对宇宙人生的见解并没有脱离赤壁之游的特定环境、条件，而把理论的反复申述与感情的起伏变化及文章的层次结构有机地统一起来，使抽象的观点具有形象性与感染力，并把读者带进一种颇有几分迷幻色彩的艺术境界。这就是哲理与诗情的高度融合。

《前赤壁赋》是采用赋的体裁来写的游记，体现了苏轼散文"行云流水"的艺术风格。其中造句而多有变化，用典而不拘故实，写景而富于想象，抒情而兼用夸饰，又可以看出苏轼文学创作的革新、解放的精神和浪漫主义的色调。

【思考与练习】

1. 简析本文是如何做到景、情、理有机结合，体现出理趣之美的。
2. 你是否赞同作者所作"变"与"不变"的分析？
3. 你对作者在文中所表现出的人生观是怎样看的？人在遭遇种种挫折时，最好应采取什么态度？

第三节 望海潮（东南形胜）

柳永

柳永（约987—约1053），原名三变，字耆卿，福建崇安人。年轻时才华横溢，却纵情声色，科考屡试不中，一生惨淡凄苦。宋仁宗景祐元年（1034）进士。任县令、屯田员外郎等职，颇受百姓赞誉。

柳永系北宋婉约词派著名代表。作品或描写青楼歌妓生活，或倾诉羁旅行役之苦，情真意切，感人至深，备受追捧。柳永佳作无数，尤以《雨霖铃》（寒蝉凄切）《八声甘州》（对潇潇暮雨洒江天）为妙。

宋词是宋代盛行的诗歌体裁，与唐诗、元曲并称，系中国文学的最高成就。宋词句子长短不一，其字数、音韵、平仄严格，多用于配乐演唱。词牌便是词创作的格律和演奏的乐谱，如《望海潮》《临江仙》《念奴娇》等。

东南形胜①，三吴都会②，钱塘自古繁华。烟柳画桥，风帘翠幕③，参差④十万人家。云树绕堤沙，怒涛卷霜雪⑤，天堑无涯⑥。市列珠玑，户盈罗绮⑦，竞豪奢。　重湖叠巘清嘉⑧，有三秋桂子，十里荷花。羌管弄晴，菱歌泛夜，嬉嬉钓叟莲娃⑨。千骑拥高牙⑩，乘醉听箫鼓，吟赏烟霞⑪。异日图将好景，归去凤池夸⑫。

【注释】

①形胜：最美景象。

②三吴：即吴兴（今浙江省湖州市）、吴郡（今江苏省苏州市）、会稽（今浙江省绍兴市）三郡，这里泛指江浙地区。都会：都市，城市。

③烟柳：雾气笼罩着的柳树；画桥：装饰华美的桥；风帘：挡风用的帘子；翠幕：青绿色的帷幕。另解：柳如烟，桥如画，谓风光之美；帘随风，幕映翠，谓春色之妙。

④参差：指房舍高低错落。

⑤"云树"二句：云树，树木繁盛貌；霜雪：言浪涛之形貌如雪。

⑥天堑无涯：天堑，指沟壑险峻，这里写钱塘江波澜壮阔。

⑦"市列"二句：珠玑，珍珠；罗绮：织物。本句写集市繁盛，百姓富足。

⑧"重湖"二句：重湖，西湖；叠巘（yǎn），山势重叠；清嘉：景色清秀。

⑨"羌管"三句：晴弄羌管，夜泛菱歌；羌管，乐器；泛：歌声飘荡；莲娃：采莲姑娘。

⑩"千骑"句：写知府出行盛况。千骑（jì）：随行马队簇拥；高牙：旗帜高扬。

⑪"乘醉"二句：写知府的音乐与文学爱好；对着云霞与雾霭吟诗作赋，在箫与鼓的鸣奏里开怀畅饮。

⑫"异日"二句：他日，将于朝廷赞颂钱塘美景，旨在颂扬知府政治前途。异日：他

日,未来;图:描绘;凤池:指朝廷。

【阅读提示】

　　咸平五年(1002),柳永准备进京应试,却因沉醉声色歌舞滞留杭州。次年,为见杭州知府孙何,作《望海潮》(东南形胜)。此词一出,即广为传诵,柳永因此名噪一时。

　　《望海潮》是描绘北宋时期杭州景象的。上片描写杭州的自然风光和都市的繁华,下片描写杭州百姓和平宁静的生活景象。

　　这首词气势宏大,却不失细腻之处的描写,粗中有细,包罗万象,字字珠玑。而这首词也打破了"词为艳科"的藩篱,将词的内容境界提升到一个新的高度,开创了宋词描写城市风光的新格局。

【思考与练习】

　　1. 柳永求见杭州知府被拒,希望通过词作《望海潮》得到接见,你认为有可能吗?为什么?

　　2. "羌管弄晴,菱歌泛夜,嬉嬉钓叟莲娃。"诗句中的描写对象都有谁?这和作品的主旨有何关系?

　　3. 试分析这首词的主要艺术特点。

第四节　鹊桥仙①（仙云弄巧）

秦观

秦观（1049—1100），字太虚（又字少游），别号"邗沟居士"，世称"淮海先生"。江苏高邮人，北宋中后期著名词人、文学家。官至太学博士，国史馆编修。熙宁十一年（1078）作《黄楼赋》，苏轼赞他"有屈宋之才"。元丰七年（1084）编写诗文集十卷，苏轼为之作书并向王安石推荐，王安石称他"有鲍、谢清新之致"。宋神宗元丰八年（1085）考中进士，1087年经苏轼引荐为太学博士，任秘书省正字兼国史院编修官。政治上倾向于旧党，被称为"元祐党人"。哲宗亲政后（1094）"新党"执政，秦观出杭州通判，被贬为监处州（浙江省丽水市的古称）酒税，后徙郴州，编管（宋代官吏得罪，谪放远方州郡，编入该地户籍，并由地方官吏加以管束，谓之"编管"）横州，又徙雷州。徽宗即位后被任命为复宣德郎，在放还北归途中卒于滕州。

秦观被称为婉约派一代"词宗"，颇得苏轼赏识，与黄庭坚、张耒、晁补之合称"苏门四学士"。现存的所有作品中，词三卷100多首，诗十四卷430多首，文三十卷共250多篇。著有《淮海集》40卷、《淮海居士长短句》（又名《淮海词》）。代表作品有《鹊桥仙》（纤云弄巧）、《望海潮》（梅英疏淡）、《满庭芳》（山抹微云）等。

秦观一生坎坷，所写诗词皆高古沉重，寄托身世，感人至深。其词多写男女情爱，也有感伤身世之作，抒发仕途失意的哀怨。尤其感伤词作形成了词史上影响巨大的抒情范式。其用疏朗流畅的章法，连接精致典雅的词句，取得了词史上突出的地位，李调元《雨村词话》卷一甚至推誉其"首首珠玑，为宋一代词人之冠"。

秦观的诗风与词相近，风格委婉含蓄，清丽雅淡。文字工巧精细，音律谐美，情韵兼胜，历来词誉甚高。其诗感情深厚，意境悠远，风格独特，在两宋诗坛自成一家。散文以政论、哲理散文、游记、小品文最为出色。其策论文笔犀利，说理透彻，引古征今，富有说服力和感染力。

纤云弄巧②，飞星传恨③，银汉迢迢暗度④。
金风玉露一相逢⑤，便胜却人间无数。
柔情似水，佳期如梦，忍顾鹊桥归路⑥。
两情若是久长时，又岂在朝朝暮暮⑦。

【注释】

①鹊桥仙：词牌名，又名"鹊桥仙令""金风玉露相逢曲""广寒秋"。《风俗记》："七夕，织女当渡河，使鹊为桥。"因取以为曲名，以咏牛郎织女相会之事。《乐章集》入"歇指调"，一般多用三十二字。通常以《淮海词》为准，五十六字，上下片各两仄韵。亦有上下片各四仄韵者。

②纤云：轻盈的云彩。弄巧：指云彩在空中幻化成各种巧妙的花样。

③飞星：流星。一说指牵牛、织女二星。

④银汉：银河。迢迢：遥远的样子。暗度：悄悄渡过。

⑤金风玉露：指秋风白露。李商隐《辛未七夕》："恐是仙家好别离，故教迢递作佳期。由来碧落银河畔，可要金风玉露时。"

⑥忍顾：怎忍回视。

⑦朝朝暮暮：指朝夕相聚。语出宋玉《高唐赋》。

【阅读提示】

本篇是一首歌咏七夕的节序词，借牛郎织女悲欢离合的故事，歌颂坚贞诚挚的爱情。上片写其聚会，下片写其离别。起句展示七夕独有的抒情氛围——"巧"与"恨"巧妙地将七夕人间"乞巧"的主题及"牛郎织女"故事的悲剧性特征点明，练达而凄美。末句"两情若是久长时，又岂在朝朝暮暮"既点明牛郎织女爱情模式的特点，又折射出作者的爱情观——爱情要经得起长久分离的考验。只要能彼此真诚相爱，即使终年天各一方，也比朝夕相伴的感情可贵得多。本篇使词的思想境界升华到一个崭新的高度，成为爱情颂歌当中的千古绝唱。全篇因此兼具超越时空、跨越国度的审美价值和艺术品位。

全词哀乐交织，集写景、抒情、议论于一词，融天上人间为一体。作者将画龙点睛的议论、散文句法与优美的人物形象、深沉的情感结合，描写牛郎织女相爱的神话故事，赋予这对神仙眷侣浓郁的人情味，讴歌了人间真挚、细腻、纯洁、坚贞、美好的爱情。词中明写天上双星，暗写人间情侣。其抒情以乐景写哀，以哀景写乐，倍增其哀乐，读来感人肺腑，荡气回肠。全篇议论自由流畅、通俗易懂，却又婉约蕴藉，余味无穷。

【思考与练习】

1. 简述这首词的主题思想。
2. 概述这首词的艺术特色。

第五节 声声慢（寻寻觅觅）

李清照

李清照（1084—约1155），号易安居士，齐州章丘（今属山东济南）人，北宋著名词人。其词作前期多写其悠闲生活；后期多悲叹身世，情调感伤有的也流露出对中原的怀念。前期多写其悠闲生活，后期多悲叹身世，情调感伤，有的也流露出对中原的怀念。形式上善用白描手法，自辟蹊径，语言清丽。论词强调协律，崇尚典雅、情致，提出词"别是一家"之说，反对以作诗文之法作词。能诗，留存不多，部分篇章感时咏史，情辞慷慨，与其词风不同。有《易安居士文集》《易安词》，已散佚。后人有《漱玉词》辑本。今人有《李清照集校注》。

寻寻觅觅，冷冷清清，凄凄惨惨戚戚①。乍暖还寒时候②，最难将息③。三杯两盏淡酒④，怎敌他、晚来风急⑤！雁过也，正伤心，却是旧时相识⑥。满地黄花堆积⑦，憔悴损⑧，如今有谁堪摘⑨！守着窗儿，独自怎生得黑⑩！梧桐更兼细雨，到黄昏、点点滴滴。这次第⑪，怎一个愁字了得⑫！

【注释】

① "寻寻觅觅"三句："寻寻觅觅"写追寻求索、若有所失的心情，"冷冷清清"写环境的清冷和心情的孤寂，"凄凄惨惨戚戚"写内心无法排解的忧愁与悲哀。三句意思互有关联而又递进。

② 乍暖还寒：指秋天早晨天气刚见暖意夜里却仍然带有余寒。

③ 将息：调养。

④ 淡酒：言"淡"也暗含了无饮酒的意趣。

⑤ 晚来：犹言"向晚"。一作"晓来"。

⑥ "雁过也"三句：见北雁南飞，引起伤感，而鸿雁又是旧时相识（意从北国家乡飞来），就更加勾起怀乡之愁，令人悲苦难禁了。是，正是。

⑦ 黄花：菊花。

⑧ 憔悴损：指花的凋残，也指人的消瘦。

⑨ "如今"句：暗指丈夫已经逝去，无人相伴摘菊赏玩。堪，可。

⑩ 怎生：怎样。得黑：挨到天黑。

⑪ 这次第：这情景。

⑫ "怎一个"句：一个"愁"字怎么能概括得了。

【阅读提示】

李清照这首《声声慢》（寻寻觅觅），脍炙人口数百年，就其内容而言，是一篇精彩的悲秋词作。

词中写主人公一整天的愁苦心情，却从"寻寻觅觅"开始，可见她从一起床便百无聊赖，如有所失，于是东张西望，希望找点什么来寄托自己的空虚寂寞。下文"冷冷清清"是"寻寻觅觅"的结果，不但无所获，反有一种孤寂冷清的气氛，使自己感到凄惨忧戚。紧接着再写"凄凄惨惨戚戚"。仅此三句，一种愁惨而凄厉的氛围已笼罩全篇，使读者不禁为之屏息凝神。"乍暖还寒时候"是此词的难点之一，此词作于秋天，一般只早春才能用得上"乍暖还寒"，但这是写一日之晨，而非写一季之候，秋日清晨，朝阳初出，故言"乍暖"，但晓寒犹重，秋风砭骨，故言"还寒"。"最难将息"与上文"寻寻觅觅"相呼应，说明从清早起床自己就不知如何是好。"三杯两盏淡酒，怎敌他、晚来风急"是说用酒消愁是不抵事的。下文"雁过也"的"雁"，正是往昔在北方见到的，所以说"正伤心，却是旧时相识"了。上片从一个人寻觅无着，写到酒难浇愁；风送雁声反增思乡的惆怅。

下片由秋日高空转入自家庭院。因庭中"满地黄花堆积"，秋意正浓，"憔悴损"是指自己因忧伤而憔悴瘦损。由于自己无心看花，虽菊堆满地，却不想去摘它赏它，这才是"如今有谁堪摘"的确解，然而人不摘花，花当自萎；及花已损，则欲摘已不堪摘了。这里既写出了自己无心摘花的郁闷，又透露了惜花将谢的情怀。

"守着窗儿"，写独坐无聊，内心苦闷之状。"梧桐"两句兼用温庭筠《更漏子》下片"梧桐树，三更雨，不道离情正苦。一叶叶，一声声，空阶滴到明"词意，把两种内容融而为一，笔更直而情更切，最后"怎一个愁字了得"作收，也是蹊径独辟之笔，囊括了无数愁思。

全词由写寂寞之愁，到写伤春之愁、伤别之愁、盼归之愁，全面地、层层深入地表现了女子心中愁情沉淀积累的过程。煞尾处，感情已积聚达到最高峰，全词也随之达到了高潮。

【思考与练习】

1. 简述本词中九组叠字的艺术特色。
2. 这首词的主旨是什么？
3. 这首词表达了词人晚年怎样的心情？
4. 这首词是通过哪些景物描写来渲染愁情的？

第六节　书愤①

陆游

陆游（1125—1210），字务观，号放翁，越州山阴（今浙江绍兴）人。南宋杰出的爱国诗人。陆游出生于北宋末年，年轻时就立下"上马击狂胡"的壮志。高宗时应试礼部，名列前茅，因"喜论恢复"被除名。孝宗时赐进士出身，历任镇江、隆兴通判，不久因支持张浚北伐而落职，入蜀任夔州通判。曾入王炎、范成大幕府，共谋恢复大计。光宗时官朝议大夫、礼部郎中。后被劾去职，归老故乡，闲居二十年之久。

陆游生平作诗近万首，与尤袤、杨万里、范成大并称"南宋四大家"。其诗题材广阔，现实性强，洋溢着浓烈的战斗激情和悲愤情绪，但也有部分表现日常生活情趣的作品。他早年受江西诗派熏陶，后又取法李白、杜甫，终于自成一家。其诗风格多样，以雄浑豪放为主，想象丰富，语言明快。著有《渭南文集》《剑南诗稿》。

早岁那知世事艰②，中原北望气如山。
楼船夜雪瓜洲渡③，铁马秋风大散关④。
塞上长城空自许⑤，镜中衰鬓已先斑。
出师一表真名世⑥，千载谁堪伯仲间⑦。

【注释】

①此诗作于宋孝宗淳熙十三年（1186）春，是陆游同题五首七律中的第一首。

②世事艰：指抗金大计不断遭到投降派的阻挠破坏，自身屡受排挤打击。

③"楼船"句：宋高宗绍兴三十一年（1161）十一月，金主完颜亮引兵南侵，宋将刘锜、虞允文等在瓜洲、采石一带奋战。由于金人内讧，完颜亮被杀，金兵因之溃退。宋人把这次战事看成是己方的大捷，常引以为豪。楼船，高大的战船。瓜洲，即瓜洲镇，在今江苏扬州以南长江边，与镇江隔江相对，是当时的江防要地。

④"铁马"句：这句概括了作者过去的主要经历。孝宗乾道八年（1172），作者入四川宣抚使王炎军幕，协助王炎共谋进兵长安的大计，并任干办公事兼检法官赴南郑（今陕西汉中），在大散关一带与金兵接战。但这年九月，王炎被调进京，大计落空。这段经历，作者常常既引以为豪，又引以为憾。铁马秋风，形容宋军军容盛壮。铁马，披着铁甲的战马。大散关，在今陕西宝鸡西南，是当时南宋与金的西边界关。

⑤"塞上"句：意谓为国捍边扬威的愿望落了空。塞上长城，南朝刘宋名将檀道济曾自许"万里长城"，唐代名将李勣也曾被唐太宗喻为长城。这里作者把自己比作能抵御入侵之敌的万里长城。

⑥"出师"句：诸葛亮在蜀汉后主建兴五年（227）三月出兵伐魏前，曾写了一篇《出师表》，表示自己"当奖率三军，北定中原""兴复汉室，还于旧都"的决心，名传

后世。

⑦伯仲：原指兄弟间长幼次序，引申为衡量比较人物等差之词。这里则有相提并论、并驾齐驱之意。杜甫《咏怀古迹》（之五）用"伯仲之间见伊吕"句，赞颂诸葛亮。

【阅读提示】

本诗的内容兼有追怀往事和重新立誓报国的两重感情。诗的前四句是回顾往事，"早岁"句指隆兴元年（1168）诗人39岁时在镇江府任通判和乾道八年（1172）48岁时在南郑任王炎幕僚事。当时他亲临抗金战争的第一线，北望中原，收复故土的豪情壮志坚定如山。以下两句分叙两次值得纪念的经历：隆兴元年，主张抗金的张浚以右丞相都督江淮诸路军马，楼船横江，往来于建康、镇江之间，军容甚壮。诗人满怀着收复故土的胜利希望，"气如山"三字描写出他当年的激奋心情。但不久，张浚军在符离大败，狼狈南撤，次年被罢免。诗人的愿望成了泡影。追忆往事，怎不令人叹惋！另一次让诗人不胜感慨的是乾道八年的事，王炎当时以枢密使出任四川宣抚使，积极谋划进兵关中恢复中原的军事部署。陆游在军中时，曾有一次在夜间骑马过渭水，后来追忆此事，写下了"念昔少年时，从戎何壮哉！独骑洮河马，涉渭夜衔枚"（《岁暮风雨》）的诗句。他曾几次亲临大散关前线，后来也有"我曾从戎清渭侧，散关嵯峨下临贼。铁衣上马蹴坚冰，有时三日不火食"（《江北庄取米到作饭香甚有感》）的诗句，追写这段战斗生活。当时北望中原，也是浩气如山。但是这年九月，王炎被调回临安，他的宣抚使府中幕僚也随之星散，北征又一次成了泡影。"楼船夜雪瓜洲渡，铁马秋风大散关"，这两句诗中包含着追思之时丰富的愤激和辛酸的感情。

岁月不居，壮岁已逝，志未酬而鬓先斑，这对赤心为国的诗人来说是日夜为之痛心疾首的。"切勿轻书生，上马能击贼"（《太息》），"平生万里心，执戈王前驱"（《夜读兵书》）是他念念不忘的心愿。自许为"塞上长城"，是他毕生的抱负。陆游因主张抗金，被贬多年，"长城"只能是空自期许。这种怅惘是和一般文士的怀才不遇之感大有区别的，但老骥伏枥，陆游的壮心不死，他仍渴望效法诸葛亮的"鞠躬尽瘁"，干一番与伊尹、吕尚功绩相当的报国大业。这种志愿至老不移，甚至开禧二年（1206）他已是82岁高龄时，韩侂胄起兵抗金，他还跃跃欲试。

《书愤》是陆游的七律名篇之一，全诗感情沉郁，气韵浑厚，尤以颔联"楼船""铁马"两句，雄放豪迈，为人们广泛传诵。

【思考与练习】

1. 概括本诗的中心思想。
2. 指出这首诗的抒情方法。
3. 本诗结尾为什么要提到诸葛亮？

第七节　念奴娇
过洞庭①

张孝祥

张孝祥（1132—1169），字安国，号于湖居士，和州乌江（今安徽和县乌江镇）人。幼年随父寓居芜湖（今属安徽）。1154年中进士，殿试第一。曾做过抚州（今属江西）、平江府（今江苏苏州）、建康府（今江苏南京）、荆江府（今属湖北江陵）等知府。曾上书请求为岳飞案昭雪，因其力主抗金，为秦桧等奸佞弹劾罢官，后又被启用。为任时大兴水利，颇有政绩。

张孝祥在诗、文、词、书法等方面都取得了很高的造诣，特别是他写爱国主义题材的词作，魅力独具，清旷潇脱、悲壮激越，对后世辛派词作产生了重大影响。其作品集有《于湖居士乐府》《于湖居士长短句》《于湖居士文集》等。

洞庭青草，近中秋，更无一点风色②。玉鉴琼田三万顷，着我扁舟一叶③。素月分辉，明河共影，表里俱澄澈④。悠然心会，妙处难与君说⑤。

应念岭海经年，孤光自照，肝肺皆冰雪⑥。短发萧骚襟袖冷，稳泛沧浪空阔⑦。尽挹西江，细斟北斗，万象为宾客⑧。扣舷独啸，不知今夕何夕⑨。

【注释】

①念奴娇是词牌，过洞庭是词题。

②洞庭：洞庭湖，在今湖南北部、长江南岸，与长江相通。青草：青草湖，在洞庭湖南，水涨时则与洞庭湖相接。更无：绝没有。风色：风吹的痕迹，如树枝摇动，水波动荡之类。

③鉴：镜。着：点缀，安置。扁舟一叶：像一片树叶一样的小船。

④素月：皎洁的明月。分辉：月亮倒映水中，被水面一分为二，天上明月和水底明月倍增其亮。明河：银河。共影：银河与它在水中的倒影共存并见。表里：指湖水内外。澄澈：纯净透明。

⑤悠然：形容闲适。心会：心领神会。难……说：难以用语言清晰地表达出来之意。

⑥岭海：广南西路地区，在五岭和南海之间。孤光：月光。这里是作者自喻。肝肺：一说"肝胆"。冰雪：用冰雪的冰清玉洁特性来比喻诗人自己品行的忠贞高洁。

⑦短发：自言衰老，长头发多已脱落。萧骚：形容稀疏。沧浪：形容水色青苍。

⑧尽挹西江：即指将长江水当琼浆玉液喝干，唐代高僧马祖有"一口吸尽西江水"之语（见宋僧道原《景德传灯录》），此是借用其词句。西江：长江，因长江是从洞庭湖西面而来，故有此谓。细斟北斗：是对屈原《九歌·东君》"援北斗兮酌桂浆"句的化用，就是用天上的北斗作酒杯斟酒细饮。万象：万千物象，泛指宇宙间的一切事物。

⑨今夕何夕：是对《诗·唐风·绸缪》"今夕何夕？见此良人！"典故的运用，《诗经》中这两句的意思是新婚之夜，新郎欣喜自足，十分陶醉，情不自禁地赞美道："不知今夜是什么好日子，我竟能见到如此可心的人儿！"此句指诗人观瞻到洞庭湖如此美的景致，摆脱了官场世俗繁杂的束缚，十分惬意满足。

【阅读提示】

这首词是作者1166年由知静江府（今广西桂林）被贬北归途中，路过洞庭湖用念奴娇这个词牌所作。整首词借洞庭夜月的空明澄澈之景，抒发了作者的高洁忠贞和豪迈气概。

这首词情景相生，词的上片重在写景，下片重在抒情。作者通过洞庭湖夜月景的澄澈来表现自己内心的澄澈。整首词成功运用了比喻的修辞手法像玉一样的晶莹透明的"玉鉴琼田"，像树叶一片的"扁舟"，像"冰雪"一样冰清玉清的高洁品行，像北斗星座的酒杯。整首词还成功运用了三个典故，"尽吸西江"是对唐代高僧"一口尽吸西江水"豪迈壮阔之意的化用；"细斟北斗"是对屈原《九歌·东君》"援北斗兮酌桂浆"诗句的化用；"今夕何夕"是借用《诗·唐风·绸缪》"今夕何夕？见此良人"内蕴情感。

这首词语言清新秀美，意境空渺幽远，很具有哲理性。

【思考与练习】

1. 谈谈词牌与词题的区别。
2. 这首词的主题思想是什么？
3. 举例说明本首词成功运用了哪几种艺术表现手法。

第八节 水龙吟
登建康①赏心亭②

辛弃疾

辛弃疾（1140－1207），南宋词人。原字坦夫，改字幼安，别号稼轩，汉族，历城（今山东济南）人。出生时，中原已为金兵所占。21岁参加抗金义军，不久归南宋。历任湖北、江西、湖南、福建、浙东安抚使等职。一生力主抗金。曾上《美芹十论》与《九议》，条陈战守之策。辛弃疾的词深刻地反映了理想与现实的矛盾，表现出一种雄奇豪壮而又苍凉沉郁的风格。其词抒写力图恢复国家统一的爱国热情，倾诉壮志难酬的悲愤，对当时执政者的屈辱求和颇多遣责，也有不少吟咏祖国河山的作品，题材广阔又善化用前人典故入词，风格沉雄豪迈又不乏细腻柔媚之处。由于辛弃疾的抗金主张与当政的主和派政见不合，后被弹劾落职，退隐江西带湖。

楚天千里清秋，水随天去秋无际。遥岑③远目，献愁供恨，玉簪螺髻④。落日楼头，断鸿⑤声里，江南游子。把吴钩⑥看了⑦，栏杆拍遍，无人会，登临意。

休说鲈鱼堪脍⑧，尽西风，季鹰⑨归未？求田问舍⑩，怕应羞见，刘郎才气。可惜流年⑪，忧愁风雨⑫，树犹如此⑬！倩⑭何人唤取，红巾翠袖⑮，揾⑯英雄泪！

【注释】

①建康：今江苏南京。

②赏心亭：《景定建康志》："赏心亭在（城西）下水门城上，下临秦淮，尽观赏之胜。"

③遥岑：岑（cén），远山。

④玉簪（zān）螺髻（jì）：玉做的簪子，像海螺形状的发髻，这里比喻高矮和形状各不相同的山岭。

⑤断鸿：失群的孤雁。

⑥吴钩：唐·李贺《南园》："男儿何不带吴钩，收取关山五十州。"吴钩，古代吴地制造的一种宝刀。这里应该是以吴钩自喻，空有一身才华，但是得不到重用。

⑦了：读音liǎo。

⑧鲈鱼堪脍：用西晋张翰典。《世说新语·识鉴篇》记载：张翰在洛阳做官，在秋季西风起时，想到家乡莼菜羹和鲈鱼脍的美味，便立即辞官回乡。后来的文人将思念家乡、弃官归隐称为莼鲈之思。

⑨季鹰：张翰，字季鹰。

⑩"求田问舍"三句：《三国志·魏书·陈登传》，许汜（sì）曾向刘备抱怨陈登看不起他，"久不相与语，自上大床卧，使客卧下床"。刘备批评许汜在国家危难之际只知置地

买房,"如小人(刘备自称)欲卧百尺楼上,卧君于地,何但上下床之间邪"。求田问舍,置地买房。刘郎,刘备。才气,胸怀、气魄。

⑪流年:流逝的时光。

⑫忧愁风雨:风雨,比喻飘摇的国势。化用宋·苏轼《满庭芳》:"百年里,浑教是醉,三万六千场。思量,能几许?忧愁风雨,一半相妨。"

⑬树犹如此:用西晋桓温典。《世说新语·言语》:"桓公北征经金城,见前为琅邪时种柳,皆已十围,慨然曰:'木犹如此,人何以堪!'攀枝执条,泫然流泪。"此处借抒发自己不能抗击敌人、收复失地,虚度时光的感慨。

⑭倩:读音qìng。请托。

⑮红巾翠袖:女子装饰,代指女子。

⑯揾:读音wèn。擦拭。

【阅读提示】

这首词是作者在建康通判任上所作。上阕开头以无际楚天与滚滚长江作背景,境界阔大,触发了家国之恨和乡关之思。"落日楼头"以下,表现词人如离群孤雁、弃置的宝刀难抑胸中郁闷。下阕用三个典故对于四位历史人物进行褒贬,从而表白自己以天下为己任的抱负,叹惜流年如水,壮志成灰。最后流下英雄热泪。

这是稼轩早期词中最负盛名的一篇,艺术上也渐趋成熟境界:豪而不放,壮中见悲,力主沉郁顿挫。上片以山水起势,雄浑而不失清丽。"献愁供恨"用倒卷之笔,迫近题旨。以下七个短句,一气呵成。落日断鸿,把看吴钩,拍遍栏杆,在阔大苍凉的背景上,凸现出一个孤寂的爱国者形象。下片抒怀,写其壮志难酬之悲。不用直笔,连用三个故实,或反用,或正取,或半句缩住,以一波三折、一唱三叹手腕出之。结尾处叹无人唤取红巾"揾英雄泪",遥应上片"无人会,登临意",抒慷慨呜咽之情,也别具深婉之致。

【思考与练习】

1. 在《水龙吟》中作者是通过哪些地方表现自己的"登临意"的?

2. 辛弃疾词长于用典,本首词用了哪些典故?他借用这些历史故事和历史人物分别表达了什么情思?

3. "英雄"一词在南宋时期的诗词作品中经常出现,呼唤英雄成为那个时代的声音。本首词的"英雄"指的是谁?表达了作者怎样的感情?请你在其他的诗词中再找几例。

4. 结合辛弃疾的《永遇乐》(京口北固亭怀古)与《水龙吟》(楚天千里清秋),体会作者创作这两首词时人生处境与心理状态有什么不同。

第九节　扬州慢① (淮左名都)

姜夔

　　姜夔（1154—1221），字尧章，号白石道人，汉族，饶州鄱阳（今江西省鄱阳县）人，南宋文学家、音乐家。姜夔往来鄂、赣、皖、苏、浙间，与诗人词家杨万里、范成大、辛弃疾等交游。庆元中，曾上书乞正太常雅乐。他少年孤贫，屡试不第，终生未仕，一生转徙江湖，靠卖字和朋友接济为生。他多才多艺，精通音律，能自度曲，其词格律严密。其作品素以空灵含蓄著称，有《白石道人歌曲》等。姜夔对诗词、散文、书法、音乐无不精善，是继苏轼之后又一难得的艺术全才。

　　淳熙丙申②至日，予过维扬③。夜雪初霁，荠麦④弥望。入其城，则四顾萧条，寒水自碧，暮色渐起，戍角⑤悲吟。予怀怆然，感慨今昔，因自度此曲。千岩老人⑥以为有"黍离"之悲也。

　　淮左名都⑦，竹西佳处，解鞍少驻初程⑧。过春风十里⑨。尽荠麦青青。自胡马窥江⑩去后，废池乔木⑪，犹厌言兵。渐⑫黄昏，清角吹寒。都在空城。杜郎⑬俊赏，算而今、重到须惊。纵豆蔻⑭词工，青楼⑮梦好，难赋深情。二十四桥⑯仍在，波心荡、冷月无声。念桥边红药⑰，年年知为谁生。

【注释】
①扬州慢：词牌名，又名《郎州慢》，上下阕，九十八字，平韵。此调为姜夔自度曲，后人多用以抒发怀古之思。
②淳熙丙申：淳熙三年（1176）。至日：冬至。
③维扬：扬州（今属江苏）。
④荠麦：荠菜和野生的麦。弥望：满眼。
⑤戍角：军营中发出的号角声。
⑥千岩老人：南宋诗人萧德藻，字东夫，自号千岩老人。姜夔曾跟他学诗，又是他的侄女婿。黍离：《诗经·王风》篇名。据说周平王东迁后，周大夫经过西周故都，看见宗庙毁坏，尽为禾黍，彷徨不忍离去，就做了此诗。后以"黍离"表示故国之思。
⑦淮左名都：指扬州。宋朝的行政区设有淮南东路和淮南西路，扬州是淮南东路的首府，故称淮左名都。左，古人方位名，面朝南时，东为左，西为右。名都，著名的都会。
⑧"解（xiè）鞍"句：少驻，稍作停留；初程，初段行程。
⑨春风十里：杜牧《赠别》诗："春风十里扬州路，卷上珠帘总不如。"这里用以借指扬州。

⑩胡马窥江：指金兵侵略长江流域地区，洗劫扬州。这里应指第二次洗劫扬州。
⑪废池乔木：废毁的池台。乔木：残存的古树。二者都是乱后余物，表明城中荒芜，人烟萧条。
⑫渐：向，到。清角：凄清的号角声。
⑬杜郎：杜牧。唐文宗大和七年到九年，杜牧在扬州任淮南节度使掌书记。俊赏：俊逸清赏。钟嵘《诗品序》："近彭城刘士章，俊赏才士。"
⑭豆蔻：形容少女美艳。豆蔻词工：杜牧《赠别》："娉娉袅袅十三余，豆蔻梢头二月初。"
⑮青楼：妓院。青楼梦好：杜牧《遣怀》诗："十年一觉扬州梦，赢得青楼薄幸名。"
⑯二十四桥：扬州城内古桥，即吴家砖桥，也叫红药桥。
⑰红药：红芍药花，是扬州繁华时期的名花。

【阅读提示】

　　姜夔有十七首自度曲，这是写得最早的一首。上片纪行，下片志感。时届岁暮，"春风十里"用杜牧诗，并非实指行春风中，而是使人联想当年楼阁参差、珠帘掩映的"春风十里扬州路"的盛况。"过春风十里"同"尽荠麦青青"对举，正是词序中所说的"黍离之悲"。杜牧的扬州诗历来脍炙人口，后人常从其诗中了解唐时扬州的风貌。姜夔此词的下片即从杜牧身上落笔，把他的诗作为历史背景，以昔日扬州的繁华同眼前战后的衰败相比，以抒今昔之感，同时也借以自述心情。

　　此词作于宋孝宗淳熙三年（1176），时作者二十余岁。宋高宗绍兴三十一年（1161），金主完颜亮南侵，江淮军败，中外震骇。完颜亮不久在瓜州为其臣下所杀。根据此前小序所说，淳熙三年，姜夔因路过扬州，目睹了战争洗劫后扬州的萧条景象，抚今追昔，悲叹今日的荒凉，追忆昔日的繁华，发为吟咏，以寄托对扬州昔日繁华的怀念和对今日山河破碎的哀思。

【思考与练习】

　　1.《扬州慢》小序交代了什么内容？作者的目的是什么？
　　2. 作者在赴扬州的路上与进入扬州城后的图景分别是什么？这些图景衬托出作者怎样的思想感情？
　　3. "废池乔木，犹厌言兵"一句运用了什么艺术手法？有什么表达效果？
　　4. 如何理解《扬州慢》词中杜牧诗句的引用？

第五章

元明清文学作品精选

第一节　正气歌

文天祥

文天祥（1236—1283），初名云孙，字宋瑞，一字履善。道号浮休道人、文山。吉州庐陵（今江西吉安县）人，宋末政治家、文学家，爱国诗人，抗元名臣，与陆秀夫、张世杰并称为"宋末三杰"。

宝祐四年（1256）进士第一。开庆元年（1259），补授承事郎、签书宁海军节度判官。咸淳六年（1270）四月，任军器监、兼权直学士院，因草拟诏书讽刺权相贾似道，被罢官。德祐元年（1275），元军沿长江东下，文天祥罄家财为军资，招勤王兵至5万人，入卫临安。后来在浙西、江东做制置使兼知平江府。遣将援常州，因淮将张全见危不救而败，退守余杭。后来又任右丞相兼枢密使，奉命赴元军议和，因面斥元丞相伯颜被拘留，押解北上途中逃归。五月，在福州与张世杰、礼部侍郎陆秀夫、右丞相陈宜中等拥立益王赵昰（shì）为帝，提出建议取海道北复江浙，但是被陈宜中阻碍，遂赴南剑州（今福建南平）聚兵抗元。景炎二年（1277）五月，再攻江西，终因势孤力单，败退广东。祥兴元年（1278）十二月，在五坡岭（今广东海丰北）被俘。次年，元朝蒙、汉军都元帅张弘范将其押赴厓山（今新会南），令招降张世杰。文天祥拒之，书《过零丁洋》以明志。

后被解至元大都（今北京），元世祖忽必烈亲自劝降，许以中书宰相之职。文天祥大义凛然，宁死不屈。元至元十九年十二月初九（1283年1月9日），于大都就义。著有《文山诗集》《指南录》《指南后录》《正气歌》等。

余①囚北庭②，坐一土室。室广八尺，深可四寻③。单扉④低小，白间⑤短窄，污下⑥而幽暗。当此夏日，诸气萃然⑦：雨潦四集，浮动床几，时则为水气；涂泥半朝⑧，蒸沤历澜⑨，时则为土气⑩；乍晴⑪暴热，风道四塞⑫，时则为日气；檐阴薪爨⑬，助长炎虐⑭，时则为火气；仓腐寄顿⑮，陈陈逼人⑯，时则为米气；骈肩杂遝⑰，腥臊⑱汗垢，时则为人气；或圊溷⑲、或毁尸⑳、或腐鼠，恶气杂出，时则为秽㉑气。叠是数气㉒，当之者鲜不为厉㉓。而予以孱弱㉔，俯仰其间㉕，於兹㉖二年矣，幸而无恙㉗，是殆有养致然㉘尔。然亦安知所养何哉㉙？孟子曰：吾善养吾浩然之气㉚。彼气有七，吾气有一，以一敌七，吾何患焉㉛！况浩然者，乃天地之正气也，作正气歌一首。

　　　　　天地有正气②，杂然③赋流形。下则为河岳④，上则为日星。
　　　　　于人曰浩然⑤，沛乎③塞苍冥⑤。皇路⑧当清夷⑤，含和吐⑩明庭。
　　　　　时穷节乃见④，一一垂丹青⑫。在齐太史⑬简，在晋董狐笔⑭。
　　　　　在秦张良椎⑮，在汉苏武节⑯。为严将军头⑰，为嵇侍中血⑱。
　　　　　为张睢阳齿⑲，为颜常山舌⑳。或为辽东帽51，清操厉冰雪⑫。
　　　　　或为出师表⑬，鬼神泣壮烈⑭。或为渡江楫，慷慨吞胡羯⑯。
　　　　　或为击贼笏⑰，逆竖⑱头破裂。是气⑲所磅礴，凛烈⑳万古存。
　　　　　当其贯日月㊶，生死安足论。地维赖以立㊷，天柱赖以尊。
　　　　　三纲实系命㊸，道义为之根㊹。嗟予遘阳九㊺，隶也实不力㊻。
　　　　　楚囚缨其冠㊼，传车⑱送穷北。鼎镬甘如饴⑲，求之不可得。
　　　　　阴房阗鬼火⑰，春院閟天黑⑪。牛骥同一皂，鸡栖凤凰食⑫。
　　　　　一朝蒙雾露⑬，分作沟中瘠⑭。如此再寒暑⑮，百沴自辟易⑯。
　　　　　哀哉沮洳场⑰，为我安乐国。岂有他缪巧⑱，阴阳不能贼。
　　　　　顾此耿耿存⑲，仰视浮云白⑳。悠悠我心悲㉑，苍天曷㉒有极。
　　　　　哲人日已远㉓，典刑㉔在夙昔。风檐展书读㉕，古道照颜色㉖。

【注释】

①余：我，第一人称。
②北庭：指元朝首都大都（今北京）。
③寻：古时八尺为一寻。
④单扉：单扇门。
⑤白间：窗户。
⑥污下：低下。
⑦萃（cuì）然：聚集的样子。
⑧涂泥半朝："朝"当作"潮"，意思是狱房墙上涂的泥有一半是潮湿的。
⑨蒸沤历澜：热气蒸，积水沤，到处都杂乱不堪。澜：澜漫，杂乱。
⑩土气：地气。指从泥土中蒸发上升的气体。
⑪乍晴：刚晴，初晴。
⑫风道四塞：四面的风道都堵塞了。
⑬薪爨（cuàn）：烧柴做饭。
⑭炎虐：炎热的暴虐。
⑮仓腐寄顿：仓库里储存的米谷腐烂了。
⑯陈陈逼人：陈旧的粮食年年相加，霉烂的气味使人难以忍受。陈陈：陈陈相因，《史记·平准书》："太仓之粟，陈陈相因。"
⑰骈肩杂遝（tà）：肩挨肩，拥挤杂乱的样子。

⑱腥臊：鱼肉发臭的气味，此指囚徒身上发出的酸臭气味。

⑲圊溷（qīng hùn）：厕所。

⑳毁尸：毁坏的尸体。

㉑秽：肮脏。

㉒叠是数气：这些气加在一起。

㉓鲜不为厉：很少有不生病的。厉：病。

㉔屏弱：虚弱。

㉕俯仰其间：生活在那里。

㉖於兹：至今。

㉗无恙：没有生病。

㉘是殆有养致然：这大概是因为会保养正气才达到这样的吧。殆：大概。有养：保有正气。语本《孟子·公孙丑》："我善养吾浩然之气。"致然：使然，造成这样子。

㉙"然尔"句：然而又怎么知道所保养的内容是什么呢？

㉚孟子：名轲，战国时代的思想家。孟子及学生合著有《孟子》一书，为儒家经典。浩然之气：纯正博大而又刚强之气。见《孟子·公孙丑》。

㉛吾何患焉：我还怕什么呢。中国古代的许多思想家都认为浩然正气对于人身有无所不能的巨大力量。

㉜天地有正气：天地之间充满正气，它赋予各种事物以不同形态。这类观点明显有唯心色彩，但作者主要用以强调人的节操。

㉝杂然：纷繁，多样。

㉞下则为河岳：是说地上的山岳河流，天上的日月星辰，都是由正气形成的。

㉟于人曰浩然：赋予人的正气叫浩然之气，它充满天地之间。

㊱沛乎：旺盛的样子。

㊲苍冥：天地之间。

㊳皇路：国运，国家的局势。

㊴清夷：清平，太平。

㊵吐：表露。

㊶见：同"现"，表现，显露。

㊷垂丹青：见于画册，传之后世。垂：留存，流传。丹青：图画，古代帝王常把有功之臣的肖像和事迹叫画工画出来。

㊸太史：史官。简：古代用以写字的竹片。《左传·襄公二十五年》载：春秋时，齐国大夫崔杼把国君杀了，齐国的太史在史册中写"崔杼弑其君"。崔杼怒，把太史杀了。太史的两个弟弟继续写，都被杀，第三个弟弟仍这样写，崔杼没有办法，只好让他写在史册中。

㊹在晋董狐笔：《左传·宣公二年》载，春秋时，晋灵公被赵穿杀死，晋大夫赵盾没有处置赵穿，太史董狐在史册上写道："赵盾弑其君。"孔子称赞这样写是"良史"笔法。

㊺张良椎：《史记·留侯传》载，张良祖上五代人都做韩国的丞相，韩国被秦始皇灭

掉后，他一心要替韩国报仇，找到一个大力士，持一百二十斤的大椎，在博浪沙（今河南省新乡县南）伏击出巡的秦始皇，未击中。后来张良辅佐刘邦建立汉朝，封留侯。

㊻苏武节：《汉书·李广苏建传》载，汉武帝时，苏武出使匈奴，匈奴人要他投降，他坚决拒绝，被流放到北海（今西伯利亚贝加尔湖）边牧羊。为了表示对祖国的忠诚，他一天到晚拿着从汉朝带去的符节，牧羊十九年，始终坚贞不屈，后来终于回到汉朝。

㊼严将军：《三国志·蜀志·张飞传》载，严颜在刘璋手下做将军，镇守巴郡，被张飞捉住，要他投降，他回答说："我州但有断头将军，无降将军！"张飞见其威武不屈，把他释放了。

㊽嵇侍中：嵇绍，嵇康之子，晋惠帝时做侍中（官名）。《晋书·嵇绍传》载，晋惠帝永兴元年（304），皇室内乱，惠帝的侍卫都被打垮了，嵇绍用自己的身体遮住惠帝，被杀死，血溅到惠帝的衣服上。战争结束后，有人要洗去惠帝衣服上的血，惠帝说："此嵇侍中血，勿去！"

㊾张睢（suī）阳：唐朝的张巡。《旧唐书·张巡传》载，安禄山叛乱，张巡固守睢阳（今河南省商丘市），每次上阵督战，大声呼喊，牙齿都咬碎了。城破被俘，拒不投降，敌将问他："闻君每战，皆目裂，嚼齿皆碎，何至此耶？"张巡回答说："吾欲气吞逆贼，但力不遂耳。"敌将视其齿，存者不过三数。

㊿颜常山：唐朝的颜杲卿，任常山太守。《新唐书·颜杲卿传》载，安禄山叛乱时，他起兵讨伐，后城破被俘，当面大骂安禄山，被钩断舌头，仍不屈，被杀死。

(51)辽东帽：东汉末年的管宁有高节，是在野的名士，避乱居辽东（今辽宁省辽阳市），一再拒绝朝廷的征召，他常戴一顶黑色帽子，安贫讲学，名闻于世。

(52)清操厉冰雪：是说管宁严格奉守清廉的节操，凛如冰雪。厉：严肃，严厉。

(53)出师表：诸葛亮出师伐魏之前，上表给蜀汉后主刘禅，表明自己为统一事业奋斗到底的决心。表文中有"鞠躬尽力，死而后已"的名言。

(54)鬼神泣壮烈：鬼神也被诸葛亮的壮烈精神感动得流泪。

(55)渡江楫：东晋爱国志士祖逖率兵北伐，渡长江时，敲着船桨发誓北定中原，后来终于收复黄河以南失地。楫：船桨。

(56)胡羯：古代对北方少数民族的称呼。过去史书上曾称匈奴、鲜卑、羯、氐、羌为五胡。这句是形容祖逖的豪壮气概。

(57)击贼笏（hù）：唐德宗时，朱泚谋反，召段秀实议事，段秀实不肯同流合污，以笏猛击朱泚的头，大骂："狂贼，吾恨不斩汝万段，岂从汝反耶？"笏：古代大臣朝见皇帝时所持的手板。

(58)逆竖：叛乱的贼子，指朱泚。

(59)是气：这种"浩然之气"。磅礴：充塞。

(60)凛烈：庄严、令人敬畏的样子。

(61)当其贯日月：当正气激昂起来直冲日月的时候，个人的生死还有什么值得计较的。

(62)地维赖以立：是说地和天都依靠正气支撑着。地维：古人以为天圆地方，天有九柱支撑，地有四根绳子系缀。

(63) 三纲实系命：是说三纲实际系命于正气，即靠正气支撑着。

(64) 道义为之根：道义以正气为根本。

(65) 嗟：感叹词。遘（gòu）：遭逢，遇到。阳九：即百六阳九，古人用以指灾难年头，此指国势的危亡。

(66) 隶也实无力：是说我实在无力改变这种危亡的国势。隶：地位低的官吏，此为作者谦称。

(67) 楚囚缨其冠：《左传·成公九年》载，春秋时被俘往晋国的楚国俘虏钟仪戴着一种楚国帽子，表示不忘祖国，被拘囚者，晋侯问是什么人，旁边人回答说是"楚囚"。这里作者是说，自己被拘囚着，把从江南戴来的帽子的带系紧，表示虽为囚徒仍不忘宋朝。

(68) 传车：官办交通站的车辆。穷北：极远的北方。

(69) 鼎镬（huò）甘如饴：身受鼎镬那样的酷刑，也感到像吃糖一样甜，表示不怕牺牲。鼎镬：大锅。古代一种酷刑，把人放在鼎镬里活活煮死。

(70) 阴房阗（tián）鬼火：囚室阴暗寂静，只有鬼火出没。杜甫《玉华宫》诗："阴房鬼火青。"阴房：见不到阳光的居处，此指囚房。阗：充满、填塞。

(71) 春院闭（bì）天黑：虽在春天里，院门关得紧紧的，照样是一片漆黑。杜甫《大云寺赞公房》诗："天黑闭春院。"闭：关闭。

(72) 牛骥同一皂：牛和骏马同槽，鸡和凤凰共处，比喻贤愚不分，杰出的人和平庸的人都关在一起。骥：良马。皂：马槽。鸡栖：鸡窝。

(73) 一朝蒙雾露：一旦受雾露风寒所侵。蒙：受。

(74) 分作沟中瘠：料到自己一定成为沟中的枯骨。分：料，估量。沟中瘠：弃于沟中的枯骨。《说苑》："死则不免为沟中之瘠。"

(75) 如此再寒暑：在这种环境里过了两年。

(76) 百沴（lì）自辟易：各种致病的恶气都自行退避了。这是说没有生病。

㊗ 沮洳（rù）场：低下阴湿的地方。

㊘ "岂有"二句：哪有什么妙法奇术，使得寒暑都不能伤害自己？缪巧：智谋，机巧。贼：害。

㊙ 顾此耿耿在：只因心中充满正气。顾：但，表示意思有转折的连接词。此：指正气。耿耿：光明貌。

㊚ 仰视浮云白：对富贵不屑一顾，视若浮云。《论语·述而》："不义而富且贵，于我如浮云。"

㊛ 悠悠我心悲：我心中亡国之痛的忧思，像苍天一样，哪有尽头。

㊜ 曷（hé）：何，哪。极：尽头。

㊝ 哲人日以远：古代的圣贤一天比一天远了。哲人：贤明杰出的人物，指上面列举的古人。

㊞ 典刑：榜样，模范。刑，通"型"。夙昔：从前，过去。

㊟ 风檐展书读：在临风的廊檐下展开史册阅读。

㊠ 古道照颜色：古代传统的美德，闪耀在面前。

【阅读提示】

《正气歌》是南宋诗人文天祥在狱中写的一首五言古诗。诗的开头即点出浩然正气存乎天地之间，至时穷之际，必然会显示出来。随后连用十二个典故，都是历史上有名的人物，他们的所作所为凛然显示出浩然正气的力量。接下来八句说明浩然正气贯日月，立天地，为三纲之命、道义之根。最后联系到自己的命运，自己虽然兵败被俘，处在极其恶劣的牢狱之中，但是由于自己一身正气，各种邪气和疾病都不能侵犯自己，因此能够坦然面对自己的命运。全诗感情深沉、气壮山河、直抒胸臆、毫无雕饰，充分体现了作者崇高的民族气节和强烈的爱国主义精神。

这首诗用古体诗的语调来写，而不取近体的排偶整饬，显得高古悲壮，酣畅淋漓地表现了作者的忠肝义胆、铮铮铁骨；在歌赞先烈的同时，展现了作者崇高的民族气节和伟大的爱国主义精神，塑造了一位正气凛然的民族英雄形象。在艺术特色上，全诗用韵富有变化，与文义互为烘托；旁征博引，具体体现了浩然正气的巨大力量；语多排比句式，文气绵密贯串，节奏整齐明快。

这首诗的序为散文，有骈句，有散句，参差出之，疏密相间。在序里，作者先以排句铺陈，以骈散穿插描写了牢狱之中的"七气"，极力渲染出监牢环境的恶浊之至。而诗人又说自己身体本来羸弱，但在"七气"的夹攻之下，竟然安好无恙，那就是因为靠着胸中的浩然正气，有了正气在胸，便能抵御所有的邪气、浊气，这些说明了写《正气歌》的原因，接着便引出下面对"正气"的咏叹。因此，序和诗在构思上是有连属的，在技巧上是前后照应的，是全诗的有机组成部分。

全诗可分为三部分。从"天地有正气"到"一一垂丹青"为第一部分。这部分是对浩然之气的热情礼赞。"正气"与天地并生，与宇宙同在，诗人首先写出"正气"的这种伟大性质，使"正气"的描写，有了一种充塞乎天地之间的崇高美。天地万物，均受"正气"之禀赋。下至大地山河，上至日月星辰，都是气的化育生成。下面诗人将笔一转，便将"正气"转到人的身上，人的浩然正气，充塞于苍冥，可见正气的力量。"皇路"二句，写清平之时，禀受正气之人雍容和雅，为朝廷的清明政治尽力。这两句不是重心所在，而是下面的陪衬。下面，诗人笔锋又转，写在危难之际，禀受正气之人便表现出了凛凛气节，他们为了正义而不避祸难，留下了可歌可泣的业绩彪炳于青史。"一一垂丹青"，又是第一部分到第二部分之间的过渡之笔，显得十分自然。

从"在齐太史简"到"道义为之根"为第二部分。在这部分里，诗人历数了史册上十二位忠臣义士的壮烈之举，来写浩然正气的体现。诗人连用四个"在"字，形成了一连串的排比句式，显得气势极为充沛。正因为"正气"的赋予，才有了这些志士的壮举。诗人为避免单调，将"为严将军头"等四句换成了"为"字的排比句。之后，诗人稍作舒缓，以"或为"为排比句，每两句写一人。诗人通过以上三组排比句，歌颂了中华历史上十二位忠臣义士的壮烈之举。这其中，有的是不畏权奸、秉笔直书的史官；有的是誓在驱敌的将相；有的是面对强敌，宁死不屈的义士，他们有共同之处就是忠烈。辩证来看，"忠"

是要作具体分析的,但这些人物的"烈"是极为感人的。"是气所磅礴"到"道义为之根",由上述人物的忠勇壮烈,概括"正气"。"正气"所钟,可以不论生死。"地维""天柱",实际是说封建王朝的社稷得以保持的精神支柱。"三纲"句,有封建伦理道德的内容,"道义"也是如此。就是说,"正气"是以封建的伦理道德价值观念作为基础的。"正气"作为激励爱国志士的精神力量,创造了许多可歌可泣的业绩,但从历史发展的角度来看,它的封建伦理性质也应该指出。

从"嗟余遘阳九"到"古道照颜色"为第三部分。前面是说正义赋予历史上那些忠义之士以忠烈之绩,从"嗟余"开始则转向诗人自己。"遘阳九"是说自己遭逢厄运,"隶也"句是说自己对国家危亡也无力回天。"楚囚"两句,一方面写自己被押到北方囚禁,另一方面,借楚囚南冠的典故,表达自己忠于宋室、矢志向南的心情。用典极为恰当贴切,在叙述中深刻地表达了自己的情怀。"鼎镬"两句,抒写诗人视死如归的壮烈之志。"阴房"六句,写环境的幽暗恶浊。"如此"两句,则是写自己正气在胸,百沴辟易的情形。"哀哉"六句,说自己耿耿丹心、浩浩正气是抵御"百沴"的法宝,任何邪恶之气,都不能使自己受到戕害。"哲人"四句,是全诗的结语,揭示出作歌的主旨。先哲已逝,但正气赋予他们的壮烈事迹,在史册上永远是炳炳烺烺,千古不灭。诗人从这些忠烈之士身上,得到正气的沾濡。古来忠臣义士的烈举,是诗人乐于学习的典范。"风檐"两句,显得十分从容不迫。

全篇的结构核心是"时穷节乃见"。作者先以"天地有正气"发端,然后层层陪衬,突出"时穷节乃见"。之后再历举"哲人"事迹证明"时穷节乃见";又以自己因于土牢而坚贞不屈来表明"时穷节乃见"。全诗篇幅宏大而主旨突出、脉络分明,浩然正气直贯全篇,故历述古人事迹和己身遭遇而无堆砌之感。先写古人而后写自身,并表明"时穷节乃见"的古人正是自己的楷模,表现出他的浩然正气植根于中华民族优秀文化传统的沃壤之中。正由于继承、光大了优秀文化传统,才使作者文天祥成为一位民族英雄,让他发扬了爱国精神和民族气节,也使他的这篇古诗成为弘扬爱国精神和民族气节的典范之作。

【思考与练习】

1. 文章中提到的"七气"是什么?作者是凭借什么战胜的?
2. 结合文章,谈一谈作者对孟子的"浩然之气"是如何发展的。
3. 根据自己的理解,说一说文章的主题思想是什么。

第二节　山坡羊

潼关怀古

张养浩

张养浩（1270—1329），汉族，字希孟，号云庄，又称齐东野人，济南（今山东省济南市）人，元代著名政治家，文学家。生于元世祖至元七年（1270），卒于元文宗天历二年（1329）。

峰峦如聚①，波涛如怒②，山河表里潼关路③。望西都④，意踌躇⑤。伤心秦汉经行处，宫阙万间都做了土⑥。兴，百姓苦；亡，百姓苦⑦。

【注释】

①峰峦如聚：形容群峰攒集，层峦叠嶂。聚：聚拢，包围。

②波涛如怒：形容黄河波涛的汹涌澎湃。怒：指波涛汹涌。

③"山河"句：外面是山，里面是河，形容潼关一带地势险要。具体指潼关外有黄河，内有华山。表里：内外。《左传·僖公二十八年》："表里山河，必无害也。"杜预注："晋国外河而内山。"潼关：古关口名，在今陕西省临潼县，关城建在华山山腰，下临黄河，扼秦、晋、豫三省要冲，非常险要，为古代入陕门户，是历代的军事重地。

④西都：指长安（今陕西西安）。这是泛指秦汉以来在长安附近所建的都城。秦、西汉建都长安，东汉建都洛阳，因此称洛阳为东都，长安为西都。

⑤踌躇：犹豫、徘徊不定，心事重重，此处形容思潮起伏，感慨万端陷入沉思，表示心里不平静。一作"踟蹰（chí chú）"。

⑥"伤心"二句：目睹秦汉遗迹，旧日宫殿尽成废墟，内心伤感。伤心：令人伤心，形容词作动词。秦汉经行处：秦朝都城咸阳和西汉的都城长安都在陕西省境内潼关的西面。经行处，经过的地方。指秦汉故都遗址。宫阙：宫，宫殿；阙，皇宫门前面两边的楼观。

⑦兴：指政权的统治稳固。兴、亡：指朝代的盛衰更替。

【阅读提示】

《山坡羊·潼关怀古》是元代著名文学家张养浩的散曲代表作品，"山坡羊"是曲牌名，"潼关怀古"是曲题。这是他赴陕西救灾途经潼关所作的。此曲抚今追昔，从历代王朝的兴衰更替，想到人民的苦难，一针见血地点出了封建统治与人民的对立，表现了作者对历史的思索和对人民的同情。这种同情与关怀的出发点是儒家经世济民的思想，在传统的五言、七言诗歌中本为常见，但在元代散曲中少有。

全曲分三层：第一层（头三句），写潼关雄伟险要的形势。张养浩途经潼关，看到的是"峰峦如聚，波涛如怒"的景象。第二层（四—七句），写作者途经潼关时的所见之感，主要写从关中长安万间宫阙化为废墟而产生的深沉的感慨。第三层（末四句），总写作者沉痛的感慨：历史上无论哪一个朝代，它们兴盛也罢，败亡也罢，老百姓总是遭殃受苦。

"兴，百姓苦；亡，百姓苦"是全曲之眼，是全曲主题的开拓和深化。正因为最后两句使得这首曲的境界大大高出同题材的其他作品。这首曲可贵之处在于它有深切的人文关怀，有对老百姓疾苦的深切同情与关怀。"亡，百姓苦"好理解，王朝灭亡之际战乱频仍，民不聊生。"兴，百姓苦"的原因则是：王朝之"兴"必大兴土木，搜刮民脂民膏，百姓不堪其苦。《潼关怀古》中对历史的概括，显指元代现实生活；怀古实乃伤今，沉重实乃责任。

在写法上，作者采用的是层层深入的方式，由写景而怀古，再引发议论。苍茫的景色、深沉的情感和精辟的议论三者完美结合让这首小令有了强烈的感染力。字里行间充满着历史的沧桑感和时代感确保了文章既有怀古诗的特色，又有与众不同的沉郁风格。

【思考与练习】

1. 请分析"兴，百姓苦；亡，百姓苦"的原因。
2. 作品用了哪些修辞手法？
3. 作品蕴含了作者怎样的思想感情？

第三节　咏史①

龚自珍

龚自珍（1792—1841）浙江杭州人，清代思想家、文学家及改良主义的先驱者。27岁中举人，38岁中进士。曾任内阁中书、宗人府主事和礼部主事等官职。主张革除弊政，抵制外国侵略，曾全力支持林则徐禁鸦片。48岁辞官南归，次年暴卒于江苏丹阳云阳书院。他的诗文主张"更法""改图"，揭露清统治者的腐朽，洋溢着爱国热情，被柳亚子誉为"三百年来第一流"。著有《定庵文集》，留存文章300余篇，诗词近800首，今人辑为《龚自珍全集》。著名诗作《己亥杂诗》共315首。

> 金粉东南十五州②，万重恩怨属名流③。
> 牢盆狎客操全算④，团扇才人踞上游⑤。
> 避席畏闻文字狱⑥，著书都为稻粱谋⑦。
> 田横五百人安在⑧，难道归来尽列侯⑨？

【注释】

①此题虽为"咏史"，实为揭露社会现实，作于清道光五年乙酉年（1825）。

②金粉：妇女化妆用品，用作繁华绮丽之意。这里指景象繁华。十五州：泛指长江下游地区。

③恩怨：指情侣夫妻间的恩爱悲怨之情。属（zhǔ）：表结交。名流：知名之士。这里指当时社会上沽名钓誉的头面人物。此句指"名流"在声色和名利场中彼此猜忌争夺，恩怨重重。

④牢盆：煮盐器，代指盐商，此诗中实指主管盐务的官僚。狎（xiá）客：权贵豪富豢养的亲近的清客。操全算：稳操胜算，全盘如意。

⑤团扇：圆扇，古代宫妃、歌妓常手执白绢团扇。才人：宫中女官。团扇才人：指善于逢迎献媚、阿谀奉承等奸佞小人以及善作巧词艳诗的无聊文人。踞上游：指占据高位。

⑥避席：古人席地而坐，为表示恭敬或畏惧离席而起。文字狱：指清统治者迫害知识分子的一种冤狱，故意在作者诗文中摘取字句，罗织成罪。康熙、雍正、乾隆几代文字狱尤为厉害。

⑦稻粱谋：只考虑维持生计。语出杜甫《同诸公登慈恩寺塔》一诗："君看随阳雁，各有稻粱谋。"

⑧田横：秦末群雄之一，原为齐国贵族，在陈胜吴广起义后，田横与田儋、田荣也反秦自立，兄弟三人先后占据齐地为王。后刘邦统一天下，田横不肯称臣于汉，率门客逃往海岛，刘邦派人招抚，田横被迫赴洛，在途中自杀，其500名部下也随他悲壮自杀。

⑨列侯：爵位名。汉制，王子封侯，称诸侯；异姓功臣受封，称列侯。

【阅读提示】

龚自珍这首《咏史》诗写出了清代一些知识分子的典型心情。清前期曾屡兴文字狱，大量知识分子因文字获罪被杀。在这种酷虐的专制统治下，大多数知识分子不敢参与集会，言行十分谨慎，唯恐被牵入文字狱中。他们著书立说，也只是为了自己的生计，弄口饭吃，不敢追求真理，直抒自己的见解。作者是清代后期的一个有叛逆精神的思想家，对这种现象十分愤慨，因而以婉转之笔出之。

对于当时日趋颓废的社会风气，诗人有着清醒的认识。此诗以东南一带上层社会生活为背景，对这一现象作了充分的揭示。首联以概括之笔，渲染东南名流们纸醉金迷的生活，暴露其空虚无聊的精神世界。颔联写市侩小人、虚浮之徒把握权柄、占据要津的不合理现象。颈联则反映处于思想高压下的文人们，已成为一群苟且自保的庸俗之辈。尾联借田横五百壮士舍生取义的故事，感叹气节丧尽、毫无廉耻的社会现状。

此诗从现实感慨出发，以历史故事作为映衬，以悲愤的心情谴责社会的堕落，具有强烈的批判与讽刺效果。诗句铿锵有力，掷地有声。

【思考与练习】

1. 这首诗的主题思想是什么？
2. 举例说说诗中一共讽刺了哪几类人。

第六章

现当代文学作品精选

第一节　再别康桥①

徐志摩

徐志摩（1897—1931），浙江海宁人，中国著名诗人、散文家，新月派代表诗人。1915年毕业于杭州一中，先后就读于上海沪江大学、天津北洋大学和北京大学。1918年赴美国克拉克大学学习银行学。同年，转入纽约的哥伦比亚大学研究院经济系学习。1921年赴英国留学，入剑桥大学当特别生，研究政治经济学。在剑桥两年深受西方教育的熏陶及欧美浪漫主义和唯美派诗人的影响。1923年成立新月社。1924年任北京大学教授。1926年任光华大学、大夏大学和南京中央大学（1949年更名为南京大学）教授。1930年辞去了上海和南京的职务，应胡适之邀，再度任北京大学教授，兼北京女子师范大学教授。1931年11月19日因飞机失事罹难。

徐志摩是五四时期新月诗派最具代表性的诗人。他的诗歌主要收录在《志摩的诗》《翡冷翠的一夜》《云游》《猛虎集》这四部诗集中。徐志摩的诗歌努力实践新月诗派所提出的"建筑美""绘画美""音乐美"理论主张，通过诗歌传达出对爱情、自由、美的赞美和追求；对妨碍人性自由发展的现实社会深感不满，对下层人民寄予人道主义的同情；憧憬、崇拜大自然，借以抒发情感，寄寓人生理想。徐志摩诗字句清新，韵律谐和，比喻新奇，想象丰富，意境优美，神思飘逸，富于变化，并追求艺术形式的整饬、华美，具有鲜明的艺术个性。

轻轻的我走了，
正如我轻轻的来；
我轻轻的招手，
作别西天的云彩。

那河畔的金柳，
是夕阳中的新娘；
波光里的艳影，
在我的心头荡漾。

软泥上的青荇②，
油油的在水底招摇③；
在康河的柔波里，
我甘心做一条水草！

那榆荫下的一潭，
不是清泉，是天上虹；
揉碎在浮藻间，
沉淀着彩虹似的梦。

寻梦？撑一支长篙④，
向青草更青处漫溯⑤；
满载一船星辉，
在星辉斑斓里放歌。

但我不能放歌，
悄悄是别离的笙箫；
夏虫也为我沉默，
沉默是今晚的康桥！

悄悄的我走了，
正如我悄悄的来；
我挥一挥衣袖，
不带走一片云彩。

【注释】

①本篇最初发表于1928年12月《新月》第一卷第10号，收入《猛虎集》。康桥即剑桥，1920年10月至1922年8月，诗人曾游学于此。1928年秋，徐志摩出国再度至英国剑桥大学。

②青荇（xìng）：多年生草本植物，叶子略呈圆形，浮在水面，根生在水底，花黄色。《诗经·周南·关雎》："参差荇菜，左右流之。"

③招摇：这里有"逍遥"之意。

④篙（gāo）：用竹竿或杉木等制成的撑船工具。

⑤溯（sù）：逆着水流的方向走。

【阅读提示】

《再别康桥》是徐志摩最著名的诗篇之一。它表达了诗人故地重游眷念、珍惜而又略带忧郁的情怀，是一首精致的抒情佳作。第1节写久违的学子作别母校时的万千离愁。连用三个"轻轻的",使我们仿佛感受到诗人踮着足尖,像一股清风一样来了,又悄无声息地荡去;而那至深的情丝,竟在招手之间,幻成了"西天的云彩"。第2节至第6节,描写诗人在康河里泛舟寻梦。披着夕照的金柳,软泥上的青荇,树荫下的水潭,一一映入眼帘。两个暗喻用得颇为精到:第一个将"河畔的金柳"大胆地想象为"夕阳中的新娘",使无生命的景语,化作有生命的活物,温润可人;第二个是将清澈的潭水疑作"天上虹",被浮藻揉碎之后,竟变了"彩虹似的梦"。正是在意乱情迷之间,诗人如庄周梦蝶,物我两忘,直觉得"波光里的艳影/在我的心头荡漾",并甘心在康河的柔波里,做一条招摇的水草。这种主客观合一的佳构既是妙手偶得,也是千锤百炼之功。第5、6节,诗人翻出了一层新的意境。借用"梦/寻梦","满载一船星辉,/在星辉斑斓里放歌","放歌,/但我不能放歌","夏虫也为我沉默/沉默是今晚的康桥"四个叠句,将全诗推向高潮,正如康河之水,一波三折!而他在青草更青处,星辉斑斓里跤足放歌的狂态终未成就,此时的沉默而无言,又胜过多少情语啊!最后一节以三个"悄悄的"与首阕回环对应。潇洒地来,又潇洒地走。挥一挥衣袖,抖落的是什么?已无须赘言。既然在康桥涅槃过一次,又何必带走一片云彩呢?全诗一气呵成,荡气回肠,是对徐志摩"诗化人生"的最好描述。胡适尝言:"他的人生观真是一种'单纯信仰',这里面只有三个大字:一个是爱,一个是自由,一个是美。"

整首诗的意境优美动人,风格洗练清丽。在对复杂的情感世界的表现中,作者只选取了几个有代表性的意象,就达到了意蕴丰赡而动人的艺术效果。其明暗喻交互一体,比喻中暗含象征性的写法,情与景水乳交融,大大丰富了诗的内涵,同时诗歌还富有建筑和音乐的形式美。全诗分为七节,每节四行,每行两顿或三顿,不拘一格而又法度严谨,每行有规律地错落排列,整齐而不板滞,活泼而有法度。韵式上严守二、四押韵,抑扬顿挫,朗朗上口。这优美的节奏像涟漪般荡漾开来,既是虔诚的学子寻梦的跫音,又契合诗人感情的潮起潮落,带给人一种独特的审美愉悦感。

【思考与练习】

1. 新月诗派"三美"理论主张指的是哪"三美"?
2. 本诗的主题思想是什么?
3. 这首诗歌在艺术上有哪些特点?

第二节 雨巷①

戴望舒

戴望舒（1905—1950），原名戴梦鸥，浙江杭州人。20世纪30年代中国著名的现代派诗人之一。他的笔名出自屈原的《离骚》"前望舒使先驱兮，后飞廉使奔属"。1923年秋天，考入上海大学文学系。1925年，转入震旦大学学习法语，此间开始从事文学创作。1929年4月，第一本诗集《我的记忆》出版，其中《雨巷》优美、哀感、惆怅、朦胧，富有音乐美，成为传诵一时的名作，他因此被称为"雨巷诗人"。1932年参加施蛰存主编的《大公报》文艺副刊，发起出版《耕耘》杂志。1938年春在香港主编《星岛日报·星岛》副刊，1939年和艾青主编《顶点》，1941年年底被捕入狱。在狱中写下了《狱中题壁》《我用残损的手掌》《心愿》《等等》等诗篇，抒发了视死如归的豪情和对祖国、人民的怀念。1949年6月，在北平出席了中华文学艺术工作代表大会。中华人民共和国成立后，在新闻总署从事编译工作。1950年在北京病逝。

戴望舒先后出版了《我的记忆》《望舒草》《望舒诗稿》《灾难的岁月》四部诗集，共存诗90余首。他前期的诗歌多写爱情苦闷和个人忧郁，感伤抒情倾向较为明显，因受到西方象征主义诗歌的影响，意象朦胧、含蓄，格调幽玄、枯涩；抗战之后，戴望舒诗歌更多关注国家民族的命运，在民族苦难中审视个人的不幸，回荡着强烈的爱国主义激情，格调明朗、雄健。

撑着油纸伞，独自
彷徨在悠长，悠长
又寂寥的雨巷，
我希望逢着
一个丁香②一样地
结着愁怨的姑娘。

她是有
丁香一样的颜色，
丁香一样的芬芳，
丁香一样的忧愁，
在雨中哀怨，
哀怨又彷徨；

她彷徨在这寂寥的雨巷，
撑着油纸伞
像我一样，
像我一样地
默默彳亍③着，
冷漠，凄清，又惆怅。

她静默地走近
走近，又投出
太息④一般的眼光，
她飘过
像梦一般地，
像梦一般地凄婉迷茫。

像梦中飘过
一枝丁香地，
我身旁飘过这女郎；
她静默地远了，远了，
到了颓圮⑤的篱墙，
走尽这雨巷。

在雨的哀曲里，
消了她的颜色，
散了她的芬芳，
消散了，甚至她的，
太息般的眼光，
丁香般的惆怅。

撑着油纸伞，独自
彷徨在悠长，悠长
又寂寥的雨巷，
我希望飘过
一个丁香一样地
结着愁怨的姑娘。

【注释】

①《雨巷》写于1927年夏天，血腥的"四一二"大屠杀之后，诗人时年22岁。曾因投身革命而被捕的诗人，面对笼罩全国的白色恐怖，在痛苦中陷于彷徨迷惘。

②丁香：木樨科丁香属落叶灌木或小乔木。因花筒细长如钉且香故名。又称洋丁香。

③彳亍（chìchù）：小步慢走的样子。
④颓圮（tuípǐ）：倒塌。
⑤太息：叹息。

【阅读提示】

　　《雨巷》是戴望舒早期的成名作和代表作。诗歌发表后产生了较大影响，诗人也因此被人称为"雨巷诗人"。诗歌描绘了一幅梅雨时节江南小巷的阴沉图景，借此构成了一个富有浓重象征色彩的抒情意境。在这里，诗人把当时黑暗阴沉的社会现实暗喻为悠长狭窄而寂寥的"雨巷"，没有阳光，也没有生机和活力。而抒情主人公"我"就是在这样的雨巷中孤独地彳亍着的彷徨者。"我"在孤寂中仍怀着对美好理想和希望的憧憬与追求。诗中"丁香一样的姑娘"就是这种美好理想的象征。但是，这种美好的理想又是渺茫的、难以实现的。这种心态，正是大革命失败后一部分有所追求的青年知识分子在政治高压下因找不到出路而陷于惶惑迷惘心境的真实反映。在艺术上，本诗也鲜明地体现了戴望舒早期诗歌的创作特色。它既采用了象征派重暗示、象征的手法，又有格律派对于音乐美的追求。诗中的"我""雨巷""姑娘"并非是对生活的具体写照，而是充满了象征意味的抒情形象。全诗还回荡着一种流畅的节奏和旋律。旋律感主要来自诗韵，除每节大体在第3、6行押韵外，每节的诗行中选用了许多与韵脚呼应的音组。诗中重叠反复手法的运用也强化了音乐效果。

【思考与练习】

1. 联系作品创作的时代背景，谈谈你对《雨巷》的主题思想的理解。
2. 说说"雨巷"和"姑娘"的象征含义。
3. 举例说明《雨巷》艺术特色表现在哪些方面。

第三节　祖国啊，我亲爱的祖国①

舒婷

舒婷（1952—　），原名龚佩瑜，福建厦门人。中国当代著名女诗人，朦胧派的代表人物之一。"文化大革命"后不久舒婷便前往闽西北山区"插队"，三年之后的1972年她回到城市，1979年开始从事文学创作，1983年加入中国作家协会，任厦门市文联主席。2016年12月，舒婷当选中国作家协会第九届全国委员会委员。

"上山下乡"期间，受到了当时著名诗人蔡其矫的指导，舒婷开始从事诗歌和散文创作。舒婷擅长自我情感律动的内省，在把握复杂细致的情感体验方面表现出女性独有的敏感，所以舒婷的诗歌带有鲜明的女性主义色彩。她著有诗集《双桅船》《会唱歌的鸢尾花》《始祖鸟》；散文集《心烟》《秋天的情绪》《露珠里的"诗想"》等。《致橡树》《神女峰》《祖国啊，我亲爱的祖国》等是她著名的代表作品。

　　我是你河边上破旧的老水车，
　　数百年来纺着疲惫的歌；
　　我是你额上熏黑的矿灯，
　　照你在历史的隧洞里蜗行摸索；
　　我是干瘪的稻穗，是失修的路基；
　　是淤滩上的驳船
　　把纤绳深深
　　勒进你的肩膊，
　　——祖国啊！

　　我是贫困，
　　我是悲哀。
　　我是你祖祖辈辈
　　痛苦的希望啊，
　　是"飞天"②袖间
　　千百年未落到地面的花朵，
　　——祖国啊！

　　我是你簇新的理想，
　　刚从神话的蛛网里挣脱；
　　我是你雪被下古莲的胚芽；
　　我是你挂着眼泪的笑涡；

我是新刷出的雪白的起跑线；
是绯红的黎明
正在喷薄；
——祖国啊！

我是你的十亿分之一，
是你九百六十万平方的总和；
你以伤痕累累的乳房
喂养了
迷惘的我、深思的我、沸腾的我；
那就从我的血肉之躯上
去取得
你的富饶、你的荣光、你的自由；
——祖国啊，
我亲爱的祖国！

【注释】

①该诗刊发在1979年6月份的《诗刊》上，是作者第一次使用"舒婷"这个笔名，后收录在作者第一部诗集《双桅船》里。

②飞天：指佛教壁画，或石刻中飞舞在空中的女神。

【阅读提示】

这是一首流行于上世纪七八十年代的朦胧诗。朦胧诗是伴随着文学全面复苏而出现的一个新的诗歌艺术潮流，首先提出"朦胧诗"一说的是1980年《诗刊》第8期发表的名为《令人气闷的朦胧》的文章。朦胧诗的代表人物包括北岛、舒婷、顾城、江河和杨炼等。朦胧诗以内在精神世界为主要表现对象，采用整体形象象征、逐步意向感发的艺术策略和方式来掩饰情思，从而使诗歌文本处在表现自己和隐藏自己之间，呈现为诗境模糊朦胧，诗意隐约含蓄、富含寓意，主题多解多义等特征。

这是一首深沉的爱国之歌。主要通过历史与现实的碰撞交汇，预示着"文化大革命"之后百废待兴的中国必将走向新生，而那些在"文化大革命"中遭受苦难的人们，志愿用自己的"血肉之躯"去构筑走向新生的天梯。本诗最主要的艺术特色在于大量运用新颖传神的意象，如"老水车""矿灯""稻穗""路基""驳船"等，表达作者和祖国不可分割的关系，这些意象在其他赞颂祖国的诗歌中并不常见。另一方面，诗歌在每节结尾反复咏叹"祖国啊"，虽然文字一样，但是内含的思想感情不相同，正是对反复技法的运用，提升了情感的张力，增强了诗歌的艺术感染力。

【思考与练习】

1. 作者对祖国的深厚感情主要通过哪些象征意象表现出来的？
2. 诗歌前两节和后两节分别表达了怎样的思想感情？
3. 将这首诗同其他赞颂祖国的诗歌比较一下，分析该诗的叙述角度和意象同其他诗歌的不同，并试着探求其原因。

第四节　乡愁

余光中

　　余光中（1928—2017），出生于南京，祖籍福建永春，现代著名作家、诗人、学者和翻译家。1952 年毕业于台湾大学外文系，后获得美国爱荷华大学艺术硕士，回国后先后在台湾东吴大学、台湾师范大学、台湾大学、台湾政治大学任教。2017 年 12 月 14 日，余光中逝世于台湾高雄医院，终年 89 岁。

　　余光中涉猎诗歌、散文、评论、翻译四个方向，被誉为文坛的"璀璨五彩笔"和"艺术上的多妻主义者"，他将这些称为写作的"四度空间"。余光中一生著作丰富，梁实秋评价他"右手写诗，左手写散文，成就之高，一时无两"。代表作包括诗集《白玉苦瓜》、散文集《记忆像铁轨一样长》等；诗歌和散文作品包括《乡愁》《乡愁四韵》《听听那冷雨》《山东甘旅》等，其中《乡愁四韵》曾被台湾著名歌手罗大佑编曲并演唱。

> 小时候，
> 乡愁是一枚小小的邮票，
> 我在这头，
> 母亲在那头。
>
> 长大后，
> 乡愁是一张窄窄的船票，
> 我在这头，
> 新娘在那头。
>
> 后来啊，
> 乡愁是一方矮矮的坟墓，
> 我在外头，
> 母亲在里头。
>
> 而现在，
> 乡愁是一湾浅浅的海峡，
> 我在这头，
> 大陆在那头。

【阅读提示】

　　《乡愁》是一首乡愁诗，更是一首爱国诗。诗歌语言简练，意象的选取也不复杂，通过"邮票、船票、坟墓、海峡"四个简单的意象层层推进，表达了诗人对故乡和祖国大陆的深深思念之情，以及对两岸统一的迫切盼望。诗歌曾在2015年春节联欢晚会上被改编为歌曲进行演唱。

《乡愁》采用了现代诗歌常用的"并列式"结构，即将诗歌分为若干节，每节分叙一个内容，再在诗歌的最后一段总结升华，提升主旨。《乡愁》在结构上寓变化于统一，即每节中的四句长短不一，错落有致，同时每节中每句的字数一样，但每节中每句的关键词语又不一样，这些使得诗歌既形成了一种整齐中的参差之美，又在一步步抒情中升华了感情。

【思考与练习】

    1. 试论述诗人的乡愁是如何一步步升华的，并联系于右任的《望大陆》进行理解。

    2.《乡愁》的语言、意象和结构都简单，但这不妨碍它成为名篇，试探究其中的原因。

    3. 试从"音乐美、绘画美、建筑美"三方面评析《乡愁》。

    4. 按照本诗的结构，仿写一首诗歌。

第七章

外国文学作品精选

第一节　我愿是一条急流①

裴多菲

裴多菲·山陀儿（1823—1849），匈牙利伟大的爱国诗人和英雄，革命民主主义者，匈牙利民族文学的奠基人。他出生在一个屠户家庭，上学期间对古典文学、诗歌和戏剧感兴趣，早年当过演员，跟随流浪剧团走遍半个匈牙利，这些经历使他更加接近劳动人民，亲眼目睹了他们的悲惨命运和不幸遭遇。

1848年匈牙利资产阶级革命爆发，他积极投身到革命事业之中。他的一生都与匈牙利人民反抗外国侵略和争取政治自由的斗争联系在一起。1849年夏，在与沙俄的战斗中壮烈牺牲，时年26岁。他的一生短暂又辉煌。

裴多菲从15岁起就开始写诗，以诗歌为武器，鼓舞匈牙利人民为争取民族民主革命的胜利而斗争。他一生中共创作了800多首抒情诗和9首长篇叙事诗，此外还创作有小说、戏剧等。其中最著名的抒情诗有《自由与爱情》《民族之歌》《一个念头在烦恼着我》《我的歌》《我愿是一条急流》《把国王吊上绞架》等，叙事诗的代表有《农村的大锤》《勇敢的约翰》《使徒》等。

我愿是一条急流，
是山间的小河，
穿过崎岖的道路，
从山岩中间滚过……
只要我的爱人
是一条小鱼，
在我的浪花中间，
愉快地游来游去。

我愿是一座荒林，
坐落在河流两岸；
我高声呼叫着，

同暴风雨作战……
只要我的爱人
是一只小鸟,
停在枝头上啼叫,
在我的怀里作巢。

我愿是城堡的废墟,
耸立在高山之巅,
即使被轻易毁灭,
我也并不懊丧……
只要我的爱人
是一根常春藤②,
绿色枝条恰似臂膀,
沿着我的前额上升。

我愿是一所小草棚,
在幽谷中隐藏,
饱经风雨的打击,
屋顶留下了创伤……
只要我的爱人
是熊熊的烈火,
在我的炉膛里,
愉快而缓慢地闪烁。

我愿是一块云朵,
是一面破碎的大旗,
在旷野的上空,
疲倦地傲然停立……
只要我的爱人
是黄昏的太阳,
照射我苍白的脸,
射出红色的光焰。

【注释】

①1846年9月,23岁的裴多菲结识并爱上了伊尔诺茨伯爵的女儿森德莱·尤丽娅,1847年秋,裴多菲终于与心爱的人结为伉俪。此诗的创作,可以看作爱情的表达,当然也可以有多种解读。

②常春藤,属多年生常绿攀援灌木,叶形美丽,四季常青,在南方各地常作垂直绿化使用。

【阅读提示】

本诗采用民歌体的形式写成,作者善于从劳动人民的口头语言中汲取营养,写出来的作品有着真挚的感情和强大的生命力。

诗歌抒发了作者对"我的爱人"的真挚情感。全诗共分五个小节,用五组意象来对应"我"和"我的爱人"的关系:"激流"与"小鱼""荒林"与"小鸟""废墟"与"常春藤""小草棚"与"烈火""云朵"与"黄昏的太阳"。在前两组意象中,"我"的形象高大伟岸,"我的爱人"形象是个依附者、依恋者;后三组意象,表达了"我"的"毁灭"、"创伤"和"破碎",而"我的爱人"则如"常春藤""烈火"和"黄昏的太阳"充满生机,突出其伟大的精神力量。

全诗围绕同一中心,反复吟唱,但反复而不重复,抒发了诗人纯洁而坚贞、博大而无私的爱,同时也表达了诗人希望爱情平等,并在为革命事业的奋斗中相互支持、相互鼓励的观念。

【思考与练习】

1. 裴多菲的诗歌有何显著特征?
2. 本诗的主题思想是什么?
3. 作者运用了哪几组意象来阐述"我"和"我的爱人"的关系?

第二节 麦琪的礼物

欧·亨利

欧·亨利（1862—1910），美国著名短篇小说家，被誉为美国现代短篇小说之父。他的原名为威廉·西德尼·波特（William Sydney Porter），出生于美国北卡罗来纳州，幼年丧母，15岁开始便自谋生计，相继做过药房伙计、牧羊人、会计员、土地局办事员、银行出纳员等工作。1896年，波特所供职的银行账目出现问题，他因是出纳员而被怀疑。为了避免受审，他只身去往拉丁美洲。1897年，他的妻子病重，身在他乡的波特得知消息后回家探望，被捕入狱。在狱中，他开始以欧·亨利为笔名进行创作。

因为对下层人民的生活非常了解，他的作品中出现了较多的小人物，通过描写他们的艰辛处境和不幸遭遇，反映了广阔的社会现实。欧·亨利也因此成为美国著名的批判现实主义作家。

欧·亨利共创作了300多篇小说，代表作有小说集《白菜与国王》《四百万》《命运之路》等，其中的名篇有《麦琪的礼物》《爱的牺牲》《警察和赞美诗》《美中不足》《最后的藤叶》《带家具出租的房间》《贤人的礼物》等。

一元八角七，就这么些钱，其中六毛是一分一分的铜板，一个子儿一个子儿在杂货店老板、菜贩子和肉店老板那儿硬赖来的，每次闹得脸发臊，深感这种据斤播两的交易实在丢人现眼。德拉反复数了三次，还是一元八角七，而第二天就是圣诞节了。

除了扑倒在那破旧的小睡椅上哭嚎之外，显然别无他途。

德拉这样做了，可精神上的感慨油然而生，生活就是哭泣、抽噎和微笑，尤以抽噎占统治地位。

当这位家庭主妇逐渐平静下来之际，让我们看看这个家吧。一套带家具的公寓房子，每周房租八美元。尽管难以用笔墨形容，可它真正够得上乞丐帮这个词儿。

楼下的门道里有个信箱，可从来没有装过信，还有一个电钮，也从没有人的手指按响过电铃。而且，那儿还有一张名片，上写着"杰姆斯·狄林汉·杨先生"。

"迪林厄姆"这个名号是主人先前春风得意之际，一时兴起加上去的，那时候他每星期挣三十美元。现在，他的收入缩减到二十美元，"迪林厄姆"的字母也显得模糊不清，似乎它们正严肃地思忖着是否缩写成谦逊而又讲求实际的字母D。不过，每当杰姆斯·狄林汉·杨先生回家上楼，走进楼上的房间时，杰姆斯·狄林汉·杨太太，就是刚介绍给诸位的德拉，总是把他称作"吉姆"，而且热烈地拥抱他。那当然是再好不过的了。是呀，吉姆是多好的运气呀！

德拉哭完之后，往面颊上抹了抹粉，她站在窗前，痴痴地瞅着灰蒙蒙的后院里一只灰白色的猫正行走在灰白色的篱笆上。明天就是圣诞节，她只有一元八角七给吉姆买一份礼物。她花去好几个月的时间,用了最大的努力一分一分地攒积下来,才得了这样一个结果。一周二十美元实在经不起花,支出大于预算,总是如此。只有一元八角七给吉姆买礼物,她的吉姆啊。她花费了多少幸福的时日筹划着要送他一件可心的礼物,一件精致、珍奇、贵重的礼物——至少应有点儿配得上吉姆所有的东西才成啊。

　　房间的两扇窗子之间有一面壁镜。也许你见过每周房租八美元的公寓壁镜吧。一个非常瘦小而灵巧的人,从观察自己在一连串的纵条影像中,可能会对自己的容貌得到一个大致精确的概念。德拉身材苗条,已精通了这门子艺术。

　　突然,她从窗口旋风般地转过身来,站在壁镜前面。她两眼晶莹透亮,但二十秒钟之内她的面色失去了光彩。她急速地拆散头发,使之完全泼散开来。

　　现在,詹姆斯·迪林厄姆·杨夫妇俩各有一件特别引以为自豪的东西:一件是吉姆的金表,是他祖父传给父亲,父亲又传给他的传家宝;另一件则是德拉的秀发。如果示巴女王①也住在天井对面的公寓里,总有一天德拉会把头发披散下来,露出窗外晾干,使那女王的珍珠宝贝黯然失色;如果地下室堆满金银财宝、所罗门王又是守门人的话,每当吉姆路过那儿,准会摸出金表,好让那所罗门王嫉妒得吹胡子瞪眼睛。

　　此时此刻,德拉的秀发泼散在她的周围,微波起伏,闪耀光芒,有如那褐色的瀑布。她的美发长及膝下,仿佛是她的一件长袍。接着,她又神经质地赶紧把头发梳好。踌躇了一分钟,一动不动地立在那儿,破旧的红地毯上溅落了一两滴眼泪。

　　她穿上那件褐色的旧外衣,戴上褐色的旧帽子,眼睛里残留着晶莹的泪花,裙子一摆,便飘出房门,下楼来到街上。

　　她走到一块招牌前停下来,上写着:"索弗罗妮夫人——专营各式头发"。德拉奔上楼梯,气喘吁吁地定了定神。那位夫人身躯肥大,过于苍白,冷若冰霜,同"索弗罗妮"的雅号简直牛头不对马嘴。

　　"你要买我的头发吗?"德拉问。

　　"我买头发,"夫人说,"揭掉帽子,让我看看发样。"

　　那褐色的瀑布泼散了下来。

　　"二十美元。"夫人一边说,一边内行似的抓起头发。

　　"快给我钱。"德拉说。

　　呵,接着而至的两个小时犹如长了翅膀,愉快地飞掠而过。请不用理会这胡诌的比喻。她正在彻底搜寻各家店铺,为吉姆买礼物。

　　她终于找到了,那准是专为吉姆特制的,绝非为别人。她找遍了各家商店,哪儿也没有这样的东西,一条朴素的白金表链,镂刻着花纹。正如一切优质东西那样,它只以货色论长短,不以装潢来炫耀。而且它正配得上那只金表。她一见这条表链,就知道一定属于吉姆所有。它就像吉姆本人,文静而有价值——这一形容对两者都恰如其分。她花去二十一美元买下了,匆匆赶回家,只剩下八角七分钱。金表匹配这条链子,无论在任何场合,吉姆都可以毫无愧色地看时间了。

　　尽管这只表华丽珍贵,因为用的是旧皮带取代表链,他有时只偷偷地瞥上一眼。

德拉回家之后，她的狂喜有点儿变得审慎和理智了。她找出烫发铁钳，点燃煤气，着手修补因爱情加慷慨所造成的破坏，这永远是件极其艰巨的任务，亲爱的朋友们——简直是件了不起的任务呵。

不出四十分钟，她的头上布满了紧贴头皮的一绺绺小卷发，使她活像个逃学的小男孩。她在镜子里老盯着自己瞧，小心地、苛刻地照来照去。

"假如吉姆看我一眼不把我宰掉的话，"她自言自语，"他定会说我像个科尼岛上合唱队的卖唱姑娘。但是我能怎么办呢——唉，只有一元八角七，我能干什么呢？"

七点钟，她煮好了咖啡，把煎锅置于热炉上，随时都可做肉排。

吉姆一贯准时回家。德拉将表链对叠握在手心，坐在离他一贯进门最近的桌子角上。接着，她听见下面楼梯上响起了他的脚步声，她紧张得脸色失去了一会儿血色。她习惯于为了最简单的日常事物而默默祈祷，此刻，她悄声道："求求上帝，让他觉得我还是漂亮的吧。"

门开了，吉姆步入，随手关上了门。他显得瘦削而又非常严肃。可怜的人儿，他才二十二岁，就挑起了家庭重担！他需要买件新大衣，连手套也没有呀。

吉姆站在屋里的门口边，纹丝不动地好像猎犬嗅到了鹌鹑的气味似的。他的两眼固定在德拉身上，其神情使她无法理解，令她毛骨悚然。既不是愤怒，也不是惊讶，又不是不满，更不是嫌恶，根本不是她所预料的任何一种神情。他仅仅是面带这种神情死死地盯着德拉。

德拉忐忑不安地从桌上跳了下来，走到他身边。

"吉姆，亲爱的，"她喊道，"别那样盯着我。我把头发剪掉卖了，因为不送你一件礼物，我无法过圣诞节。头发会再长起来——你不会介意，是吗？我非这么做不可。我的头发长得快极了。说'恭贺圣诞'吧！吉姆，让我们快快乐乐的。你肯定猜不着我给你买了一件多么好的——多么美丽的礼物啊！"

"你已经把头发剪掉了？"吉姆吃力地问道，似乎他绞尽脑汁也没弄明白这显而易见的事实。

"非但剪了，而且卖了，"德拉说，"不管怎么说，你不也同样喜欢我吗？没了长发，我还是我，不是吗？"

吉姆好奇地向房里四下张望。

"你说你的头发没有了吗？"他带着近乎白痴的神情问道。

"别找啦，"德拉说，"告诉你，我已经卖了——卖掉了，没有啦。这是圣诞前夜，亲爱的。好好对待我，这是为了你呀。也许我的头发数得清，"突然她特别温柔地接下去，"可谁也数不清我对你的恩爱啊。我把肉排烧上好吗，吉姆？"

吉姆好像从恍惚之中醒来，把德拉紧紧地搂在怀里。现在，别着急，先让我们花个十秒钟从另一角度审慎地思索一下某些无关紧要的事。房租每周八美元，或者一百万美元——那有什么差别呢？数学家或才子会给你错误的答案。麦琪②带来了宝贵的礼物，但就是缺少了那件东西，这句晦涩的话，下文将有所交代。

吉姆从大衣口袋里掏出一个小包，扔在桌上。

"别对我产生误会，德儿，"他说道，"无论剪发、修面，还是洗头，我以为世上没有什么东西能减低一点点对我姑娘的爱情。不过，你只要打开那包东西，就会明白刚才为什么使我愣住了。"

白皙的手指灵巧地解开绳子，打开纸包。紧接着是欣喜若狂的尖叫，哎呀！突然变成了女性神经质的泪水和哭泣，立刻需要公寓的主人用尽办法来安慰她。

因为摆在眼前的是那套插在头发上的梳子——全套梳子，包括两鬓用的，后面的，样样俱全。那是很久以前德拉在百老汇的一个橱窗里见过并羡慕得要死的东西。这些美妙的发梳，纯玳瑁做的，边上镶着珠宝——其色彩正好同她失去的美发相匹配。她明白，这套梳子实在太昂贵，对此，她仅仅是羡慕渴望，但从未想到过据为己有。现在，这一切居然属于她了，可惜那有资格佩戴这垂涎已久的装饰品的美丽长发已无影无踪了。

不过，她依然把发梳搂在胸前，过了好一阵子才抬起泪水迷蒙的双眼，微笑着说："我的头发长得飞快，吉姆！"

随后，德拉活像一只被烫伤的小猫跳了起来，叫道，"喔！喔！"

吉姆还没有瞧见他的美丽的礼物哩。她急不可耐地把手掌摊开，伸到他面前，那没有知觉的贵重金属似乎闪现着她的欢快和热忱。

"漂亮吗，吉姆？我搜遍了全城才找到了它。现在，你每天可以看一百次时间了。把表给我，我要看看它配在表上的样子。"

吉姆非但不按她的吩咐行事，反而倒在睡椅上，两手枕在头下，微微发笑。

"德拉，"他说，"让我们把圣诞礼物放在一边，保存一会儿吧。它们实在太好了，目前尚不宜用。我卖掉金表，换钱为你买了发梳。现在，你做肉排吧。"

那三位麦琪，读者都知道，全都是有智慧的人——非常有智慧的人，他们把礼物带来送给出生在马槽里的圣婴耶稣。他们首创了圣诞节馈赠礼物的风俗。由于他们是聪明人，毫无疑问，他们的礼物也是聪明的礼物，如果碰上两样东西完全一样，可能还具有交换的权利。在这儿，我已经笨拙地给你们介绍了住公寓套间的两个傻孩子不足为奇的平淡故事，他们极不明智地为了对方而牺牲了他们家最最宝贵的东西。不过，让我们对现今的聪明人说最后一句话，在一切馈赠礼品的人当中，那两个人是最聪明的。在一切馈赠又接收礼品的人当中，像他们两个这样的人也是最聪明的。无论在任何地方，他们都是最聪明的人，他们就是麦琪。

【注释】

①示巴女王（Queen of Sheba）：基督教《圣经》中朝觐所罗门王，以测其智慧的示巴女王，她以美貌著称。

②麦琪（Magi，单数为 Magus）：指圣婴基督出生时来自东方送礼的三贤人，载于《圣经》马太福音第二章第一节和第七至第十三节。

【阅读提示】

　　《麦琪的礼物》是欧·亨利著名的短篇小说之一，写了一对贫穷小夫妻为了给对方送圣诞节礼物，各自卖掉了自己最珍爱的东西：妻子卖掉了如瀑布般的美丽长发，给丈夫买了一条精致的表链，而丈夫卖掉了祖传的金表给妻子买了一套她心仪已久的发梳。结果阴差阳错，珍贵的礼物变成了无用的东西，但是他们收获了比任何礼物都宝贵的东西——爱情。

　　这篇小说是为了缅怀已逝的妻子所作，作者在最贫苦的时候，妻子陪他度过了一段甜蜜的时光，而当妻子病重之时，他却未能陪伴在身旁。这种遗憾，伴随作者整个创作过程之中，也是该小说的创作动机。通过《麦琪的礼物》，他告诉人们尊重他人的爱，学会去爱他人。

　　该小说构思巧妙，诙谐幽默，寓悲于喜，结局出乎意料而又在情理之中，表现了独特的"欧·亨利手法"，享誉世界文坛。

【思考与练习】

　　1. 该小说的主题思想是什么？
　　2. "欧·亨利手法"指的是什么？
　　3. 结合作品说说该小说在构思方面有哪些显著特征。

第三节　苦恼

契诃夫

契诃夫，全名安东尼·巴甫洛维奇·契诃夫（1860—1904），俄国小说家、戏剧家。他以创作短篇小说名闻天下，是"世界上最具影响力的短篇小说家"之一，与另外两位短篇小说大师莫泊桑、欧·亨利齐名。

契诃夫出生于一个破产商人之家，早年做过家庭教师，在工作的同时，求学读书，1884 年从莫斯科大学医学系毕业。他从学生时代便开始创作幽默诙谐的短篇小说，早年创作的作品良莠不齐。1886 年之后，他的创作日趋成熟，写下许多脍炙人口的短篇小说，如《凡卡》《草原》《第六病室》《带阁楼的房子》《带小狗的女人》等。他的小说言简意赅，冷峻客观，独树一帜。此外，契诃夫也进行戏剧创作，代表性的剧本有《三姊妹》《樱桃园》等。

契诃夫是一个有强烈幽默感的作家，他的小说紧凑精练，言简意赅，给读者独立思考的余地。他注重描写俄国人民的日常生活，塑造具有典型性格的小人物，借此真实反映当时俄国社会的状况，因此被认为是 19 世纪末俄国现实主义文学的杰出代表。

我向谁去诉说我的悲伤①？……

暮色昏暗。大片的湿雪绕着刚点亮的街灯懒洋洋地飘飞，落在房顶、马背、肩膀、帽子上，积成又软又薄的一层。车夫姚纳·波达波夫周身雪白，像是一个幽灵。他在赶车座位上坐着，一动也不动，身子往前伛着，伛到了活人的身子所能伛到的最大限度。哪怕有一大堆雪落在他身上，仿佛他也会觉得不必把身上的雪抖掉似的……他那四小马也是一身白，也是一动都不动。它那呆呆不动的姿态，它那瘦骨嶙峋的身架，它那棍子般直挺挺的腿，使它活像那种花一个戈比就能买到的马形蜜糖饼干。它多半在想心事。不论是谁，只要被人从犁头上硬拉开，从熟悉的灰色景致里硬拉开，硬给丢到这儿来，丢到这个充满古怪的亮光、不停的喧嚣、熙攘的行人的旋涡当中来，那他就不会不想心事……

姚纳和他的瘦马已经有很久停在那个地方没动了。他们还在午饭以前就从大车店里出来，至今还没拉到一趟生意。可是现在傍晚的暗影已经笼罩全城。街灯的黯淡的光已经变得明亮生动，街上也变得热闹起来了。

"赶车的，到维堡区去！"姚纳听见了喊声。"赶车的！"

姚纳猛的哆嗦一下，从粘着雪花的睫毛里望出去，看见一个军人，穿一件带风帽的军大衣。

"到维堡区去！"军人又喊了一遍。"你睡着了还是怎么的？到维堡区去！"

为了表示同意，姚纳就抖动一下缰绳，于是从马背上和他肩膀上就有大片的雪撒下来……那个军人坐上了雪橇。车夫吧嗒着嘴唇叫马往前走，然后像天鹅似的伸长了脖子，微微欠起身子，与其说是由于必要，不如说是出于习惯地挥动一下鞭子。那匹瘦马也伸长脖子，弯起它那像棍子一样的腿，迟疑地离开原地走动起来了……"你往哪儿闯，鬼东西！"姚纳立刻听见那一团团川流不息的黑影当中发出了喊叫声。

"鬼把你支使到哪儿去啊？靠右走！"

"你连赶车都不会！靠右走！"军人生气地说。

一个赶轿式马车的车夫破口大骂。一个行人恶狠狠地瞪他一眼，抖掉自己衣袖上的雪，行人刚刚穿过马路，肩膀撞在那匹瘦马的脸上。姚纳在赶车座位上局促不安，像是坐在针尖上似的，往两旁撑开胳膊肘，不住转动眼珠，就跟有鬼附了体一样，仿佛他不明白自己是在什么地方，也不知道为什么在那儿似的。

"这些家伙真是混蛋！"那个军人打趣地说。"他们简直是故意来撞你，或者故意要扑到马蹄底下去。他们这是互相串通好的。"

姚纳回过头去瞧着乘客，努动他的嘴唇……他分明想要说话，然而从他的喉咙里却没有吐出一个字来，只发出咝咝的声音。

"什么？"军人问。

姚纳撇着嘴苦笑一下，嗓子眼用一下劲，这才沙哑地说出口："老爷，那个，我的儿子……这个星期死了。"

"哦！……他是害什么病死的？"

姚纳调转整个身子朝着乘客说：

"谁知道呢，多半是得了热病吧……他在医院里躺了三天就死了……这是上帝的旨意哟。"

"你拐弯啊，魔鬼！"黑地里发出了喊叫声。"你瞎了眼还是怎么的，老狗！用眼睛瞧着！"

"赶你的车吧，赶你的车吧……"乘客说。"照这样走下去，明天也到不了。快点走！"

车夫就又伸长脖子，微微欠起身子，用一种稳重的优雅姿势挥动他的鞭子。后来他有好几次回过头去看他的乘客，可是乘客闭上眼睛，分明不愿意再听了。他把乘客拉到维堡区以后，就把雪橇赶到一家饭馆旁边停下来，坐在赶车座位上伛下腰，又不动了……湿雪又把他和他的瘦马涂得满身是白。一个钟头过去，又一个钟头过去了……人行道上有三个年轻人路过，把套靴踩得很响，互相诟骂，其中两个人又高又瘦，第三个却矮而驼背。

"赶车的，到警察桥去！"那个驼子用破锣般的声音说。"一共三个人……二十戈比！"

姚纳抖动缰绳，吧嗒嘴唇。二十戈比的价钱是不公道的，然而他顾不上讲价了。

一个卢布也罢，五戈比也罢，如今在他都是一样，只要有乘客就行……那几个青年人就互相推搡着，嘴里骂声不绝，走到雪橇跟前，三个人一齐抢到座位上去。这就有一个问题需要解决：该哪两个坐着？哪一个站着呢？经过长久的吵骂、变卦、责难以后，他们总算做出了决定：应该让驼子站着，因为他最矮。

"好，走吧！"驼子站在那儿，用破锣般的嗓音说，对着姚纳的后脑壳喷气。"快点跑！嘿，老兄，瞧瞧你的这顶帽子！全彼得堡也找不出比这更糟的了。……""嘻嘻……嘻嘻……"姚纳笑着说。

"凑合着戴吧……"

"喂，你少废话，赶车！莫非你要照这样走一路？是吗？要我给你一个脖儿拐吗？……"

"我的脑袋痛得要炸开了……"一个高个子说，"昨天在杜克玛索夫家里，我跟瓦斯卡一块儿喝了四瓶白兰地。"

"我不明白，你何必胡说呢？"另一个高个子愤愤地说，"你跟下流人似的胡说八道。"

"要是我说了假话，就叫上帝惩罚我！我说的是实情……"

"要说这是实情，那么，虱子能咳嗽也是实情了。"

"嘻嘻！"姚纳笑道。"这些老爷真快活！"

"呸，见你的鬼！……"驼子愤慨地说。"你到底赶不赶车，老不死的？难道就这样赶车？你抽它一鞭子！哼，魔鬼！哼！使劲抽它！"

姚纳感到他背后驼子的扭动的身子和颤动的声音。他听见那些骂他的话，看到这几个人，孤单的感觉就逐渐从他的胸中消散了。驼子骂个不停，诌出一长串稀奇古怪的骂人话，直骂得透不过气来，连连咳嗽。那两个高个子讲起一个叫娜杰日达·彼得罗芙娜的女人。姚纳不住地回过头去看他们。正好他们的谈话短暂地停顿一下，他就再次回过头去，嘟嘟哝哝说："我的……那个……我的儿子这个星期死了！"

"大家都要死的……"驼子咳了一阵，擦擦嘴唇，叹口气说。"得了，你赶车吧，你赶车吧！诸位先生，照这样的走法我再也受不住了！他什么时候才会把我们拉到呢？"

"那你就稍微鼓励他一下……给他一个脖儿拐！"

"老不死的，你听见没有？真的，我要揍你的脖子了！……跟你们这班人讲客气，那还不如索性走路的好！……你听见没有，老龙②？莫非你根本就不把我们的话放在心上？"

姚纳与其说是感到，不如说是听到他的后脑勺上啪的一响。

"嘻嘻！……"他笑道，"这些快活的老爷……愿上帝保佑你们！"

"赶车的，你有老婆吗？"高个子问。

"我？嘻嘻……这些快活的老爷！我的老婆现在成了烂泥地啰。……哈哈哈！……

在坟墓里！……现在我的儿子也死了，可我还活着……这真是怪事，死神认错门了……它原本应该来找我，却去找了我的儿子……"姚纳回转身，想讲一讲他儿子是怎样死的，可是这时候驼子轻松地吁一口气，说是谢天谢地，他们终于到了。

姚纳收下二十戈比以后，久久地看着那几个游荡的人的背影，后来他们走进一个黑暗的大门口，不见了。他又孤身一人，寂静又向他侵袭过来……他的苦恼刚淡忘了不久，如今重又出现，更有力地撕扯他的胸膛。姚纳的眼睛不安而痛苦地打量街道两旁川流不息的人群：难道在这成千上万的人当中没有一个人愿意听他倾诉衷肠吗？人群匆匆地来去，没有人理会他和他的苦恼……那种苦恼是广袤无垠，无边无际的。如果姚纳的胸膛裂开，那种苦恼滚滚地涌出来，那它仿佛就会淹没全世界，可是话虽如此，它却是人们看不见的。这种苦恼竟包藏在这么一个渺小的躯壳里，就连白天打着火把也看不见……

姚纳瞧见一个扫院子的仆人拿着一个小蒲包，就决定跟他攀谈一下。

"老哥，现在几点钟了？"他问。

"九点多钟……你停在这儿干什么？把你的马车赶开！"

姚纳把雪橇赶到几步以外去，伛下腰，听凭苦恼来折磨他……他觉得向别人诉说也没有用了。……可是五分钟还没过完，他就挺直身子，摇着头，仿佛感到一阵剧烈的疼痛似的；他拉了拉缰绳……他受不住了。

"回院子里去！"他想。"回院子里去！"

那匹瘦马仿佛领会了他的想法，就小跑起来。大约过了一个半钟头，姚纳已经在一个肮脏的大火炉旁边坐着了。炉台上，地板上，长凳上，人们鼾声四起。空气又臭又闷。姚纳瞧着那些睡熟的人，搔了搔自己的身子，后悔不该这么早就回来……

"连买燕麦③的钱都还没挣到呢，"他想，"这就是我为什么这么苦恼的缘故了。一个人，要是会料理自己的事……让自己吃得饱饱的，自己的马也吃得饱饱的，那他就会永远心平气和……"墙角上有一个年轻的车夫站起来，带着睡意嗽一嗽喉咙，往水桶那边走去。

"你是想喝水吧？"姚纳问。

"是啊，想喝水！"

"那就痛痛快快地喝吧。……我呢，老弟，我的儿子死了……你听说了吗？这个星期在医院里死掉的……竟有这样的事！"

姚纳看一下他的话产生了什么影响，可是一点影响也没看见。那个青年人已经盖好被子，连头蒙上，睡了。老人就叹气，搔了搔自己的身子……如同那个青年人渴望喝水一样，他渴望说话。他的儿子去世快满一个星期了，他却至今还没有跟任何人好好地谈一下这件事……应当有条有理，详详细细地讲一讲才是……应当讲一讲他的儿子怎样生病，怎样痛苦，临终说过些什么话，怎样死掉……应当描摹一下怎样下葬，后来他怎样到医院里去取死人的衣服。他有个女儿阿尼霞住在乡下……关于她也得讲一讲……是啊，他现在可以讲的还会少吗？听的人应当惊叫，叹息，掉泪……要是能跟娘们儿谈一谈，那就更好。她们虽然都是蠢货，可是听不上两句就会哭起来。

"去看一看马吧，"姚纳想，"要睡觉，有的是时间……不用担心，总能睡够的。"

他穿上衣服，走到马房里，他的马就站在那儿。他想起燕麦、草料、天气……关于他的儿子，他独自一人的时候是不能想的……跟别人谈一谈倒还可以，至于想他，描摹他的模样，那太可怕，他受不了……

"你在吃草吗？"姚纳问他的马说，看见了它的发亮的眼睛，"好，吃吧，吃吧……既然买燕麦的钱没有挣到，那咱们就吃草好了……是咳……我已经太老，不能赶车了……该由我的儿子来赶车才对，我不行了……他才是个地道的马车夫……只要他活着就好了……"姚纳沉默了一忽儿，继续说："就是这样嘛，我的小母马……库兹玛·姚内奇不在了……他死了……他无缘无故死了……比方说，你现在有个小驹子，你就是这个小驹子的亲娘……忽然，比方说，这个小驹子跟你告别了，死了……你不是要伤心吗？……"

那匹瘦马嚼着草料，听着，闻闻主人的手……

姚纳讲得有了劲，就把他心里的话统统讲给它听了……

【注释】

①引自宗教诗《约瑟夫的哭泣和往事》。——俄文本编者注。
②原文是"高雷内奇龙"，俄国神话中的一条怪龙。在此用做骂人的话。
③马的饲料。

【阅读提示】

本文是契诃夫的著名短篇小说之一。契诃夫的小说具有显著的特征：对丑恶现象进行无情嘲笑，对贫苦人民表达深切的同情，以及深刻地揭露沙皇统治下不合理的社会制度。

本小说写于1886年，当时正是沙俄统治的黑暗时期，社会上人与人之间充满冷漠，许多人思想麻木，不愿正视社会现实。在这样的社会背景下，作者以冷峻的笔调，客观地描绘现实，为不幸的人们抗争。小说描写了一个老马夫姚纳，他的儿子刚刚死去，他想向人们倾诉自己心中的痛苦，无奈偌大的彼得堡竟然找不到一个可以诉说的人。最后他只能对着他的小母马诉说。

作品以冷峻的笔触写出了老马车夫的辛酸和苦恼，揭示了19世纪俄国社会的黑暗和人间的自私、冷酷和无情，这正是当时俄国社会生活的剪影。

【思考与练习】

1. 本篇小说的主题思想是什么？
2. 本篇小说反映了当时俄国什么样的社会现实？
3. 结合作品说说契诃夫小说的突出特征是什么。

第二编 应用文写作部分

第八章

应用文概述

第一节　应用文的含义与溯源

一、应用文的含义

应用文是党政机关、企事业单位、社会团体以及人民群众在社会工作和日常生活中处理公务及个人事务所使用的具有实用价值和惯用体式的文书。

通过与其他文体相比较，我们可以更深刻地理解应用文的内涵与外延。应用文与文学作品相比，它的写作目的是为了直接处理工作和生活中的具体事务，具有直接的实用价值；而文学作品的写作目的主要是给人以艺术的审美感受，陶冶人的情操，启迪人的灵魂。应用文写作是为了实用，要讲究实效，有规范化的惯用结构模式；而文学创作最忌公式化、刻板化，崇尚"文无定法"。应用文与人们的工作生活密切相关，无论是党政机关、社会团体、企事业单位，还是人民群众个体，在指导和推动工作、规范社会行为、交流信息、处理公务和私务等方面都离不开应用文写作；而文学作品则与我们的日常工作、社会生活的关联性不是那样高。所以，应用文也是一种运用较为广泛、较为大众化的文体。

写作可以分为两大类，即文学写作和文章写作。文学写作又称文学创作，一般是指诗歌、散文、小说和戏剧的创作，如余光中的《乡愁》、朱自清的《背影》、鲁迅的《狂人日记》、曹禺的《雷雨》等作品，都是文学写作。文章写作又分为普通文章写作和应用文写作。普通文章写作如《汉语写作学》里讲的记叙文、说明文、议论文、杂文、消息、通讯等的写作。应用文写作是以实用为目的的写作实践活动，是研究应用文体写作基本理论、基本知识与技能技巧的一门学问。应用文写作顾名思义就是为适合实际应（运）用而产生的写作，它写作的主要目的是为处理日常事务，如党政机关、企事业单位为了处理日常工作所发的文件就是应用文写作中的一类。

二、应用文的源流

中国是世界上历史最悠久最古老的文明古国之一，只有古希腊、古罗马、古印度可与之相媲美，若论其文明的连续性，则世界上没有哪个国家可与中国相比。中国自有人类历史记载以来，它的文明就从未中断过。中华民族也是一个尚文的民族，我国是一个写作大国，有着源远流长的应用文写作历史。我国应用文写作的历史大致可分为以下六个阶段。

（一）应用文的萌生时期

我国应用文的萌生时期是在我国原始社会后期的氏族公社时期。鲁迅说："人类在未有文字之前，就有了创作。"我们怎么理解这句话呢？既然没有文字，人们又是怎样写作的呢？因为《易经·周易》中说"古人结绳而治统其事"，看来这种结绳记事也是一种写作。

确切地说，文字的产生就标志着我国应用文的萌芽和产生。据考古发现，距今约6000多年的西安半坡村遗址出土的仰韶文化的陶器上刻有类似文字的符号，这些符号自成体系且相当完整，郭沫若说"其为文字，殆无可疑"，在学术上这被公认是中国最早文字的萌芽。6000年前，正是我国氏族公社后期，足以证明我国写作的萌生时期是在我国原始社会后期的氏族公社时期。

（二）应用文的雏形时期

我国应用文的雏形时期是在商周时期。在殷商废墟上出土的"甲骨文"，也叫甲骨卜辞，这些刻在龟甲兽骨上的文字是迄今所知我国有据可查最早的应用文。商周时期还出现了我国第一部应用文的作品总集《尚书》，作品收集了虞、夏、商、周四代文告28篇，其中已有了典、谟、诰、誓、命等具体的文体种类。

（三）应用文体的定型时期

我国应用文的定型时期是在秦汉时期。秦朝是我国第一个大一统的封建制帝国，它不但统一了度量衡和文字，而且还用法令的形式规定了朝廷公文的种类和制式，如上行文就有"章、表、奏、议、策、疏"，下行文有"诏、令、诰、制、敕、戒、谕、教、檄"等文体。

（四）应用文理论的构建时期

我国应用文理论的构建时期是在魏晋南北朝时期。魏晋南北朝时期是我国的文学从自发走向了自觉的时期，人们开始自觉地研究文章写作的理论、知识与技能技巧，如曹丕在《典论·论文》中，对四类八体文章写作风格归纳概括为："奏议宜雅，书论宜理，铭诔尚实，诗赋欲丽"，其中的奏、议、书、论、铭、诔都是应用文体，即是说奏和议文体写作应该雅洁、庄重、严肃；书、论文体写作应重在内在逻辑的条理性；铭、诔文体写作应注重真情实感，不能虚假捏造。陆机的《文赋》、挚虞的《文章流别论》主要是对应用文的特点和规律进行论述。南朝萧统的《文选》共论及了39类文体，其中有35类就属于应用文。刘勰的《文心雕龙》是我第一部规模宏大的文学理论专著，也是我国第一部写作和应用文理论汇集。

（五）应用文的发展时期

我国应用文的发展时期是隋唐至明清时期。隋唐时期，应用文分类更加详备，应用文的种类达到了50多种，其中下行公文就有20多种。特别是应用文写作，还作为科举考试的主要课目之一。应用写作队伍也得到了极大扩充，关于写作的理论研究也得到了进一步的发展。

（六）应用文的繁荣时期

我国应用文的繁荣时期是从辛亥革命至今。辛亥革命推翻了我国两千多年的封建王朝，"五四运动"掀起了政治制度、思想文化的大变革，特别是政府出台了许多的行政性公文写作的相关法令和规定，有力地促进了应用文写作的发展和繁荣。

我国现行通用法定公文写作的两部法规是 2012 年 4 月 16 日中共中央办公厅、国务院办公厅印发的《党政机关公文处理工作条例》（2012 年 7 月 1 日开始执行）和 2012 年 6 月 29 日中华人民共和国国家质量监督检验检疫总局、中国国家标准化管理委员会发布的《党政机关公文格式》（2012 年 7 月 1 日开始实施）。《党政机关公文处理工作条例》规定我国现行的通用法定机关公文由命令、议案、公告、通告、决定、意见、通知、通报、报告、请示、批复、函、纪要、决议、公报等 15 种文体组成。

第二节　应用文的基本特点

应用文对社会生活起直接作用，具有较强的指令性和权威性，对接受者具有极强的、直接的、明确的影响。它具有以下特点：

一、实用性

实用性是应用文写作最本质的属性。刘勰在《文心雕龙》中提到"虽艺文之末品，而政事之先务"，特别强调了应用文的实用性。应用文的实用性体现在文章内容上，既有现实针对性，又切实反映社会生活真实情况。在形式上，其结构、语言、格式体现出时代特点。

二、真实性

真实性是应用文的生命。文中所使用的各种材料必须是公务、私务活动的实际情况，其来源必须可靠准确，不允许任何夸张、虚构，更容不得半点差错和臆造。

三、规范性

规范性即模式性，这是应用文最外显的标志。文学作品讲究文无定法，而应用文则有明显的固定模式。应用文的规范性首先表现在格式上，有"约定俗成"或"法定使成"的程式化结构和语言。如在布置安排结构时，一般都是按照"提出问题—分析问题—解决问题"内在逻辑来安排。其次表现在处理程序上，应用文所涉及的主体必须遵循一些既定的原则，如上下级关系行文时用请示报告批复来问答事宜，而若是平级或者没有隶属关系行文时一般用去函和复函来协商事情。

四、时效性

应用文首先要体现时代特征；其次是写作和办理的时间有严格限制，要在规定的时间完成、传递和办理完毕，不能拖延；再者是效用的有限性，一旦文章内容所涉及的事项办理完毕，该份文档的直接作用就发挥完了，即使有作用也不过是作为凭证待查的依据等，这与文学作品耐人咀嚼、长久品味不同。

第三节 应用文的分类与作用

一、应用文的分类

应用文的分类根据不同的划分标准和原则有很大差异，且学术界对此一直探讨不断。根据其使用范围和内容性质来划分，可以分为以下几种：

（一）公务文书

公务文书可以分为通用法定公文和事务文书。

（1）通用法定公文指 2012 年 4 月 16 日中共中央办公厅、国务院办公厅印发的《党政机关公文处理工作条例》（2012 年 7 月 1 日开始执行）所规定的命令、议案、公告、通告、决定、意见、通知、通报、报告、请示、批复、函、纪要、决议、公报等 15 种党政机关公文。

（2）事务文书一般包括计划、总结、简报、调查报告、述职报告、规章制度、会议记录、会议讲话稿、开（闭）幕词等各行业在处理日常事务时所使用的文书。

（二）私务文书

一般是指处理私人事宜时所使用的文书，常见的例如书信、日记、笔记、条据等。

（三）专用文书

一般是指在特定的行业领域使用的专业性较强的文书。主要类别有以下几种：

（1）司法文书：如起诉状、答辩状、上诉状、判决书、公证书等。

（2）财经文书：如市场调查报告、市场预测报告、经济活动分析报告、可行性研究报告、审计报告、经济合同、招标书、投标书等。

（3）科技文书：如科技论文、科技报告、毕业设计、实验报告、产品说明书等。

（4）传播文书：如消息、通讯、特写、广告等。

（四）日常应用文书

此类文书常带有出席社交礼仪的性质，常见的如名片、介绍信、祝词等。

二、应用文的作用

（一）管理指导的作用

应用文尤其是公文的主体是公务活动，作为实施机关职能的手段，应用文代表了领导机关的意志，在贯彻大政方针、政策，进行有效管理时，制发应用文是惯用的主要手段。应用文是组织实施领导、管理、指导各部门的有力工具。制发应用文已成为科学决策、保证组织正常运转、履行管理职能的重要手段。

（二）规范控制的作用

应用文的制发在某种程度上可以对人们的日常活动、工作等起到规范、控制的作用，许多文稿具有极强的行政约束力，人们必须遵守或者不能违反，成为组织或者个人的行为规范。

（三）依据凭证的作用

应用文详细、完整地反映出个人或者组织全面的各项活动，服务于实际生活，提供实在的证据，作为历史凭证具有极强的史料价值。通常组织在办理事项、解决分歧、解决矛盾时必须依靠应用文，例如上级单位发布"决定""决议"等应用文，成为下级组织办事的重要依据和行动指南。

（四）知照联系的作用

个人与个人、组织与组织、个人与组织之间大都通过应用文进行交流、沟通，以互相了解、支持，实现相互合作、共同发展。在信息社会，应用文作为一种及时信息可以给组织或个人创造和提供更多更好的机遇以发展壮大自己。应用文是沟通上下、联系左右、协调内外的桥梁，推动各项工作有序、顺利地开展。

（五）宣传教育的作用

党和政府通过应用文特别是法定公文，向有关单位和人民群众广泛宣传党的路线、方针、政策，指导并推动各项工作开展，以便使各组织统一思想认识，保证工作顺利进行。应用文还具有明显的教育作用，部分文种具有极强的行政约束力，引导人们自觉遵守相关规则，尽量避免出现失误或者事故。

第九章

应用文的基本要素

第一节 应用文的主旨与材料

一、应用文的主旨

(一) 主旨的定义

主旨，就是作者通过文章的全部材料和表现形式所表达出的基本思想。在不同的文章体式中有着不同的表述方式，在记叙性文章中称作中心思想，议论性文章中称作中心论点，文学作品中称作主题，应用性文章中称作主旨。

应用文的主旨是客观实际的真实反映，是与作者思想观点相结合的产物，即用文章中全部材料所表达的中心思想与写作意图的统一。

(二) 应用文主旨形成的基本途径

应用文主旨的形成途径主要有以下两个方面：

(1) 在成文前确定。这种主旨的形成主要表现在传达、宣传、贯彻党和国家的方针政策和决策意图，如通知、决定、报告、请示等；或本单位、本部门以及个人处理公、私事务的需要，如起诉状、感谢信、请柬等。在成文之前，行文目的十分明确。

(2) 在调研后产生。作者先确定一个具体的写作任务，然后到工业、农业、财贸、科研第一线去调查采访，在采访中势必会采集到大量生动、感人的材料，再对材料进行去粗取精、去伪存真、由此及彼、由表及里的分析、归纳、整理、总结、提炼。在概括过程中，感性认识逐步上升到理性认识，逐步形成并确立主旨，如新闻、调查报告、市场调查等。

确定主旨必须遵循下列原则：

(1) 深入了解党和国家在当前历史时期的发展要求，认真学习并深刻领会党和国家的路线、方针、政策、法律、法规。大多数应用文，特别是法定公文旨在宣传党和国家的路线、方针、政策，学习会议或文件精神，部署工作任务，推动社会工作的顺利开展，确保工作的方向性、正确性和有效性。

(2) 立足全部材料。主旨是从占有和选择的全部材料中提炼出来的，是对全部材料思想意义的高度概括和升华，是对材料内涵本质意义的正确揭示与反映。材料制约着主旨的形成与确定。

(3) 必须具有现实针对性。即主旨必须具有时代性，能体现时代精神；或介绍新事物、新思想、新经验、新典型；或揭示错误、分析原因、总结教训等。

（三）应用文主旨的作用

主旨是作品的灵魂和统帅，是组织各方面内容使之成为有机整体的核心。因此，作品的主题是决定作品思想的深浅、倾向的偏正、社会意义的大小等方面的主要因素。在实际写作中，作者总是根据表现主题的需要，决定材料的取舍，进行结构的组织安排，考虑必要的表现方式，以达到内容与形式的尽可能统一。具体表现在以下几个方面。

1. 主旨决定着材料的取舍

作者为写一篇作品，往往准备了很多材料，但最终选用哪些材料，主题起着取舍的作用。备用的材料再多，如不根据主旨的需要去选择使用，那些材料也难和谐有机地统一成作品的整体内容。

2. 主旨制约着作品的结构安排

任何事物都有自身的结构形态，但作者的反映并不都是纯客观的、自然主义的反映，而是带着主观意图的反映。因此，事物的本身结构并不能原封不动地表现为作品的结构。作品的结构是根据作者写作的意图来组织安排的，而作者的意图集中地体现在作品的主旨上。为了艺术地表现和突出主旨，作者往往有意打破事物本身的自然结构，从艺术处理的角度重新组合排列，确定作品内容的先后顺序、发展线索，调整局部与局部、局部与整体的关系，斟酌具体内容的详略搭配。主旨的贯穿和制约，使作品的结构严谨、自然、完整、和谐。

3. 主旨支配着语言的运用

语言的运用是最自由灵活的。但它的自由灵活必须建立在表现主旨的基础之上，根据作者的行文意图加以灵活运用，如命令、决定的语言应该简明、庄重，请示的语言应该谦恭、恳切，函的语言应该平实、谦和，合同语言要求准确，等等。

（四）应用文主旨的基本要求

应用文的主旨应做到正确、鲜明、集中。

正确，指主旨符合党和国家的路线、方针、政策、法律、法规，符合客观实际，能顺应新生事物的发展方向，能揭示事物的本质和规律。要获得正确的主旨，必须对客观事物进行全面观察、全面认识，从正反、纵横、时空、彼此等多种角度去分析、比较，深入细致地调查研究。

集中，指主旨要单一。一篇应用文一般只有一个基本思想，这是由应用文的根本属性决定的。应用文的目的是便于处理公务，便于据此办事，便于运用。因此，应用文的主旨必须单一，读者对主旨的理解不允许多元，而要求理解上的同一性，这样才利于统一认识，更有利于问题的解决，提高工作效率。比如在通用法定公文中，除报告和纪要两个文种可以一文数事外，其余的如请示、议案、函等文体都必须一文一事。

鲜明，应用文写作要求直截了当地点明主旨，表明态度，提出解决问题的措施和办法，对文章所涉及的各类问题，必须有明确的观点立场，应该怎么做，解决什么问题，达到什么目的，都要明确地表达出来。

(五)体现应用文主旨的方法

1. 在标题中直接体现

应用文的标题与主旨有着紧密的联系,大多数应用文的标题都能直接揭示主题。这是由应用文标题的特点所决定的。绝大多数应用文标题均采用完全式标题形式,即由发文机关、事由和文种构成,或由事由与文种构成的非完全式标题形式,其中,"事由"就是该文的主旨要素。如《三季度物价水平再次转降 出口增速趋于稳定》《国务院安全生产委员会办公室关于最近发生的几起特大伤亡事故和事件的紧急通报》《××省人民政府关于增拨防汛抢险救灾用油的请示》等,标题就能明确体现出文章的主旨。

2. 在前言中表达观点

即开宗明义,在文章开头部分点明主旨,统摄全篇。如一份计划在开篇写道:"展望2020年,经济回升的势头还比较微弱,促进经济的持续向好仍然需要克服许多困难。"

3. 在结论中概括观点

即篇末作结,卒章显旨。前面叙述事实进行分析,文末总结概括点明主旨。如:"我再重复一下,没有基础学科就没有应用学科,没有应用学科就没有生产学科,三者是紧密结合在一起的。"(李政道的论文《基础、应用科学与生产三者关系》)

以上几点,是突出主旨的一些基本方法,此外,还有设小标题、加按语、拟首括句等形式体现主旨。可根据不同的行文目的而定,不必拘泥某一点。

二、材料

(一)材料的定义

就是作者为了某一写作目的,从现实生活中收集的有关信息资料以及写入应用文中的、能表现文章主旨的事实或论据。材料是文章的根基,没有材料,就不会产生文章的主旨,也表现不了主题。

(二)材料的种类与作用

1. 种类

(1)直接材料,即作者通过观察、调查、采访、研究等方式直接获得的材料。

(2)间接材料,即通过各种文章、简报、报告、文献资料、书籍、报刊、网络、影视等途径获得的材料。

2. 作用

(1)材料是提出问题的依据。材料是文章的基本构件,是写作者传达思想的基本媒介,同时也是读者理解文章的基础。材料承载着写作者的观点,无论是介绍先进经验、批评错误思想或做法、表扬先进事迹,都必须通过材料表现出来。

(2)材料是提炼主旨的基础。文章的主旨蕴含于材料中,需要材料作支撑,以材料为依据,通过材料来表现。材料的选择反映写作者的意图,体现文章的主旨。

(3)材料是表现、深化主旨的支柱。材料是表现主旨的重要内容,没有材料,主旨也无法表现。写作者通过对搜集和积累的材料进行分析、归纳,逐渐形成一定的观点,再立足于写作目的，将有内在联系的观点加以综合、提炼，从而确立主旨，然后按表达主旨的需要，将材料进行选择、排列与组合，更有力地表现材料和主旨的内在联系，深化主旨。

（4）材料能充实文章的内容。材料是文章的组成部分，是文章的血肉。没有材料，文章就是一个空骨架，干瘪、无味。充实的材料能增强文章的可读性，丰富文章的内容。

（三）材料的搜集与整理

应用文的写作，应注意广泛地搜集材料，只有充分占有材料，才能得心应手，游刃有余。在"信息爆炸时代"，谁也不可能详尽地掌握所有的知识和信息，所以在收集材料时要有方法、有方向、有范围。其主要方法如下：

（1）深入生活，处处留心。俗话说：处处留心皆学问。要获得第一手翔实的资料，必须深入社会，亲身观察、体验、感受。要特别留心工作中的人和事，关注身边的变化与发展，做到有闻必录，长期积累。

（2）深入实践，调查研究。指写作者深入到工作第一线，与写作对象直接接触，实地考察，调查采访。调查采访的方式很多，有个别访谈、座谈会、开调查会、问卷调查，此外还有普遍调查、专题调查、典型调查、抽样调查、重点调查等方法。

（3）文献检索。资料室、档案室（馆）和图书馆是获取写作材料的重要场所与渠道。近年来，网络技术迅速发展与普及，为资料的搜集提供了更加便捷的途径。因此，应掌握文献检索的基本技能，熟练运用电子图书馆，熟练使用中国知网、万方期刊网等数据库，为搜集材料提供必要的技术手段。

搜集材料是写作的第一步，对搜集到的材料，要认真地进行整理，鉴别真伪，使之条理化。首先，为了便于使用资料，要对资料进行分类整理。其方法主要有两种：一是知识体系分类法，定出各级分类项目，据此将资料归类；二是课题体系分类法，即按照课题的理论构架，设计出各级分类项目，将资料集中归类。其次，为了便于查找资料，要对分类整理后的资料编写目录索引。其编写方法可参照图书馆的各种目录索引加以选择。

（四）材料的选择与使用

材料是文章写作的物质基础，因此在材料的搜集方面，贵在"多"。而在材料的选择方面，贵在"精"。在材料的选择与使用方面应遵循四条基本原则：第一，围绕主旨选择材料的原则，即选择与主旨有关并有力说明、突出主旨的材料。第二，典型性原则，即选择典型的材料，通过"个别"反映"一般"，通过"典型"反映"共性"。第三，真实性原则，即要选择真实、准确材料。第四，新颖性原则，即选择新颖的材料，避免使用陈旧的、过时而又缺乏说服力的材料。随着改革的进一步深化，经济的不断发展，社会的不断进步，各种新事物、新情况不断涌现，新经验、新问题不断产生，写作者必须不断地去调查、发掘、研究、总结。新鲜生动的材料能吸引读者去认识事物，接收信息，处理问题，这也正是应用文写作所要求的。

三、主旨与材料的关系

主旨与材料相辅相成，密切联系。主旨决定材料，材料反映主旨。主旨从材料中产生，又必须借助材料来表现。主旨统摄材料，材料必须根据主旨来组织，为表现主旨服务。在主旨确定的情况下，先有主旨，后有材料；在通过材料提炼主旨的情况下，先有材料，后有主旨。主旨与材料总是相互统一、相互作用。没有主旨，材料就没有灵魂，一盘散沙；没有材料，主旨无从表现。

第二节　应用文的结构与语言

一、结构

（一）应用文结构的定义

应用文的结构是指应用文内容的组织构造，是安排材料去表现主旨的有序安排，是文章谋篇布局的一种具体方式。

一篇应用文的结构十分重要，只有有了严密清晰的结构，才能运用材料有条不紊地将主旨表现得清晰，有条理。主旨好比是应用文写作的灵魂，材料好比是应用文写作的血肉，结构好比是应用文写作的骨架。只有骨架匀称和谐了，就像人一样才会俊朗、漂亮。

（二）应用文结构的特点

应用文的结构特点可以概括为以下两个方面：

1. 模式性

模式性即规范性，这是应用文结构最突出的特点，这也是应用文最外显的标志。是否具有模式性是应用文与文学作品相互区别的标志之一。文学作品的结构讲究是"文无定法"，文似看山不喜平，结构和故事情节都要设置得跌宕起伏一些以吸引读者和受文对象，而应用文的目的和宗旨是要传递信息、交流思想、指导实践等实际用途，所以这也决定了应用文应该使用层次清晰、结构明确、大家喜闻乐见而又习惯性使用的结构模式。

比如在应用文中常用的模式有"提出问题—分析问题—解决问题"。再如写知照指挥类的通知、通告、决定等文体，第一层一般是用目的式或者原因式简明扼要地写明行文的目的意义、缘由依据、背景理由等，再在这一层的结尾加上一句"现将……相关事宜……如下"的过渡句；第二层一般用条目式"一、……二、……三、……"分条列项地将相关的要求或要告知的事项罗列下来；第三层一般用强调执行的要求或者用"特此……"约定俗成的惯用结束语结尾。其实每一个文种都有约定俗成的模式，只要我们记住了它们的结构模式，写起来就能够轻松自如了。

2. 条理性

应用文结构的条理性是由应用文写作的逻辑思维所决定的。应用文的结构必须具有条理性、规律性以及有序性，如此才能发挥传递信息、交流思想、指导实践的作用。受文对象才能更容易理解和接受写作者的意图，表达的观点才能令人信服并自愿遵照执行。

（三）应用文结构的具体要素

应用文的结构具体来讲，一般由标题、正文、落款三大部分组成，其中正文又包括开头、主体、结尾三个要素，并且正文写作时特别要处理好段落与层次、过渡与照应等项目。所以应用文结构具体又可以细化为标题、开头、主体、结尾、落款五项要素。

1. 标题

标题，好比是人的头脑，应该是最重要的、信息最集中的体现。质量上乘的应用文标题第一要求就是能体现作者的主旨和中心，其次是能概括文章的主要内容，再次是指出作者所要记述的对象和范围。应用文的标题主要有以下两种形式：

（1）公文式标题

一份完整的公文标题由"发文机关＋关于＋事由＋的＋文种"五个要素组成，任何一篇法定公文都可以用这种形式来拟定，并且这也是最正规、最严谨的标题形式，如：《××省人民政府关于做好安全稳定工作的通知》。当然，根据具体情形不同，除文种以外的其他四个要素都可以省去。如省略"发文机关"，形成"关于＋事由＋的＋文种"的标题形式；省略"事由"，形成"发文机关＋文种"的标题形式；同时省去"发文机关和事由"，文种直接作标题的形式。要注意的是，标题中若没有了"事由"，则标题中的"关于"和"的"也应该一并省去。但无论如何，标题中的"文种"在任何情况下都不能省略，如《关于国有大中型企业体制改革的决定》《××交通局通告》《公告》等。

另一些不是公文的标题，如计划、总结等事务文书，合同、诉状等专用文书也可以参照公文式标题拟定，只是一般不要"关于"和"的"等法定公文特有的标志性词语，比如《××市人民政府2020—2030年城市远景发展纲要》《房屋租赁合同》《自荐书》等。

（2）概述式标题

这类标题主要是概括叙述所写文章的主要内容、对象或范围，如论文标题《论李白诗歌豪放飘逸的风格特征》，新闻标题《醉驾就是犯罪》，调研报告《新农村建设中需要注意的几个问题》等。这类标题不像公文式标题，不需要在标题中指出文种。

2. 正文

（1）开头

万事开头难，好的开头等于成功的一半。一篇应用文开头至关重要，只要头开好了，后面就可以水到渠成，可以起到事半功倍的作用。应用文开头的模式主要有以下两种方式：

①目的缘由式

这种开头方式，一般用"为了……""为……""由于……""根据……"等词语领起开头，然后简明扼要说明行文的目的、原因、根据、意义、作用，在开头这一段的最末一句设置一个过渡句"现将……相关事宜……如下"，用于开头与主体两个层次间承上启下之用。

目的缘由式这种开头方式，一般用在用理论去指导实践这类应用文体中，是一般到个别，特别是用于告知事宜、提出要求、布置安排工作等，比如通知、公告、通告、意见、决定等文种常用这种方式开头。

②概括综述式

这种开头模式一般是对文章主要内容作一个总体评述或者是交代基本情况。此种模式运用得也比较广泛，一般是用在由实践得出理论的这类应用文中，是个别到一般，比如写通报、纪要、总结、工作报告、调查报告等文体。这类文体在开头的时候都要交代基本情况，对所写对象作一个概括性叙述，增强文章内容的可信性，或者将其作为下一层分析议论的基础。

当然，作为应用文的开头，具体地来讲，还有很多的其他方式，比如设问式、引述式、时间式、问候式等。但归纳起来，这些方式都可以分别归到从理论到实践所用的目的缘由式和从实践到理论的概括综述式这两种开头方式上来。

(2) 主体

主体是应用文最核心的部分，全篇文章质量的优劣都取决于此，材料在这里聚集，主旨在这里诠释。当然，不同的文章主体结构安排是不一样的，但总体归纳起来，正文结构的安排主要有三种结构模式。

①纵式结构：这是一种朝纵向展开的结构形式。它又可以分为三种。

Ⅰ. 直叙式：即按照时间的先后次序或按事物发生、发展、高潮、结局的变化顺序来安排文章的结构。比如计划、会议记录等文体就是按纵向式结构来安排结构的。

Ⅱ. 递进式：即按照事理的逻辑性，提出问题—分析问题—解决问题加以层层推进，逐步深入展开，得出结论并提出解决问题的办法。如表彰或批评类、工作报告总结类等文体的写作：第一层陈述基本情况；第二层分析此事实（先进性或危害性，成绩经验或问题教训）；第三层提出处理意见，指明努力的方向。

Ⅲ. 因果式（其实这也是递进式当中的一种特殊的方式）它有两种形式：由因寻果或由果溯因两种。由因寻果的如请示、函等；由果溯因的如工作报告、社会实践调查报告、总结等，例如经验交流会上的总结"我公司今年实现了扭亏增盈，盈利8000万，关键是实施了以下几方面的举措"，即先摆出结果，然后再罗列出原因。再如写社会实践调查报告，假如写的是调查了某个贫困地区的儿童失学情况。报告第一段就摆出"此地区的儿童失学情况严重，失学率达到了百分之××，主要是由以下几方面的原因造成的"，即先摆出结果，再谈原因。

②横式结构：即按照空间地域或按事物的组成部分或按问题性质来安排文章的结构。这主要有两种形式。

Ⅰ. 并列式：即根据表现主旨的需要，把事物及材料梳成辫子，按主次、重轻或相互关联作横向的安排。每一项之间，不存在递进关系。如××董事长的述职报告："现在，我将我这一年来所做的工作向大家作一个汇报：第一，在市场开拓方面，主要采取了以下几方面的措施……第二，在企业形象塑造方面，主要干了以下几件事情……第三，在公司内部管理体制上，主要改革了……"

Ⅱ. 总分式：即是中心论点与分论点之间的关系，中心论点起提纲挈领的作用，各分论点都从某一方面支撑或服务于中心论点。如我们写一篇《论屈原作品"忧患意识"的主题思想》的学术论文，中心论点就是屈原作品"忧患意识"的主题思想，我们从屈原在

《离骚》《九歌》《九章》《天问》等作品中表现诗人"忧国""忧民""忧君""忧己"四个方面去论证,这四个方面就是分论点。该篇论文的中心论点与分论点的关系就是总分式结构。

③纵横交叉式结构:这种结构既有横式,又有纵式,两种结构相互交织,它主要适用于内容丰富、篇幅较长、层次较多的应用文。但在使用时要分清纵、横的主次,所以又可细分出以下两种结构。

Ⅰ.以横为主,以纵为辅。如政府工作报告,总的分为工业、农业、国防、科技、教育等八个方面来讲,每一方面又按时间的先后次序来谈。"第一季度……第二季度……"。

Ⅱ.以纵为主,以横为辅。如《关于开发××风景区可行性研究报告》,总的是纵的逻辑递进结构,即按"提出问题—分析问题—解决问题"这种纵向式递进式安排结构;而在第二层分析问题,论述开发××风景区的必要性和可行性时,又按横式来安排。如在讲必要性时又用横式结构,如"一可以提升城市形象;二可以促进旅游业发展;三可以带动周边地区经济发展;四……"。在讲可行性时,从"技术条件方面""资金保障方面""人力组织方面"等又是按横式来安排的。

(3) 结尾

应用文的结尾,要求言尽意明,简明扼要,收束刚劲有力。古人文章写作力求做到"凤头""猪肚""豹尾"三个词六个字,"豹尾"正好可以用来形容应用文的结尾要求。应用文结尾,不能像文学作品,为了设置悬念,故意给作品留一些尾巴不交代,让读者去猜测,比如鲁迅作品中的《药》,在作品结尾还在夏瑜的坟上添了一个花环,也不交代谁放上的,让读者去遐想是不是表示革命后继有人呢?而作为应用文就不允许,必须言尽意明。所以,应用文结尾的原则是能短则短,能无则无,无须赘述。应用文的结尾主要有以下三种方式:

①自然收束式

这种方式不需要单独的结尾,正文结束就落款。这种结尾方式还比较多,一般多见于篇幅适中的文体。太短的文章一般要用约定俗成的结语,如"特此通知""特此通告"等词来表示已经结束;太长的文体,最后结尾时一般要总结归纳,卒章显旨,对主体部分的分论点进行总结,给读者加深印象,不然在标题或在开头点明了的中心经过太长的主体部分分解又模糊了,所以需要结尾时进行总结归纳。

②约定俗成结语式

约定俗成结语是长期以来人们习惯性地在这类应用文体结尾时使用较为固定性的结束语言。有以下两种情况,在文尾结束时要用较固定的结束语。

一是带有上行性质或者较为谦恭的文体。比如,请示的结尾一般要求在结尾处写明"以上请示,请指示"或"以上请示如无不妥,请批准";函这一文体一般要写明"敬请函复""盼复"等词;议案等文体结尾时要写明"现提请审议""请审议"等词语。

二是在篇幅较短的下行或通行的文体中一般要求用"特此……"作结比较多。如独段式的公告、通知,结尾时一般写上"特此通告""特此通知"等。这类篇幅较短的文体在结尾时一般要加上这样的结语，因为正文本来就短，内容也较单一，若不使用结语的话，就始终让受文对象觉得可能还没说完，所以一般要用结语。但要注意的是这类文体，若主体部分的内容较多，特别是经过条目式罗列的文体，在结尾时一般不用"特此……"这样的结束语作结，因为主体部分内容传递的信息量较大且多，你运用一个专门就此事如何的"特此……"结语，反而让读者无所适从，误认为你只是要强调文中某一个方面或层面的观点内容，而不是文章中全部或整体意思的把握。

③希望号召强调式

归纳全文，发出号召，提出希望。这种结尾方式，一般用在表彰或批评总结等类文体结尾。比如写嘉奖令、表彰或处分性的决定、表彰或批评性的通报等文体，必须在结尾处提出希望、发出号召，因这类文体都是从个别到一般的，从实践到理论的，我们对这件事或者这个人进行表彰或批评，目的不仅只是着眼于这个人或这件事，我们的最终行文目的是为了通过这个人或者这件事，教育警戒周围其他人或者这类事，起到典型教育的作用。所以这类文体一般结尾时要用希望号召式。

但也有一些文体，比如纪要、计划、纲要、决定等文体，最后作出强调，提出执行要求，表达希望，也可以用这种希望号召强调式，当然也可以省略不用。此时的希望号召强调式结尾就相当于首尾呼应，有时若主体篇幅不长的话，反而显得啰唆繁琐，画蛇添足，适得其反。

（4）段落与层次

①段落

段落是组成文章的最基本的单位，是按照表达层次划分出来的一个个小的结构单位。在一般情况下，它是同属于一个中心思想的一些句子的连接，是小于篇、大于句子的一个完整的意义单位。在形式上，段落有明显换行标志。

段落的设置应注意以下几点：

一是分段依据明确。就安排段落而言，每分一段应有明确的依据，如时间变化、地点转移、材料特点不一、写作角度转换、表达方式不同、语言风格变化等。写作时不能随意分段。

二是内容单一、完整。即每段只说一个中心意思，且要说完全，说透彻。这样才能准确、完整地表达出作者的思维步骤，体现文章各部分之间有机的联系。

三是长短适度，匀称得当。段落的长短虽无一定的标准，但分段过长，则文章节奏缓慢，使受文对象容易疲倦；分段过细，文势太急，给人以头绪繁多、零碎琐细的感觉，又不易把握文章要点。所以，段落的构成和设置，除要考虑以上因素外，还应根据整体的需要，做到长短相宜，协调合理。

②层次

层次，是指文章内容表达的逻辑次序，体现事物发展的阶段性和各侧面，它反映了作者的思维过程。层次的具体形式主要有以下几种方式：

一是用小标题表示。如《××省人民政府关于国有企业体制改革的意见》一文的层次即用小标题形式表示："一、国有企业体制改革是一项艰巨而又重大的历史课题""二、加强领导，成立专门国有企业体制改革办公室""三、加强资金保障……"

二是用数量词表示。注意使用层次的正确运用：第一层，应用小写汉字后面加顿号，如"一、……""二、……""三、……"。第二层，应用小写汉字加括弧，如"（一）……""（二）……""（三）……"。第三层，应用阿拉伯数字后面加实心的圆点，注意不能用顿号，如"1.……""2.……""3.……"。第四层，应用阿拉伯数字加括弧，如"（1）……""（2）……""（3）……"。第五层，应用阿拉伯数字加圈的形式，如"①……""②……""③……"一般正文中不能多于五层，在使用时最好按顺序依次截取，不能随便组合。当然，若一篇文章中只有两个层次时，可略去第二层，即合用"一、""1."形式，但多于两层了就不能这样用了。

（5）过渡和照应

①过渡

应用文的过渡是指上下文之间的衔接、转换。常见的过渡方式有两种。

一是设置过渡句，如"现将相关事宜通告如下""特作如下通知"。这种形式一般用在知照指挥类文体写作的开头与主体部分的过渡上。

二是设置过渡词。如"综上所述""由此可见""总之""为此"等词语常用于段首，可起承上启下的作用；"主要有以下几个方面""分述如下""以下是"等用于段尾，可起引起下文的作用。当然，小标题或序号，也具有过渡和衔接的作用。

②照应

照应，也叫呼应，指文章中不相邻的层次、段落的关照和回应。常见的有以下方式。

一是题文照应，即文章内容与标题相互呼应，常见的以小标题或段首句点题，以段尾句应题。

二是前后照应，即文章前面的内容与后面的内容互相呼应。

三是首尾照应，即开头与结尾相呼应。

3. 落款

应用文的落款包括署名和成文日期两大部分。应用文写作一般要求落款，这也是与文学作品的一个区别。根据我国现行通用法定公文写作的两部法规——《党政机关公文格式》的相关规定，通用法定公文落款时必须先署名，然后用阿拉伯数字落日期，然后再盖印章。当然，其他如事务文书、财经文书、社交礼仪文书等一般也要求署名和落成文日期。

二、语言

应用文的语言要求做到准确、简洁、平实、得体。这和文学作品语言风格不一样，文学作品的语言风格要求华美、典雅、藻饰等，而应用文的语言是由其行文的目的性决定了的，应用文的目的就是要用最简洁、最平实的话语将自己的观点准确无误地告诉对方，并要求受文对象没有歧义地去遵照执行。所以，这也决定应用文的语言不能像文学作品那样要求语言生动、华美，只要准确、简洁、平实、得体就行。

(一)准确

准确是应用文写作语言的第一要求,也是最为重要的要求。准确就是应用文语言应切合语体,语言要准确、连贯、逻辑性强,造句要合乎语法规范。特别要注意事实、数据细节等的真实无误。对一些相近的词语要注意区别,如"定金"一词具有法律意义,不能随意毁约,而"订金"还可以退还。再如"请认真贯彻执行"与"请在工作中参考"是有区别的。

巧用模糊语也是应用文语言准确的一个体现。比如"通过进一步的学习,我的思想觉悟得到了很大的提高",这句话里的"进一步""很大"等词语就是模糊语,若用一个具体的量词来界定的话反而不准确了。

(二)简洁

即语言要简练,做到言约意丰,要用最少的文字表达最丰富的内容,如此才能发挥应用文时效性的特点。注意删除套话、空话,不能用夸张、比喻等文学修辞手法。当然,简洁是建立在意思表达清楚、明白、完整的基础上的。

(三)平实

平实即要用平易、朴实的语言,不能用生僻、晦涩、深奥的词语,要符合应用文的实用性目的。

(四)得体

得体是指应用文语言应该符合写作主体的身份。比如写上行文、平行文就要注意语气委婉,在正文中不要出现"我们已经决定""要求""必须"等武断性词语,而应该用"请求""恳请""拟将"等词语。这更符合一个下级对上级、或者对平级的尊重之意,你的行文主张才更易获得上级或平级的肯定、支持和同意。当然,若是下行文,应写得庄重、严肃,让下级更加重视和认真执行。

第三节 应用文的思维与表达

一、应用文的思维

思维是人脑对客观现实概括的和间接的反映,它反映的是事物的本质和事物间规律性的联系。思维是人脑对客观现实的反映。思维所反映的是一类事物共同的、本质的属性和事物间内在的、必然的联系,属于理性认识。用什么样的思维来写作是一个十分重要的问题。我们知道,写作过程是一个复杂的思维过程,在应用文写作中,作者除运用一般的思维方式外,主要运用的思维方式有逻辑思维、模式化思维、换位思维。

(一)逻辑思维

逻辑思维是人们在认识过程中借助于概念、判断、推理等思维形式能动地反映客观现实的理性认识过程,又称理论思维。它是作为对认识者的思维及其结构以及起作用的规律的分析而产生和发展起来的。只有经过逻辑思维,人们才能达到对具体对象本质规律的把握，进而认识客观世界。它是人的认识的高级阶段，即理性认识阶段。应用文写作大量使用逻辑思维。首先，要注意概念的准确性。概念是反映对象的本质属性的思维方式，语词是概念的形式，但相同的语词可以表达不同的概念。如"运动是永恒的"和"一百米跑是运动"两句话中"运动"一词的含义并不相同。如果不加以区分，就会简单得出结论：一百米跑永恒。其次，要注意判断的准确性。判断是对事物的情况有所断定的思维形式。在公文中，判断是否准确不仅影响到公文本身的质量，而且有可能影响到事务能否得到妥善处理，问题能否得到真正解决。其三，公文写作要大量运用推理。推理是由一个或几个已知的判断为前提推出未知判断的思维方式。要保证推理结论正确，必须遵守两个条件：一是前提真实，二是形式正确。一些常用的推理方式，如演绎推理、归纳推理、类比推理等，在应用文写作中被大量运用。

（二）模式化思维

应用文写作要求见解独到，但并非刻意求新求异，在结构、表达、语言、风格等方面，都更多地要求按照既定的模式来展开。模式化思维主要体现在结构和语言两大方面。在结构上，应用文写作有一个结构的"基本型"，由开头、主体和结尾三部分组成全篇。在语言上，有些词语使用的频率非常高，如"收悉""遵照""拟请""特此批复"等都是约定俗成的套语，言简意明，如果换用其他语言，效果反而不好。此外，应用文的文种、格式，也都有很强的模式化。

（三）换位思维

换位思维，是一种站在他人的立场上，设身处地替他人思考的一种思维方式。它是一种被动的思维方式，起始于被代言者的指令或授权，终止于被代言者意志、意图的准确传达。思维的目的、思维的方向、思维的内容，代言者都不能主动选择，其主观能动性只能在结构的组织上、表达方式的选择上、遣词造句上有一定的体现。如秘书替领导写作讲话稿，就应该按照领导的意图去思考问题并进行写作。

二、应用文的表达方式

表达方式，即古人所称的"笔法"，今人称之为表达手法、表现方法。

人们写文章的表达方式通常有五种，即叙述、议论、说明、描写、抒情。由于受应用文书的文体特点和写作目的的制约，应用文书的语言表达方式主要为说明、叙述和议论，少用描写和抒情。

（一）说明

所谓说明，是用简明扼要的文字，对客观事物或事理的状态、性质、特点、功能、成因、关系、功用等属性，加以客观的解释和介绍的表达方式。

1. 说明的作用

以说明的方式来介绍背景材料和环境，可以为叙述起好铺垫作用。总结、简报、调查报告、工作报告对某些基本情况的介绍，表彰、处分决定或通报对有关人员或单位的介绍等，常用说明这种表达方式。条例、规定、制度、公约等法规、规章和管理规章文书、介绍信、证明信等专用书信以及启事、经济合同、广告等，也常用说明的表达方式。

用说明方式来介绍背景，交代情况，可以为议论提供必要的依据。

2. 应用文书说明的特征

（1）应用文书的说明常与议论、叙述结合使用。

（2）应用文书常是多种说明方式同时使用。

3. 应用文书常用的说明方法

（1）下定义：为了突出事物或事理的主要内容或主要问题，常常用简明扼要的语言给事物下定义。这是说明事物特征或事理，揭示事物或事理的本质的一种方法。如《统筹方法》一文，开头就给"统筹方法"下了定义："统筹方法，是一种安排工作进程的数学方法。"这个定义既指明了"统筹方法"的本质——数学，也指明了"统筹方法"的应用特点——安排工作进程。这样，就把统筹方法和其他的数学方法区别开来了。

（2）举例子：为了说明事物的情况或事理有时单从道理上讲，人们不太理解，这就需要举些既通俗易懂又有代表性的例子来加以说明。如《中国石拱桥》把古代的赵州桥和卢沟桥作为具有代表性的例子，对我国建设石拱桥悠久的历史、杰出的成就作了说明。

（3）分类别：要说明事物的特征或事理，从单方面往往不容易说清楚，可以根据形状、性质、成因、功能等方面的异同，把事物或事理按一定的标准分成若干类，然后依照类别，逐一加以说明。如《向沙漠进军》一文将向沙漠进攻的方式分成"游击战"和"阵地战"两类。

（4）列数据：数字是从数量上说明事物特征或事理的最精确、最科学、最有说服力的依据。如《死海不死》一文用大量的数字说明死海之所以浮力大的原因，非常清晰。

（5）作比较：为了把事物或事理说得通俗易懂，有时可以从人们已有的感性知识出发，利用人们生活中熟悉的事物或事理作比较，从而唤起读者的想象，获得一个深刻的印象。如《人类的语言》一文将鹦鹉、猩猩的"语言"与"人类的语言"作比较，得出"只有人类才有真正的语言"的结论。

（二）议论

所谓议论，是作者对某件事情或某个问题进行分析、推理、评论，表明自己的立场、观点、意见的一种表达方式，也就是讲道理的方式。

应用文写作的议论与议论文写作中的议论是不同的，应用文中的议论只是叙述、说明的补充表达方式，且具有以下特点：第一，夹叙夹议，即一边用说明、叙述交代情况、事项，一边进行分析、评价。第二，就事论事，简化论证。第三，多正面论证。

（三）叙述

所谓叙述，是有次序地叙说、介绍人物的经历、言行或事物发展变化过程的表达方式。完整的叙述包括时间、地点、人物、事件、原因、结果六要素。

1. 叙述的作用

叙述是应用文书的基本表达方式。它可以作为以叙说情况为主的情况报告、表彰或处分通报、市场调查报告等文种的主要表达方式。交代背景，介绍文章涉及的人、单位或事件的基本概况、事物发展变化过程以及相互关系，都离不开叙述；为议论提供事实依据，也要用到叙述。

2. 应用文书叙述的特征

（1）以顺叙为主，讲求平铺直叙，注重叙述事件的过程。

（2）一般采用概括叙述，极少是具体、详细的叙述。

应用文书对叙述的要求是：概括准，粗线条。只注重对事件的整体勾画，不要求细节的具体和内容的详尽。只叙述与表达主旨、说明问题有直接关联的部分，或者只是综合地、概括地叙述若干人或事的共同点。

（3）常与其他表达方式结合运用。如夹叙夹议、叙事论理、叙述说明等。

3. 叙述的方法

（1）顺叙：顺叙是根据人物经历或事件发生、发展的自然时序进行的叙述。

（2）倒叙：倒叙是把事件的结局或事件中最突出的片断提到前面来叙述，然后再以顺叙的方式进行的叙述。

（3）插叙：插叙是在叙述主要事件的过程中，因为需要，暂时中断叙述主线，插入与中心事件有关的内容的叙述。

值得注意的是，应用文的叙述方法一般多用顺叙，也可以倒叙，但一般少用插叙和补叙。

4. 叙述的人称

人称是指作者叙述的观察点、立足点。选用第一人称的叙述是主观性叙述，能给读者真实、亲切的感受；选用第三人称的叙述是客观性叙述，可不受时空和是否亲身经历限制，因而叙述面较广、较自由。使用第二人称叙述，有直接对话的亲临感，让读者感到像在面对面交流。

应用文书写作对人称的使用有特定的要求。如撰写总结、拟订计划，必须采用第一人称，写市场调查报告则主要使用第三人称。而有些文种的写作，三种人称还须同时使用，如涉及第三单位的来函、去函、情况通报，就常出现"我们""你们""他们"。

应用文对人称的使用，常用"本"来代替第一人称的"我"，如"本公司"；用"贵"来代替"你""您"，如"贵单位"；用"该"来代替第三人称的"他（她、它）"，如"该同志"等。

第四节　应用文的拟写与修改

拟写和修改是应用文写作的两个重要环节，我们必须高度重视。

一、拟写

拟写，又称作拟稿、起草，是写作者根据客观需要、领导意图或本人的写作意图下笔行文的行为过程。它是应用文处理的第一个工作环节，占有重要的地位。

（一）拟写的重要性

拟写就是将写作者的构思借助文字写成文章，就是从"意"到"文"的转化过程。如果不认真起草，草稿就不能体现构思的成果，便不可能完成由"意"到"文"的转化，写作活动就会失败。再者，如果草稿的质量不高，必然会给修改带来很大的麻烦。

（二）拟写应该注意的问题

1. 写前准备

应用文写作一般有"奉命"写作和自由写作两种。在"奉命"（即奉领导之命）写作时，应该深刻领会领导意图和原则意见，向部门主管人员了解全面情况与具体要求，向从事或熟悉该项工作的人员咨询，集思广益，获得启示。查阅有关文件、资料，从历史材料和当前情况中寻求借鉴，搜集材料。深入实际，现场观察，获得第一手材料。明确行文目的、文种选择、抄送范围等。

在自由写作中，要了解该论题他人是否写过，即使写过，两相对比，自己有无创新之处。然后收集材料，进行写作的可行性分析。

2. 拟订提纲

提纲是写作者思路的外在表现，也是文章的基本框架。提纲应写清每部分各个层次的安排及内容要点、大致篇幅。拟订好提纲后，在写作过程中才能做到思路清晰、结构合理、内容详细，不至于遗漏。

（三）拟写的方法

（1）围绕主旨，按照提纲拟写。按照提纲框架，根据事先准备的材料，将内容具体化、条理化。

（2）一气呵成。拟稿要一气呵成，主要考虑两方面因素：一是写作的时限性，要保证按时完成；二是文章的连贯性，要使文气贯通。如果在拟写时过于推敲文词，停停写写，就会造成思路中断，文气不畅。可先一气呵成，等初稿写成后，再来增删、更换。一气呵成的方法是一种较好的起草方法。

（四）应用文拟写应当遵循的原则

拟写一篇应用文应当遵行如下原则：

（1）符合党的路线、方针、政策及国家法律法规。

（2）全面地反映客观实际情况，完整、准确地体现领导的意图。

（3）重点突出，观点鲜明，表述准确，结构严谨，条理清楚，字词规范，标点符号正确，篇幅力求简短。

（4）人名、地名、数字、引文准确。引用公文应当先引标题，后引发文字号。引用外文应当注明中文含义。日期应当写具体的年、月、日。

（5）使用文种、格式合理。

二、修改

(一) 修改的意义

1. 正确反映客观事物的重要手段

应用文之所以要进行修改,而且要进行多次修改,因为它是客观事物的反映。而反映要正确、恰当,必须进行反复斟酌、修改,使之切合实际。修改是使文章的表述更趋合理的复杂劳动,它是把反复认识的成果体现出来的重要手段。

2. 文章的作用、特点所决定的必然要求

应用文,尤其是公文,是党和国家路线、方针、政策以及单位、部门意志的直接体现,稍有不慎就会造成工作失误,带来严重损失。这就要求对文稿反复推敲,反复修改。

3. 写作的重要环节

"文章不厌百回改",从某种意义上讲,文章是"改"出来的。修改是提高文章质量的重要措施,也是对读者负责的表现,更是写作者严肃认真的写作态度的体现。

(二) 修改的范围

应用文修改应从以下几方面进行。

(1) 检查文种。文种是直接体现行文意图的一个标志,文种的正确选择决定着行文方向、语言运用以及行文意图的实现,同时也体现写作者的知识水平。

(2) 斟酌主旨。主旨是文章的关键,主旨的修改,就是检查主旨是否正确、鲜明、集中。因为主旨直接影响着应用文的效力、政策的传达、工作的布置、实施情况等。

(3) 调整结构。检查文章各个部分是否围绕主旨构成一个整体,各层次、各段落之间是否合乎逻辑,安排是否合理。开头、结尾是否前后照应,过渡是否自然、顺畅。

(4) 增删材料。文章应做到观点与材料的统一。修改时,首先鉴别材料的真伪,使用是否得当。然后再考察材料与主旨之间的关系是否紧密,材料是否能表现、服务、深化主旨,主旨是否能统摄材料。

(5) 锤炼语言。语言是思维的工具,也是文章内容的物质载体。修改时,注意检查语句是否通顺,表意是否准确,语言是否规范,有没有多余的文字。

(6) 检查格式。应用文最重要的是格式,特别是公文,文头、行文、文尾等要素是否齐备,格式是否正确,机关代字、发文字号、落款、抄送等是否正确,其格式是否符合《党政机关公文处理工作条例》《党政机关公文格式》等文件的相关规定。

(三) 修改的方法

应用文的修改方法有以下几种:

(1) 自行修改。文章拟写完后,由写作者自行修改,通读全文,根据修改范围,逐一检查修改。

(2) 领导修改。多数应用文是体现领导意图、群体意志的,还有的涉及行业术语。稿成后,请领导审阅,看是否符合领导的思想意图。

(3) 集体修改。通过会议的形式,集体讨论,对文章提出修改意见,再由起草人进行集中修改。

经过修改后，重新制作，便可定稿印制。

（四）常用校对修改符号及举例

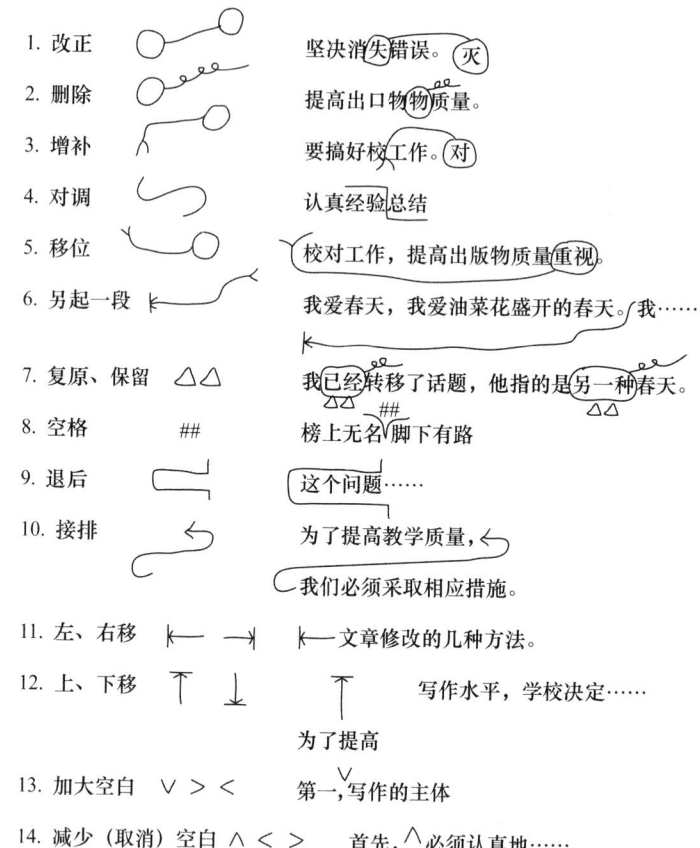

第十章

党政机关公文概述

第一节 党政机关公文的含义与作用

一、党政机关公文的含义

党政机关公文是党政机关实施领导、履行职能、处理公务的具有特定效力和规范体式的文书,是传达贯彻党和国家方针政策,公布法规和规章,指导、布置和商洽工作,请示和答复问题,报告、通报和交流情况等的重要工具。这里的党政机关公文特指中共中央办公厅与国务院办公厅于2012年4月16日联合发布,2012年7月1日实施的《党政机关公文处理工作条例》(中办发〔2012〕14号,以下简称《条例》,内容详见附录一)规定的15种公文:决议、决定、命令(令)、公报、公告、通告、意见、通知、通报、报告、请示、批复、议案、函、纪要。这15种公文适用于各级党政机关公文处理工作。这是历史上首次将党政机公文实行合并统一,是为了适应中国共产党机关和国家行政机关(即党政机关)工作的需要,是推进党政机关公文处理工作科学化、制度化、规范化的体现。

二、党政机关公文的作用

(一)知照和联系作用

党政机关公文是党政机关处理事务、交流情况、沟通思想的工具。上级机关通过公文向下级机关布置工作,行使权力,交代任务,实施管理。下级机关通过公文向上级机关汇报工作,请示问题,反映情况,提出建议。平级和不相隶属单位之间通过公文互通信息,商洽和联系事宜。

(二)指挥和组织作用

党政机关往往通过公文传达贯彻方针、政策、路线,全面地指导和指挥各项工作。各级组织依靠公文安排布置相关工作,其正常运转离不开公文的实施与发布。

(三)规范和约束作用

由于制发机关的法定性,党政机关公文具有权威性和法定效力。党和国家的各种法律、法令以及行政法规的制发均以公文为载体,它们自身有极强的法律效力,一经颁布,所有单位和个人都必须坚决执行,任何单位和个人都不得违反。

(四)宣传和教育作用

党政机关公文通常会明确告知受文对象所言事项为什么要做、怎么去做以及要抓住哪些重点和关键环节。也会言明指导思想,讲清道理,提出希望与要求,以提高认识、统一思想和推动工作顺利开展。

(五)依据和凭证作用

党政机关公文具有极强的时效性,它直接记载反映了党政机关在每一历史阶段的任务及各项公务活动开展的情况。某些文档作为历史档案留存会给以后的核查、参考、研究起到凭证依据的作用。

第二节 党政机关公文的特点与分类

一、党政机关公文的特点

(一)作者的法定性

党政机关公文的作者为中国共产党机关和国家行政机关,他们根据自己的职能和权限制发公文。公文常以组织或组织某一部门的名义发布,有时会以机关和国家领导人的名义发布。需要注意的是,凡以领导人名义为公文作者的,并非以私人身份出现,而是领导作为该组织的主要负责人行使职权的一种表现。

(二)法定的权威性

党政机关公文是党政机关行使职权、保证组织机构协调运转的工具,是党和国家机关实施行政领导和指挥工作的具体体现。一经制发具有很强的权威性与法定效力,有关单位和个人必须服从、遵守、执行,切不可拖延甚至违反,否则可能会被以失职、渎职等名分追责或处罚,造成重大损失的甚至还有可能被究刑事责任。

(三)结构的模式性

党政机关公文的写作须严格按照《条例》和与之配套实施的《党政机关公文格式》以下简称《格式》,内容详见附录二)中规定的结构模式写作,不可自行其是,别出心裁。否则势必会降低公文的质量,影响办公的效率,妨碍工作的顺利进行与开展。

(四)受文对象的特定性

和文学作品不同,党政机关公文有明确的受文对象,只有与公文内容相关的单位和个人才有必要阅读并执行,并且公文对这些单位和个人有极强的约束力。所以党政机关公文在拟写时,凡能指称受文对象的公文文面标明主送机关,以免告知的事项或布置安排的工作任务受文对象不明确或者故意有选择性地遗漏,也避免将来出了问题后在追责时成为某些人的狡辩托词和推脱借口。

(五)内容的时效性

党政机关公文中所言事项一旦完成,则该文件的直接作用就发挥完毕。但这些公文在失效后仍然具有查考价值。所以，党政机关的大部分公文都需要留存档案以备查考。

二、党政机关公文的分类

党政机关公文的分类有不同的标准及分类方法，常见的划分有以下几类：

第一，按照行文方向可划分为上行文、平行文、下行文。

上行文指下级机关向所属上级机关的行文。主要是请示、报告两个文种，有的工作性意见也可以上行。

平行文是指平行机关或不相隶属的机关之间的行文。主要是函、议案两个文种，部分的通知、意见也可以平行。

下行文指上级机关对所属下级机关的行文。如命令、决定、决议、公告、通告、通报、批复、纪要等文种，通知和意见也多属于下行文。

第二，按照机密程度可划分为绝密、机密、秘密、普通公文。凡是要求保密的公文，需要在公文的版头部分注明保密的等级和保密的时限。绝密公文的最长保密期限为 30 年，机密公文的最长保密期限为 20 年，秘密公文的最长保密期限为 10 年。《条例》第六章、第七章相关条款就涉密公文的办理和管理作了特别规定。

第三，按照办理时限的要求可划分为特急、急件、一般文件。"特急"系事关重大而又十分紧急，要求马上以最快速度形成、运转及办理；"加急"的办理时限一般在 5 天内。

如系以电报形式发文，则分为特提、特急、加急、平急。"特提"的办理要求为马上办，1 天内办结；"特急"的办理要求为 8 小时内办，3 天办结；"加急"的办理要求为 24 小时办，5 天办结；"平急"的办理要求为不超 48 小时办，10 天办结。

第三节　党政机关公文的格式

党政机关公文的格式即党政机关公文的规格与样式，是指党政机关公文中各组成部分的构成方式，是党政机关公文外在形式的重要方面，具体包括党政机关公文通用的纸张要求、排版和印制装订要求、公文格式各要素的编排规则等。各项要求均以《条例》和《格式》为依据。

一、党政机关公文的用纸及版式要求

1. 用纸要求

《条例》第十二条规定："公文用纸幅面采用国际标准 A4 型。特殊形式的公文用纸幅面，根据实际需要确定。"《格式》则在"幅面尺寸"条（见 5.1）明确规定："公文用纸采用 GB/T 148 中规定的 A4 型纸，其成品幅面尺寸为：210 mm×297 mm。"

2. 版式要求

《条例》第十条规定："公文的版式按照《党政机关公文格式》国家标准执行。"

《格式》在"版面"条（见 5.2）下从页边与版心尺寸、字体和字号、行数和字数、文字的颜色等方面作了如下规定：

（1）页边与版心尺寸：公文用纸天头（上白边）为 37 mm±1 mm，公文用纸订口（左白边）为 28 mm±1 mm，版心尺寸为 156 mm×225 mm。（样式见附录二图 1）

（2）字体和字号：如无特殊说明，公文格式各要素一般用 3 号仿宋体字。特定情况可以作适当调整。

（3）行数和字数：一般每面排 22 行，每行排 28 个字，并撑满版心。特定情况可以作适当调整。

其中，"行"是标示公文中纵向距离的长度单位，"一行"指一个汉字的高度加 3 号汉字高度的 7/8 的距离（见 3.2）。"字"是标示公文中横向距离的长度单位，"一字"指一个汉字宽度的距离（见 3.1）。

（4）文字的颜色：如无特殊说明，公文中文字的颜色均为黑色。

二、党政机关公文的构成要素

《条例》第九条规定："公文一般由份号、密级和保密期限、紧急程度、发文机关标志、发文字号、签发人、标题、主送机关、正文、附件说明、发文机关署名、成文日期、印章、附注、附件、抄送机关、印发机关和印发日期、页码等组成。"

公文所有的要素可分为必备的项目要素与选择的项目要素。其中必备的项目要素是每份公文文面上必须具备的。一般包括发文机关标志、发文字号、标题、正文、发文机关署名、成文日期、印发机关和印发日期、页码。选择的项目要素根据每份公文的实际情况视需要而填写，一般包括公文的份号、密级和保密期限、紧急程度、签发人、主送机关、附件说明、印章、附注、附件、抄送机关等。

三、党政机关公文格式各要素编排规则

党政机关公文格式各要素编排规则，习惯上称为公文的文面格式，是指版心内的公文格式各要素在公文上所处的位置和书写的格式。通常分为版头、主体、版记三个部分。公文首页红色分隔线以上的部分称为版头；公文首页红色分隔线（不含）以下、公文末页首条分隔线（不含）以上的部分称为主体；公文末页首条分隔线以下、末条分隔线以上的部分称为版记。页码则位于版心之外。

（一）版头

置于公文首页红色分隔线以上的部分称为版头，约占版面的三分之一，包括份号、密级和保密期限、紧急程度、发文机关标志、发文字号、签发人等要素。

1. 份号

份号是公文印制份数的顺序号。意即将同一文稿印制若干份时每份公文的顺序编号。涉密公文应当标注份号。标注时一般用 6 位 3 号黑体阿拉伯数字，顶格编排在版心左上角第 1 行。（见附录二图 2）

2. 密级和保密期限

密级和保密期限即公文的秘密等级和保密的期限。涉密公文应当根据涉密程度分别标注"绝密""机密""秘密"和保密期限。标注时一般用 3 号黑体字，顶格编排在版心左上

角第 2 行；保密期限中的数字用阿拉伯数字标注。如需同时标识密级和保密期限，二者之间用红色的"★"隔开。（见附录二图 2）

3. 紧急程度

紧急程度是公文送达和办理的时限要求。根据紧急程度，紧急公文应当分别标注"特急""加急"，电报应当分别标注"特提""特急""加急""平急"。标注时一般用 3 号黑体字，顶格编排在版心左上角。如需同时标注份号、密级和保密期限、紧急程度，按照份号、密级和保密期限、紧急程度的顺序自上而下分行排列。（见附录二图 2）

4. 发文机关标志

发文机关标志由发文机关全称或者规范化简称加"文件"二字组成，也可以使用发文机关全称或者规范化简称。居中排布，上边缘至版心上边缘为 35 mm，推荐使用小标宋体字，颜色为红色，以醒目、美观、庄重为原则，一般最大不能大于 22 mm×15 mm。（见附录二图 2）

联合行文时，发文机关标志可以并用联合发文机关名称，也可以单独用主办机关名称。如需同时标注联署发文机关名称，一般应当将主办机关名称排列在前；如有"文件"二字，应当置于发文机关名称右侧，以联署发文机关名称为准上下居中排布。（见附录二图 3）

5. 发文字号

发文字号由发文机关代字、年份、发文顺序号组成。联合行文时，使用主办机关的发文字号。

用 3 号仿宋体字编排在发文机关标志下空二行位置，居中排布。（见附录二图 3）上行文的发文字号居左空一字编排，与最后一个签发人姓名处在同一行。（见附录二图 4）

发文机关代字通常由三部分构成。第一部分一般取发文机关名称中表地域的字（多为一字，亦可为一字以上，具体以少而不混为原则，如"国务院"取"国"字；"四川"取简称"川"字，不取"四"字；"无锡"取"锡"字，不取"无"字）；第二部分一般取该发文机关名称中表工作性质的字（如"政府"取"政"字或"府"字，"党委"取"委"字，"公安厅"取"公"字等）；第三部分多为表行文方向的字，如上行文一般用"文"，下行文一般用"发"字（表下行时，也有省略不用"发"字的），也有以公文文种的，如用"函"字（只限平行文）。因此，发文机关代字三部分合起来既表明了该公文所发机关，又表明了该公文的行文方向，如"国发"即表示该公文是由国务院所发的下行文，"豫政厅文"表示该公文是由河南省人民政府办公厅所发的上行文，"人社部函"表示人力资源社会保障部所发的函（平行文）。

年份、发文顺序号均用阿拉伯数字标注。年份应标全称即 4 位数（如 2012），用六角括号"〔〕"括入；发文顺序号前不加"第"字，不编虚位（即 1 不编为 01 或 001 等），在阿拉伯数字后加"号"字。

6. 签发人

上行文应当标注签发人姓名。由"签发人"三字加全角冒号和签发人姓名组成，居右空一字，编排在发文机关标志下空两行位置。"签发人"三字用 3 号仿宋体字，签发人姓名用 3 号楷体字。

如有多个签发人，签发人姓名按照发文机关的排列顺序从左到右、自上而下依次均匀编排，一般每行排两个姓名，回行时与上一行第一个签发人姓名对齐。此时，发文字号与最末一行签发人姓名在同一行居左空一字编排。（见附录二图 4）

7. 版头中的分隔线

发文字号之下 4 mm 处居中印一条与版心等宽的红色分隔线。（见附录二图 4）

（二）主体

置于公文首页红色分隔线（不含）以下至公文末页首条分隔线（不含）以上的部分称为主体，包括标题、主送机关、正文、附件说明、发文机关署名、成文日期、印章、附注、附件等要素。

1. 标题（见附录二图 2、图 3、图 4）

标题由发文机关名称、事由和文种组成。一般用 2 号小标宋体字，编排于红色分隔线下空两行位置，分一行或多行居中排布；回行时，要做到词意完整，排列对称，长短适宜，间距恰当，标题排列应当使用梯形或菱形，不采用上下长度一样的长（或正）方形和上下长、中间短的沙漏型。此外，标题中除法规、规章名称加书名号外，一般不用标点符号；多个发文机关名称之间用空格分开，不加顿号，换行时则省略相应空格。

2. 主送机关（见附录二图 2、图 3、图 4）

主送机关即公文的主要受理机关，即对公文负主办或答复责任的机关，应当使用机关全称、规范化简称或者同类型机关统称。用 3 号仿宋体字编排于标题下空一行位置，居左顶格，有多个主送机关的，各机关名称之间一般用顿号隔开，回行时仍顶格，最后一个机关名称后标全角冒号。如主送机关名称过多导致公文首页不能显示正文时，应当将主送机关名称移至版记抄送之上，标注方法同抄送机关（详见附录二之 7.4.2）。

下级机关向上级机关报告或请示的公文，一般只写一个主送机关，如需同时报送另一机关，可采用抄送形式。

3. 正文（见附录二图 2、图 3、图 4）

正文是公文的主体，用来表述公文的内容。要求准确地传达发文机关的有关方针、政策精神，写法力求简明扼要，条理清楚，实事求是。

公文首页必须显示正文。一般用 3 号仿宋体字，编排于主送机关名称下一行，每个自然段左空二字，回行顶格。文中结构层次序数依次可以用"一、""（一）""1.""（1）"标注。一般第一层用黑体字（作为小标题时句尾无标点）、第二层用楷体字（作为小标题时句尾标点可有可无）、第三层和第四层（无论是否作为小标题，句尾必须有标点）用仿宋体字标注。注意：第三层的"1."不能写成"1、"，即把小圆点写成顿号。在正文层次不多的情况下，第一层用"一、"，第二层可用"1."，一般不用"一、""（一）"组合或"（一）""（1）"组合。文中数字、年份书写时不能回行。

4. 附件说明

附件说明指公文附件的顺序号和名称。附件不是每份公文都有，而是根据需要一般作为公文正文的说明、补充或者参考材料。如有附件，在正文下空一行左空二字用 3 号仿字体编排"附件"二字，后标全角冒号和附件名称。如有多个附件，使用阿拉伯数字标注附件顺序号（如"附件：1.××××××"）；附件名称后不加标点符号。附件名称较长需回行时，应当与上一行附件名称的首字对齐。（见附录二图9）

附件应当另面编排，并在版记之前，与公文正文一起装订。"附件"二字及附件顺序号用3号黑体字顶格编排在版心左上角第一行。附件标题居中编排在版心第三行。附件顺序号和附件标题应当与附件说明的表述一致。附件格式要求同正文。（见附录二图10）

如附件与正文不能一起装订，应当在附件左上角第一行顶格编排公文的发文字号并在其后标注"附件"二字及附件顺序号。

5. 发文机关署名

发文机关署名应署发文机关全称或者规范化简称。用3号仿宋体标注。标注位置分加盖印章的公文、不加盖印章的公文和加盖签发人签名章的公文而定。

6. 成文日期

成文日期表明公文从何时开始生效。一般署会议通过或者发文机关负责人签发的日期。联合行文时，署最后签发机关负责人签发的日期。负责人签发后，因故不能及时发文时，成文日期可请示签发人重新确定或由发文机关秘书部门提出意见报领导确定。

用3号仿宋体阿拉伯数字将年、月、日标全，年份应标全称，月、日不编虚位（即1不编为01）。标注位置分加盖印章的公文、不加盖印章的公文和加盖签发人签名章的公文而定。

7. 印章

公文中有发文机关署名的，应当加盖发文机关印章，并与署名机关相符。有特定发文机关标志的普发性公文和电报可以不加盖印章。

现就发文机关署名、成文日期和印章的配套使用作一详细说明。

（1）加盖印章的公文

成文日期一般右空四字编排，印章用红色，不得出现空白印章。

单一机关行文时，一般在成文日期之上、以成文日期为准居中编排发文机关署名，印章端正、居中下压发文机关署名和成文日期，使发文机关署名和成文日期居印章中心偏下位置，印章顶端应当上距正文（或附件说明）一行之内。（见附录二图5）

联合行文时，一般将各发文机关署名按照版头中的发文机关先后顺序从左到右、自上而下整齐排列在相应位置，并将印章一一对应、端正、居中下压发文机关署名，最后一个印章端正、居中下压发文机关署名和成文日期。印章之间排列整齐且互不相交或相切，亦不可离得太远，每排印章两端不得超出版心（一般每排最多排三个印章），首排印章顶端应当上距正文（或附件说明）一行之内。（见附录二图7、图8）

（2）不加盖印章的公文

单一机关行文时，在正文（或附件说明）下空一行右空二字编排发文机关署名，在发文机关署名下一行编排成文日期，首字比发文机关署名首字右移二字，如成文日期长于发文机关署名，应当使成文日期右空二字编排，并相应增加发文机关署名右空字数。简而言之，意即发文机关署名与成文日期谁长，谁右空二字并以该项为标准编排另一项。（见附

录二图 6)

联合行文时，应当先编排主办机关署名，其余发文机关署名依版头中的发文机关先后顺序自上而下编排，做到等距撑开，长度相同。（见附录二图 9）

（3）加盖签发人签名章的公文

单一机关制发的公文加盖签发人签名章时，在正文（或附件说明）下空二行右空四字加盖签发人签名章，签名章左空二字标注签发人职务，以签名章为准上下居中排布。在签发人签名章下空一行右空四字编排成文日期。

联合行文时，应当先编排主办机关签发人职务、签名章，其余机关签发人职务、签名章依次向下编排，与主办机关签发人职务、签名章上下对齐；每行只编排一个机关的签发人职务、签名章。

签发人职务应当标注全称。签名章一般用红色。

（4）特殊情况说明

当公文排版后所剩空白处不能容下印章位置时，应采取调整行距、字距的措施加以解决，务使印章与正文同处一面，即用印页（发文机关署名页）至少应有 1 行正文，不得采取标识"此页无正文"的方法解决。

8. 附注

附注指公文印发传达范围等需要说明的事项。用 3 号仿宋字体居左空二字加圆括号编排在成文日期下一行。注意，不写"附注"字样。具体说明事项与公文的行文方向有关。下行文一般是对公文的发放范围以及使用时应注意的事项的说明（涉密），如"此件发至省军级"、"此件发至县团级""此件可见报/广播""此件可翻印"等。上行文按规定应当标注联系人（签发人）及联系电话，联系人姓名与联系电话之间一般可用","或空一字隔开，如有多个联系人及联系电话的，各联系人及联系电话之间多用";"隔开。

9. 附件

附件是公文正文的说明、补充或者参考资料。编排说明见前"附件说明"之下。

（三）版记

公文末页首条分隔线以下、末条分隔线以上的部分称为版记，包括抄送机关、印发机关和印发日期等要素。

1. 版记中的分隔线

版记中的分隔线与版心等宽，首条分隔线和末条分隔线用粗线（推荐高度为 0.35 mm），中间的分隔线用细线（推荐高度为 0.25 mm）。首条分隔线位于版记中第一个要素之上，末条分隔线与公文最后一面的版心下边缘重合。（见附录二图 8）

2. 抄送机关

抄送机关是指除主送机关外需要执行或者知晓公文内容的其他机关（包括上级、下级和不相隶属的机关）。抄送的目的是便于工作中的沟通和协调。标注抄送机关时应当使用机关全称、规范化简称或者同类型机关统称。一般用 4 号仿宋体字，在印发机关和印发日期之上一行、左右各空一字编排。"抄送"二字后加全角冒号和抄送机关名称，回行时与冒号后的首字对齐，抄送机关与机关之间用逗号隔开，最后一个抄送机关名称后标句号。

抄送机关的顺序一般遵循上级机关在前、同级机关居中（依次为党委，人大，政府，政协，军，群）、下级机关最末的原则。（见附录二图8）

如需把主送机关移至版记，除将"抄送"二字改为"主送"外，编排方法同抄送机关。既有主送机关又有抄送机关时，应当将主送机关置于抄送机关之上一行，之间不加分隔线。

3. 印发机关和印发日期

印发机关和印发日期是指公文的送印机关和送印日期。一般用4号仿宋体字编排在末条分隔线之上，印发机关左空一字，印发日期右空一字，用阿拉伯数字将年、月、日标全，年份应标全称，月、日不编虚位（即1不编为01），后加"印发"二字。（见附录二图8）印发日期以公文付印的日期为准。

版记中如有其他要素（如翻印机关和翻印日期等），应当将其与印发机关和印发日期用一条细分隔线隔开。

4. 页码

一般用4号半角宋体阿拉伯数字，编排在公文版心下边缘之下，数字左右各放一条一字线；一字线上距版心下边缘7 mm。单页码居右空一字（见附录二图2、3、4），双页码居左空一字（见附录二图5）。公文的版记页前有空白页的，空白页和版记页均不编排页码。公文的附件与正文一起装订时，页码应当连续编排。

四、党政机关公文的特定格式

根据《格式》规定，信函格式、命令格式、纪要格式是公文的三种特定格式。

1. 信函格式（见附录二图11）

发文机关标志使用发文机关全称或者规范化简称，居中排布，上边缘至上页边为30 mm，推荐使用红色小标宋体字。联合行文时，使用主办机关标志。

发文机关标志下4 mm处印一条红色双线（上粗下细），距下页边20 mm处印一条红色双线（上细下粗），线长均为170 mm，居中排布。

如需标注份号、密级和保密期限、紧急程度，应当顶格居版心左边缘编排在第一条红色双线下，按照份号、密级和保密期限、紧急程度的顺序自上而下分行排列，第一个要素与该线的距离为3号汉字高度的7/8。

发文字号顶格居版心右边缘编排在第一条红色双线下，与该线的距离为3号汉字高度的7/8。其中，发文机关代字的第三部分用字往往为"函"。

标题居中编排，与其上最后一个要素相距二行。

第二条红色双线上一行如有文字，与该线的距离为3号汉字高度的7/8。

首页不显示页码。

版记不加印发机关和印发日期、分隔线，位于公文最后一面版心内最下方。

2. 命令（令）格式（见附录二图12）

发文机关标志由发文机关全称加"命令"或"令"字组成，居中排布，上边缘至版心上边缘为20 mm，推荐使用红色小标宋体字。

发文机关标志下空二行居中编排令号，令号下空二行编排正文。

签发人职务、签名章和成文日期的编排见附录二之 7.3.5.3。

3. 纪要格式

纪要标志由"××××纪要"组成，居中排布，上边缘至版心上边缘为 35 mm，推荐使用红色小标宋体字。

标注出席人员名单，一般用 3 号黑体字，在正文或附件说明下空一行左空二字编排"出席"二字，后标全角冒号，冒号后用 3 号仿宋体字标注出席人单位、姓名，回行时与冒号后的首字对齐。

标注请假和列席人员名单，除依次另起一行并将"出席"二字改为"请假"或"列席"外，编排方法同出席人员名单。

纪要格式可以根据实际制定。

五、党政机关公文格式的其他说明

（一）关于公文中计量单位、标点符号和数字的用法等的说明

公文中计量单位的用法应当符合 GB 3100、GB 3101 和 GB 3102（所有部分），标点符号的用法应当符合 GB/T 15834，数字用法应当符合 GB/T 15835。

《条例》第十一条规定："公文使用的汉字、数字、外文字符、计量单位和标点符号等，按照有关国家标准和规定执行。民族自治地方的公文，可以并用汉字和当地通用的少数民族文字。"以上要求在《格式》中有具体的执行标准，它们分别为：

GB/T 148　　印刷、书写和绘图纸幅面尺寸

GB 3100　　国际单位制及其应用

GB 3101　　有关量、单位和符号的一般原则

GB 3102（所有部分）　　量和单位

GB/T 15834　　标点符号用法

GB/T 15835　　出版物上数字用法

（二）关于公文中的横排表格的说明

A4 纸型的表格横排时，页码位置与公文其他页码保持一致，单页码表头在订口一边，双页码表头在切口一边。

（三）印制装订要求

1. 制版要求

版面干净无底灰，字迹清楚无断划，尺寸标准，版心不斜，误差不超过 1 mm。

2. 印刷要求

双面印刷；页码套正，两面误差不超过 2 mm。黑色油墨应当达到色谱所标 BL100%，红色油墨应当达到色谱所标 Y80%、M80%。印品着墨实、均匀；字面不花、不白、无断划。

3. 装订要求

公文应当左侧装订，不掉页，两页页码之间误差不超过 4 mm，裁切后的成品尺寸允

许误差±2 mm，四角成90°，无毛茬或缺损。

骑马订或平订的公文应当：

(1) 订位为两钉外订眼距版面上下边缘各70 mm处，允许误差±4 mm；

(2) 无坏钉、漏钉、重钉，钉脚平伏牢固；

(3) 骑马订钉锯均订在折缝线上，平订钉锯与书脊间的距离为3～5 mm。

包本装订公文的封皮（封面、书脊、封底）与书芯应吻合、包紧、包平、不脱落。

需要说明的是，《条例》还就党政机关公文的其他适用情况作了说明。

《条例》第三十八条规定："党政机关公文含电子公文。电子公文处理工作的具体办法另行制定。"

《条例》第三十九条规定："法规、规章方面的公文，依照有关规定处理。外事方面的公文，依照外事主管部门的有关规定处理。"

《条例》第四十条规定："其他机关和单位的公文处理工作，可以参照本条例执行。"

【例文】

××市人民政府办公室文件

×政办发〔2020〕115号

××市政府办公室转发市民政局财政局关于
义务兵等优抚对象优待金发放意见的通知

××开发区、××高新区、××经济开发区、旅游度假区管委会，各镇人民政府，市各委办局，各直属单位：

经市政府同意，现将市民政局、财政局制定的《关于义务兵等优抚对象优待金的发放意见》转发给你们，请认真贯彻执行。

××市人民政府办公室（印）

2012年11月16日

市民政局　市财政局
关于义务兵等优抚对象优待金的发放意见

发放义务兵优待金是拥军优属的一项重要工作，也是党和政府对广大优抚对象优待抚恤政策的重要体现。根据《中共××省委、××省人民政府、××省军区关于加强新形势下征兵工作的意见》（×发〔2011〕40号），现对我市义务兵家庭优待金发放工作提出如下意见：

一、优待标准

1. 义务兵家庭优待金标准。2011年××市城镇居民人均可支配收入为35190元，按照×发〔2011〕40号文件规定："义务兵服役期间，由当地人民政府每年按照不低于当地上年度城镇居民人均可支配收入45%的标准发放义务兵家庭优待金"，2012年我市优待金发放标准不低于15836元，当年入伍者减半发放。

2. 在职入伍义务兵家庭优待金标准仍按省政府〔1991〕17号令精神：由所在单位（含外商投资企业）按同年进单位、同工种职工标准工资加本单位平均奖金的75%以上发放；如年优待金发放总额低于非在职入伍义务兵家庭优待金标准的，由所在单位按调整后的非在职入伍义务兵家庭优待金标准发放。当年入伍者减半发放。

3. 城乡"三属"（烈属、因公牺牲军人家属、病故军人家属）和在乡六级以上残疾军人享受当年义务兵家庭优待金。"三属"按调整后优待金标准的70%发放；在乡六级以上残疾军人按调整后标准的50%发放。

二、优待奖励

1. 高中（中专）毕业入伍义务兵，按当年义务兵家庭优待金标准，增发10%。

2. 入学前户口为本市的在校大学生义务兵，按当年度义务兵家庭优待金标准发放，其中：在校专科生入伍的，增发30%，当年毕业的增发40%；在校本科生入伍的，增发40%，当年毕业的增发50%。

3. 入学前户口为非本市在校大学生义务兵，按×政发〔2002〕54号文件精神，由市人民政府征兵办公室通知该生入学前户口所在地民政部门，优待金由入学前所在地人民政府按当地规定发放，市政府按第一年5800元、第二年6000元发放优抚补助金。

4. 从非军事部门招收的士官，服役第一年，由市政府发给服役补助金5000元，第二年起至服役第六年，每年增加1000元，期限不超过六年。

5. 进藏义务兵家庭优待金，仍按照×政发〔2002〕54号文件规定的"在普通义务兵的基础上，提高到4倍"的标准执行。

6. 义务兵服役期间，第一次获得优秀士兵奖励的，增发当年义务兵优待金的5%，连续第二次获得奖励的，增发7.5%。

7. 现役军人荣立三等功的，一次性奖励不低于当年度义务兵家庭优待金的20%；荣立二等功的，一次性奖励不低于40%；荣立一等功的，一次性奖励不低于60%。

三、生活保障金

符合×政发〔2005〕48号文件规定条件的退役士兵，其待安置期间可享受基本生活补助，月补助标准按全市职工上年度月最低工资标准发放，经费由各镇（区）财政或原单位列支。

四、发放办法

义务兵等优抚对象的优待、奖励、补助金所需经费按原渠道列支。

抄送：市委办公室，市人大常委会办公室，市政协办公室，市委各部门，市法院，市检察院，市各民主党派，各群众团体。

××市人民政府办公室　　　　　　　　　　　　　　　2020年11月16日印发

000001
机　密★9个月
急　件

××大学文件

××大文〔2012〕28号　　　　　　　　　　　　　　　签发人：王××

××大学关于增拨招生名额的请示

××省教育委员会：

　　随着我校办学规模的扩大，教学条件的改善，师资队伍的充实，我校××××××××××××××××××××。

　　××××××××××××××××××××××。××××××××××××××××××××。××××××××××××××××××××。×××。

　　××××××××。××××××××××××××。××××××××××××××××××××。××××××××××××××××。

××××××××××。×××××××××××××××××××××××。

以上请示妥否，请批示。

附件：1. 新增校舍资料一览表
　　　2. 新专业设置计划表

××大学（印）
2020 年 3 月 1 日

抄送：国家教育部办公厅，中共××省委办公室，省人民政府办公室。

| ××工商大学校长办公室 | 2020 年 3 月 2 日印发 |

第四节　党政机关公文的行文规则

公文只有准确、快捷传递给受文者才能产生效用。为此，必须有效地掌握公文的传递过程，保证其方向正确、速度合理，抵制无价值的公文产生，阻止公文进入不必要的"公文旅行"过程。这样，就需要一定的行文规则。《条例》第四章专门就党政机关公文的行文规则作了明确规定，这是各级党政机关在公文拟制过程中必须遵循的原则。

一、行文总规则

（1）行文应当确有必要，讲求实效，注重针对性和可操作性。

（2）必须按机关间的工作关系行文。行文关系是各级党政机关关系在公文运行中的体现，根据隶属关系和职权范围确定。一般不得越级行文，特殊情况需要越级行文的，应当同时抄送被越过的机关。不得已可越级行文的"特殊情况"通常限于两类：一是遇有重大突发事件，包括重大自然灾害、重大事故灾难、重大公共卫生事件和社会治安事件等，主要是为了抢时间，不误事；二是直接的上级机关乱作为，或者违法违纪的，对处分决定不服的。

（3）正确区分主送与抄送对象，严格控制抄送范围。公文的传递方向有主次之分，主要方向即主送机关，次要方向即抄送机关。为保证公文能迅速产生效应，必须正确确定主送和抄送对象，不能混淆；为了减少无用信息的干扰，还要严格控制抄送范围。

二、向上级机关行文应当遵循的规则

（1）原则上主送一个上级机关，根据需要同时抄送相关上级机关和同级机关，不抄送下级机关。

（2）党委、政府的部门向上级主管部门请示、报告重大事项，应当经本级党委、政府同意或者授权；属于部门职权范围内的事项应当直接报送上级主管部门。

（3）下级机关的请示事项，如需以本机关名义向上级机关请示，应当提出倾向性意见后上报，不得原文转报上级机关。

（4）请示应当一文一事。不得在报告等非请示性公文中夹带请示事项。

（5）除上级机关负责人直接交办事项外，不得以本机关名义向上级机关负责人报送公文，不得以本机关负责人名义向上级机关报送公文。

（6）受双重领导的机关向一个上级机关行文，必要时抄送另一个上级机关。

三、向下级机关行文应当遵循的规则

（1）主送受理机关，根据需要抄送相关机关。重要行文应当同时抄送发文机关的直接上级机关。

（2）党委、政府的办公厅（室）根据本级党委、政府授权，可以向下级党委、政府行文，其他部门和单位不得向下级党委、政府发布指令性公文或者在公文中向下级党委、政府提出指令性要求。需经政府审批的具体事项，经政府同意后可以由政府职能部门行文，文中须注明已经政府同意。

（3）党委、政府的部门在各自职权范围内可以向下级党委、政府的相关部门行文。

（4）涉及多个部门职权范围内的事务，部门之间未协商一致的，不得向下行文；擅自行文的，上级机关应当责令其纠正或者撤销。

（5）上级机关向受双重领导的下级机关行文，必要时抄送该下级机关的另一个上级机关。

四、联合行文规则和对外行文机构

1. 联合行文规则

（1）同级党政机关、党政机关与其他同级机关必要时可以联合行文。

即各联署机关行政层级应相当且有共同管理的事项或者有关联的事项。层级指同一管理层级，如国家层面、省级层面为同一层级。联署单位不宜过多，以必要为前提。

（2）属于党委、政府各自职权范围内的工作，不得联合行文。

（3）党委、政府的部门依据职权可以相互行文。

联合行文时应当明确主办机关，主办机关排列在前。

2. 对外行文机构

部门内设机构除办公厅（室）外不得对外正式行文。

第五节　党政机关公文的拟制

《条例》第五章专门就党政机关公文的拟制作了明确规定："公文拟制包括公文的起草、审核、签发等程序。"

一、党政机关公文的起草

公文起草应当做到以下几点：

（1）符合国家法律法规和党的路线方针政策，完整准确体现发文机关意图，并同现行有关公文相衔接。

（2）一切从实际出发，分析问题实事求是，所提政策措施和办法切实可行。

（3）内容简洁，主题突出，观点鲜明，结构严谨，表述准确，文字精练。

（4）文种正确，格式规范。

（5）深入调查研究，充分进行论证，广泛听取意见。

（6）公文涉及其他地区或者部门职权范围内的事项，起草单位必须征求相关地区或者部门意见，力求达成一致。

（7）机关负责人应当主持、指导重要公文起草工作。

二、党政机关公文的审核

公文文稿签发前，应当由发文机关办公厅（室）进行审核。审核的重点是：

（1）行文理由是否充分，行文依据是否准确。

（2）内容是否符合国家法律法规和党的路线方针政策；是否完整准确体现发文机关意图；是否同现行有关公文相衔接；所提政策措施和办法是否切实可行。

（3）涉及有关地区或者部门职权范围内的事项是否经过充分协商并达成一致意见。

（4）文种是否正确，格式是否规范；人名、地名、时间、数字、段落顺序、引文等是否准确；文字、数字、计量单位和标点符号等用法是否规范。

（5）其他内容是否符合公文起草的有关要求。

需要发文机关审议的重要公文文稿，审议前由发文机关办公厅（室）进行初核。

经审核不宜发文的公文文稿，应当退回起草单位并说明理由；符合发文条件但内容需作进一步研究和修改的，由起草单位修改后重新报送。

三、党政机关公文的签发

公文应当经本机关负责人审批签发。重要公文和上行文由机关主要负责人签发。党委、政府的办公厅（室）根据党委、政府授权制发的公文，由受权机关主要负责人签发或者按照有关规定签发。签发人签发公文，应当签署意见、姓名和完整日期；圈阅或者签名的，视为同意。联合发文由所有联署机关的负责人会签。

第六节　党政机关公文的办理

《条例》第六章专门就党政机关公文的办理作了明确规定："公文办理包括收文办理、发文办理和整理归档。"

一、收文办理

《条例》第二十五条规定收文办理主要程序是：

(1) 签收。对收到的公文应当逐件清点，核对无误后签字或者盖章，并注明签收时间。

(2) 登记。对公文的主要信息和办理情况应当详细记载。

(3) 初审。对收到的公文应当进行初审。初审的重点是：是否应当由本机关办理，是否符合行文规则，文种、格式是否符合要求，涉及其他地区或者部门职权范围内的事项是否已经协商、会签，是否符合公文起草的其他要求。经初审不符合规定的公文，应当及时退回来文单位并说明理由。

(4) 承办。阅知性公文应当根据公文内容、要求和工作需要确定范围后分送。批办性公文应当提出拟办意见报本机关负责人批示或者转有关部门办理；需要两个以上部门办理的，应当明确主办部门。紧急公文应当明确办理时限。承办部门对交办的公文应当及时办理，有明确办理时限要求的应当在规定时限内办理完毕。

(5) 传阅。根据领导批示和工作需要将公文及时送传阅对象阅知或者批示。办理公文传阅应当随时掌握公文去向，不得漏传、误传、延误。

(6) 催办。及时了解掌握公文的办理进展情况，督促承办部门按期办结。紧急公文或者重要公文应当由专人负责催办。

(7) 答复。公文的办理结果应当及时答复来文单位，并根据需要告知相关单位。

二、发文办理

《条例》第二十六条规定发文办理主要程序是：

(1) 复核。已经发文机关负责人签批的公文，印发前应当对公文的审批手续、内容、文种、格式等进行复核；需作实质性修改的，应当报原签批人复审。

(2) 登记。对复核后的公文，应当确定发文字号、分送范围和印制份数并详细记载。

(3) 印制。公文印制必须确保质量和时效。涉密公文应当在符合保密要求的场所印制。

(4) 核发。公文印制完毕，应当对公文的文字、格式和印刷质量进行检查后分发。

涉密公文应当通过机要交通、邮政机要通信、城市机要文件交换站或者收发件机关机要收发人员进行传递，通过密码电报或者符合国家保密规定的计算机信息系统进行传输。

需要归档的公文及有关材料，应当根据有关档案法律法规以及机关档案管理规定，及时收集齐全、整理归档。两个以上机关联合办理的公文，原件由主办机关归档，相关机关保存复制件。机关负责人兼任其他机关职务的，在履行所兼职务过程中形成的公文，由其兼职机关归档。

第七节　党政机关公文的管理

《条例》第七章专门就党政机关公文的管理作了如下规定：

第二十八条　各级党政机关应当建立健全本机关公文管理制度，确保管理严格规范，充分发挥公文效用。

第二十九条　党政机关公文由文秘部门或者专人统一管理。设立党委（党组）的县级以上单位应当建立机要保密室和机要阅文室，并按照有关保密规定配备工作人员和必要的安全保密设施设备。

第三十条　公文确定密级前，应当按照拟定的密级先行采取保密措施。确定密级后，应当按照所定密级严格管理。绝密级公文应当由专人管理。公文的密级需要变更或者解除的，由原确定密级的机关或者其上级机关决定。

第三十一条　公文的印发传达范围应当按照发文机关的要求执行；需要变更的，应当经发文机关批准。涉密公文公开发布前应当履行解密程序。公开发布的时间、形式和渠道，由发文机关确定。经批准公开发布的公文，同发文机关正式印发的公文具有同等效力。

第三十二条　复制、汇编机密级、秘密级公文，应当符合有关规定并经本机关负责人批准。绝密级公文一般不得复制、汇编，确有工作需要的，应当经发文机关或者其上级机关批准。复制、汇编的公文视同原件管理。复制件应当加盖复制机关戳记。翻印件应当注明翻印的机关名称、日期。汇编本的密级按照编入公文的最高密级标注。汇编，确有工作需要的，应当经发文机关或者其上级机关批准。复制、汇编的公文视同原件管理。

复制件应当加盖复制机关戳记。翻印件应当注明翻印的机关名称、日期。汇编本的密级按照编入公文的最高密级标注。

第三十三条　公文的撤销和废止，由发文机关、上级机关或者权力机关根据职权范围和有关法律法规决定。公文被撤销的，视为自始无效；公文被废止的，视为自废止之日起失效。

第三十四条　涉密公文应当按照发文机关的要求和有关规定进行清退或者销毁。

第三十五条　不具备归档和保存价值的公文，经批准后可以销毁。销毁涉密公文必须严格按照有关规定履行审批登记手续，确保不丢失、不漏销。个人不得私自销毁、留存涉密公文。

第三十六条　机关合并时，全部公文应当随之合并管理；机关撤销时，需要归档的公文经整理后按照有关规定移交档案管理部门。

工作人员离岗离职时，所在机关应当督促其将暂存、借用的公文按照有关规定移交、清退。

第三十七条　新设立的机关应当向本级党委、政府的办公厅（室）提出发文立户申请。经审查符合条件的，列为发文单位，机关合并或者撤销时，相应进行调整。

第十一章

党政机关公文写作

本章中,各式文种写作均以《党政机关公文处理工作条例》(以下简称《条例》)为标准,各节所引例文均来自各级党政机关信息公开网,格式以《党政机关公文格式》(以下简称《格式》)为标准,均省略版头(文头、眉首)及版记(文尾)。

第一节 命令 议案

一、命令(令)

(一)命令(令)的适用范围

《条例》规定:"命令(令),适用于公布行政法规和规章、宣布施行重大强制性措施、批准授予和晋升衔级、嘉奖有关单位和人员。"

从适用范围看,命令(令)通常用于行政机关,直接体现国家或某级行政领导机关的意志,集中反映国家或某级行政机关某方面的政策要求。

(二)命令(令)的特点与种类

1. 命令的特点

(1)权威性:命令(令)通常由国家或县级以上的行政领导机关发布,其他单位或个人不得发布命令。命令(令)是国家机关根据宪法规定而发布的,下级任何行政机关和个人都必须遵照执行,不得抵制和违背。

(2)严肃性:命令(令)的发布必须在宪法和法律规定的权限范围之内。根据《宪法》规定,只有中华人民共和国主席、国务院总理、国务院各部部长、各委员会主任及县以上各级地方人民政府首脑,才能发布命令。其他任何单位和个人均不得发布命令。

2. 命令的种类

(1)公布令:用于依照有关法律公布行政法规和规章。

(2)行政令:用于公布重大的强制性行政措施。如戒严令、通缉令、动员令。

(3)嘉奖令:用于表彰有功人员和先进单位、先进集体。

(4)任免令:用于任免国家行政机关的首长。

(三)命令(令)的结构和写法

命令(令)一般由标题、令号、正文、签署和日期等部分组成。

1. 标题

命令（令）的标题有三种构成形式：

(1) 发令机关名称＋事由＋文种。如"国务院关于发行新版人民币的命令"。

(2) 发令机关名称或发令人身份＋文种。如"重庆市人民政府令"、"中华人民共和国主席令"。

(3) 事由＋文种。如"中国人民解放军驻澳门特别行政区的命令"。

2. 令号

令号即命令（令）编号，是某发令机关或某发令人在该届任期内所发的命令（令）流水编序号，直至换届再重新编号，用圆括号标注于标题正下方，一般采用"第×号"形式。如"第276号"。与一般公文的发文字号不同。

3. 正文

一般由命令缘由、命令内容和执行要求组成。其行文要简洁准确，语气要坚决严肃，结构要严谨，语言要庄重质朴。

由于命令内容和要求的差异，写作方法不尽相同。公布令的正文包括公布的法规名称，通过或批准的机关或会议，通过或批准的时间及施行时间。行政令的正文包括：(1) 说明发布命令的缘由，做到理由充足，使人信服；(2) 写出命令的具体内容，包括强制性行政措施及执行机关等，要求条目清晰，层次分明，便于执行。嘉奖令的正文包括嘉奖缘由、嘉奖事项、发出号召三个方面的内容。任免令的正文一般包括任免的依据、被任免者的姓名及所任免的职务。

4. 签署和日期

命令（令）有签署领导机关名称的，也有签署领导人姓名的。凡签署领导人姓名者，必须标明该领导人职务的全称。如"中华人民共和国国务院总理×××"。署名写在正文的右下方。

发布命令（令）年、月、日，写在签署的下面，也有的命令（令）在标题下面注明发布时间。

(四) 写作命令的注意事项

1. 内容要符合有关法律和政策。
2. 态度要鲜明。
3. 文字要简练，结构要严谨，中心要突出，语言要肯定。
4. 发文机关要合乎要求。

【例文一】

中华人民共和国主席令

第十二号

《中华人民共和国人民检察院组织法》已由中华人民共和国第十三届全国人民代表大会常务委员会第六次会议于2018年10月26日修订通过，现将修订后的《中华人民共和国人民检察院组织法》公布,自 2019 年 1 月 1 日起施行。

中华人民共和国主席　习近平
2018 年 10 月 26 日

【例文二】

公安部嘉奖令

2015 年 9 月 25 日至 10 月 1 日,新疆维吾尔自治区成立 60 周年庆祝活动在乌鲁木齐顺利举行,中央政治局常委、全国政协主席俞正声同志率中央代表团出席庆祝活动。此次庆祝活动规格高、时间长、场次多,政治性、敏感性、公开性强,国内外广泛关注,特别是新疆反恐形势严峻复杂,暴恐威胁现实直接,安保任务艰巨繁重。

在党中央、国务院的领导下,在新疆维吾尔自治区党委政府、新疆生产建设兵团党委和公安部的直接指挥下,新疆维吾尔自治区公安机关和新疆生产建设兵团公安机关认真贯彻落实中央领导同志指示精神和庆祝活动安保警卫工作总体要求,切实增强政治意识、责任意识和大局意识,超前筹划、周密部署、全警动员、全力以赴,扎实开展各项安保警务工作。

各级公安机关领导深入一线,靠前指挥,狠抓落实;全体参战民警恪尽职守、团结协作,顽强拼搏、连续作战,确保了中央代表团在疆期间的绝对安全,确保了各项庆祝活动安全顺利进行和辖区社会治安大局稳定,圆满实现了既定工作目标。为此,特对新疆维吾尔自治区公安机关和新疆生产建设兵团公安机关全体参战单位和民警予以通令嘉奖。

希望新疆维吾尔自治区公安机关和新疆生产建设兵团公安机关认真总结经验,发扬成绩,再接再厉,力争取得新的更大的成绩。

公安部(印)
2015 年 10 月 4 日

二、议案

(一)议案的适用范围

《条例》规定:"议案,适用于各级人民政府按照法律程序向同级人民代表大会或者人民代表大会常务委员会提请审议事项。"

议案是平行文,但在行文性质及程序方面又有上行特征。

议案须经过议案的提出、初步审议、正式辩论、修正、表决、通过和公布等过程。议案一般由享有提案权的机关或个人提出,所提内容必须是属于议事机关职权范围内的事项。在西方国家,内阁或议员提出议案后,由议长安排和掌握议程。凡不符合议程的发言,议长有权制止,违反议程的决议无效。

(二)议案的特点和种类

1. 议案的特点

(1)作者的法定性:政府议案的作者必须是各级人民政府。议案的提出者必须是拥有立法提案权的组织和个人。作为行政公文,其制作主体是各级人民政府。

(2)内容的特定性:内容多为有关国家主权、权力和利益、重要法律法规、国家机关主要领导人的任免等,具有很强的政策性和法规性。

(3)行文的定向性:议案只能由各级人民政府向同级人民代表大会或人民代表大会常务委员会行文。

2. 议案的种类

(1)立法议案:指用于提请审议办理法律和法规的议案。

(2)政治议案:指用于提请重大政治事项和重大问题的方案和意见的议案。

(3)任免议案:指用于提请审议决定政府和国家机关主要领导人、国家驻外机构主要负责人任免的议案。

(三)议案的结构与写法

"议案"一般由公文常规的标题、主送机关、正文和落款四部分组成,落款亦分上、下款。

1. 标题

标题由发文机关、事由(提请审议事项)、文种三部分构成。如《国务院关于提请审议〈中华人民共和国劳动法(草案)〉的议案》,发文机关是国务院,"事由"是"提请审议《中华人民共和国劳动法(草案)》","文种"即"议案"。

2. 主送机关

议案的主送机关,只能是同级人民代表大会或常务委员会。采用全称或规范化简称。

3. 正文

一般由案据、方案、结语三部分组成。从内容上看,由提请审议内容、说明(缘由、目的、意义、形成过程等)和要求组成。从形式上看,除多以"要求"结尾外,可以从提出审议事项开头,然后加以说明;也可以在开头说明议案的缘起或目的意义或形成过程,然后再提出审议事项,再结尾。

4. 落款

上款,即收文机关,某人民代表大会或其常务委员会,有的要写明某次或第几届第几次会议。下款,发文机关和行政首长签名,另行写提请审议的年月。

(四)写作议案的注意事项

1. 要注意议案与提案的区别

议案与提案的最明显区别有两点:一是这两种文体的性质不同,议案是党政机关公文,提案却不是。另一个区别是发文者不同,议案的发文者是各级人民政府,而提案的发文者是国家机关或一定组织团体的代表,简单地说就是"会议代表"。此外,这两种文种在作用与功能上也有重要区别。因此，在使用这两种文体时一定要注意它们的区别，不可以混淆。

2. 要注意议案文号的写法

议案的文号一般在机关代字这项内容中用"函"字标注，因为议案的发文者和受文者一般不具有隶属关系，所以文号这样标注比较适合。

3. 要注意议案的使用必须严格履行法定程序

这是议案与其他公文之间的最大区别。议案的提出必须严格按照《中华人民共和国宪法》《中华人民共和国全国人民代表大会组织法》以及《地方各级人民代表大会和地方各级人民政府组织法》的有关规定来进行。不可以脱离这些规定，更不能违背这些规定。比如，议案的发文者必须是各级人民政府，受文者必须是相应的各级人民代表大会。

4. 要注意对于议案正文主题的写作

主题一定要单一、明确而集中。一定要遵循"一事一议"的写作原则，不可双重主题甚至多重主题，否则将会造成审议者对于议案审议的困难。

【例文一】

国务院关于提请审议国务院机构改革方案的议案

全国人民代表大会：

中国共产党第十九次全国代表大会明确要求深化机构和行政体制改革。党的十九届三中全会审议通过了《深化党和国家机构改革方案》，同意将其中涉及国务院机构改革的内容提交第十三届全国人民代表大会第一次会议审议。现将根据《深化党和国家机构改革方案》形成的《国务院机构改革方案》提请第十三届全国人民代表大会第一次会议审议。

国务院总理　李克强
2018 年 3 月 9 日

第二节　公告　通告

一、公告

（一）公告的适用范围

《条例》规定："公告适用于向国内外宣布重要事项或者法定事项。"

（二）公告的特点

公告的特点主要表现在以下四个方面：

1. 公告发文机关级别很高。一般要求省部级或者经过授权的职能机关或者是执法机关才可以使用公告这一文种。

2. 告知的范围十分广泛。《条例》规定，公告的内容是面向国内外宣布，所以告知范围十分广泛。公告属于普发性公文，一般没有特定的受文对象，故在写作时一般也不标注主送机关。

3. 公告告知的事项十分重大。《条例》规定，公告"告知重要事项或者法定事项"，所以工作中的一般事项不能用公告这一文种予以发布。如大街小巷张贴的"招聘公告""迁址公告"等是错误的用法，用通告或者启事告知即可。

4. 公告发布的方式一般是以电视、报纸、网络等大众传媒为主，也可以张贴，但一般不用逐级下发方式予以传达。

（三）公告的分类

1. 指挥性公告

指挥性公告适用于各级政府及其职能部门，它们依据国家法律法规予以发布。这类公告有相应的规定和要求，各相关单位或者个人必须遵照执行，不能有任何违反。如《中华人民共和国全国人民代表大会关于〈中华人民共和国宪法修正案〉的公告》，一旦发布，相关的单位和个人必须遵守发布内容中的相关规定和要求。

2. 知照性公告

知照性公告适用于政府机关、企事业单位或社会团体向国内外发布重要事项。这类公告主要起到事情的知照告知作用，一般无具体操作要求。如《国务院国资委关于中央企业更名的公告》主要起到告知宣传的作用。

（四）公告的写法

1. 标题

公告标题的写法有三种形式：

（1）完全式：发文机关＋关于＋事由＋的＋公告（文种）

如：《全国人民代表大会常务委员会关于撤销成克杰第九届全国人民代表大会常务委员会副委员长职务的公告》。

（2）省略事由：发文机关＋公告（文种）

如：重庆市人民政府公告。

（3）只有文种：公告

这种直接用文种做标题的形式在法定公文里很少，一般只在不十分重要和不正规的场合才能使用。除公告以外，通告和通知也可这样使用，但一般要慎用。

2. 编号

这一项是选择项目，编号是指就同一或关联事项发出系列公告时，应于标题下居中标明其编号。也可以将公告发出的日期，标在标题下方，然后用括弧括起来，即用成题注的形式予以标注。

公告一般不用主送机关。由于公告是向国内外公开发布，受文对象不能确切指称，所以一般不要主送机关。不能用"有关部门""相关人士"等模糊不清的受文对象，因为用上如"全体人民"等反而不准确和得体了。所以像这类公开发布的公文都不用主送机关，除公告外，公布令、通告以及级别较高的通报等也不用主送机关。

3. 正文

公告的正文属于知照指挥类，正文一般分三层：

一层：公告的缘由、目的、依据（简略概括）+过渡句（现将相关事项公告如下）。

即公告开头模式：常常用"为了……""由于……""根据……""遵照……"等词领起，要求简略概括地说明原因、目的、依据等。这部分要求简短，几句话即可，在这一层的最后用过渡句如："现将相关事宜公告如下"或"特作如下公告"等承上启下。

二层：具体的告知或要求事项。

这一层是全文的重点，一般要求用条目式分条列出，每一段最好设置首括句或者中心句，并围绕这一中心展开叙述或者议论，一段一个中心。

如果告知或要求的事项比较单一，用一段就可以说明的，就不用分条列项了，在第一层的最后也不用过渡句了，可以将公告的第一层缘由和第二层事项糅合在一起，用独段式表达即可。

三层：一般不用单独结尾，当然也可以强调执行的要求或用"特此公告"等约定俗成的词语作结束语。

一般来讲，若要求或告知的事项比较详细，并且用分条列项表述的，在结尾处可以强调一下执行的要求，但也可以用自然收束式作结，言尽意止即可，不需要单独再写一个结尾。若公告要求或告知的事项比较单一，内容篇幅比较简短的，则在公告的结尾常用"特此公告"四字作结束语，因为这样才能显示事情已经告知完毕，否则，可能给受文对象造成一种没有告知完全的疑惑。

4. 落款

在正文的右下方署发文机关名称和成文日期，并盖上印章。若在标题下使用了题注形式标明了公告的发文机关和发文日期的，则此处不需要再落款，因为此处再标明发文机关和成文日期的话则显得重复赘述了。如果是特定发文机关的普发性公文，也可以不加盖印章，直接以发文机关和成文日期落款即可。

（五）公告写作的注意事项

公告在写作时要注意：

一是发文机关级别较高，一般的机关不能使用，注意与通告、启事等文种区别开来。

二是公告告知的事项要求单一，应该一文一事。

【例文一】

国家税务总局关于严格按照5000元费用减除标准执行税收政策的公告

（2018年第51号）

近期，有纳税人反映，部分扣缴单位在10月份发放工资薪金时没有按照5000元/月费用减除标准扣除计税。为保障纳税人合法权益，让纳税人全面及时享受个人所得税改革

红利,现就有关事项公告如下:

一、根据修改后的个人所得税法和有关规定,纳税人在今年10月1日(含)后实际取得的工资薪金所得,应当适用5000元/月的费用减除标准。对于符合上述情形的,扣缴义务人要严格按照5000元/月费用减除标准代扣代缴税款,确保纳税人不打折扣地享受税改红利。

二、对于纳税人2018年10月1日(含)后实际取得的工资薪金所得,如果扣缴义务人办理申报时将"税款所属月份"误选为"2018年9月",导致未享受5000元/月的减除费用,纳税人、扣缴义务人可以依法向税务机关申请退还多缴的税款。

三、对于扣缴单位在今年10月1日(含)后发放工资薪金时,没有按照5000元费用减除标准扣除的,纳税人可向税务机关投诉,税务机关应当及时核实,并向扣缴单位做好宣传辅导,尽快给予解决,切实保障纳税人合法权益。

投诉电话:12366

特此公告。

国家税务总局(印)
2018年11月2日

二、通告

(一)通告的适用范围

《条例》规定:"通告,适用于在一定范围内公布应当遵守或周知的事项。"

(二)通告的特点

通告的特点主要表现在以下两个方面:

1. 通告告知范围的区域性。通告告知范围具有一定的区域性,它是在一定范围内告知,这与公告向国内外宣布不一样,所以通告告知范围相对较小。

2. 通告内容的专业性。通告告知或要求的事项一般较具体,不像公告那样空泛,通告告知的内容与受文对象的生产生活关系紧密,比如停电、停气通告,交通通告,办理电信业务通告等。

(三)通告的分类

根据通告的适用范围,可以将通告分成两大类:

1. 制约性通告。这类通告就是《条例》规定的"应当遵守"的通告,有明确的要求和规定性。这类通告一般是从反面要求别人不能做什么,事由部分的动词一般是"严禁……""禁止……"等动宾词组组成,如《×××区人民政府关于禁止燃放烟花爆竹的通告》。

2. 知照性通告。这类通告就是《条例》规定的"应当周知"的通告,有明确的告知性、晓谕性。知照性通告适用于党政机关、企事业单位或社会团体,知照性通告发布的目的，只是让人们知道某一重要事项，并不需要人们去遵守或执行，它不具有强制性，如《×××人民政府关于垃圾焚烧发电项目问题的通告》。

（四）通告的写法

1. 标题

通告的标题形式较为灵活，可以有四种形式：

（1）完全式标题：由"发文机关＋关于＋事由＋的＋通告（文种）"构成。

如：《××市交通局关于禁止大型车辆进入主城区的通告》。

（2）省事由：由"发文机关＋通告（文种）"构成。

如：《××市交通局通告》。

（3）省发文机关：由"关于＋事由＋的＋通告（文种）"构成。

如：《关于厂址迁移的通告》。

（4）只有文种：通告

这种直接用文种做标题的情况在法定公文里很少，一般只在不十分重要和不正规的场合才能使用。除通告以外，公告、通知和通报也可这样使用，但一般要慎用。

通告一般不用主送机关，由于通告受文对象不能确切指称，不能用"有关部门""相关人士"等模糊不清的受文对象。除此以外，公布令、公告、级别较高的通报等普发性的公文常常也不用主送机关。

3. 正文

通告正文的写法与公告基本上差不多。通告的正文也属于知照指挥类，正文一般分三层：

一层：通告的缘由、目的、依据（简略概括）＋过渡句（现将相关事宜通告如下）。

即通告开头模式：常常用"为了……""由于……""根据……""遵照……"等词领起，要求简略概括地说明原因、目的、依据等。这部分不要求太长，几句话即可，然后在这一层的最后一句设置一个过渡句，如："现将相关事宜通告如下"或"特作如下通告"等承上启下。

二层：具体的告知或要求事项。这一层是全文的重点，一般要求用条目式分条列出，每一段最好设置首括句或者中心句，然后这一段就围绕这一中心展开叙述或者议论，一段一个中心。

当然，告知或要求的事项比较单一，用独段式将通告的第一层缘由和第二层事项综合在一起表述即可。

三层：一般不用单独结尾，当然也可以强调执行的要求或用"特此通告"等约定俗成的词语作结束语。

一般来讲，若第二层要求或告知的事项比较详细，并且用条目式分条表述的，可省略强调执行的要求或用"特此通告"等约定俗成的词语作结。若通告要求或告知的事项比较单一，用独段式表述的，则在通告的结尾用"特此通告"四字作结束语，以显示正文已经结束。

4. 落款

在正文的右下方署上发文机关名称和成文日期,并盖上印章。如果是特定发文机关的普发性公文,也可以不加盖印章,直接署名即可。

(五)公告与通告的区别

1. 发文机关的级别不同:公告发文机关的级别较高,一般是省部级及以上的机关、单位或经授权的机关单位才能发布;而通告则没有限制,一般的党政机关或企事业单位均可发布。

2. 宣布的事项大小不同:公告宣布的事项较重大,而通告宣布的事项则可大可小。

3. 告知的范围不同:公告告知的范围大,而通告告知的范围相对较小。

4. 发布的方式不同:公告主要通过报纸、电台、电视台等大众传媒发布,而通告既可以通过大众传媒发布,也可以在公共场所张贴。

【例文一】

关于规范电动车停放充电加强火灾防范的通告

为预防电动车引发火灾,保护人身财产安全,维护公共安全,根据《中华人民共和国消防法》等法律法规,现就加强电动车停放、充电火灾防范工作通告如下:

一、充分认识电动车火灾危害。近年来,我国电动车火灾事故频发,并呈逐年增长趋势,起火原因主要为电气故障。电动车大多在室内停放和充电,有的甚至停放在走道、楼梯间等公共区域,由于电动车车体大部分为易燃可燃材料,一旦起火,燃烧速度快,并产生大量有毒烟气,人员逃生困难,极易造成伤亡。2011年4月25日,北京市大兴区旧宫镇一民房发生火灾,造成18人死亡;2017年9月25日,浙江省台州市玉环市一群租房发生火灾,造成11人死亡,这些都是室内电动车电气故障引发的,教训十分惨痛。

二、落实停放充电管理责任。对于有物业服务企业或者主管单位的住宅小区、楼院,物业服务企业、主管单位应当依据《物业管理条例》等有关规定,对管理区域内电动车停放、充电实施消防安全管理;对于没有物业服务企业或者主管单位的,辖区乡镇人民政府、街道办事处应当按照《中华人民共和国消防法》和国务院办公厅印发的《消防安全责任制实施办法》等规范性文件,指导帮助村民委员会、居民委员会确定电动车停放、充电消防安全管理人员,落实管理责任。有条件的住宅小区、楼院,应当结合实际设置电动车集中停放及充电场所。

三、规范电动车停放充电行为。公民应当将电动车停放在安全地点,充电时应当确保安全。严禁在建筑内的共用走道、楼梯间、安全出口处等公共区域停放电动车或者为电动车充电。公民应尽量不在个人住房内停放电动车或为电动车充电;确需停放和充电的,应当落实隔离、监护等防范措施,防止发生火灾。

四、严厉查处违规停放充电行为。物业服务企业、主管单位和村民委员会、居民委员会,应当立即组织对住宅小区、楼院开展电动车停放和充电专项检查,及时消除隐患。对检查发现电动车违规停放、充电的,应当制止并组织清理;对拒不清理的,要向公安机关消防机构或者公安派出所报告。

五、加强消防安全宣传教育。物业服务企业、主管单位和村民委员会、居民委员会,应当加强电动车停放充电引发火灾的防范常识宣传和典型火灾案例警示教育,引导群众增强消防安全意识,并按要求停放电动车和为电动车充电。一旦遇到电动车火灾切勿盲目逃生,要选择正确的逃生路线和方法。

公民应当自觉遵守消防法律法规和消防安全管理规定,发现电动车火灾隐患和消防安全违法行为时,要及时拨打"96119"举报电话或者通过有效途径,向公安机关举报。

本通告所称的电动车包括电动自行车、电动摩托车和电动三轮车。

对违反本通告的行为,构成违反消防管理行为的,公安机关将依法予以处罚;引起火灾,造成严重后果,构成犯罪的,依法追究刑事责任。

特此通告。

中华人民共和国公安部(印)
2017 年 12 月 29 日

第三节　决定　意见

一、决定

(一)决定的适用范围和特点

1. 决定的适用范围

《条例》规定:"决定,适用于对重要事项作出决策和部署、奖惩有关单位和人员、变更或者撤销下级机关不适当的决定事项。"

2. 决定的特点

(1)权威性。决定是由上级机关对某些重要事项或工作所作出的安排部署,一经发出,下级机关及个人必须严格执行。

(2)指导性。决定对事项或行动作出的意见、对象、奖惩、方法、措施等都比较明确具体,便于施行。

(3)广泛性。决定的适用范围比较广泛,适用于各级党政机关、企事业单位、人民团体以及社会组织。

(二)决定的分类

根据决定的适用范围可以将决定分成两类:

1. 知照指挥性决定

知照指挥性决定主要用于布置安排工作任务,提出意见要求,以及决定会议的召开、机构的设置、人事的任免等事项。如:《国务院关于国务院机构改革涉及行政法规规定的

行政机关职责调整问题的决定》，再如《国务院关于取消一批行政许可等事项的决定》

2. 表彰处分性决定

表彰处分性决定主要是由《条例》中规定决定可以"奖惩有关单位及人员"分化出来的。这类决定比起嘉奖令来讲，表彰处分的事项没有命令那样重大，发文的机关没有命令那么高；但与表彰批评性通报比起来，事项更重大一些，发文机关级别更高一些。如《×××省人民政府关于表彰××同志见义勇为的决定》，再如《××大学关于给予××同学记过处分的决定》。

（三）决定的写法

1. 标题

决定的标题形式有两种：

（1）完全式：发文机关＋关于＋事由＋的＋决定（文种）。如《国务院关于非公有资本进入文化产业的若干决定》。

（2）省发文机关：关于＋事由＋的＋决定（文种）。如《关于体制改革的决定》。

决定行文比较庄重严肃，一般用完全式标题的时候较多。

2. 主送机关或题注

除经会议通过的决定用题注而不用主送机关以外，其余的都得用主送机关。

题注，顾名思义，它就好像就是对题目的注释，补充阐释。会议作出的决定一般都要求用题注，即在标题下方标明会议的时间和会议名称，再用圆括弧括起来。

注意，用了题注的公文就不再标注主送机关，文章结尾处也不需要再署名和标注成文日期了。决议、公报等会议类文种也都要用题注，用法与此相同。

3. 正文

决定正文的写法按照分类不同层次安排也不同。

（1）知照指挥性决定

这类决定正文写法可以分成三层：

一层：决定的缘由、依据，常用目的式领起（这部分要简略精当，不要求太过详尽和充分论证其缘由）＋过渡句（"现将×××事宜决定如下"，或"现特作如下决定"）。

二层：具体的告知或要求事项。这一层一般要求用条目式分条列项。一段一层意思，在段首设置中心句最为常见。

三层：强调执行的要求作为结束语。（也可以省略）

（2）表彰或处分性决定

这类决定正文写法可以分四层：

第一层：概述事实的基本情况（如要表彰体育健儿在奥运会上取得了优异成绩，要说清楚在什么时间、什么地点、哪一届奥运会上谁在什么项目上取得了怎样的成绩）。

第二层：分析此事实，指出其先进意义、榜样作用（要表彰的）或危害性质、严重后果（要处分的）。

第三层：提出具体的处理意见（表彰的：如岗位晋级、增加工资、记几等功一次⋯⋯处分的：如撤职、处以罚金、记过⋯⋯）。

第四层：提出希望、发出号召。表彰的：希望他再接再厉，再立功勋，取得更大更优异成绩，号召大家向他学习；批评或处分的：勒令他本人立马改正，教育和告诫大家要吸取他的教训，不要重蹈其覆辙。（注意这一层是必备的，不像知照指挥性决定结尾"强调执行的要求"可以省略，因为最后这一层提出希望、发出号召是表彰批评类文体最终目的之所在。）

（四）决定的写作注意事项

1. 既要了解历史，掌握政策的连续性，又要了解现实，掌握有关现实情况，并进行分析，抓住问题的实质和焦点，作出切合实际的判断和决策。

2. 要把握决定的结构形式，根据不同类型的决定，恰当地运用适宜的结构形式。

（五）决议和决定的异同

决议和决定都是就某一重大事项或重要行动作出的规定和要求，其不同点如下：

1. 形成程序不同

"决议"必须经法定会议进行集体讨论，并且通过后方可形成正式文件予以公布。而"决定"却不一定经过法定会议讨论通过，它既可以是某种会议讨论研究的成果，形成正式文件予以公布，也可由各级领导机关直接制作并予以公布。

2. 作用不同

"决议"一律要求下级机关执行。而"决定"只有"指令性决定"才要求下级机关执行，"知照性决定"要求下级机关知晓就可以了，不需要立刻付诸实际行动。

3. 内容不同

（1）在会议讨论通过的前提下，凡作出了具体的规定和要求，履行法定的权力，强制有关部门贯彻执行的，用"决定"。若只是简要地表示肯定或否定的意见，履行法律程序，指导有关部门遵照办理的，用"决议"。

（2）由会议或领导机关直接制定发布行政法规，用"决定"。由会议审议批准某项议案、重要报告、法规，用"决议"，所审议批准的条文作为"决议"的附件。

（3）授予荣誉称号或给予处分，用"决定"。

4. 写法不同

（1）公布性决议、批准性决议一般写得比较简要、笼统。阐述性决议除指出指令性意见外，还要对决议事项本身的有关问题作若干必要的论述或说明，即作一些理论上的阐述。

（2）"决定"的写法与"决议"大不相同，它不多说理论上的道理，而往往着重提出开展某项工作的步骤、措施、要求等。"决定"要求写得明确、具体一些，措施也更落实，行政约束力强，可以直接成为下级机关行动的准则。而"决议"往往写得比较概括，原则性条文多，下级机关在贯彻执行时，多数还要根据"决议"制定相应的具体办法或实施措施。

【例文一】

全国人民代表大会常务委员会关于专利等知识产权案件诉讼程序若干问题的决定

（2018年10月26日第十三届全国人民代表大会常务委员会第六次会议通过）

为了统一知识产权案件裁判标准，进一步加强知识产权司法保护，优化科技创新法治环境，加快实施创新驱动发展战略，特作如下决定：

一、当事人对发明专利、实用新型专利、植物新品种、集成电路布图设计、技术秘密、计算机软件、垄断等专业技术性较强的知识产权民事案件第一审判决、裁定不服，提起上诉的，由最高人民法院审理。

二、当事人对专利、植物新品种、集成电路布图设计、技术秘密、计算机软件、垄断等专业技术性较强的知识产权行政案件第一审判决、裁定不服，提起上诉的，由最高人民法院审理。

三、对已经发生法律效力的上述案件第一审判决、裁定、调解书，依法申请再审、抗诉等，适用审判监督程序的，由最高人民法院审理。最高人民法院也可以依法指令下级人民法院再审。

四、本决定施行满三年，最高人民法院应当向全国人民代表大会常务委员会报告本决定的实施情况。

五、本决定自2019年1月1日起施行。

【例文二】

关于表彰2016—2017年度国家优质工程奖的决定

各关联协会、获奖单位、有关单位：

为深入贯彻实施《质量发展纲要（2011—2020年）》，弘扬"追求卓越，铸就经典"的国优精神，充分发挥示范引领作用，大力推进质量强国建设，中国施工企业管理协会组织开展了2016—2017年度国家优质工程奖评选工作。依据《国家优质工程奖评选办法》，经国家工程建设质量奖评审委员会评审，中国施工企业管理协会决定授予"云南澜沧江小湾水电站工程""国家风光储输示范工程一期工程"等22项工程为国家优质工程金质奖，"包钢稀土钢板材有限责任公司2030 mm冷轧一部工程"等540项工程为国家优质工程奖，"中缅天然气管道工程（缅甸段）"等4项工程为国家优质工程金质奖（境外工程），"M5/E271公路改扩建项目（日洛宾—戈梅利段）"等21项工程为国家优质工程奖（境外工程），现予以表彰。

希望各获奖单位珍惜荣誉，再接再厉，继续探索创新先进的质量管理经验，充分发挥好模范带头作用。各工程建设企业要以获奖单位为榜样，牢固树立质量第一的强烈意识，深入实施质量强国战略,大力提升发展质量和效益,打造"中国建造"品牌,培育众多"中国工匠",为实现"两个一百年"奋斗目标和中华民族伟大复兴的中国梦作出新的更大贡献!

附件:2016—2017 年度国家优质工程奖获奖工程名单

中国施工企业管理协会(印)
2017 年 11 月 10 日

二、意见

(一)意见的适用范围

《条例》规定:"意见,适用于对重要问题提出见解和处理办法。"

(二)意见的特点

1. 行文方向的多样性

意见既可以上行,也可以平行,还可以下行。下行的情况最多。

2. 作用的多样性

意见上行时相当于请示,如农业部写给国务院的《农业部关于西南片区种植 N 优谷种的意见》;平行时相当于商洽工作的函,如××市环保局写给××市规划局的《××市环保局关于工作园区规划的意见》;下行时相当于布置安排工作任务的通知,如《××省人民政府关于做好安全稳定工作的意见》。

(三)意见的写法

1. 意见的标题

意见的标题有两种形式:

(1)完全式标题

由"发文机关+关于+事由+的+意见(文种)"构成。如《国务院办公厅关于加强长江水生生物保护工作的意见》。

(2)省略式

由"关于+事由+的+意见(文种)"构成。如《关于完善国家基本药物制度的意见》。

2. 主送机关

意见,无论是上行、平行还是下行都必须标明主送机关。(一般来讲,凡是能够确切指称受文对象的公文,写作时都要标注主送机关。)

3. 意见的正文

意见的正文一般分三层:

一层:提出意见的缘由、依据,常用目的式领起(略写,一两句话即可)+过渡句(现就相关事宜提出如下意见)。

二层：具体的要求或意见见解。分条列出。

三层：强调执行的要求。如：以上意见请在工作中参考。（此层也可以省略，在第二层具体罗列完建议意见或要求事项后，就直接落款）

4. 落款

在正文的右下方署上发文机关名称和成文日期，并盖上印章。

【例文一】

国务院办公厅关于规范校外培训机构发展的意见

各省、自治区、直辖市人民政府，国务院各部委、各直属机构：

面向中小学生的校外培训机构（以下简称校外培训机构）开展非学历教育培训是学校教育的补充，对于满足中小学生选择性学习需求、培育发展兴趣特长、拓展综合素质具有积极作用。但近年来，一些校外培训机构违背教育规律和青少年成长发展规律，开展以"应试"为导向的培训，造成中小学生课外负担过重，增加了家庭经济负担，破坏了良好的教育生态，社会反映强烈。为切实减轻中小学生过重课外负担，促进校外培训机构规范有序发展，经国务院同意，现提出如下意见。

一、总体要求

（一）指导思想。以习近平新时代中国特色社会主义思想为指导，深入贯彻落实党的十九大和十九届二中、三中全会精神，全面贯彻党的教育方针，坚持立德树人，发展素质教育，以促进中小学生身心健康发展为落脚点，以建立健全校外培训机构监管机制为着力点，努力构建校外培训机构规范有序发展的长效机制，切实解决人民群众反映强烈的中小学生课外负担过重问题，形成校内外协同育人的良好局面。

（二）基本原则。

依法规范。依法依规对校外培训机构进行审批登记、开展专项治理、强化日常监管，切实规范校外培训秩序。校外培训机构依法依规开展培训业务和相关活动，自觉维护中小学生及家长合法权益。

分类管理。鼓励发展以培养中小学生兴趣爱好、创新精神和实践能力为目标的培训，重点规范语文、数学、英语及物理、化学、生物等学科知识培训，坚决禁止应试、超标、超前培训及与招生入学挂钩的行为。

综合施策。统筹学校、社会和家庭教育，既规范校外培训机构培训行为，又同步改进中小学教育教学，提高学校教育质量和课后服务能力，强化学校育人主体地位，积极推动家长转变教育观念，做到标本兼治、务求实效。

协同治理。强化省地（市）统筹，落实以县为主管理责任。建立健全工作协调机制，有关部门各司其职、分工协作，统筹做好审批登记和监督管理，形成综合治理合力，确保积极稳妥推进。

二、明确设置标准

（三）确定设置标准。省级教育部门要会同有关部门，结合本地实际，研究制订校外培训机构设置的具体标准；省域内各地市差距大的，可授权地市级教育部门会同当地有关部门制订，并向省级教育部门及有关部门备案。

（四）遵循基本要求。各地标准必须达到以下基本要求。场所条件方面，校外培训机构必须有符合安全条件的固定场所，同一培训时段内生均面积不低于3平方米，确保不拥挤、易疏散；必须符合国家关于消防、环保、卫生、食品经营等管理规定要求。通过为参训对象购买人身安全保险等必要方式，防范和化解安全事故风险。师资条件方面，校外培训机构必须有相对稳定的师资队伍，不得聘用中小学在职教师。所聘从事培训工作的人员必须遵守宪法和法律，热爱教育事业，具有良好的思想品德和相应的培训能力；从事语文、数学、英语及物理、化学、生物等学科知识培训的教师应具有相应的教师资格。培训机构应当与所聘人员依法签订聘用合同、劳动合同或劳务协议。聘用外籍人员须符合国家有关规定。管理条件方面，校外培训机构必须坚持和加强党的领导，做到党的建设同步谋划、党的组织同步设置、党的工作同步开展，确保正确的办学方向。必须有规范的章程和相应的管理制度，明确培训宗旨、业务范围、议事决策机制、资金管理、保障条件和服务承诺等。

三、依法审批登记

（五）确保证照齐全。校外培训机构必须经审批取得办学许可证后，登记取得营业执照（或事业单位法人证书、民办非企业单位登记证书，下同），才能开展培训。已取得办学许可证和营业执照的，如不符合设置标准，应当按标准要求整改，整改不到位的要依法吊销办学许可证，终止培训活动，并依法办理变更或注销登记。

（六）严格审批登记。校外培训机构审批登记实行属地化管理。县级教育部门负责审批颁发办学许可证，未经教育部门批准，任何校外培训机构不得以家教、咨询、文化传播等名义面向中小学生开展培训业务。校外培训机构在同一县域设立分支机构或培训点的，均须经过批准；跨县域设立分支机构或培训点的，需到分支机构或培训点所在地县级教育部门审批。中小学校不得举办或参与举办校外培训机构。

四、规范培训行为

（七）细化培训安排。校外培训机构开展语文、数学、英语及物理、化学、生物等学科知识培训的内容、班次、招生对象、进度、上课时间等要向所在地县级教育部门备案并向社会公布；培训内容不得超出相应的国家课程标准，培训班次必须与招生对象所处年级相匹配，培训进度不得超过所在县（区）中小学同期进度。校外培训机构培训时间不得和当地中小学校教学时间相冲突，培训结束时间不得晚于20：30，不得留作业；严禁组织举办中小学生学科类等级考试、竞赛及进行排名。

（八）践行诚实守信。校外培训机构应实事求是地制订招生简章、制作招生广告，向审批机关备案并向社会公示，自觉接受监督。要认真履行服务承诺，杜绝培训内容名不符实。不得以暴力、威胁等手段强迫学生接受培训。要不断改进教育教学，提高培训质量，努力提升培训对象满意度。

（九）规范收费管理。严格执行国家关于财务与资产管理的规定，收费时段与教学安排应协调一致，不得一次性收取时间跨度超过3个月的费用。各地教育部门要加强与金融部门的合作，探索通过建立学杂费专用账户、严控账户最低余额和大额资金流动等措施加强对培训机构资金的监管。培训机构收费项目及标准应当向社会公示，并接受有关部门的监督，不得在公示的项目和标准外收取其他费用，不得以任何名义向培训对象摊派费用或者强行集资。对于培训对象未完成的培训课程，有关退费事宜严格按双方合同约定以及相关法律规定办理。

五、强化监督管理

（十）完善日常监管。各地要切实加强对校外培训机构办学行为的日常监管，坚持谁审批谁监管、谁主管谁监管，防止重审批轻监管，健全监管责任体系和工作机制，切实加强监管队伍建设。教育部门负责查处未取得办学许可证违法经营的机构，并在做好办学许可证审批工作基础上，重点做好培训内容、培训班次、招生对象、教师资格及培训行为的监管工作，牵头组织校外培训市场综合执法；市场监管部门重点做好相关登记、收费、广告宣传、反垄断等方面的监管工作；人力资源社会保障部门重点做好职业培训机构未经批准面向中小学生开展培训的监管工作；机构编制、民政部门重点做好校外培训机构违反相关登记管理规定的监管工作；公安、应急管理、卫生、食品监管部门重点做好校外培训机构的安全、卫生、食品条件保障的监管工作；网信、文化、工业和信息化、广电部门在各自职责范围内配合教育部门做好线上教育监管工作。

（十一）落实年检年报制度。县级教育部门要会同有关部门按照校外培训机构设置标准、审批条件、办学行为要求和登记管理有关规定完善管理办法，认真组织开展年检和年度报告公示工作。在境外上市的校外培训机构向境外公开披露的定期报告及对公司经营活动有重大不利影响的临时报告等信息，应以中文文本在公司网站（如无公司网站，应在证券信息披露平台）向境内同步公开、接受监督。对经年检和年报公示信息抽查检查发现校外培训机构隐瞒实情、弄虚作假、违法违规办学，或不接受年检、不报送年度报告的，要依法依规严肃处理，直至吊销办学许可证，追究有关人员的法律责任。

（十二）公布黑白名单。全面推行白名单制度，对通过审批登记的，在政府网站上公布校外培训机构的名单及主要信息，并根据日常监管和年检、年度报告公示情况及时更新。各地可根据校外培训机构的设置和管理要求，建立负面清单。对已经审批登记，但有负面清单所列行为的校外培训机构，应当及时将其从白名单上清除并列入黑名单；对未经批准登记、违法违规举办的校外培训机构，予以严肃查处并列入黑名单。将黑名单信息纳入全国信用信息共享平台，按有关规定实施联合惩戒。将营利性校外培训机构的行政许可信息、行政处罚信息、黑名单信息、抽查检查结果等归集至国家企业信用信息公示系统，记于相对应企业名下并依法公示。对于非营利性校外培训机构的失信行为，依据社会组织信用信息管理有关规定进行信用管理并依法公示。

六、提高中小学育人能力

（十三）提升教学质量。切实加强中小学师德师风建设，鼓励广大教师为人师表、潜心教书育人。中小学校必须严格按照国家发布的课程方案、课程标准和学校教学计划，开足、开齐、开好每门课程。各地教育部门要指导中小学校，按照学校管理有关标准对标研判、依标整改，严格规范教育教学行为，努力提高教育教学质量，为切实减轻中小学生课外负担创造条件。坚持依法从严治教，对中小学校不遵守教学计划、"非零起点教学"等行为，要坚决查处并追究有关校长和教师的责任；对中小学教师"课上不讲课后到校外培训机构讲"、诱导或逼迫学生参加校外培训机构培训等行为，要严肃处理，直至取消有关教师的教师资格。

（十四）严明入学纪律。严肃中小学招生入学工作纪律，坚决禁止中小学校与校外培训机构联合招生，坚决查处将校外培训机构培训结果与中小学校招生入学挂钩的行为，并依法追究有关学校、校外培训机构和相关人员责任。

（十五）做好课后服务。各地要创造条件、加大投入、完善政策，强化中小学校在课后服务中的主渠道作用，普遍建立弹性离校制度。中小学校要充分挖掘学校师资和校舍条件的潜力，并积极利用校外资源，充分发挥家长委员会的作用，努力开辟多种适宜的途径，帮助学生培养兴趣、发展特长、开阔视野、增强实践，不断提高课后服务水平，可为个别学习有困难的学生提供免费辅导。坚决防止课后服务变相成为集体教学或补课。各地可根据课后服务性质，采取财政补贴、收取服务性收费或代收费等方式筹措经费。有关部门在核定绩效工资总量时，应当适当考虑学校和单位开展课后服务因素；学校和单位在核定的绩效工资总量内，对参与课后服务的教师给予适当倾斜。设定服务性收费或代收费的，应当坚持成本补偿和非营利原则，按有关规定由省级教育部门和价格主管部门联合报省级人民政府审定后执行。中小学生是否参加课后服务，由学生和家长自愿选择，严禁各地以课后服务名义乱收费。

七、加强组织领导

（十六）健全工作机制。各地要切实提高思想认识，将规范校外培训机构发展纳入重要议事日程。建立由教育部门牵头、有关部门参与的联席会议制度，制订详细的工作方案，细化分工、压实责任、大力推进。及时总结经验，研究新情况、新问题，不断改进政策措施。充分发挥相关行业协会在行业发展、规范、自律等方面的作用。注重多方联动，发展社区功能，加强少年宫、实践基地等场馆建设，多渠道满足中小学生的个性化需求，形成学校、家庭、社会育人合力。

（十七）做实专项治理。各地要开展好校外培训机构专项治理工作，进行全面摸排，认真建立工作台账，完善分类管理，对存在问题的培训机构逐一整改到位。要加大工作督促指导力度，通过开展自查、交叉检查、专项督查等方式，确保专项治理取得实际成效。

（十八）强化问责考核。教育督导部门要加强对地方政府规范校外培训机构发展工作的督导评估，评估结果作为有关领导干部综合考核评价的重要参考。建立问责机制，对责任不落实、措施不到位，造成中小学生课外负担过重，人民群众反映特别强烈的地方及相关责任人要进行严肃问责。规范治理校外培训机构及减轻中小学生课外负担不力的县（区），不得申报义务教育基本均衡和优质均衡发展评估认定；已经通过认定的，要下发专项督导通知书，限期整改。

（十九）重视宣传引导。各地要通过多种途径加强政策宣传解读，使改革精神、政策要义家喻户晓，形成良好社会氛围。通过家长会、家长学校、家访、专题报告等形式，促进家长树立正确的教育观念、成才观念，不盲目攀比，科学认识并切实减轻学生过重的课外负担。对表现突出的校外培训机构给予宣传，引导校外培训机构增强社会责任担当，强化自我约束，树立良好社会形象。

国务院办公厅（印）
2018 年 8 月 6 日

（此件公开发布）

第四节　通知　通报

一、通知

（一）通知的适用范围

《条例》规定："通知，适用于发布、传达要求下级机关执行和有关单位周知或者执行的事项，批转、转发公文。"

（二）通知的特点

（1）普适性。通知在公务活动中应用最广泛，使用频率最高，上至高层机关，下至基层单位，大到全国范围内的重大安排，小到一个单位内部告知一般事项，都可以用通知行文。

（2）晓谕性。通知总有所告知，有所要求，即包含"晓"和"谕"两重功用，或告诉人们有关事项，或要求办理、遵守执行，具有告知性、规定性和权威性。

（3）时限性。通知的时间性强，必须在规定的时间内完成，不能拖延，否则失效，甚至贻误大事。通知要求在事前行文。

（三）通知的分类

根据通知的适用范围，可以将通知分为以下三类：

1. 批转型通知

《条例》规定：通知可以用来"批转和转发公文"，所以有了批转型和转发型通知。

此类通知在拟写标题时要特别注意三个方面：

一是"批转""转发"词前的"关于"常常以省略多见，但也有不省的实例。如《国务院批转国家发展改革委关于 2017 年深化经济体制改革重点工作意见的通知》《国务院办公厅关于转发教育部等部门教育部直属师范大学师范生公费教育实施办法的通知》。

二是批转及转发的文件名称一般不加书名号。如：《重庆市人民政府批转市劳动和社会保障局关于大力发展劳动就业服务企业的意见的通知》《重庆市人民政府办公厅转发市文化委、市财政局引导城乡居民扩大文化消费试点工作实施意见的通知》（公文的标题除法规规章可以用书名号以外，其余的不能用任何标点符号。现实运用中，我们也要灵活掌握，比如一些"意见"文种，它们也有法规规章的性质，也是可以加上书名号的）。

三是多层转发时必须省掉中转单位。如:《××镇人民政府转发××省人民政府关于做好抗旱减灾工作的通知》,其中就省略了××市人民政府等中转单位,只保留最后一个转发的机关和最先发文的机关。

2. 发布型通知

《条例》规定,通知可用来"发布法规和规章",这类叫发布型通知,包括"发布"和"印发"两种。"发布""印发"词前的"关于",可以省略,也可不省略。如《国务院办公厅关于印发〈港澳台居民居住证申领发放办法〉的通知》《中共中央办公厅 国务院办公厅印发〈关于深化新时代教育督导体制机制改革的意见〉》。可以用来发布法规和规章的文种有两个:命令中的公布令和通知中的发布型通知。

3. 知照指挥性通知

《条例》规定,通知可以用来"传达要求下级机关执行和有关单位周知或者执行的事项",这类通知主要是用来告知事宜或者用来布置安排工作任务,是通知中使用频率最高、用途最广的一类。如《国务院办公厅关于调整全国打击侵犯知识产权和制售假冒伪劣商品工作领导小组组成人员的通知》《国务院关于在全国推开"证照分离"改革的通知》。

(三) 通知正文的写法

对于批转型通知、转发型通知、发布型通知的正文写法,标题必须写明表示性质的"批转""转发""印发(发布)"等字样。正文内容主要是写明批转、转发、发布的文件名称和执行要求。具体的批转、转发、发布的文件的内容全文录在落款之后,版记之前,这部分应当作为公文正件来处理,而不能当做附件来处理。下面我们主要介绍知照指挥性通知的写法。

1. 知照指挥性通知

这类通知主要是用来告知相关事宜或者要求别人做好什么事情,具体可以细分为知照性通知和指挥性通知。但它们的写法模式可以概括为一大类。

(1) 知照指挥性通知的标题

知照指挥性通知的标题有两种常用模式:一是完全式标题,即由"发文机关+关于+事由+的+通知"构成,如《国务院办公厅关于推广第三批支持创新相关改革举措的通知》;二是省略发文机关,由"关于+事由+的+通知"构成,如《关于做好疫情防控工作的通知》。若是指挥性通知时,事由部分的动词常用"做好、加强、抓紧、进一步落实……工作"的动宾词组组成,以表示动作情态和突显作者的主旨要求。

(2) 知照指挥性通知的主送机关

知照指挥性通知的主送机关一定要有,且必须明确。通知在行文时一般有明确的受文对象,不像公告、通告等受文对象不确切,通知在行文的时候一般是一级一级用文件的形式下发,所以受文对象是明确的。

特别是指挥性通知,它主要是布置安排工作任务,为了将工作任务落实到人头上,避免个别受文对象推脱狡辩,所以要将主送机关明确标明,相当于将任务落实到人头上,所以必须要有主送机关。如《××县人民政府关于做好当前卫生防疫工作的通知》的主送机关就直接写明"各镇人民政府,县府各部门"。

值得说明的是,此处的"各镇人民政府,县府各部门"是确指,不是泛指,因为这个区人民政府下设有多少个下级机关与部门是确定的，与"各有关单位或部门"情况不一样。将"各有关单位或部门"作为主送机关这是很不严谨的用法。

（3）知照指挥性通知的正文

知照指挥性通知的正文可以分成三层：

第一层：通知的缘由、依据，常用目的式领起（这部分要简略精当，不要求太过详尽和充分论证其缘由）＋过渡句（现将×××相关事宜通知如下）。

第二层：具体的告知或要求事项。这一层一般要求用条目式分条列出。一段一层意思，在段首设置中心句最为常见。

三层：强调执行的要求作为结束语。（也可以省略）

（4）落款：署发文机关名称和成文日期，并加盖印章即可

这里需要特别强调的是知照指挥性通知中的会议通知，在写法上有约定俗成的要求。现介绍如下：

2. 会议通知

（1）会议通知的标题，有三种常用模式：

一是完全式标题，由"发文机关＋关于＋事由＋的＋通知"构成，如《××大学关于召开申位工作会议的通知》。

二是省略式标题，一般省略发文机关。如《关于召开××年度农村工作会议的通知》。

三是一般简单的会议用《会议通知》四字作标题。

（2）会议通知的主送机关（此项一定要有，且必须明确），如：各镇人民政府，区府各部门等。

（3）会议通知的正文

第一层（开头）：会议的缘由＋会议的依据（谁决定召开）＋会议的名称＋过渡句（现将相关事宜通知如下）。

如："农业是我国社会经济发展的基础，是我们一切工作的重中之重，为了更好地贯彻好国务院关于加大农业扶持力度的第九号文件精神，区府决定召开××年度农村工作会议。现将相关事宜通知如下"。

第二层：主体部分交代相关事项：大致由六个要素构成，一般用条目式列出这六要素：

①会议的时间与期限（要求具体）如：会议于××年3月1日上午9点准时开始。

②会议的地点（要求准确），如：区府第一会议室。

③与会者及其条件，如：分管农业的副镇长和科长各一名。

④会议的内容或主要议题：会议主要讨论和布置今年的农业抗旱保收相关措施和办法。

⑤参会需作的有关准备：如要求在大会上报告本地区的农业基本情况。

⑥会议的其他事项：如经费、食宿、交通安排等。

第三层：结尾。通常是提出具体的受文要求（如要求寄回回执或电话回复是否参会等），最后要求写明联系人、联系电话等。（注意区别的是请示是在附注处写明联系人、联系电话，附注是落款下一行居左空两格标注。而会议通知是在正文结尾，落款之前标明联系人和联系电话，标注位置和作用功能是不同的。）

（4）会议通知的落款：会议召开机关署名及成文日期，并加盖印章。

【例文一】

国务院办公厅关于印发《为烈属、军属和退役军人等家庭悬挂光荣牌工作实施办法》的通知

各省、自治区、直辖市人民政府，退役军人事务部：

《为烈属、军属和退役军人等家庭悬挂光荣牌工作实施办法》已经国务院同意，现印发给你们，请认真贯彻执行。

悬挂光荣牌是落实中央决策部署、弘扬拥军优属优良传统、推进军人荣誉体系建设的重要举措。各地区要牢固树立"四个意识"，充分认识做好悬挂光荣牌工作的重要意义，切实加强组织领导，建立工作机制，列支相关经费，周密安排部署，精心组织实施，确保悬挂光荣牌对象准确、档案齐全。各地区要于2019年5月1日前完成为既有全部对象悬挂光荣牌的任务，并将有关情况报送退役军人事务部。

国务院办公厅（印）
2018年7月29日

（此件公开发布）

为烈属、军属和退役军人等家庭悬挂光荣牌工作实施办法

第一条 为做好悬挂光荣牌工作，弘扬拥军优属优良传统，营造爱国拥军、尊崇军人的浓厚社会氛围，推进军人荣誉体系建设，依据《烈士褒扬条例》、《军人抚恤优待条例》等有关法规政策，制定本办法。

第二条 ……（以下内容略）

【例文二】

国务院办公厅关于转发教育部等部门教育部直属师范大学师范生公费教育实施办法的通知

各省、自治区、直辖市人民政府，国务院各部委、各直属机构：

教育部、财政部、人力资源社会保障部、中央编办《教育部直属师范大学师范生公费教育实施办法》已经国务院同意，现印发给你们，请认真贯彻执行。2007年5月9日经国务院批准、国务院办公厅转发的《教育部直属师范大学师范生免费教育实施办法（试行）》和2012年1月7日经国务院批准、国务院办公厅转发的《关于完善和推进师范生免费教育的意见》同时废止。

国务院办公厅（印）
2018年7月30日

（此件公开发布）

教育部直属师范大学师范生公费教育实施办法

教育部　财政部　人力资源社会保障部　中央编办

第一章　总　则

第一条　为贯彻落实《中共中央 国务院关于全面深化新时代教师队伍建设改革的意见》，建立健全师范生公费教育制度，吸引优秀人才从教，培养大批有理想信念、有道德情操、有扎实学识、有仁爱之心的"四有"好教师，进一步形成尊师重教的浓厚氛围，特制定本办法。

第二条　……（以下内容略）

【例文三】

国务院批转国家发展改革委关于 2017 年深化经济体制改革重点工作意见的通知

各省、自治区、直辖市人民政府，国务院各部委、各直属机构：

国务院同意国家发展改革委《关于 2017 年深化经济体制改革重点工作的意见》，现转发给你们，请认真贯彻执行。

国务院（印）
2017 年 4 月 13 日

（此件公开发布）

关于 2017 年深化经济体制改革重点工作的意见
国家发展改革委

（正文略）

【例文四】

国务院办公厅关于加强行政规范性文件制定和监督管理工作的通知

各省、自治区、直辖市人民政府，国务院各部委、各直属机构：

行政规范性文件是除国务院的行政法规、决定、命令以及部门规章和地方政府规章外，由行政机关或者经法律、法规授权的具有管理公共事务职能的组织（以下统称行政机关）依照法定权限、程序制定并公开发布，涉及公民、法人和其他组织权利义务，具有普遍约束力,在一定期限内反复适用的公文。制发行政规范性文件是行政机关依法履行职能的重要方式,直接关系群众切身利益,事关政府形象。近年来,各地区、各部门不断加强行政规范性文件制定和监督管理工作,取得了一定成效,但乱发文、出台"奇葩"文件的现象还不同程度地存在,侵犯了公民、法人和其他组织的合法权益,损害了政府公信力。为全面贯彻习近平新时代中国特色社会主义思想和党的十九大精神,落实党中央、国务院关于推进依法行政、建设法治政府的部署和要求,切实保障群众合法权益,维护政府公信力,经国务院同意,现就加强行政规范性文件制定和监督管理工作通知如下:

一、严格依法行政,防止乱发文件

(一)严禁越权发文。坚持法定职责必须为、法无授权不可为,严格按照法定权限履行职责,严禁以部门内设机构名义制发行政规范性文件。要严格落实权责清单制度,行政规范性文件不得增加法律、法规规定之外的行政权力事项或者减少法定职责;不得设定行政许可、行政处罚、行政强制等事项,增加办理行政许可事项的条件,规定出具循环证明、重复证明、无谓证明的内容;不得违法减损公民、法人和其他组织的合法权益或者增加其义务,侵犯公民人身权、财产权、人格权、劳动权、休息权等基本权利;不得超越职权规定应由市场调节、企业和社会自律、公民自我管理的事项;不得违法制定含有排除或者限制公平竞争内容的措施,违法干预或者影响市场主体正常生产经营活动,违法设置市场准入和退出条件等。

(二)严控发文数量。凡法律、法规、规章和上级文件已经作出明确规定的,现行文件已有部署且仍然适用的,不得重复发文;对内容相近、能归并的尽量归并,可发可不发、没有实质性内容的一律不发,严禁照抄照搬照转上级文件、以文件"落实"文件。确需制定行政规范性文件的,要讲求实效,注重针对性和可操作性,并严格文字把关,确保政策措施表述严谨、文字精练、准确无误。

二、规范制发程序,确保合法有效

(三)严格制发程序。行政规范性文件必须严格依照法定程序制发,重要的行政规范性文件要严格执行评估论证、公开征求意见、合法性审核、集体审议决定、向社会公开发布等程序。要加强制发程序管理,健全工作机制,完善工作流程,确保制发工作规范有序。

(四)认真评估论证。全面论证行政规范性文件制发的必要性、可行性和合理性,是确保行政规范性文件合法有效的重要前提。起草行政规范性文件,要对有关行政措施的预期效果和可能产生的影响进行评估,对该文件是否符合法律法规和国家政策、是否符合社会主义核心价值观、是否符合公平竞争审查要求等进行把关。对专业性、技术性较强的行政规范性文件,要组织相关领域专家进行论证。评估论证结论要在文件起草说明中写明,作为制发文件的重要依据。

(五)广泛征求意见。除依法需要保密的外,对涉及群众切身利益或者对公民、法人和其他组织权利义务有重大影响的行政规范性文件,要向社会公开征求意见。起草部门可以通过政府网站、新闻发布会以及报刊、广播、电视等便于群众知晓的方式,公布文件草案及其说明等材料,并明确提出意见的方式和期限。对涉及群众重大利益调整的,起草部门要深入调查研究，采取座谈会、论证会、实地走访等形式充分听取各方面意见，特别是利益相关方的意见。建立意见沟通协商反馈机制，对相对集中的意见建议不予采纳的，公布时要说明理由。

（六）严格审核把关。建立程序完备、权责一致、相互衔接、运行高效的行政规范性文件合法性审核机制，是做好合法性审核工作的重要保证。起草部门要及时将送审稿及有关材料报送制定机关的办公机构和负责合法性审核的部门，并保证材料的完备性和规范性。制定机关的办公机构要对起草部门是否严格依照规定的程序起草、是否进行评估论证、是否广泛征求意见等进行审核。制定机关负责合法性审核的部门要对文件的制定主体、程序、有关内容等是否符合法律、法规和规章的规定，及时进行合法性审核。未经合法性审核或者经审核不合法的，不得提交集体审议。

（七）坚持集体审议。制定行政规范性文件要实行集体研究讨论制度，防止违法决策、专断决策、"拍脑袋"决策。地方各级人民政府制定的行政规范性文件要经本级政府常务会议或者全体会议审议决定，政府部门制定的行政规范性文件要经本部门办公会议审议决定。集体审议要充分发扬民主，确保参会人员充分发表意见，集体讨论情况和决定要如实记录，不同意见要如实载明。

（八）及时公开发布。行政规范性文件经审议通过或批准后，由制定机关统一登记、统一编号、统一印发，并及时通过政府公报、政府网站、政务新媒体、报刊、广播、电视、公示栏等公开向社会发布，不得以内部文件形式印发执行，未经公布的行政规范性文件不得作为行政管理依据。对涉及群众切身利益、社会关注度高、可能影响政府形象的行政规范性文件，起草部门要做好出台时机评估工作，在文件公布后加强舆情收集，及时研判处置，主动回应关切，通过新闻发布会、媒体访谈、专家解读等方式进行解释说明，充分利用政府网站、社交媒体等加强与公众的交流和互动。县级以上各级人民政府要逐步构建权威发布、信息共享、动态更新的行政规范性文件信息平台，以大数据等技术手段实现对文件的标准化、精细化、动态化管理。

三、加强监督检查，严格责任追究

（九）健全责任机制。地方各级人民政府对所属部门、上级人民政府对下级人民政府、各部门对本部门制发的行政规范性文件要加强监督检查，发现存在侵犯公民、法人和其他组织合法权益，损害政府形象和公信力的，要加大查处力度，对负有责任的领导干部和直接责任人员，依纪依法追究责任。对问题频发、造成严重后果的地方和部门，要通过约谈或者专门督导等方式督促整改，必要时向社会曝光。

（十）强化备案监督。健全行政规范性文件备案监督制度，做到有件必备、有备必审、有错必纠。制定机关要及时按照规定程序和时限报送备案，主动接受监督。省级以下地方各级人民政府制定的行政规范性文件要报上一级人民政府和本级人民代表大会常务委员会备案，地方人民政府部门制定的行政规范性文件要报本级人民政府备案，地方人民政府两个或两个以上部门联合制定的行政规范性文件由牵头部门负责报送备案。实行垂直管理的部门，下级部门制定的行政规范性文件要报上一级主管部门备案，同时抄送文件制定机关所在地的本级人民政府。地方人民政府负责备案审查的部门要加大备案监督力度，及时处理违法文件,对审查发现的问题可以采取适当方式予以通报。健全行政规范性文件动态清理工作机制,根据全面深化改革、全面依法治国要求和经济社会发展需要,以及上位法和上级文件制定、修改、废止情况,及时对本地区、本部门行政规范性文件进行清理。充分利用社会监督力量,健全公民、法人和其他组织对行政规范性文件建议审查制度。加强党委、人大、政府等系统备案工作机构的协作配合,建立备案审查衔接联动机制。探索与人民法院、人民检察院建立工作衔接机制,推动行政监督与司法监督形成合力,及时发现并纠正违法文件。

(十一)加强督查考核。完善行政规范性文件制发管理制度,充分发挥政府督查机制作用,将行政规范性文件制定和监督管理工作纳入法治政府建设督察的内容,并作为依法行政考核内容列入法治政府建设考评指标体系。建立督查情况通报制度,对工作落实好的,予以通报表扬;对工作落实不力的,予以通报批评。

各地区、各部门要按照要求抓紧对本地区、本部门的文件开展自查自纠,发现存在违反法律法规和国家政策、侵犯群众合法权益的"奇葩"文件等问题的,要及时纠正,造成严重影响的,要按照有关规定严肃问责。要做好机构改革过程中行政规范性文件清理和实施的衔接工作,新组建或者职责调整的政府部门要对本部门负责实施的行政规范性文件进行清理,需要修改的,及时进行修改;不需要修改的,做好继续实施的衔接工作,确保依法履职。

各地区、各部门要将本通知的贯彻落实情况和工作中遇到的重要事项及时报司法部。

国务院办公厅(印)
2018 年 5 月 16 日

(此件公开发布)

【例文五】

关于组织召开 20××年全区教育工作会议的通知

校属各有关单位:

根据自治区教育厅《关于参加 20××年全区教育工作会议的通知》(×教办〔20××〕66 号)精神,××区人民政府定于 20××年 2 月 22 日召开 20××年全区教育工作会议。我校将设立会议分会场(视频)并组织相关人员参会。现将有关事项通知如下:

一、会议时间

20××年 2 月 22 日(星期一)9:00—11:00

二、会议地点

君武馆第二会议室

三、参会人员

(一)校领导;

（二）党办校办、组织部、宣传部、纪委办、学生工作部（处）、团委、工会、人事处、教务处、科技处、社科处、研究生处、实验设备处、发展规划处、招生就业指导中心、国际交流处、审计处、财务处、后勤基建处、保卫处、校友办、图书馆、网络中心、资产经营公司、高教研究所、继续教育学院、附属中学、君武小学等部门1名主要负责人。

四、会议内容

学习贯彻20××年全国教育工作会议精神，总结"十二五"期间特别是20××年全区教育工作主要成绩经验，部署20××年以及"十三五"期间全区教育改革发展工作。

五、参会要求

（一）请各相关单位负责通知相关人员按时参会；

（二）请参会人员提前10分钟进场完毕。

联系人：王秋生，联系电话：×××××××。

党委办公室（印） 校长办公室（印）
2016年2月20日

二、通报

（一）通报的适用范围

《条例》规定："通报，适用于表彰先进，批评错误，传达重要精神和告知重要情况。"除通报外，命令与决定均可用于表彰。

（二）通报的特点

1. 教育性

通报都是事情发生以后，进行分析议论，总结经验教训，用以指导以后的工作或行动，少走弯路，起到事半功倍的效果。所以通报具有很强的教育性，这也决定了通报在最后结尾时，一般要提出希望，发出号召。

2. 表达方式的多样性

通报的写作是叙述、议论、说明三种表达方式相结合。通报既然要让人受教育，得让别人心悦诚服，从内心深处认同你，所以在写作通报时，先要概括叙述事情的大致原委，然后在这叙述的基础上进行议论，得出要通报处理的缘由。

3. 行文内容的逻辑性

通报的写作，一般先概述事实，提出问题；然后是进行议论，分析问题；再次，提出处理意见，解决问题；最后，提出希望与号召。

通报写作的层次十分清晰，逻辑缜密，线索分明。

（三）通报的分类

根据通报的适用范围可以将通报分为三类：

1. 表彰性通报。这类通报主要是用来表彰鼓励具有先进意义、榜样作用的人或事,如:《国务院关于表彰奖励中国女子足球队的通报》。

2. 批评性通报。这类通报主要是用来批评、惩戒具有危害性或者严重后果的人或事,如:《国务院关于部分地区违反粮食购销政策的通报》。

3. 事项通报,主要是用于传达重要精神和告知重要情况,如《民政部 财政部关于2017年度困难群众救助工作绩效评价结果的通报》。

(四)通报的写法

1. 通报的标题

主要有两种形式:

(1) 完全式:发文机关+关于+事由+的+通报(文种)。如:《国务院关于表彰奖励中国女子足球队的通报》。

(2) 省发文机关:关于+事由+的+通报(文种)。如:《关于××商场发生火灾事故的通报》。

2. 通报的主送机关

通报的受文对象一般都比较明确,一般都有主关机关,但级别较高的普发性通报,一般不标注主送机关。如《国务院办公厅关于对2018年落实有关重大政策措施真抓实干成效明显地方予以督查激励的通报》(国办发〔2019〕20号)就有主送机关,而《国务院办公厅关于对国务院第六次大督查发现的典型经验做法给予表扬的通报》(国办发〔2019〕48号)标题下就没有主送机关,直接开始正文的写作。

3. 通报的正文

通报正文的写法主要可以分为表彰批评性通报和事项通报两大类来讲。

(1) 表彰性通报和批评性通报正文的写法

第一层:概述事实的基本情况(如要表彰先进集体和先进个人,需说清楚在什么时间、什么地点、什么人干了什么事,结果怎样)。

第二层:分析此事实,指出其先进意义、榜样作用(要表彰的)或危害性质、严重后果(要批评的)。

第三层:提出具体的处理意见(表彰的:如晋级、加工资、记功;处分的:如撤职、罚金、记过,等等)。

第四层:提出希望、发出号召。表彰的:希望再接再厉,取得更大更优异成绩,号召大家向他学习;批评或处分的:勒令本人立即改正,教育和告诫大家要从中吸取教训,不要重蹈其覆辙(注意这层是必须有的内容,而不是可有可无的,因为写这类批评或处分文件本身是要起到以点带面的教育引导意义,也是此类表彰批评类文种写作的主旨和目的)。

(2) 事项通报正文的写法

事项通报正文的写法与知照指挥性通知写法相同,可以分三层:

一层:通报的缘由、依据,常用目的式领起(这部分要简略精当,不要求太过详尽和充分论证其缘由)+过渡句(现将×××相关事宜通报如下)。

二层:具体的告知事项。这一层一般要求用条目式分条列出。一段一层意思,在段首设置中心句最为常见。

三层：提出希望，发出号召。

4. 落款

在正文的右下角，写明发文机关和成文日期，再加盖印章。

（五）通知和通报的区别

1. 行文的目的、作用不同

通报在于教育、引导、警戒或交流情况，一般无执行办理要求，而通知在于让受文单位知晓并按要求办理。

2. 行文时间不同

通报是事后行文，通知是事前行文。

3. 表述方式不同

通报要作较具体的叙述，并进行分析、评论；通知一般用概述性语言叙述、说明，较少或不议论。

【例文一】

国务院办公厅关于对国务院第四次大督查发现的
典型经验做法给予表扬的通报

各省、自治区、直辖市人民政府，国务院各部委、各直属机构：

为进一步推动党中央、国务院重大决策部署贯彻落实，近期，国务院部署开展了第四次大督查。从督查情况看，各地区、各部门在以习近平同志为核心的党中央坚强领导下，认真落实中央经济工作会议部署和《政府工作报告》确定的各项任务，迎难而上、锐意进取，推动经济运行保持在合理区间，为实现全年经济社会发展主要目标任务奠定了坚实基础。在对18个省（区、市）开展实地督查中，发现有关地方在着力推进"三去一降一补"，深入实施创新驱动发展战略，深化"放管服"改革，促进创业创新，更好激发市场活力、增强企业竞争力、调动社会创造力，培育新动能、改造提升传统动能，防范化解风险和努力改善民生等方面，出新招、出实招、出硬招，创造和形成了一些好的经验做法，具有较强的学习借鉴意义。

为表扬先进，宣传典型，进一步调动和激发各方面真抓实干、改革创新的积极性、主动性和创造性，推动形成谋事创业、竞相发展的良好局面，经国务院同意，对天津市实施百万技能人才培训福利计划为产业转型升级提供人才支撑等22项地方典型经验做法予以通报表扬。希望受到表扬的地区珍惜荣誉，发扬成绩，再接再厉，作出新的更大贡献。

各地区、各部门要坚决贯彻落实党中央、国务院决策部署，坚持稳中求进工作总基调，坚持以新发展理念引领经济发展新常态，坚持以提高发展质量和效益为中心，坚持以推进供给侧结构性改革为主线，认真学习借鉴典型经验做法，结合实际创造性开展工作，发扬钉钉子精神，狠抓落实，开拓奋进，扎实推动稳增长、促改革、调结构、惠民生、防风险政策措施落地生效，保持经济平稳健康发展和社会和谐稳定，以优异成绩迎接党的十九大胜利召开。

附件：国务院第四次大督查发现的典型经验做法（共22项）

国务院办公厅（印）
2017年9月29日

（此件公开发布）

【例文二】

国务院办公厅关于西安地铁"问题电缆"事件
调查处理情况及其教训的通报

各省、自治区、直辖市人民政府，国务院各部委、各直属机构：

  党中央、国务院高度重视质量安全。习近平总书记明确指出，供给侧结构性改革的主攻方向是提高供给质量，提升供给体系的中心任务是全面提高产品和服务质量，要树立质量第一的强烈意识，下最大气力抓全面提高质量。李克强总理强调，我们追求的发展必须是提质增效升级的发展，提质就是要全面提高产品质量、服务质量、工程质量、环境质量，从而提高经济发展质量。西安地铁"问题电缆"事件曝光后，习近平总书记、李克强总理作出重要批示，要求加强全面质量监管，彻查此事，严肃处理。国务院责成质检总局会同有关部门和单位组成西安地铁"问题电缆"部门联合调查组，赴陕西省开展了深入调查，并组织对"问题电缆"进行排查更换。近日，国务院常务会议听取了调查处理情况汇报，决定依法依纪对西安地铁"问题电缆"事件进行严肃问责，严厉打击违法犯罪，进一步落实"放管服"改革要求，加强全面质量监管。现将有关情况通报如下。

  一、主要问题及原因

  通过调查核实，2014年8月至2016年底，陕西省西安市地铁3号线工程采购使用陕西奥凯电缆有限公司（以下简称奥凯公司）生产的不合格线缆，用于照明、空调等电路，埋下安全隐患，造成恶劣影响。这是一起严重的企业制售伪劣产品违法案件，是有关单位和人员与奥凯公司内外勾结，在地铁工程建设中采购和使用伪劣产品的违法案件，也是相关地方政府及其职能部门疏于监管、履职不力，部分党员领导干部违反廉洁纪律、失职渎职的违法违纪案件。暴露的问题主要有以下几个方面：

  一是生产环节恶意制假售假。奥凯公司为牟取非法利益，低价中标后偷工减料、以次充好。生产过程中故意只将线缆的两端各15米左右按合同要求标准生产以备抽检，中间部分拉细"瘦身"，通过内部操作来控制产品质量等次。其产品大多未经有关机构检验，而是通过弄虚作假、私刻检验机构印章、伪造检验报告等手段蒙混过关。

二是采购环节内外串通。在工程线缆采购招投标中,奥凯公司向建设单位、施工单位人员送礼行贿。西安市地铁建设指挥部办公室以及施工单位的个别领导干部违规"打招呼",为"问题电缆"中标提供方便。线缆采购没有明确的采购组织模式和关键设备材料采购目录,单纯以价格为主要决定因素,不法供应商铤而走险,牺牲产品质量,恶意低价竞标。

三是使用环节把关形同虚设。建设单位、施工单位及工程监理单位未认真履行责任,在线缆进场验收等方面没有严格执行有关管理规定,缺乏及时清出不合格材料的有效机制。个别干部职工收受钱物,与奥凯公司串通,违规默许其自行抽取样品、送检样品、领取检验报告,导致多个检验把关环节"失灵","问题电缆"在地铁工程建设中畅通无阻。

四是行政监管履职不力。陕西省人民政府、西安市人民政府,以及西安市地铁建设指挥部办公室、市质量技术监督局、市城乡建设委员会,杨凌示范区管委会,陕西省质量技术监督局、省住房和城乡建设厅、省工商行政管理局等单位,未严格执行相关规定,行政执法不规范,监管履职不到位。发现问题后,信息公布不及时,部门之间工作不衔接,未能采取有效措施及时处理。个别干部失职渎职,收受钱物。

以上问题叠加,导致"问题电缆"被大量采购使用,造成恶劣社会影响,严重损害了政府公信力。总结问题原因,主要有以下五个方面。

(一)质量安全意识不强。尽管这些年陕西省开展了"质量强省"活动,但在思想认识上没有牢固坚持质量第一,在抓具体工作上存在重部署、轻落实,重发文、轻检查的倾向,对重大民生工程项目质量安全督促检查不力、掉以轻心。西安市人民政府在地铁工程建设中片面追求低成本,对工程质量安全问题认识不足,为材料供应商不顾质量降低成本以最低价中标留下空间。杨凌示范区管委会组织相关职能部门开展质量监督检查工作较少。这些都导致"问题电缆"被大量用于地铁工程建设项目,埋下了安全隐患。

(二)落实"放管服"改革要求不到位。"问题电缆"能够在工程项目中一路"绿灯",一个极其重要的原因就是,陕西省、西安市贯彻落实"放管服"改革部署不扎实、不深入,加强全面质量监管工作压力传导不够、督促落实不力,有关职能部门没有切实履职尽责。西安市地铁建设指挥部办公室对工程中使用关键材料审核把关不严。西安市城乡建设委员会对西安地铁3号线工程的日常监管缺失。杨凌示范区质量技术监督局对"眼皮底下"的奥凯公司严重违法行为未发现、未制止。西安市质量技术监督局对"问题电缆"质量检查执法程序不规范。陕西省质量技术监督局在产品质量安全监管工作中履行职责不到位。陕西省住房和城乡建设厅履行市政基础设施质量安全管理工作责任不到位,管理指导不力。陕西省工商行政管理局违规操作,把注册年限不满三年、不符合认定条件的奥凯公司商标认定为陕西省著名商标。

(三)协同监管执法机制不健全。陕西省、西安市相关监管职能部门未建立执法信息互联共享、质量守信联合激励和失信联合惩戒机制,部门之间信息不畅,工作不衔接,该管的没有管,或没有管住、管好。西安市质量技术监督局发现问题线索后,向相关部门通报不及时。西安市城乡建设委员会接到关于奥凯公司线缆有关情况的通报后,没有引起重视和正确处理,以"层层批转"替代现场监督检查。

（四）工程建设管理不完善。西安地铁"问题电缆"事件反映出，当地招投标和设备材料采购等方面的制度、政策设计不够严密，致使一些采购单位重视价格、忽视质量。加之招投标和设备材料采购监管机制不完善，对招投标违法违规行为惩治不严厉，致使一些个人和企业得以钻制度漏洞，不顾质量降低成本以最低价中标，再通过供应低于合同标准的"瘦身"产品牟利。陕西省工程质量保证体系不完善，企业质量安全主体责任落实不到位，建设单位、施工单位落实质量安全管理制度不严格，工程监理单位管理混乱，制度措施不健全，责任制不落实，工程监理人员履行职责不严，致使"问题电缆"乘虚而入。

（五）党风廉政建设和反腐败工作抓得不实不细。陕西省落实领导干部"一岗双责"相关规定不深入，对政府系统及分管部门党风廉政建设和反腐败工作没有抓常、抓细、抓长。西安市对工程建设领域的廉政风险防控不力，个别干部违规插手干预工程招投标、物资材料采购，违反廉洁纪律，为企业非法牟利提供方便。在全面从严治党的大背景下，部分单位落实党风廉政责任不到位，部分党员干部仍然不收敛、不收手，违反党纪国法。

二、责任追究情况

（一）严肃追究相关政府和监管部门责任。责成陕西省人民政府向国务院作出深刻书面检查。陕西省人民政府责令西安市人民政府作出深刻书面检查并进行整改，责令杨凌示范区管委会和陕西省质量技术监督局、省住房和城乡建设厅、省工商行政管理局作出深刻书面检查。西安市人民政府责令西安市地铁建设指挥部办公室、市质量技术监督局、市城乡建设委员会作出深刻书面检查。

（二）严肃追究相关人员领导责任和监管责任。陕西省按照干部管理权限，对有关政府部门及下属单位问责追责共计122人，涉及厅级16人、处级58人、科级及以下48人，分别给予党纪政纪处分93人、诫勉谈话16人、批评教育9人、解除劳动关系等其他处理4人。对其中17人涉嫌违法犯罪问题移送检察机关立案侦查。

陕西省对厅级人员处理如下：对西安市委常委、常务副市长吕健，市委常委、经济技术开发区党工委书记李婧，副市长聂仲秋，进行批评教育并责令作出深刻检查；给予西安市人民政府党组成员乔征行政记过处分；给予西安市地铁建设指挥部办公室党委书记张忠堂党内严重警告处分，免去其党委书记职务，作降职处理，调离市地铁建设指挥部办公室；给予西安市科协党组书记、常务副主席唐宏波（西安市地铁建设指挥部办公室原党委委员、副主任）开除党籍、开除公职处分，依法罢免其人大代表职务，涉嫌犯罪问题移送司法机关；给予西安市质量技术监督局党组书记、局长景六刚党内严重警告处分，免去其党组书记、局长职务，作降职处理，调离市质量技术监督局；给予西安市质量技术监督局原党委书记、局长丁玉萍党内严重警告处分，作降职处理；给予西安市城乡建设委员会党组书记、主任苗宝明党内警告处分；给予杨凌示范区党工委委员、管委会副主任陈亚平党内严重警告、行政记过处分，收缴违纪所得；对陕西省会展中心主任李建义（省质量技术监督局原副局长）进行诫勉谈话；对陕西省质量技术监督局总工程师牛子仲进行批评教育并责令作出深刻检查；对陕西省住房和城乡建设厅副厅长郑建钢进行诫勉谈话；给予陕西省工商行政管理局原副局长徐君峰党内警告处分；对陕西省工商行政管理局副局长郑成瑞进行诫勉谈话；给予陕西省工商行政管理局副巡视员吴凯行政记过处分。

（三）严肃追究建设单位、施工单位和工程监理单位及人员责任。西安市城乡建设委员会依法对建设单位西安市地下铁道有限责任公司处以罚款，对建设单位相关责任人处以罚款。对中铁一局集团建筑安装工程有限公司、中铁四局集团建筑装饰安装工程有限公司、四联智能技术股份有限公司、深圳市奇信建设集团股份有限公司等施工单位分别处以罚款，并依法追究其赔偿责任。对施工单位相关责任人分别处以罚款、吊销执业资格证书、5年内不予重新注册等处罚。对陕西兵器建设监理咨询有限公司、西安铁一院工程咨询监理有限责任公司分别处以罚款，没收违法所得，并依法追究其赔偿责任；对相关责任人分别处以罚款；停止2名总监理工程师执业，并建议住房城乡建设部吊销该2人的执业资格证书，5年内不予重新注册，同时，降低这2家工程监理单位的资质等级。西安市公安和检察机关对相关中央企业驻陕单位的19人立案侦查。

（四）严肃追究奥凯公司及涉案人员责任。西安市公安机关对奥凯公司法定代表人王志伟等8名犯罪嫌疑人执行逮捕，依法移送司法机关。按照有关规定，撤销奥凯公司全部强制性产品认证证书和质量管理体系认证证书，撤销奥凯公司陕西省著名商标认定。待对该公司债权债务、司法索赔、案件查办等妥善处理完结后，将依法吊销其营业执照和生产许可证。

涉及其他单位和人员的违法违纪线索，有关地方和部门正在核查处理。

三、举一反三，全面加强质量安全工作

西安地铁"问题电缆"造成安全隐患和重大经济损失，严重损害了政府的形象和公信力，性质十分恶劣，教训十分深刻。各地区、各部门要引以为戒、举一反三，以对人民高度负责的态度，深入推进"放管服"改革，进一步加强全面质量监管。

（一）必须树立质量第一的强烈意识，下最大气力抓全面提高质量。强化企业主体责任和政府监管责任，注重发挥企业主体作用、政府部门监管作用、社会组织和消费者监督作用，切实加强质量共治。加强对质量工作的领导，广泛开展质量提升行动，加强全面质量监管，严把各环节、各层次关口，进一步强化全过程全链条全方位监管，切实保障质量安全。推动企业加强全面质量管理，建立健全质量管理体系，提高制度执行力和质量控制力，确保涉及生命财产安全的重要产品、重要工程的质量安全。着力提高质量和核心竞争力，把质量打造成为新的竞争优势，全面提高产品质量、服务质量、工程质量和环境质量总体水平。当务之急，要全面深入排查"问题电缆"涉及的工程项目，尽快全部拆除更换"问题电缆"，同时在全国开展线缆产品专项整治，排查和消除各类安全隐患。

（二）必须加强事中事后监管，全面落实好"放管服"改革各项工作要求。深入推进"放管服"改革，加快转变政府职能，创新监管方式，政府部门要管好该管的，放开不该管的。要明规矩于前，明确市场主体行为边界特别是不能触碰的红线；寓严管于中，把主要精力转到加强事中事后监管上，充实一线监管力量，及时发现问题和处理问题；施重惩于后，严厉惩处侵害群众切身利益的违法违规行为。进一步简政放权，加快建立权力清单、责任清单和负面清单制度，以刚性的制度来管权限权。全面推行"双随机、一公开"监管，强化部门联合监管，推动部门间、地区间涉企信息交换和共享，及时公开企业不良信息，提升监管效率和水平。加强信用监管、智能监管、审慎监管和全过程监管，完善科

学监管机制，加快实施"互联网＋政务服务"，寓监管于服务，急企业和群众所急，主动解决企业和群众困难，为实体经济发展创造良好的营商环境。

（三）必须完善机制，加快构建健康有序的市场环境。完善招投标和设备材料采购制度，抓紧修订相关法律法规和配套文件，营造"优质优价"的市场氛围。建立价格预警干预机制，加快改变以价格为决定因素的招标和采购管理模式，实施技术、质量、服务、品牌和价格等多种因素的综合评估，推动"拼价格"向"拼质量"转变。深入整顿市场秩序，加强打击侵犯知识产权和制售假冒伪劣商品工作，严厉打击各类扰乱市场秩序和不正当竞争行为，加大对有关建设工程质量的监督检查力度，建设优质工程。特别是要"严"字当头，大幅提高涉及群众生命安全的质量违法成本，坚决把严重违法违规企业依法逐出市场，让违法者付出高昂代价。

（四）必须压实责任，进一步加强党风廉政建设和反腐败工作。认真贯彻党中央关于全面从严治党的要求，落实国务院第五次廉政工作会议部署，教育引导广大公职人员持廉守正，干干净净为人民做事。切实履行"一岗双责"，强化激励和问责机制，严肃处理不作为、乱作为问题，推动政风作风转变，坚决纠正和严肃查处执法不公等问题。保持高压态势，聚焦重点领域，坚决惩治腐败问题，对侵害群众利益的违法违纪行为坚持"零容忍"，做到发现一起、查处一起。

国务院办公厅（印）
2017 年 6 月 21 日

（此件公开发布）

第五节　报告　请示　批复

一、报告

（一）报告的适用范围

《条例》规定："报告，适用于向上级机关汇报工作、反映情况，回复上级机关的询问。"报告是上行文。

（二）报告的特点

1. 汇报性

报告主要是向上级机关汇报情况，属于阅件，不需要上级机关作出批复。但若是反映问题的报告，一般要提出解决问题的方法或途径。

2. 理论性

报告不能只就事论事，一般要从"经验教训""得与失"等方面加以分析，不能只停留在事物的表面，要有一定的理论深度。

3. 报告时间的灵活性

报告可以在事前、事中、事后行文，而通知、请示、计划等文种只能事前行文，通报、总结、调查报告等文种只能事后行文。

（三）报告的分类

1. 工作报告

这类报告主要是用于下级定时定期或工作的某个阶段向上级汇报工作，总结得失，让上级及时了解工作进展情况和开展情况等，如《××工商大学关于2017—2018学年度工作报告》。

2. 情况报告

这类报告主要用于突发性工作或者专题性工作的汇报，它一般是不定期的，有了事情才需上报，若没有突发性的、专题性事情就无需报告，如《××商场关于"1·22"火灾事故的报告》。

3. 回复报告

回复上级机关的询问，上级问什么就答什么，不能答非所问，问而不答。

（四）报告的写法

1. 报告的标题

报告的标题有两种形式：

（1）完全式：发文机关＋关于＋事由＋的＋文种，如《××市人民政府关于新冠肺炎疫情的报告》。

（2）省略发文机关：关于＋事由＋的＋文种，如《关于××商场火灾事故的报告》。

若遇时间紧急的报告可以在标题的文种前加上"紧急"二字，这与"通知""通报"等文种相似，如《××市安全生产办公室关于小煤窑安全生产情况的紧急报告》。

2. 报告的主送机关

报告必须有主送机关，因为报告是向上级机关行文，出于下级对上级的尊重以及显示出下级对报告事项的郑重，必须写明上级机关。这与请示、带有上行性质的议案、函等平行文一样，都得标明主送机关。

3. 报告的正文

这里主要讲工作报告与情况报告的写法，回复报告正文比较简单，对上级所提问题针对性地一一回复即可。

（1）工作报告正文的写法

工作报告正文的写法分作四层：

一层：概述事实的基本情况，回顾过去的一段时间做了什么，并提出问题。

二层：成绩与经验，从正面分析总结心得体会是什么，成功的主要举措是什么，从正面分析问题。

三层：问题和教训，从反面分析教训、不足、原因，即从反面分析问题。

四层：今后工作努力的方向，在分析基础上指出以后工作要怎样做，即解决问题。

(2) 情况报告的正文，分四层：

一层：概述事实的基本情况，叙述清楚要报告事件的来龙去脉，大致原委，即提出问题。

二层：分析事实，找出其原因，即分析问题。

三层：提出处理意见，针对此事件提出处理的办法，即解决问题。

四层：提出类似其他事件或者以后事件处理意见，并表明态度，今后要杜绝对此类事件的再次发生，做好这类事件的检查和防范工作等。

5. 落款

在正文的右下角，写明发文机关和成文日期，再加盖印章。

【例文一】

东兰县人民政府关于 2017 年法治政府建设情况的报告

2017 年，在市委、市人民政府和县委的正确领导以及市法制办的业务指导下，以马克思列宁主义、毛泽东思想、邓小平理论、"三个代表"重要思想、科学发展观、习近平新时代中国特色社会主义思想为指导，深入贯彻落实党的十九大会议精神。我县推进法治政府建设工作取得新进展，为保障和促进全县经济社会发展发挥了重要作用。现将主要工作情况报告如下：

一、工作的主要做法和成效

（一）履行党政主要负责人推进法治政府建设第一责任人职责。始终把推进法治政府建设工作放在各项工作的突出位置。一是履行法治政府建设情况报告义务。2017 年年初，及时向县委、县人大常委会和市人民政府报告法治政府建设工作情况，并通过县人民政府门户网站向社会公开。二是县委高度重视法治政府建设工作。在去年 12 月 4 日召开的 2017 年县委第 21 次常委会议上听取了法治政府建设工作情况汇报，并对全县下一步推进法治政府建设工作进行了强调和部署。三是强化党委对法治政府建设工作的组织领导。按照分工安排，由县委常委、县人民政府常务副县长直接分管法治政府建设工作，切实增强法治政府建设工作的组织领导，为推进法治政府建设提供了坚强的组织保障。

（二）加强对法治政府建设工作的督促检查。深入落实《东兰县贯彻落实法治政府建设实施纲要（2016—2020 年）具体实施方案》（兰发〔2016〕15 号）各项工作任务，印发了《2017 年东兰县法治政府建设工作要点》（兰政办发〔2017〕32 号）和《东兰县 2017 年度法治政府建设考评指标和评分标准》（兰政办发〔2017〕59 号），对开展法治政府建设工作进行安排部署，明确各单位全年法治政府建设主要工作任务，为法治政府建设营造良好的法治环境和提供有力的法治保障。

（三）严格执行规范性文件管理制度。

1. 加强对规范性文件制定工作的监督和管理。制定印发了《东兰县人民政府办公室关于实行规范性文件"三统一"制度的通知》（兰政办发〔2017〕91 号），明确要求县政府及其政府部门制定规范性文件必须执行"三统一"（统一登记、统一编号、统一发布）制度，对未经"三统一"的规范性文件，不得作为行政管理的依据，进一步规范了规范性文件制定的程序，提高了规范性文件的质量。

2. 严格把关政府规范性文件的制定和报备。2017年制定的5件政府规范性文件均按照发文时间先后顺序编号及制定目录，并已及时向县人大常委会和市政府报备及在网上公开。同时，印发《东兰县规范性文件备案审查制度》（兰政办发〔2017〕35号）文件，要求各相关单位严格执行规范性文件备案制度。

3. 加强规范性文件清理工作。成立以县委常委、县人民政府常务副县长为组长、各有关单位主要负责人为成员的东兰县规范性文件清理工作领导小组，制定下发了《东兰县人民政府办公室关于开展规范性文件清理工作的通知》（兰政办发〔2017〕15号），对2016年12月31日之前发布的规范性文件进行了全面清理。此次清理的规范性文件共45件，应予保留的35件，应予修改的5件，应予废止的3件，应予宣布失效的2件。清理结果已按时向市人民政府报送及通过县政府门户网站向社会公布。

（四）积极推进科学民主决策。加强重大事项合法性审查工作，建立健全行政机关内部重大决策合法性审查机制。县政府常务会讨论的行政决策事项，均经过县政府法制机构进行合法性审查，并出具合法性审查意见。2017年政府法制机构为12期政府常务会议议题提供法律意见12件，为其他重大行政决策事项提供法律意见45件。

（五）严格落实政府法律顾问制度。继续推进政府法律顾问制度的贯彻落实，充分发挥政府法律顾问在推动依法行政、建设法治政府中的作用。继续聘请广西建开律师事务所3名律师作为县政府法律顾问及聘请1名法律顾问助理。县政府法律顾问室充分发挥了重要的参谋助手作用，积极为县委、县政府建言献策。政府法律顾问及助理参与审查、修改政府合同45份，出具法律意见书45份，为重大疑难事项提供法律依据6件，解答法律咨询55件，及时有效的为县委、县政府的重大决议和重大项目投资提供了法律保障。

（六）严格规范公正文明执法。

1. 积极开展行政执法案卷评比工作。按照《广西壮族自治区行政执法监督办法》（自治区人民政府令第55号）、《2017年度河池市各县（市、区）法治政府建设考评指标和评分标准》（河依法行政办发〔2017〕3号）和《东兰县2017年度法治政府建设考评指标和评分标准》（兰政办发〔2017〕59号）的要求，由县法制办牵头组织对14个乡镇及县直各有关部门2016年1月1日至2016年12月31日期间已办结的行政许可、行政处罚、行政强制及其他类型的行政执法案卷进行评比。有21个部门39个案卷参与评比，其中行政许可案卷有17件，行政处罚案卷有18件，行政裁决案卷1件，行政备案2件，行政检查1件。

2. 严格开展行政执法监督检查工作。组织开展两次行政执法专项监督检查。一是按照《关于开展环境保护领域行政执法专项监督检查的通知》（兰政办发〔2017〕81号）要求，对各单位落实新修订的《中华人民共和国环境保护法》的执行情况开展专项监督检查。二是按照《关于开展食品安全领域行政执法专项监督检查的通知》（兰政办发〔2017〕

104号）的要求，对食品安全领域开展行政执法专项监督检查。通过监督检查，了解环境保护领域和食品安全领域执法队伍建设情况、制度建设以及经费保障情况，进一步规范行政执法行为，促进公正文明执法，不断提高依法行政水平。

3. 认真落实行政执法公示制度。根据河池市《关于做好2017年度法治建设专项绩效考核工作的通知》（河绩办发〔2017〕29号）、《东兰县人民政府办公室关于印发东兰县建立行政执法公示制度实施方案的通知》（兰政办发〔2016〕53号）和《东兰县人民政府办公室关于进一步加强行政执法信息公开的通知》文件要求，各相关部门除在政府门户网站公布本部门的执法主体、依据、流程及行政处罚权力清单等信息外，还将其按一般程序办理的行政处罚案件信息按照要求在政府门户网站公开。

4. 严格落实行政执法资格制度。加强行政执法人员资格管理和执法能力建设，根据《广西壮族自治区法制办公室关于做好2017年全区行政执法人员资格（续职）培训考试工作的通知》要求，及时组织全县各行政执法单位行政执法人员参加全区行政执法人员资格（续职）考试报名工作。全县共有126名行政执法人员参加全区行政执法人员资格（续职）无纸化培训考试，有105名行政执法人员顺利通过。

（七）强化领导干部学法用法意识。

一是切实贯彻落实政府常务会议学法制度。县政府领导分别在第十六届县人民政府第十七次、第十八次常务会议上，组织学习了《中华人民共和国民法总则》、《中华人民共和国反不正当竞争法》等有关内容。通过常务会议集体学法，进一步提升领导干部的学法用法意识以及依法决策的能力和水平。

二是落实政府常务会议听取法治政府建设工作汇报制度。在第十六届县人民政府第十七次、第十八次常务会议上，县政府领导班子听取了法治政府工作情况汇报，并对下一步加快推进法治政府建设作出了安排和部署。

三是积极召开领导干部法治培训。举办全县领导干部法治专题培训班和新录用公务员法治培训，通过培训进一步提升领导干部自觉运用法治思维和法治方式想问题、做决策、办事情的意识和能力，使新录用人员尽快转变角色、适应工作需要。

（八）重视做好行政复议和行政应诉工作。积极做好行政复议和行政应诉工作。对市人民政府和人民法院受理的行政复议和应诉案件，均能按照规定时限提交作出具体行政行为的依据、证据和其他材料，自觉履行人民法院的生效判决、裁定。同时，县人民政府高度重视行政机关负责人出庭应诉工作，不断创新工作方法，我县在全区召开的法治政府建设工作推进电视电话会议交流材料中作了题为"多举措助推行政首长出庭应诉工作"的书面交流材料。

在行政复议工作方面，进一步畅通行政复议渠道，及时受理行政复议申请。2017年，县本级受理行政复议案件10件，主要涉及土地林地管理、行政处罚等方面。在审理行政复议案件中以书面审查为主、实地调查为补的方式开展行政复议工作。2017年，召开行政复议听证会2件，全部按照法定期限审理完结行政复议案件。按时向市人民政府提交行政复议答复书和当初作出具体行政行为的依据、证据和其他材料6份。

在行政应诉工作方面，依法履行行政应诉职责。2017年，人民法院受理我县行政案件有 121 件，其中乡镇人民政府、县直行政机关作为被告的案件 10 件，主要涉及山林权属、行政处罚等方面纠纷，在已经开庭审理的 5 件案件中，行政负责人全部出庭应诉，出庭率为 100%；县人民政府作为被告的案件 111 件，主要涉及土地山林权属、征地补偿等方面纠纷，行政机关负责人出庭应诉 4 件。各相关部门切实执行法院有效判决，积极维护法院审判权威，建立起了行政部门与司法系统的有效衔接。

在矛盾纠纷化解方面，加大社会矛盾纠纷化解力度，提高行政案件办理质量，积极维护全县社会稳定。2017 年县人民政府共作出三大纠纷案件处理决定 8 件，其中：土地确权 1 件，林地林木确权 7 件。上级行政复议机关未对我县的三大纠纷案件发出《行政复议意见书》或《行政复议建议书》。

（九）加强法治政府建设工作信息报送工作。加强法治政府建设的舆论宣传报道工作，及时报送推进法治政府建设工作信息。分别向广西政府法制网和河池政府法制网报送 16 条信息，报送的法治政府建设工作信息被广西政府法制网采用 11 条，被河池政府法制网采用 16 条，超额完成市全面推进依法行政领导小组办公室下达的信息报送任务。

（十）积极配合做好基层立法联系点工作。积极配合河池市人民政府做好立法工作，推荐东兰县司法局和东兰县住房与城乡建设局两个单位作为河池市人民政府立法基层联系点备选单位。

二、存在的问题和不足

2017 年，我县推进法治政府建设工作虽取得了一定的成效，但还存在一些亟待解决的问题：一是推进法治政府建设工作进展不平衡；二是部分单位法律人才短缺，行政执法人员业务素质和执法水平有待进一步提高；三是县直各职能部门和乡镇政府法律顾问建设仍需继续加强。这些问题，将在今后工作中认真研究解决。

三、2018 年的工作计划

（一）落实第一责任人责任。党政主要负责人要履行推进法治建设第一责任人职责，将建设法治政府摆在工作全局的重要位置。认真履行第一责任人职责，县级人民政府在 1 月 31 日前向同级党委、人大常委会和上一级人民政府报告上一年度法治政府建设情况，县人民政府工作部门在 1 月 20 日前要向本级人民政府和上一级业务主管部门报告上一年度法治政府建设情况，报告通过县人民政府网站等向社会公开。

（二）严格执行重大决策制定程序。对涉及群众切身利益的重大行政决策事项，组织专家论证及公开征求社会公众意见，严格执行重大行政决策听证制度。

（三）加强规范性文件管理工作。一是加大政府规范性文件合法性审查力度，严格把好规范性文件的法律关；二是强化规范性文件备案审查工作，做到有件必备、有错必纠；三是要按照《东兰县人民政府办公室关于实行规范性文件"三统一"制度的通知》要求，继续扎实开展规范性文件统一登记、统一编号、统一发布制度工作；四是落实规范性文件定期清理制度，开展规范性文件清理工作，及时清理过期或与形势发展不相适应的规范性文件；五是加强对各乡镇政府及县直各部门规范性文件的备案审查，并按规定进行公布。

（四）继续加强行政执法的监督工作。一是规范和监督行政执法活动，提高行政执法水平,确保依法行政各项任务落到实处;二是开展行政执法案卷评比活动,坚决查处行政不作为、乱作为行为。

(五)积极办理行政复议案件,依法有效化解行政争议。认真贯彻执行行政复议法及其实施条例,充分发挥行政复议在行政监督、解决行政争议、化解人民内部矛盾和维护社会稳定方面的重要作用。

(六)继续推进行政机关负责人出庭应诉工作。进一步把行政机关负责人出庭应诉工作制度贯彻好、执行好、落实好,对涉及重大公共利益、社会关注度高,有可能调解结案或者涉及行政赔偿数额较大的行政诉讼案件,行政机关负责人都应当出庭应诉。

(七)加强领导干部法律知识学习培训。全力抓好全县领导干部的法律培训工作;充分利用公务员初任培训、任职培训加强对基层工作人员的法律知识培训力度,采取集中学习和分散学习相结合的方式系统学习与自己所承担工作密切相关的法律法规。

(八)做好法治政府建设考核工作。进一步健全法治政府建设考核制度,特别是针对法治政府建设工作重点,突出规范行政决策、行政执法、行政机关负责人出庭应诉及宣传等考核分值比重,统筹安排推进全年的法治政府建设工作。采取年终考评与日常考评相结合的方法,发挥法治政府建设各项工作考核的导向作用。

东兰县人民政府(印)
2018 年 1 月 15 日

二、请示

(一)请示的适用范围

《条例》规定:"请示,适用于向上级机关请求指示、批准。"

(二)请示的特点

请示有如下三个方面的特点:

1. 事项的单一性

请示的行文具有单一性,要求一文一事,一个中心,一事一请,不能数事一并请示。其实在法定公文里,除了报告和纪要可以一文数事以外,其余的文种都要求一文一事,特别是请示、议案、函等文种明确要求一文一事。

2. 行文的事前性

请示要求必须事前行文,不能事中或事后才行文,必须注重其时效性。这与通知、计划必须事前行文相同,与通报、总结等必须事后行文恰好相反。

3. 语气的委婉性

请示是下级有求于上级,所以行文时必须注意语言准确、得体,语气的委婉性。所以行文中不能出现"决定、必须、一定"等表示武断性的词语,一定要注意态度的谦逊。

（三）请示的分类

1. 请求指示的请示

请求指示的请示一般是关于政策性的问题，下级无权解决——请求指示的请示，如《××县旅游局关于打造××风景名胜区的请示》。

2. 请求批准的请示

请求批准的请示一般是自己无力解决，需要上级帮助——请求批准的请示，如《××省人民政府关于增拨抗灾救济款的请示》。

3. 请求批转的请示

下级有什么要求不能直接要求自己的平级或者不相属机关遵照去做时，可以用请示的方式请求上级机关批转执行。请求批转的请示和报告，一般用意见这一文种代替的较多，如《农业部关于西南片区种植N优谷种的请示》。

（四）请示的写法

1. 请示的标题

请示的标题一般有两种形式：

（1）完全式：发文机关＋关于＋事由＋的＋请示，如：《××大学关于增拨招生指标的请示》。

（2）省发文机关：关于＋事由＋的＋请示，如：《关于增拨抗灾救济款的请示》。

2. 请示的主送机关

请示必须有主送机关，若是受双重领导的机关，主送机关只能写一个，抄送另一上级机关。并且请示时，不能越级请示，不能多头请示。

3. 请示的正文

请示的正文属于请求祈请类，与议案、函的写作模式相同。一般分三层：

一层：请求的缘由，常用原因式领起。这一层要求详写，是全文的重点，既要写出所请事项的必要性、重要性，还要写出所请事项的可行性、可操作性，这是你的请示事项能否获得上级同意的关键。

二层：请求的具体事项。这一层要求一文一事，要具体明确，不能模棱两可。一般为"为此，恳请（拟将）……"来明确表示中心主旨。

三层：约定俗成的结语。以"妥否，请批示""以上请示妥否，请批复""以上请示，请指示""以上请示如无不妥，请批转有关单位执行"等作为结束语。注意：请示的结尾语必须得有，不能省略。这与知照指挥类的通告（通知）等文种结尾处用"特此通告（通知）"或者强调执行的要求等结尾语可以省略不同。

4. 落款

在正文的右下角，写明发文机关和成文日期，再加盖印章。

5. 请示的附注

请示与其他文种相比，特别的是请示必须要有附注，即在附注处写明联系人和联系电话，其他文种没有此要求。

【例文一】

关于撤销兴隆街道党工委四个社区综合党支部的请示

区委组织部：

  兴隆街道党工委下属的仁河社区综合党支部、积善社区综合党支部、乐山路社区综合党支部和月安社区综合党支部，因党支部党员已经陆续转走，党支部现有党员数为零，已不能发挥党支部应有作用，故申请撤销仁河社区综合党支部、积善社区综合党支部、乐山路社区综合党支部和月安社区综合党支部。

  当否，请批示。

中共建邺区委兴隆街道工委（印）
2017 年 9 月 30 日

（联系人：王××，联系电话：××××××××××）

三、批复

（一）批复的适用范围

《条例》规定："批复，适用于答复下级机关请示事项。"

（二）批复的特点

1. 行文的被动性

批复是专门针对请示而设置的一个文种，是上级专门用来回答下级机关的请示事项的。一定是接到下级的请示，才能有所批复行文的，所以批复的行文具有被动性。

2. 内容的针对性

批复在回答下级的请示事项时必须具有针对性，不能答非所问，也不能搪塞其词，左顾而言它，没有重点，不着边际。

3. 功能的指示性

批复一旦下发，下级机关必须遵照执行，它相当于是知照指挥性决定、布置安排工作的通知等下行公文，具有很强的指示性和约束性。

（三）批复的写法

1. 批复的标题

批复的标题有三种形式：

（1）可以用完全式：发文机关＋关于＋事由＋的＋文种。如：《××省教育委员会关于同意增拨教育经费的批复》。

（2）省略发文机关：关于＋事由＋的＋文种。如：《关于同意在石家庄等 24 个城市设立跨境电子商务综合试验区的批复》。

（3）发文机关＋关于＋事由＋（给）受文对象＋的＋文种。如：《国务院关于同意增拨抗灾救济款给××省人民政府的批复》。

需要特别说明的是，批复内容若是表明同意的在标题的事由部分一般就写明"同意"二字，若是不同意的标题上就不写明"不同意"字样了。

2. 批复的主送机关

批复的主送机关必须有，也很明确，谁给你写的请示，你就给谁批复。

3. 批复的正文

批复的一般分三层：

一层：缘由、依据。这一层结构模式固定，要写明来文请示的标题和发文字号，再加上过渡句。即一般写成这样的模式："你×《关于×××的请示》（××文〔20××〕×号）收悉。＋过渡句（经研究，现批复如下：）"

二层：具体的批复事项。这一层在答复下级机关的请示事项时要有针对性，同意的表明态度即可，不同意的必须写明原因。并且批复时也一定要一文一事，一文一批。

三层：约定俗成的结束语。比如用"特此批复""此复"作结，当然和其他知照指挥类文体一样，这一层也可以省略不写。

4. 落款

在正文的右下角，写明发文机关和成文日期，再加盖印章。

【例文一】

重庆市人民政府关于同意设立重庆建筑技师学院的批复

市人力社保局：

你局《关于批准设立重庆建筑技师学院的请示》（渝人社文〔2019〕154号）收悉。现批复如下：

一、同意在重庆建筑高级技工学校基础上，设立重庆建筑技师学院。

二、重庆建筑技师学院由重庆建工投资控股有限责任公司举办，市人力社保局主管，机构类别、机构规格、隶属关系、经费渠道保持不变。

三、你局要加强指导和管理，督促重庆建筑技师学院深化校企合作、产教融合，加强师资队伍建设，提高教育教学水平，为我市培养更多高技能人才。

重庆市人民政府（印）
2020年1月20日

（此件公开发布）

【例文二】

国务院关于同意将河北省蔚县列为国家历史文化名城的批复

河北省人民政府：

　　你省《关于申报蔚县为国家历史文化名城》的请示收悉。现批复如下：

　　一、同意将蔚县列为国家历史文化名城。蔚县历史悠久，古城形制独特，风貌保存较好，文化遗存丰富多样，古代建筑数量众多，具有重要的历史文化价值。

　　二、你省、张家口市及蔚县人民政府要根据本批复精神，按照《历史文化名城名镇名村保护条例》的要求，加强文物保护利用和文化遗产保护传承，正确处理城市建设与保护历史文化遗产的关系，深入研究发掘历史文化遗产的内涵与价值，明确保护的原则和重点。编制好历史文化名城保护规划，并将其纳入城市总体规划，划定历史文化街区、文物保护单位、历史建筑的保护范围及建设控制地带，制定并严格实施相关保护措施。在历史文化名城保护规划的指导下，编制好重要保护地段的详细规划。在规划和建设中，要重视保护城市格局，注重城区环境整治和历史建筑修缮，不得进行任何与名城环境和风貌不相协调的建设活动。

　　三、你省和住房城乡建设部、国家文物局要加强对蔚县国家历史文化名城规划、保护工作的指导、监督和检查。

国务院（印）
2018年5月2日

（此件公开发布）

第六节　函　纪要

一、函

（一）函的适用范围

　　函，从广义上讲，就是信件。它是人们传递和交流信息的一种常用的书面形式。但是，作为公文法定文种的函，就已经远远地超出了一般书信的范畴，不仅用途更为广泛，最重要的是赋予了其法定效力。

　　《条例》规定："函，适用于不相隶属机关之间商洽工作，询问和答复问题，请求批准和答复审批事项。"这说明，除有直属上下级之间隶属关系外的一切不相隶属机关之间商洽工作，询问和答复问题，甚至请求批准和答复审批事项，一律用"函"。可见，函与其他法定公文一样，具有由制发机关权限决定的法定效力。

　　函作为一种平行文种，其适用的范围相当广泛。在行文方向上，不仅可以在平行机关之间行文，而且可以在不相隶属的机关之间行文。在适用的内容方面，它除了主要用于不相隶属机关相互商洽工作、询问和答复问题外，也可以向有关主管部门请求批准事项，向上级机关询问具体事项，还可以用于上级机关答复下级机关的询问或请求批准事项，以及上级机关催办下级机关有关事宜，如要求下级机关函报报表、材料、统计数字等。此外，函有时还可用于上级机关对某件原发文件作较小的补充或更正。不过这种情况并不多见。

（二）函的特点

1. 沟通性

函对于不相隶属机关之间相互商洽工作、询问和答复问题，起着沟通作用，充分显示平行文种的功能，这是其他公文所不具备的特点。

2. 灵活性

表现在两个方面：一是行文关系灵活。函是平行公文，但是它除了平行行文外，还可以向上行文或向下行文，没有其他文种那样严格的特殊行文关系的限制。二是格式灵活，除了国家高级机关的主要函必须按照公文的格式、行文要求行文外，其他一般函，比较灵活自便，也可以按照公文的格式及行文要求办。可以有文头版，也可以没有文头版，不编发文字号，甚至可以不拟标题。

3. 单一性

函的主体内容应该具备单一性的特点，一份函只宜写一件事项。

（三）函的分类

1. 按照内容及用途分类

（1）商洽函。指用于平行机关或不相隶属机关之间商洽工作、联系有关事宜的函。如商洽干部函、联系租赁函、洽谈业务函等。

（2）询问函。指不相隶属机关之间互相询问时使用的函。

（3）请批函。向非隶属关系的有关主管部门请求相关事项时使用的函。

2. 按照文面规格分类

（1）公函。按照公文的格式制作的正式的函。

（2）便函。写法比较灵活，可运用书信的格式来制作。

3. 按照行文方向分类

（1）去函。是主动提出商洽工作、询问问题、请求批准的函。

（2）复函。是回复对方来函的函。

（四）函的写作

此处主要讲按法定公文格式制作的函的写法。函由标题、发函字号、主送机关、正文、落款等部分组成。

1. 标题

有三种形式：

（1）完全式标题。发文机关＋关于＋事由＋文种。如：《重庆市水利局关于进一步落实大中型水利水电工程建设征地移民安置任务和投资"双包干"协议有关问题的函》。

（2）省略发文机关。关于＋事由＋文种。如：《关于共同出资建设××电厂的商洽函》。

（3）发文机关＋关于＋事由＋复函（文种）（这种标题只适合复函，去函不适合）。

如：《××大学关于同意派遣技术人员进修外语给××公司的复函》。

2. 发函字号

函的发文字号要表明文种，即在机关代字后要写"函"字，表明其序号按"函"字序列排序，不按机关发文大序号排列，如渝府办函〔2019〕60号。

3. 正文

根据行文方向，函的去函和复函的写法不同。

(1) 去函

去函正文的写法与请示的正文写法相同，都属于请求祈请类。正文分三层：

一层：去函的缘由，常用原因式领起。这一层要求详写，是全文的重点，既要写出所请事项的必要性、重要性，还要写出所请事项的可行性、可操作性，这是你的去函商洽或询问或请示批准的事宜能否获得上级同意的关键。

二层：写明具体商洽或询问或请示批准的事项。这一层要求一文一事，要具体明确，不能模棱两可。一般为"为此，恳请（拟将）……"来明确表示中心主旨。

三层：约定俗成的结语。以"敬请函复""盼复"等作为结束语。注意：为了表达礼仪的周全或对受文对象的尊重，去函的结尾语必须得有，不能省略。否则就有可能被对方认为你对他不尊重，而给你去函企求办的事宜打上折扣。

(2) 复函

复函的正文写法与批复正文的写法相同，都属于知照指挥类。正文分三层：

一层：缘由、依据。这一层结构模式固定，要写明来文来函的标题和发文字号，再加上过渡句。即一般写成这样的模式："你×《关于×××的函》（××函〔20××〕×号）收悉。＋过渡句（经研究，现函复如下：）"

二层：具体的答复事项。这一层在答复来函机关的事宜时要有针对性，并且态度要明确，不能模棱两可，含糊其辞。注意：复函也要一文一事。

三层：约定俗成的结束语。比如用"特此函复""此复"作结，当然和其他知照指挥类文体一样，这个结束语也可以省略不写。

5. 落款

在正文的右下角，写明发文机关和成文日期，再加盖印章。

（五）写作函的注意事项

函的写作，首先要注意行文简洁明确，用语把握分寸。无论是平行机关或者是不相隶属机关的行文，都要注意语气平和有礼，不要倚势压人或强人所难，也不必逢迎恭维、曲意客套。至于复函，则要注意行文的针对性与答复的明确性。

其次，函也有时效性的问题，特别是复函更应该迅速、及时。像对待其他公文一样，及时处理函件，以保证公务等活动的正常进行。

"函"的写法同时要注意以下几点：

1. 要严格按照公文的格式写"函"。

2. "函"的内容必须单一、集中。一般来说，一个函件以讲清一个问题或一件事情为宜。

3. "函"的内容必须真实、准确。

4. "函"的写法以陈述为主，只要把商洽的工作、询问和答复的问题，向有关主管部门请求批准的事宜写清楚即可。

5. 发"函"都是有求于对方的，或商洽工作，或询问题，或请求批准。因此，要求"函"的语言要求朴实，语气要恳切，态度要谦逊。

6. "函"的结尾，一般常用"即请函复""特此函达"等惯用语，有时也不用。

【例文一】

关于委托开展相关法规规章和规定梳理工作的函

××环境平台：

按照《国务院关于印发水污染防治行动计划的通知》（国发〔2015〕17号）关于"对涉及环保市场准入、经营行为规范的法规、规章和规定进行全面梳理，废止妨碍形成全国统一环保市场和公平竞争的规定和做法"的要求，为充分发挥你单位环境网络平台优势，调动社会力量的积极性和创造性，提高法规规章等梳理工作的质量和效率，经研究，现委托你单位协助开展相关工作，重点是广泛征集社会各方面（特别是广大环保企业）对现行有效法规、规章和规范性文件或其中条款可能存在阻碍环保市场准入和公平竞争的规定的意见。请于8月中旬将征集的意见汇总后报送我司。

特此函告。

国家发展改革委环资司（印）
2015年6月26日

【例文二】

重庆市人民政府办公厅关于同意建立农村
留守儿童关爱保护和困境儿童保障工作联席会议制度的函

市民政局：

你局《关于调整建立农村留守儿童关爱保护和困境儿童保障工作联席会议制度的请示》（渝民文〔2019〕64号）收悉。经市政府同意，现函复如下：

市政府同意调整重庆市农村留守儿童关爱保护工作联席会议制度，建立重庆市农村留守儿童关爱保护和困境儿童保障工作联席会议制度。联席会议不刻制印章，不正式行文，请按市政府有关文件精神认真组织开展工作。

附件：1. 重庆市农村留守儿童关爱保护和困境儿童保障工作联席会议制度
      2. 重庆市农村留守儿童关爱保护和困境儿童保障工作联席会议成员名单

重庆市人民政府办公厅（印）
2019年10月17日

（此件公开发布）

二、纪要

（一）纪要的适用范围

《条例》规定："纪要，适用于记载会议主要情况和议定事项。"

纪要是在对会议讨论的事项加以归纳、整理的基础上，将其反映出来的实录性公文。它主要起通报会议精神、反映情况、汇报工作、统一认识、指导工作、沟通情况、交流经验、知照事项、记载凭证等作用。

（二）纪要的特点及分类

纪要内容精练集中，突出会议的指导思想和精神，具有概括性、条理性、纪实性、指导性等特点。

常见的纪要可分为办公会议纪要和专题会议纪要两种。办公会议纪要是各机关、团体、企事业单位定期召开行政办公例会，研究决定日常工作事项而形成的纪要，如局长办公会议纪要、中层干部会议纪要等。专题会议纪要是为研究某方面或某一专项工作而召开会议形成的纪要，按照会议类型可分为工作会议纪要、座谈会议纪要、交流会议纪要、研讨会议纪要等。

（三）纪要的写法

纪要一般由首部、正文和尾部三部分组成。

1. 首部

这部分的主要项目是标题。有的纪要的首部还有成文时间等项目内容。

纪要的标题通常是由会议名称和文种构成的。如《全国城市爱国卫生现场经验交流会纪要》《关于改革××局、××局管理体制的会议纪要》等。也有的由发文机关、会议名称和文种构成，如《××集团公司经理办公室会议纪要》。

成文时间即会议通过的时间或领导人签发的时间。一般在标题下居中位置用括号注明年、月、日。也有把成文时间写在尾部的署名下面。

2. 正文

纪要正文的结构由前言、主体和结尾三部分组成。

（1）前言。首先概括交代会议的名称、时间、地点、主持人、主要议程、参加人员、会议形式以及会议主要的成果，然后用"现将这次会议研究的几个问题纪要如下"或"现将会议主要精神纪要如下"等语句转入下文。这项内容主要用以简述会议基本情况，所以文字必须十分简练。

（2）主体。是纪要的核心内容，主要记载会议情况和会议结果。写作时要注意紧紧围绕中心议题，把会议的基本精神，特别是会议形成的决定、决议，准确地表达清楚。对于会议上有争议的问题和不同意见，也必须如实予以反映（此与决议不同，写入决议文种中的内容必须是会议取得一致同意的内容）。

写作纪要的主体内容，一般在每段的开头设置中心句或首括句，中心句一般用"会议认为""会议指出""会议同意""会议代表一致同意"等特殊称谓用语领起，这段的后面内容再围绕中心句或首括句展开介绍（一般专题性会议纪要或者综合性会议纪要常用此模式，决议、会议公报、会议决定等文种也常用此种模式）。当然，也可以用条目式，分条列项地将会议内容逐项概括列出（一般日常例会纪要或者办公会议纪要常用此模式）。若是协调性会议纪要一般采用摘录式进行主体部分写作。

（3）结尾。属于选择性项目。一般是向受文单位提出希望和要求。有的则没有这部分，主体内容写完，全文即告结束。

3. 尾部

包括署名和成文时间两项内容。

署名只用于办公会议纪要，写明召开会议的机关单位名称。一般会议纪要则只署名，不加盖公章。至于成文时间，如果在首部已注明，就不再写。

（四）撰写纪要应注意的问题

撰写纪要应当注意的三个问题：一是概括要全面，要如实反映会议精神。不得随意取舍，不得以偏概全，不能是自己赞同的就多写，不赞同的就略写或不写。二是要具备一定的分析、综合能力和表达能力。三是要做到重点突击，条理清晰，文字简练。

（五）纪要与记录的区别

第一，性质不同：记录是讨论发言的实录，属事务文书；纪要只记要点，是法定行政公文。

第二，功能不同：记录一般不公开，无须传达或传阅，只作资料存档；纪要通常要在一定范围内传达或传阅，要求贯彻执行。

第三，内容不同：纪要是在会议记录的基础上概括、整理、提炼而成，对会议内容具有选择性和概括性，突出会议的主旨和要点，不一定包括会议的所有内容；记录内容全面具体，力求将会议的情况完整地记录下来。

第四，形成时间不同。纪要是在会议后期或结束后，经过选择归纳提炼而成；记录是在会议进行过程中同步产生。

【例文】

昆山市人民政府第 22 次常务会议纪要

昆政纪〔2018〕10 号

9月18日，代市长周旭东主持召开市政府第22次常务会议，现纪要如下：
一、听取《"证照分离"改革专题督查报告》
会议听取了市编委办主任金琪关于《"证照分离"改革专题督查报告》。
会议明确：
1. "证照分离"改革是深化"放管服"改革的重要举措，对于优化营商环境、激发市场活力意义重大。相关部门要高度重视、系统谋划，积极稳妥下放事权，同时要强化服务指导，确保改革措施落地生效；昆山开发区、昆山高新区要提高承接能力，发挥示范引领作用，加快构建稳定公平透明可预期的营商环境，努力把昆山打造成为审批事项最少、办事效率最高、创新创业活力最强的区域。

2. 积极学习借鉴苏州工业园区等地区先进经验，加快推进信息系统建设和部门数据的互联互通，实现政务服务科学化、规范化、智能化。

3. 各相关部门要积极做好对上沟通，明确改革对接重点，大力推进数据共享共用，着力解决系统不兼容等问题。

4. 昆山开发区、昆山高新区要立足实际，优化审批流程，提高审批效率，进一步方便企业、群众办事。

二、听取《"金融超市"建设推进情况督查报告》

会议听取了市政府办公室副主任夏小明关于《"金融超市"建设推进情况督查报告》。

会议明确：

1. 要加快平台建设，丰富服务内容。各区镇要发动力量增加企业注册量，苏州银行作为"金融超市"的运营管理机构，要积极引导证券、基金、保险、担保等金融机构加入，推出一批实用性、操作性强的创新型融资产品，确保今年10月份完成平台建设。

2. 要加强沟通对接，完善系统功能。积极引进新理念、新技术，加强平台专业分析评价能力，提升后台智能化处理水平，努力为企业提供更加优质高效专业的金融服务。

3. 要强化宣传推介，适时举行银企对接活动，持续扩大推广覆盖面，不断提高"金融超市"知晓度、吸引力。

……

十二、审议《昆山市超标粮食处置实施细则》

会议听取了市粮食局副局长钱小峰关于《昆山市超标粮食处置实施细则》起草情况的汇报。会议强调，要按照依法监管、依规处置的原则，实行定点收购、分类储存、定向销售、全程监管，切实保护农民利益，保障消费者身体健康，确保全市粮食安全。

会议原则通过上述文件，要求相关部门完善后抓好组织实施。

会议还学习了《中华人民共和国水污染防治法》。

出席： 周旭东　金健宏　李　文　宋德强　李　晖　蔡　皿　江雪龙　汤土云

列席： 丁成明　庞文红　王卫东　秦微晰　夏小明　钱景霞

市纪委陆峰，组织部荣毅龙，宣传部（文明办）朱叶华，政法委柏佳春，农办陈鲁勇，编委办金琪，法院李军，检察院赵庆，发改委秦珊珊，经信委万继民，教育局金建鸿，科技局陆陈军，公安局江涛，民政局陶柱荣，司法局陈磊，财政局钱许乐，国资办翁文忠，人社局朱天舒，国土局徐锁发，住建局黄毅恒，规划局何剑鸣，城管局陈强，交通局景惠中，水利局冯小明……

记录： 王　贤

昆山市人民政府办公室整理
2018 年 9 月 28 日

（此件公开发布）

第七节　决议　公报

一、决议

（一）决议的适用范围和特点

1. 决议的适用范围

《条例》规定："决议，适用于会议讨论通过的重大决策事项。"决议是下行文。

2. 决议的特点

（1）程序性。决议的形成必须经过特定程序。决议应是对带方向性、全局性的重大问题作出决策，内容较原则，指导性突出，而对具体事项的规定性相对较弱。决议应经法定会议讨论并获法定多数通过方能有效。

（2）权威性和约束力。决议是由党政机关经法定会议讨论通过的重大决策事项，是党政领导机关意志的反映，具有极强的权威性和约束力，一经发布，全体人民及各下级党政机关、企事业单位、人民团体必须遵照执行，不得抵制和违背。

（3）事项的重大性。决议通过的事项重大且具有全局性、方向性的指导意义。决议形成后应成为党政机关工作的指导思想，必须遵从，并作为决策、立法等的依据。一般事项不宜使用决议行文。

（二）决议的分类

决议一般分为公布性决议、批准性决议和阐述性决议三种类型。

公布性决议是为公布某种法规、提案而写作的决议。

批准性决议为肯定或否定某种议案的文件。

阐述性决议是对某些重大结论的具体内容加以阐述的文件。

（三）决议的写法

1. 标题

一般使用完全式标题，由"发文机关＋关于＋事由＋的＋决议"组成。发文机关既可是机关名称，亦可是会议名称。如《中共中央关于社会主义精神文明建设指导方针的决议》《中国共产党第十八次全国代表大会关于〈中国共产党章程（修正案）〉的决议》《十九大关于十八届中央委员会报告的决议》；省略式标题一般由"关于＋事由＋的＋决议"构成，如《关于政府工作报告的决议》。

2. 题注

决议均要求用题注。即在标题下方用圆括号标明会议讨论通过的时间及会议名称。

3. 正文

正文一般由前言、具体事项和结语三部分组成。

（1）前言：一般简要说明有关会议审议决议涉及事项的情况，陈述作出决议的原因、根据、背景、目的或意义。

（2）具体事项：写明会议通过的决议事项，或会议对有关文件、事项作出的评价、决定，或对有关工作做出的部署安排和要求、措施。对于作出重大决策的决议，在写作方法上大多与会议纪要相近，可使用"大会认为""大会要求""大会一致同意"等字样。

（3）结语：一般紧扣决议事项有针对性地提出希望、号召和执行要求。有的决议可不用结语。

（四）写作决议的注意事项

1. 在文种的选择上应注意，必须经法定会议讨论通过的重大事项，才能用决议行文。

2. 写作前必须吃透会议精神，了解会议的背景、形势；理解会议的主旨，掌握会议肯定性的意见及要求，未达成共识的事项不能写入决议中。不能将个人观点代替大会集体的决议。

3. 注意做到叙议结合，评价准确。行文要富于逻辑力量，激发人们执行决议的积极性和自觉性。

【例文】

中国共产党第十九次全国代表大会关于十八届中央委员会报告的决议

（2017年10月24日中国共产党第十九次全国代表大会通过）

中国共产党第十九次全国代表大会批准习近平同志代表十八届中央委员会所作的报告。大会高举中国特色社会主义伟大旗帜，以马克思列宁主义、毛泽东思想、邓小平理论、"三个代表"重要思想、科学发展观、习近平新时代中国特色社会主义思想为指导，分析了国际国内形势发展变化，回顾和总结了过去五年的工作和历史性变革，作出了中国特色社会主义进入了新时代、我国社会主要矛盾已经转化为人民日益增长的美好生活需要和不平衡不充分的发展之间的矛盾等重大政治论断，深刻阐述了新时代中国共产党的历史使命，确立了习近平新时代中国特色社会主义思想的历史地位，提出了新时代坚持和发展中国特色社会主义的基本方略，确定了决胜全面建成小康社会、开启全面建设社会主义现代化国家新征程的目标，对新时代推进中国特色社会主义伟大事业和党的建设新的伟大工程作出了全面部署。大会通过的十八届中央委员会的报告，描绘了决胜全面建成小康社会、夺取新时代中国特色社会主义伟大胜利的宏伟蓝图，进一步指明了党和国家事业的前进方向，是全党全国各族人民智慧的结晶，是我们党团结带领全国各族人民在新时代坚持和发展中国特色社会主义的政治宣言和行动纲领，是马克思主义的纲领性文献。

大会认为，报告阐明的大会主题对我们党带领人民奋发图强、开拓前进具有十分重大的意义。全党要不忘初心，牢记使命，高举中国特色社会主义伟大旗帜，决胜全面建成小康社会，夺取新时代中国特色社会主义伟大胜利，为实现中华民族伟大复兴的中国梦不懈奋斗。

大会高度评价十八届中央委员会的工作。党的十八大以来的五年，是党和国家发展进程中极不平凡的五年，改革开放和社会主义现代化建设取得了历史性成就。五年来，以习

近平同志为核心的党中央以巨大的政治勇气和强烈的责任担当，提出一系列新理念新思想新战略，出台一系列重大方针政策，推出一系列重大举措，推进一系列重大工作，解决了许多长期想解决而没有解决的难题，办成了许多过去想办而没有办成的大事，推动党和国家事业发生历史性变革。以习近平同志为核心的党中央勇于面对党面临的重大风险考验和党内存在的突出问题，以顽强意志品质正风肃纪、反腐惩恶，消除了党和国家内部存在的严重隐患，党内政治生活气象更新，党内政治生态明显好转，党的创造力、凝聚力、战斗力显著增强，党的团结统一更加巩固，党群关系明显改善，党在革命性锻造中更加坚强，焕发出新的强大生机活力，为党和国家事业发展提供了坚强政治保证。五年来的成就是全方位的、开创性的，五年来的变革是深层次的、根本性的。

大会强调，经过长期努力，中国特色社会主义进入了新时代，这是我国发展新的历史方位。中国特色社会主义进入新时代，我国社会主要矛盾已经转化为人民日益增长的美好生活需要和不平衡不充分的发展之间的矛盾。我国社会主要矛盾的变化是关系全局的历史性变化，对党和国家工作提出了许多新要求。我们要在继续推动发展的基础上，着力解决好发展不平衡不充分问题，大力提升发展质量和效益，更好满足人民在经济、政治、文化、社会、生态等方面日益增长的需要，更好推动人的全面发展、社会全面进步。

……

大会号召，全党全国各族人民要紧密团结在以习近平同志为核心的党中央周围，高举中国特色社会主义伟大旗帜，认真学习贯彻习近平新时代中国特色社会主义思想，锐意进取，埋头苦干，为实现推进现代化建设、完成祖国统一、维护世界和平与促进共同发展三大历史任务，为决胜全面建成小康社会、夺取新时代中国特色社会主义伟大胜利、实现中华民族伟大复兴的中国梦、实现人民对美好生活的向往继续奋斗！

二、公报

（一）公报的适用范围和特点

1. 公报的适用范围

《条例》规定："公报，适用于公布重要决定或者重大事项。"公报是下行文。

2. 公报的特点

（1）庄严性。这是由公报的内容决定的。公报发布的内容必须是"重要决定或者重大事项"，一般事项不能采用公报来发布。由于内容重大，因而其发布形式、语言和文风必须严肃庄重。

（2）周知性。公报是面向全社会的公布性公文，具有完全的透明度和广泛的周知性。

（3）新闻性。公报的制作虽然也按公文程序严格要求，但一般不通过例行的公文发送渠道，而是通过大众传媒渠道刊登和播发。同时，由于其发布机关具有极高的权威性，发布内容十分重要，发布时间非常及时，因而往往具有很大的新闻价值。

（二）公报的分类

公报按内容性质可分为会议公报、会谈公报、事项公报三类。

1. 会议公报。通常用于向社会公布重要会议的概况、主要精神和议决事项。

2. 会谈公报。通常用于公布国家、政党间会谈的结果，记载双方或多方达成的协议，往往具有条约的性质。

3. 事项公报。通常用于发布党政机关的重大情况、重要事项。

（三）公报的写法

公报的结构由标题、正文两部分构成。

1. 标题

（1）会议公报的标题。一般由"会议名称＋公报"组成，如《中国共产党第十九届中央委员会第三次全体会议公报》。

（2）事项性公报的标题。一般由发文机关、事由、文种三部分组成，如《国家统计局关于××年国民经济和社会发展公报》；也可以省略发文机关，如《2015年全国科技经费投入统计公报》。

（3）省略式标题：如《联合公报》。

公报的成文日期通常用题注形式（即在标题正下方）标注，写明其成文日期或会议通过的日期。会谈公报末尾应由各方首席代表签字，写明双方签署人的身份、姓名、签署日期及签署地点。

2. 正文

（1）会议公报的正文。通常由会议概况（包括会议名称，开会时间及地点，出席者、列席者和主持者，会议议程等）、议定事项（包括会议提出的任务及要求，会议通过的决议或决定，会议取得的成果，对会议的评价等）、结束语（提出要求或发出号召）三部分组成。写法与纪要、决议相近。

（2）会谈公报的正文。通常由互访或会谈概况（包括谁与谁、何时、何地、做什么）、会谈要点（包括双方或多方共同关心的问题、彼此的原则立场、取得的共识或达成的协议、各方对会谈的评价及表达的愿望等）两部分组成。条约性公报具有法律性，各方的权利和义务均应措辞审慎，用语严密地予以写明。

（3）事项公报的正文。通常由公报缘由和公报事项两部分组成。公报事项是重点，多用条列式结构。一般不用专门的结束语。

（四）写作公报的注意事项

1. 内容重大，事实准确

公报反映的内容必须是重要的、确需公众知晓的事项，而且必须准确可靠，包括时间、地点、事件、人物（或组织）、原因、结果、数据等要素。

2. 要点突出，用语凝练

公报反映的内容是重要决定、重大事项，行文应抓住要点予以概括陈述，同时要注意用语的简练、准确、庄重。

【例文】

中国共产党第十九届中央委员会第三次全体会议公报

(2018年2月28日中国共产党第十九届中央委员会第三次全体会议通过)

中国共产党第十九届中央委员会第三次全体会议,于2018年2月26日至28日在北京举行。

出席这次全会的有,中央委员202人,候补中央委员171人。中央纪律检查委员会副书记和有关方面负责同志列席会议。

全会由中央政治局主持。中央委员会总书记习近平作了重要讲话。

全会听取和讨论了习近平受中央政治局委托作的工作报告。全会审议通过了中央政治局在广泛征求党内外意见、反复酝酿协商的基础上提出的拟向十三届全国人大一次会议推荐的国家机构领导人员人选建议名单和拟向全国政协十三届一次会议推荐的全国政协领导人员人选建议名单,决定将这两个建议名单分别向十三届全国人大一次会议主席团和全国政协十三届一次会议主席团推荐。全会审议通过了《中共中央关于深化党和国家机构改革的决定》和《深化党和国家机构改革方案》,同意把《深化党和国家机构改革方案》的部分内容按照法定程序提交十三届全国人大一次会议审议。

全会充分肯定党的十九届一中全会以来中央政治局的工作。一致认为,面对复杂多变的国际形势、艰巨繁重的国内改革发展稳定任务,中央政治局全面贯彻党的十九大和十九届一中、二中全会精神,高举中国特色社会主义伟大旗帜,坚持以马克思列宁主义、毛泽东思想、邓小平理论、"三个代表"重要思想、科学发展观、习近平新时代中国特色社会主义思想为指导,不忘初心、牢记使命,全面加强党对一切工作的领导,坚持稳中求进工作总基调,勇于创新,扎实工作,统筹推进"五位一体"总体布局,协调推进"四个全面"战略布局,团结带领全党全国各族人民,坚定信心,凝心聚力,只争朝夕,真抓实干,着力全面深化改革、保持经济平稳健康发展,着力全面依法治国、推进中国特色社会主义法治体系建设,全力以赴打好防范化解重大风险、精准脱贫、污染防治的攻坚战,着力全面从严治党、切实转变工作作风,全面推进社会主义经济建设、政治建设、文化建设、社会建设、生态文明建设和党的建设,在决胜全面建成小康社会、开启全面建设社会主义现代化国家新征程上迈出新的步伐,推动党和国家各项事业取得新的成绩。

全会认为……

全会提出……

全会号召,全党全国各族人民要紧密团结在以习近平同志为核心的党中央周围,统一思想、统一行动,锐意改革,确保完成深化党和国家机构改革的各项任务,不断构建系统完备、科学规范、运行高效的党和国家机构职能体系,为决胜全面建成小康社会、加快推进社会主义现代化、实现中华民族伟大复兴的中国梦而奋斗!

第十二章

事务性应用文书写作

事务文书，是党政机关、企事业单位以及社会团体和个人在办理公务及日常工作中用来处理公务或与公务有关的各种事务的、除法定公文以外的公务文书的总称。它是各单位处理公务的重要工具，其中许多文种常被视为"准公文"。诸如计划、总结、感谢信、慰问信、调查报告、简报、讲话稿、会议记录、规章制度、述职报告、典型材料等。限于篇幅，本章重点介绍最常用的几种。

事务文书在工作中使用频率很高，其作用是多方面的，主要有了解情况、部署工作、宣传政策、规范行为、总结经验、改进工作、认识规律、决策参考、交流信息、积累资料、提供研究等。事务文书的共同特点主要是广泛性、典型性、时效性、管理性、实用性、研究性等。

本章在深入分析几种常用事务文书的内容和写法的个性时，同样涉及上述事务文书的共性。读者可由此继续学习更多种类的事务文书，以便于在将来的日常工作中掌握写作的要领。

第一节 计划 总结 简报

一、计划

（一）计划的含义、作用和特点

1. 计划的含义

计划有广义和狭义之分，它既是一个文种名称，又是计划类文书的统称。

（1）广义的计划即计划类文书的统称，具体是指机关、团体、企事业单位或个人对未来一定时期的工作、事务或某种行为预先作出安排的公用事务文书。通常所说的纲要、规划、方案、要点、安排、打算、设想等，都是广义的计划。它们不仅有时间长短之分，而且有范围大小之别。

纲要和规划是时间较长、范围较广、内容较为原则的具有战略性意义的计划，是计划中最宏大的种类，带有方向性、战略性、指导性，因而其内容往往更具严肃性、科学性和可行性。其中，纲要比规划时间更长、范围更广、内容更原则、高度更高。从时间上说，纲要和规划一般都要在三年以上；从范围上说，纲要和规划大都是全局性工作或涉及面较广的重要工作项目；从内容和写法上说，纲要和规划往往都是粗线条的，具有概括性。如《中华人民共和国国民经济和社会发展第十三个五年规划纲要》《公民道德建设实施纲要》

《2020—2025年干部教育培训改革纲要》等。纲要和规划要求写作者必须首先进行深入的调查和周密的测算,在掌握大量可靠资料的基础上,根据党、国家和具体单位的发展方针确定发展远景和总体目标,然后充分吸收有关意见,以科学的态度,反复经过多种方案的比较、研究和选择,确定各项指标和措施。

方案和安排是目标、方法、措施都较为具体明确的计划,都是针对单项的工作。这也正是方案、安排与规划、设想、要点的根本不同之处。但方案和安排在内容范围上也有明显差异:方案是计划中内容最为复杂的一种,它的专业性更强,比较繁杂、全面,一般有指导思想、主要目标、工作重点、实施步骤、政策措施、具体要求等项目,适合于上级对下级或涉及面比较大的工作,如《汉语拼音方案》《中国应对气候变化国家方案》《"互联网+社会组织(社会工作、志愿服务)"行动方案(2020—2022年)》等;安排是计划中最为具体的一种,它的时间较短、范围较小,侧重于交代任务,是比较切近、具体的专项计划,内容非常详细,适合于单位内部或涉及面较小的工作,如《国务院法制办面试工作安排》《北京奥运会火炬接力计划路线日程安排》《20××年春节放假安排》《×××大学2020—2021学年第一学期开学重考安排》。

要点是粗线条的、提纲式的计划,比较简明、概括,适用于上级向下级布置工作或任务,并交代政策、原则、要求,指出注意事项,是指导工作的计划,如《国家知识产权局2020年工作要点》《党的十九大精神学习要点》。

打算和设想是计划中最粗略的一种,是尚未成熟的、非正式的计划,目标、方法、措施都不明确具体,在严肃性、科学性和可行性方面的要求相对差一些,往往为正式的规划或计划作准备,也就是说,二者只是计划的雏形,如《关于机构改革的初步设想》《2020年工作打算》《新学期学习打算》。

此外,过去常见的"工作意见""安排意见"也属于广义的计划范畴,多用于上级对下级提出指导性要求,因其易与法定公文中的"意见"相混,故现在较少使用。

(2)狭义的计划即作为单个文种名称的计划,是广义计划中最适中的一种,与方案较为接近。时间一般在半年或一年左右,范围一般都是一个单位的工作或某一大项重要工作,内容和写法要比规划具体、深入,比设想正规、细致,比方案简明、集中,比安排阔展、概要。如《2020年全国土地利用计划》《××大学2020年分省分专业招生计划》《×××大学2020年人才引进计划》《应用文写作教学计划》。

下文所说的"计划"是指广义的计划。

2. 计划的作用

计划的作用主要体现在以下几个方面:

(1)动员和组织作用。"凡事预则立,不预则废",计划确定了未来一定时期的工作任务、奋斗目标,并据此制定了相应的措施,提出了落实的要求,具有很强的动员和组织作用,可以合理地安排和使用人力、物力、财力和时间,避免工作的盲目性和被动性,增强自觉性,发挥积极性,推动工作有条不紊地进行。

(2)领导和指导作用。计划是为指导实际工作而制订的,是落实领导决策的关键环节,计划将决策目标化、具体化。通常是由领导机关、领导人先作出决策,再制订计划,然后组织实施，领导可以按照计划实施的进展状况适时指导，作出总体的协调或局部的调整，从而保证任务的完成。

（3）督查和考核作用。计划是考核任务和目标完成的依据。事先制订了计划，在工作过程中就可以随时对照计划进行检查，掌握工作中的各种情况。工作完成后，也可以对照计划进行总结，这时的计划还是考核业绩、衡量成效的重要依据。有了计划，既有利于掌控工作进度，又便于监督、检查、考核工作。

3. 计划的特点

（1）目标的预设性。这是计划最突出的特点。计划是按照上级要求并结合自身的实际，在工作尚未开展之前作出的安排，具有鲜明的预设性特点，即在对主客观条件进行深入分析的基础上，预先设定未来一定时期本系统、本单位、本部门的工作目标，明确要"做到什么程度""取得什么成就""有什么要求"等。

（2）措施的可行性。任何计划都必须有保障目标完成的具体措施和实际步骤，即"怎么做"。各种措施与步骤均应符合实际，便于操作，切实可行。只有措施落实了，各项工作按计划进度分步骤正常开展了，目标的实现才有可靠的支撑。

（3）执行的约束性。计划是机关、团体、企事业单位内部执行的公用事务文书，在其行文范围内具有明确的约束力，对工作有领导或指导的作用，对业绩有考核奖惩的功能。有关部门和人员必须遵照执行。虽然允许在实施过程中根据客观情况的变化作适当调整，但非经发文机关同意，一般不能作原则性的调整或变更。

（二）计划的分类

计划按不同的划分标准，可作多种分类。

1. 按性质分，有综合性计划和专项计划。
2. 按效力分，有指令性计划和指导性计划。
3. 按范围分，有国家（性）计划、行业（性）计划、地区（性）计划、单位计划、部门计划、个人计划等。
4. 按内容分，有工作计划、生产计划、营销计划、科研计划、施工计划、教学计划、学习计划等。其内容与各单位、各行业的业务工作有密切关系。
5. 按时间分，有长期规划、中期计划、短期计划，也有年度计划、季度计划、月份计划等。
6. 按形式分，有条文式计划、表格式计划和文表结合式计划。

以上划分标准只是相对而言的，以上各类往往是交叉重合的。一份计划从不同的分类标准看，可同属几个种类。如《公民道德建设实施纲要》，既是国家计划，同时又是专项计划、长期计划。因此，在实际工作中应灵活处置，不可拘泥于固定的类别。

（三）计划的写法

计划的写法具有明显的程式化特征。常用的写作格式有表格式、条文式（又称文章式或文件式）和文表结合式三种。

1. 表格式

制作表格式计划时，要先把各项内容划分成几个栏目，再把制订好的各项具体计划内容（包括任务、目标、措施、进度、责任部门或责任人等）填写进栏目中，形成表格。这种格式的好处是使读者一目了然。这种方式适用于时间较短、范围较小、方式变化不大、内容较单一的具体安排，如销售计划、月计划等。

2. 条文式

条文式是计划最常见的写作格式，也是目前国家机关常用的格式，就是把计划分成若干条款或部分，通过文字叙述，逐一阐明计划的内容。一般由标题、正文、落款三部分组成。

（1）标题。通常采用公文式标题和主副式标题（又称双标题）。

公文式标题又分完全式标题和省略式标题两种。完全式标题由计划者（或计划范围）、时限、事项、文种组成，如《××公司2020年财务工作计划》。值得注意的是，事务文书标题的事由前面一般不要"关于"一词，这一点与法定公文的标题事由前面一般要加上"关于"一词的写法恰好相反。

省略式标题除文种不能省略外，其余三项内容（计划者、时限、事项）皆可根据具体情况予以取舍，如《关于2021—2022学年新学员入学教育工作的安排》的标题就是省略了计划者，《××市"净网行动"实施方案》的标题就是省略了时限，《军训计划》的标题就是省略了计划者和时限两项内容。

此外，工作计划在定稿之前，一般要在标题末尾或题下居中位置注明"初稿""草案""征求意见稿""送审稿"等字样，如《××省国民经济和社会发展第十三个五年规划纲要（草案）》。

主副式标题中，主标题点明主旨或概括计划主要内容；副标题用公文式标题，如《开拓创新　再铸辉煌——××物流公司"十三五"发展纲要》。

（2）正文。正文是计划的主体部分，是具体内容，一般由前言、主体、结语三部分构成。大型计划一般要分章、节、目来写；中小型计划常用序号和小标题来划分层次。

①前言。这是全文的导语，是制订计划的基础，解决"为什么要做"的问题。小型计划的前言，一般简要说明制订计划的意义、目的、依据，然后以"特制订本计划"过渡到主体即可。时限较长、内容丰富的计划特别是规划等，除具备以上内容外，还要概括地说明制订计划的缘由、背景、指导思想及拟实现的总目标等。其中制订计划的依据，一般包括以下四个方面：一是党和国家的方针、政策；二是当前的形势；三是上级的部署和要求；四是本单位的具体实际情况（如前阶段的工作、生产的基本情况、存在问题等）。

②主体。即要回答的是"做什么""怎么做""分几步做"等三个问题。这是计划的主要部分和核心内容。计划主体的三要素是：目标、措施、步骤。计划的主体内容一般由任务目标、做法措施、步骤安排、应注意的问题或应掌握的原则、可行性分析等组成。

任务目标（做什么）。这是计划的最基本的内容。任务说明"做什么"，目标表明"应做得怎么样"，包括要完成的具体工作在数量、质量和时间上的要求。有时二者是合二为一的，可不细分。表述应明确、清楚、没有歧义。量化指标多时，可设计成表格插入叙述文字之间。

做法措施（怎么做）。说明"怎么做"，这是实现计划的手段和保证。做法与措施可选其一进行表达。这部分应明确写上采用什么样的方法去做，先做什么、后做什么，在哪个阶段做什么、做到什么程度，可能会出现什么样的问题，准备采取什么样的保证措施，这一切要写得有条有理，有时限性、有针对性，以便进行有效的控制和对能力及资源进行平衡。措施应尽可能地具体，具有可操作性，切忌泛泛而谈。一定要考虑到可能出现的问题，应采取的具体措施，同时也要考虑到人、财、物的相应安排，思想工作的相应安排等。其中，尤其要注意对重要阶段、重要节点的安排。此外，计划在明确目标、任务、措施和进度的同时，还应分清责任，规定由哪些部门和人员去组织实施工作计划，避免扯皮推诿。

步骤安排（分几步做）。分条将行动的程序，即各阶段的任务、人力物力安排、措施、时间要求等写出。时限较长、有阶段性要求的计划一般应具备这一项。

可行性分析。即通过对完成任务的条件的评价，证明实现计划的可能性。重要项目的计划应具备这一项。

应注意的问题或应掌握的原则。其他事项或要求需交代的，可列入此项，亦可并入做法措施和步骤安排中。

条文式计划的主体部分有多种结构方式，经常采用的是以下几种：

条列式。又称项目式，即把计划安排的工作按项目分列，逐项写明具体任务目标、做法措施、步骤安排等内容。

并列式。即将计划分为若干并列的部分，每个部分间既有机联系又相对独立。长期的、综合的、宏观的计划较多采用并列式的结构方式，如《××市经济和社会发展第十三个五年规划》，主体分为十个并列的部分，是典型的并列式结构。

贯通式。即把计划安排的任务目标和做法措施依自然段落分层次写出，一般在每段的开头提出该层次的要点。

使用的时候，具体采用哪种方式，主要根据实际情况来决定。但不管采用哪种方式，计划的内容一般应包含"做什么""怎么做"和"做到何种程度"三大项。

③结尾。即主体的结束语。应根据实际需要选择内容，或提出要求；或交代从何时起实施，计划的检查方法、修订办法、必要的补充说明等；或展望实施前景；或发出号召；或表明完成计划的信心和态度；也可自然收束，无专门结尾。有附件的应在正文后注明附件名称。

（3）落款。在正文右下方要写明计划制订者（单位名称或个人姓名）和制订日期。制订日期一般使用小汉字。如果计划的标题中已经包含了制订者，或在标题下括号内已经注明了制订日期，则可以省略署名或日期。单位的计划以及对外行文的计划，都要加盖公章。

3. 文表结合式

即条文式和表格式相结合，既有文字叙述，又有表格。有的以文字表述为主，附加表格；有的以表格为主，附加文字说明。标题、正文的前言、主体、结尾一般采用条文式，主要用文字表述，其他相关内容如工作指标、完成期限、时间节点、责任部门或责任人等，均用表格列出。这种格式适用于综合性计划和重要的专题计划。

（四）写作计划的注意事项

1. 态度认真，依据正确

计划在现实生活、学习、工作中具有重要作用，因此，制订时态度一定要严肃认真。同时，制订计划要依据党和国家有关的方针、政策、法律法规、当前的经济情况、客观经济规律、上级的要求和本部门实际情况等，只有依据正确，才会知道哪项工作能做，哪些事情不能办，才会安排好各项工作的主次、先后，才有实现计划的可能。

2. 立足当前，兼顾长远，留有余地

计划的制订既要立足本单位现有条件，又要兼顾本单位长远需求，通盘考虑，统筹安排，突出宏观性、战略性、政策性的特点，成为上级有关精神的具体体现，并能够从国家的根本利益出发，正确处理好整体与局部、长远与眼前、个人与集体等各方面的关系。同时，计划是事前制订的，具有预想性。由于客观现实是不断变化、不断发展的，所以制订计划要注意适当留有余地。

3. 目标明确，切实可行

计划要有明确的任务目标。这样，干部职工才有努力的方向，计划的措施、步骤才有针对性。好的计划，其目标是鼓舞人心的、积极的，又是必须经过奋斗、拼搏才能实现或略有超过的。这就要求计划的目标要切实可行，既不能冒进，也不能保守。过高的目标会因脱离实际而挫伤群众的积极性，甚者对工作产生破坏性；过低的目标，轻易就可达到，也同样调动不了群众的积极性。确定目标要经过深入的调查和准确的预测，对计划期可能出现的新情况要有充分的估计，才会实事求是，量力而行。所以，确定计划目标应慎重。计划的制订者应经过充分的调查研究，深刻分析主客观情况，要注意到群众中去，广泛征求群众意见，了解他们的要求及建议，集思广益，使计划更合乎实际。坚持自下而上和自上而下相结合的工作方法，使制订出来的计划具有可行性。

4. 措施具体，责任明确

计划的措施要具体、有力。如为实现某项目标，措施有哪几种，由哪个部门去办，什么时候办到等，都要写明白。目前，事业部门实行目标管理，各项工作量化，责任落实到人；企业部门实行经营承包，有部分承包的，也有一包到底的，承包者具体到人。所以，企事业单位制订计划，分工要明确细致，这样使有关人员都能各尽其职，各负其责，保证计划顺利实施，任务按时完成。既不能有目标无办法或是有办法无步骤，也不能分工不清、责任不明，只有这样，计划才不至于落空。

5. 条理清晰，语言简明

要切实把握计划主体的内在逻辑关系，条理清晰。不能把不相干的内容混在一起写，同时还要突出重点，也就是计划期内的主要工作写得突出些。同时，计划的目标、措施、步骤、责任者、完成时间等内容都须表达清楚，遣词造句要准确，力避含混不清、职责不明；不要说套话、空话；以说明为主，不必议论、描写。

【例文】

××市2020年创建公交两市计划

为促进城市公共交通持续健康发展，进一步满足城市经济发展和人民群众日益增长的出行需求，根据《国务院关于城市优先发展公共交通的指导意见》（国发〔2012〕64号）精神，结合我市公交两市创建方案以及工作实际，现对2020年创建工作提出如下实施意见。

一、总体要求

认真贯彻落实公交优先发展战略，实施相关保障措施，提升公共交通服务水平，使公共交通发展与城市规模、人口和经济发展、生态环境相适应。至2018年年底，实现公共汽电车线路网比率67%，公共汽车高峰期运营时速达到16公里/小时，首末站公共汽车准点率达到97.5%，公交专用车道设置比率达到7%，城市主干道和重要交叉口公交优先通行信号设置比例达到25%，万人公交车车辆保有量为16标台/万人，车均场站面积大于180 m²/标台，城市公共交通出行分担率（不含步行）达到28%等一系列目标。

二、工作目标

落实《××市公交专用道规划》，在中心城区设置63.8公里公交专用道；新建100座、升级改造190座公交候车亭；新建燕桥浜公交首末站，续建中环桥下公交停车场，实施9座老旧公交场站大修改造；更新公交车159辆，其中新能源公交车130辆，LNG（液化天然气）公交车29辆；新辟和调整30条以上公交线路；新增公共自行车5000辆、站点50个。

三、主要任务

（一）完善规划政策制定，保障可持续发展

1. 加强轨道相关规划研究。进一步做好《××轨道K1线预可行性研究》《××市轨道交通线网修编及控制性详细规划》的研究编制工作，发挥轨道沿线及站点周边公交廊道效应，进一步提升公交服务水平，支撑和引导城市功能的集聚。（牵头单位：规划局；配合单位：交通局、轨道办、国土局、发改委、住建局）

2. 探索配建式公交首末站模式。研究制定城市建设项目公交场站设施配套建设管理政策及标准，在新建、改建、扩建居民小区及大型商业街区、旅游景点、体育场馆等大型建设项目，严格落实公共交通配套设施建设标准，将公交场站设施与建设项目主体工程同步设计、同步建设、同步验收、同步投入使用；对未按照规划要求落实公共交通配套设施的建设项目，依法不予批准办理相关开工手续或者实施项目竣工验收。（牵头单位：规划局；配合单位：发改委、交通局、国土局、住建局、交发集团）

3. 完善机动车停放服务收费机制。修订完善《昆山市车辆停放服务收费管理办法》，实行"分区分类分时"的差别化收费政策，运用价格杠杆合理配置停车资源，引导市民绿色出行、公交出行，减少中心城区机动车流量，提高道路通行速度。（牵头单位：物价局；配合单位：城管局、公安局、发改委、住建局、交通局、财政局）

4. 做好新（改）建道路的基础设施配建计划。在新（改）建道路时，按照"同步设计、同步建设、同步交付使用"的原则配套建设公交基础设施。在港湾式公交站点建设方面，预留配建供电、通信等设施的管道空间，充分考虑与公共自行车站点衔接。（牵头单位：交通局、住建局；配合单位：公安局、规划局、城管局、交发集团、城投集团）

在公交专用道建设方面，根据《昆山市公交专用道规划》，在新（改）建道路时落实相关公交专用道建设。（牵头单位：交通局、住建局；配合单位：规划局、公安局、交发集团、城投集团）

（2）加快基础设施建设，提升供给能力

……

四、保障措施

（一）加强组织领导。建立公交都市及公交优先示范市创建工作联席会议制度。完善现有制度体系，进一步加强部门协同工作机制，在创建国家"公交都市"工作领导小组的领导下，充分发挥市交通局、公安局、规划局、住建局、发改委、财政局、国土局等相关部门的作用，集中解决创建工作中的重点、难点问题。

（二）完善体制机制。实行城市公共交通年度发展报告制度，为公共交通发展提供决策依据。围绕公共交通优先发展的目标和任务，结合前两年公交成本规制结果，修订完善公交企业成本规制办法。建立健全公交投入、财政补贴区镇分担机制，各区镇要将服务于本辖区的公交企业和公交线路纳入区级财政成本规制范围，落实补贴政策。

（三）加强监督考核。由市创建国家"公交都市"工作领导小组组织制定公共交通发展考核指标体系和办法，并将考核内容纳入市级绩效目标管理，实行年度考核。

附件：××市"公交都市"创建指标值现状及目标表

2020年××月××日

附件

××市"公交都市"创建指标值现状及目标表

序号	指标类型	指标名称	单位	2017年发展水平	2018年目标值
1	考核指标	公共交通机动化出行分担率	％	36	50
2	考核指标	公共汽电车线路网比率	％	67	67
3	考核指标	公共交通站点500米覆盖率	％	100	100
……	……	……	……	……	……

二、总结

(一) 总结的含义、作用和特点

1. 总结的含义

总结是机关、团体、企事业单位以及个人对已完成的或前一阶段的工作、行为进行回顾与分析研究,肯定成绩,发现问题,找出经验和教训,给予恰当评价并归纳出带规律性的认识,为未来提供指导与借鉴的事务文书。总结是事务文书中应用范围较广、使用频率较高、写作难度较大的一种。

通常所说的工作小结、工作体会等也是总结小结实际上就是简明、短小的总结,但其内容较单一、经验较粗浅、工作时限较短,不足以作为总结的范型。

2. 总结的作用

有人认为工作总结是"例行公事",老一套。其实,这是一种误解。从实际情况看来,工作总结至少有以下作用:

(1) 信息作用。一份全面的工作总结,可以向上级机关、下属单位和有关部门提供某一时期的工作情况,使他们知道本单位做了哪些工作,是怎么做的,从而有助于社会了解本单位。特别是那些成绩突出的单位,工作总结不但可以交流信息,还有利于提高知名度。

(2) 借鉴作用。工作总结不仅仅是总结成绩,更重要的是为了研究经验,发现做好工作的规律,也可以找出工作失误的教训。这些经验、教训是非常宝贵的,对本单位、外单位、本地区、外地区的工作都有很好的借鉴与指导作用,在今后工作中可以改进提高,趋利避害,避免失误。

(3) 监督作用。一般的机关、单位,都会通过定期总结向群众报告工作。企业则向职工报告工作,听取群众意见,接受民主评议。这样,不仅使工作总结更加符合实际情况,而且也接受了群众的监督。从这种意义上说,工作总结也是一种民主监督的形式。

(4) 提高作用。写总结要系统地对前一阶段的工作情况进行反思:工作是根据什么做的?做得怎么样?是成功还是失败?是成绩多还是失误多?成绩和失误是怎么来的?通过这些反思、分析,可以使人们的感性认识上升为理性认识。人们的思想达到了理性认识的高度,就能掌握客观规律,今后工作起来就得心应手了。通过工作总结,领导要深入基层,开展调查研究,培养与锻炼自己的思维方法、分析能力、辩证观点,实际上这是自我提高的好方法。一般地说,总结一次,认识提高一次,领导的能力和水平就会有长进。如果说领导者可以在实践中增长才干,那么经常地总结工作也是增长才干的一种好方法。所以,工作总结的过程也是领导自我提高的过程。

(5) 考核作用。一个单位的总结往往要报送上级,下级职能部门的总结往往要报送上级主管部门,供上级考核,并取得上级对工作的指导。上级机关检查下级机关和基层单位的工作,除了听汇报、看现场、进行实地调查以外,看工作总结也是一种方法。从工作总结中可以看到成绩,发现存在的问题,再看实际情况与工作总结是否相符。就这方面来说,工作总结起到考核的作用。

（6）历史作用。工作总结是工作情况的全面综合，包括很多原始资料。这些资料存入档案，长期或永久保存，可以为编写年鉴和史志提供依据。

3. 总结的特点

（1）回顾性。这是总结最突出的特点，与计划的预想性相对应。总结以原定计划为评估的标尺，又是对计划完成情况的检查，并为下一阶段计划的制订提供依据，二者互为始终，联系紧密，彼此促进，但计划与总结又不是逐一对应的关系。此外，总结的回顾不仅要以客观事实为依据，不允许虚构和编造；还要有重点、有选择，并不是平铺直叙或面面俱到。

（2）自述性与评价性。总结用第一人称对前一阶段的工作进行自我评价。评价要从行文机关的角度，客观公正地阐明观点，表明态度，对成绩的褒扬、对问题的贬斥均应清楚明白，不可含糊遮掩。

（3）理论性。总结不是对已经完成的工作的简单回顾，它必须在回顾与评价的基础上进行理论概括，在分析事实材料的基础上，比较、归纳、提炼出正确的观点，从而提高认识、发扬成绩、吸取教训，更好地指导今后的实践活动。总结的过程，就是由感性认识上升为理性认识的过程。一份总结水平的高低，关键就在于升华的理论是否科学、是否典型，这些经验与理论是否有推广借鉴意义。

（二）总结的分类

总结与计划一样，可以从不同的角度进行分类。

1. 按性质分，有综合性总结（全面总结）和专题性总结（专项总结）。

这是总结的基本分类法。综合性总结是对一个单位、一个部门在前一阶段的各方面工作做出比较全面的归纳、分析、阐述的书面材料。一般来说，这种总结是定期的。例如各单位所写的年度工作总结、半年工作总结、季度工作总结都属于这一种。写综合总结，既要全面概括，又要分清主次、突出重点，使人阅后既了解全面情况，又知道主要的成绩和问题。专题性总结是专门针对某一项工作、某一方面的问题或某一个事件进行分析、阐述的书面材料。一般来说，这种总结是不定期的，总结的内容比较集中、具体。专题性总结又可以分为许多不同的专题，偏重于总结经验、成绩或总结失败的教训。

2. 按内容分，有工作总结、生产总结、科研总结、思想总结、学习总结等。
3. 按范围分，有地区总结、单位总结、部门总结、班组总结、个人总结等。
4. 按时间分，有年度总结、半年总结、季度总结、月份总结、阶段总结等。

总结的种类虽有上述分类法，但事实上，一份总结从不同的分类角度看，可同属几个种类。如《中国人民银行××市分行 2019 年工作总结》，既是单位总结，同时又是年度总结、综合总结。

（三）总结的写法

总结由标题、正文、落款三部分构成。

1. 标题

总结的标题要与内容相符，力求准确、简洁、醒目。总结的标题形式不一，要根据总结的具体内容、目标和要求来拟定。

（1）公文式标题。这种标题，处理工作和立卷较为方便。综合性总结、工作总结以及需要上报的总结的标题往往采用公文式标题。公文式标题又分为完全式标题和省略式标题。完全式标题一般由总结者（单位名称或个人）、时限、事项、文种四要素组成，如《×××商场2019年销售工作总结》《中国人民银行××县支行2019年工作总结》。省略式标题，除文种不能省，事项一般也不宜省外，其余两项可根据实际情况省略，多用于内部印发以指导工作的总结，如《2019年1—7月煤矿安全生产工作总结》（省略总结者）、《××公司科研工作总结》（省略时限）、《三下乡活动总结》（省略总结者和时限）。

（2）新闻式标题。这种标题比较灵活，可根据总结内容来确定，多用于公开发表或在简报上刊载的专题性总结。新闻式标题又分为单标题和双行题（即正副题）两种。单标题用简练的语言概括总结的主要内容或反映总结的基本观点，标题中不出现文种"总结"的字样，如《加强风险贷款管理的几点做法》《增强领导干部公仆意识》。双行题中，正题概括主要内容或揭示主题，突出基本经验或基本做法，副题用公文式标题，说明总结的范围、时限和内容，如《抓改革 促管理 增效益——×××食品厂2020年工作总结》《知名教授上讲台 教书育人放异彩——××大学德育工作总结》。新闻式标题为了醒目，常常运用一些修辞手法，如《巧作"红娘" 发展信托》《一个钱顶几个钱和几个钱不顶一个钱》《再也不能"竭泽而渔"了》等。

2. 正文

总结的正文因其性质与目的不同而有不同的写法，一般可分为前言和主体两部分，两者之间用"现将有关情况总结如下"过渡。也可不专设前言，而将其内容并入主体的"基本情况"之中，省略过渡语句。

（1）前言。前言是总结的开头，无论是综合性总结还是专题性总结，开头都是概述基本情况，如说明开展工作的根据（是上级的安排还是本单位的实际需要）、开展工作的时间、地点、环境（自然环境、社会环境）、条件（有利条件和不利条件）、交代总结要写的实质性问题、简介工作的主要成绩或缺点、归纳基本的经验或教训等。有的总结还在前言中说明写作目的。前言应该高度概括，紧扣中心，有所侧重。常见的写法有以下几种：

①简述式。主要写明什么单位在什么时段里做了什么工作，有时可简要介绍工作的背景。

②结论式。先明确写出总结的结论，再展开下文。

③设问式。开头先提出问题，点明总结的重点，以引起人们的注意，较多用于专题性总结。如"银行也在激烈的业务竞争中面临着资金短缺的困难，怎样才能找到一条解决问题的出路呢？"

④比较式。采用对比方法，将有关情况说明，显示工作的发展变化，展示工作的成绩。

⑤提示式。对工作的主要内容进行揭示性的概括介绍。

（2）主体。主体是总结的核心部分，常见的写法有下面几种：

①四部式。按"基本情况、成绩与经验、问题与教训、今后努力方向"四部分依次写

出。四者即为总结的"四要素"。以概括工作情况为目的的总结，特别是综合性总结常用这种形式。这种结构条理清楚，较好把握，是最传统的写法，也是用得最多的写法。须注意的是，要分清主次，详略得当，不可平铺直叙。下面就以四部式为重点，介绍一下具体写法。

第一部分：基本情况。交代总结对象的概况、所做的工作及其结果等。实际上是前言部分应交代的内容，因此，对于有前言的总结，此部分内容应省略。综合性总结应将所做的工作按先主后次的原则分项交代。

第二部分：成绩与经验。这是总结的关键内容，是重点部分，占篇幅较长。重在分析取得的成绩以及取得成绩的原因和做法，总结出带有规律性的经验。行文一定要从客观实际出发，介绍实践活动中的具体做法，有什么体会和取得成绩的原因，成绩有哪些？有多大？表现在哪些方面？是怎样取得的？每条经验的形成，都应是观点与材料的统一，理论与实践的结合，形成水到渠成的自然结论。为了条理清晰，要注意安排好结构。常常根据内容的不同，分条写出，即将经验概括成小标题，一条阐明一个方面的经验，然后用具体事例、统计数据和对比材料加以说明。同时，还要注意处理好详略关系，一般性的情况、措施等可略写，而创造性的做法、主要的经验等则要详细阐述。另外，由于总结属自述性文书，特别是需要报送上级时，为显示谦虚态度，常采用委婉笔法，如用"一定"修饰已取得的成绩，或将成绩表述为"任务完成情况"，或以事实和数据形式在基本情况中进行交代，同时将经验部分用"完成任务的措施""主要做法""主要体会"等语句加以表述。对于问题较多且较严重的，一般不谈或不多谈成绩、经验。

第三部分：问题与教训。总结不仅要写出工作中存在的问题与不足，还要分析造成这些问题的主客观原因及由此得出的教训。包括：缺点有多少？表现在哪些方面？还有哪些问题没有解决？是什么性质的？是怎样产生的？这一部分要写得具体，以便今后工作中能有所改进。但是，根据工作的需要，这部分的轻重有很大的不同：成绩显著、无明显问题与失误的，应详写经验（做法、体会），问题与教训部分可一笔带过甚至省略；若是重点反映问题的总结，则要将这一部分写得翔实充分，如《××煤矿2019年安全生产工作总结》，就重点写明了该矿发生透水事故造成重大人员伤亡和财产损失的问题及教训。

在总结"四要素"中，经验和教训是总结的核心。要注意处理好主次、详略的关系，不能就事写事，而要进行归纳、分析，探索事物的规律性，即普遍适用的经验或教训，用以指导今后的工作。

第四部分：今后努力方向。通常作为正文的结尾部分，可视需要确定写或不写。综合性总结一般有结尾；专题性总结有的有结尾，有的没有结尾。不论是哪种总结，结尾都要写得切实可行，文字要简洁，意尽言止，避免空喊口号，也不要画蛇添足。主要是在总结经验或教训的基础上，针对存在的问题，如何发扬成绩，克服缺点，改正错误，下阶段工作中采取哪些措施，重点解决哪些问题等；成绩较为显著的，可简述今后的打算，表明努力方向，包括对下一步工作的设想、安排意见等；问题较为突出的，着重提出解决措施，表明决心和态度。

②阶段式。又称为过程式，是一种纵式写法，多用于周期长、阶段性突出的工作总

结。它将一项工作进行的过程分成几个不同的阶段，每个阶段或加小标题，或加序号，分别把这项工作在各阶段的客观状况、做法、成绩、经验、体会一一写出，如《××村开展深入学习实践科学发展观活动工作总结》就将内容分为学习调研阶段、分析检查、整改落实三个阶段来写。各阶段有什么特点，可以加以比较，说明发展变化及其原因。结尾作一简要小结，对各阶段总体情况予以补充或收束全文。写作时要注意各阶段的内在联系，要体现一定的逻辑顺序，使读者了解进行一项工作及取得经验教训的全过程。

③并列式。这是一种横式写法，多用于大型的专题性经验总结，一些综合性总结也有用这种方式的。它是将总结的工作按内容性质分成并列的几个方面，每个方面往往加个小标题，把这方面工作的做法、效果、体会、经验一一写出。如《××大学××系2019年度工作总结》就把工作分成教学基本建设、教学教务管理、科研工作、学生工作、学生就业工作、党群及行政工作等方面来写。再如《中国人民银行××支行2019年工作总结》是把工作分成思想政治工作、信贷工作、会计工作、储蓄工作、稽核工作、保卫工作等方面来写的。各部分之间既紧密联系又相对独立，共同表现总结的主题。当然，这种写法同阶段式写法一样，也有主次之分，不可平均用墨。

实际上，人们在具体写作时，常常把横式写法与纵式写法结合起来运用。

④总分式。先概述总体情况（这一部分相当于前言），再分为若干项工作加以总结，逐一对每项工作的成绩、经验问题等加以阐明。这种结构较为复杂，写作难度较大，多用于大型的、全面的综合总结。

⑤贯通式。这种写法重在考虑时间和空间的逻辑顺序、紧扣主题，顺着主线，文字前后贯通，一气呵成。往往不分条目，也不用小标题，不分章节，适用于内容比较单一的总结。

3. 落款

正文后是落款部分，总结的落款与计划相同，一般应署上总结者（单位全名或个人姓名）和行文日期。如果是报纸杂志或简报刊用的交流经验的专题总结，应在标题下方居中署名。如果标题中已包含单位名称，末尾也可不再署名。总结的行文日期，也有少数标注在标题下方居中位置，外加圆括号。

（四）写作总结的注意事项

1. 定准基调，恰当选材

基调定得准不准，是总结写得成功与否的关键。工作过程中会出现各种情况，写总结时会有各种材料，这时就要以党和国家的方针政策为依据，去发现问题，分清是非，权衡利弊。在动笔之前，一定要全面了解总结对象的情况，充分占有材料，包括该项工作的全面情况、工作背景、典型事例、统计数据、群众反映以及上期（年）实绩、本期（年）计划，等等。最好通过不同的形式，听取各方面的意见，了解有关情况，或者把总结的想法、意图提出来，同各方面的干部、群众商量。一定要避免领导出观点、到群众中找事实的写法。在确保材料真实性的前提下，对工作的成败要有一个总体的判断，这就是总结的基调。之后，再依据总结的基调，对占有的材料作认真的分析研究，选择具有代表性和说服力的材料。

2. 实事求是，突出重点

写总结是为了发扬优点，纠正缺点，做好今后的工作，而不是为了向上级摆功请奖，不能只报喜不报忧，一定要坚持实事求是的原则，一分为二地看问题，避免夸大成绩，掩饰缺点，更不允许虚构、编造和隐匿事实。正如陈云同志所说："是成绩就写成绩，是错误就写错误，是大错误就写大错误，是小错误就写小错误。"同时，总结应有所侧重，集中写几个问题，把主要矛盾和主要矛盾的主要方面写深写透，从中找出指导今后实践活动的经验教训来。总结的重点包括以下内容：一是根据在计划时限内的实际情况和形势发展过程中起决定性作用的哪一项或哪几项工作；二是对单位工作确实有普遍指导意义的经验；三是有推广价值或足以引以为戒的事情。

3. 准确提炼，创新理论

总结要写得有理论价值。即立足客观实际，抓住事物的特点，总结出规律性的东西并从理论上加以概括，做到论断准，没漏洞；同时，概括出的理论应具有新意，只有这样，才能更好地起到示范或警戒的作用。在写作中，既要避免罗列现象的流水账式写法，不分析、不归纳、不突出重点，不得出规律性的经验或教训；又要避免材料说明不了观点的情况。

4. 结构明晰，语言简洁

无论采用何种结构方式，总结都应做到脉络清楚，层次井然，方能使有关成绩及其经验、问题及其教训得以揭示。避免出现该在前面写的放在后面写，该在后面写的放在前面写，该合在一起写的分开写，该分开写的合在一起写等情况。总结的语言应力求准确、简明、平实，做到事实准，不走样；数字准，不笼统。切忌啰唆、交叉重叠。

【例文】

××县教育局2017年年终工作总结

（2017年12月8日）

2017年是"十二五"规划的收官年，也是谋划"十三五"发展大计的关键一年，我们在省、市教育主管部门亲切关怀、科学指导下，在县委、县政府高度重视、正确领导下，大智慧谋划发展方略，大气魄实施教育投入，通过不断改善办学条件、深化教育改革、加强内部管理，促进了教育事业全面、协调、可持续发展，在更高层面上推动教育强县建设。现将2017年以来工作总结如下：

一、目标完成情况

（一）全面落实科学发展目标。紧紧围绕市委、市政府及市教育局下达的目标任务，采取强基础、提质量、抓成效的工作举措，着重抓好各项目标任务的贯彻落实，推动教育事业更好更快发展。其中，城乡学前三年幼儿入园率93％，义务教育阶段巩固率100％，初中毕业生升学率94.5％，残疾儿童义务教育入学率96.1％，高等教育毛入学率34.1％，以上各项指标均达到或超过市下达的目标任务。

（二）大力实施惠民工程。截至目前，我县"育才兴教"总资助金额6267.4万元，并为2006名大学生办理生源地助学贷款1000余万元，资助今年考入公办本、专科院校的家庭经济困难大学生700余名共234.4万元，确保家庭经济困难学生不因贫失学。全县完成D级危房拆除3.3万平方米，封闭26万平方米，维修改造投入资金近1200万元。

（三）着力提升教育教学质量。坚持以质量为中心，创新工作思路，优化教育管理，稳步提升教育质量，各项指标连年攀升。2017年市高中教育教学工作会议上，县教育局、××中学、××高级中学、县第一中学荣获"高中教育教学工作先进单位"奖牌；县教研室荣获市"高中教研工作先进单位"奖牌。

（四）努力完成年度工作目标。我县着力抓好普职招生指标、教师队伍建设、教育服务经济能力、教育科研工作等各项指标的落实。其中，完成普高招生数7052人、职高招生数8433人，实施农村劳动力转移培训12.2万人次，超额完成市局下达的职教招生及农村劳动力转移培训任务。创建移动通学校3所、数字化校园1所、通用技术教室1所，为64所农村中小学校安装并配备了"龙芯"电脑互动教室。2017年有各级各类创建项目30大项，计145个小项，涉及全县所有中、小学。截至目前，已有63项（个）通过验收。另外，××中心园创省级优质园、××镇和××镇创建省、市级社区教育中心、县第一中学创建3星级普通高中等80余项创建工作均已进入迎验阶段。

二、具体工作举措

……

三、存在不足

尽管我们取得了一些成绩，但与科学发展观要求、人民群众的期盼还有一段差距，还存在一些突出问题：一是城乡教育发展不尽均衡。主要表现在义务教育阶段中的省、市级示范学校相对集中在城区，且城区学校管理水平、办学条件、师资配备、内部装备普遍好于农村，而我县农村中小学留守儿童达3.1万名。二是教师队伍建设有待加强。全县师资呈现出学段（高、初、小、幼）结构不合理、区域（城乡之间、乡际之间）结构不合理、年龄结构不合理、学科结构不合理等状况。三是实现教育现代化任务艰巨。我县要在2013年实现教育现代化，在一些主要指标上还有很大差距。四是实施"校安工程"资金缺口较大。全县中小学校舍总面积是103万平方米，需加固维修41万平方米、新建32万平方米，需资金8亿元左右。

三、简报

（一）简报的含义、作用与特点

1. 简报的含义

简报的含义可从两个角度去理解。

从文书的角度看，简报就是对一定情况或问题进行简明报道，是机关、团体及企事业内部单位编发的向上级单位反映情况、汇报工作或向下级单位、向平级单位通报情况、交流经验、披露问题、报道动态时经常使用的事务文书。

从载体的角度看，简报是机关、团体、企事业单位编发的刊载上述信息报道体文书的内部刊物的名称。一个机关或单位编辑的简报往往有固定的名称，相隔一定时间将不同内容的简明文体刊载在简报上，此时的"简报"就是一种载体即刊物名。作为刊物的"简报"，只是个统称，在实际工作中，根据不同的内容和需要，有不同的名称，如工作简报、情况反映、内部参考、××工作、××动态、××通讯、快报、简讯、信息等。

下面介绍的主要是作为文书的简报。

2. 简报的作用

简报是一种内部文件，虽然没有被作为正式公文列入《党政机关公文处理工作条例》，对上级它不能代替"请示"和"报告"，对平级它不能代替"函"，对下级它不能代替"通知""通报"等正式公文，但由于它应用范围广泛，形式简便灵活，既可以直接刊载有关领导人的意见，也可以通过"按语"的形式传达领导机关的意图，用以推动和指导工作，还可以发表一些典型经验和做法，供有关方面参考和借鉴，因此在公务活动中愈来愈起着不可忽视的作用，常被视为"准公文"。具体说来，简报的作用体现在以下几个方面：

（1）宣传政策。简报可以直接起到宣传贯彻党和国家的路线、方针、政策的作用。

（2）反映情况。通过简报，可以将工作进展情况以及工作中出现的新情况、新问题、新经验，及时反映给各级决策机关，使决策机关了解下情，为决策机关制订政策、指导工作提供参考。比如银行和国民经济各部门都有着极为重要的密切联系，各种经济活动的变化，势必引起信贷、结算和货币流通情况的变化，并在银行业务活动中反映出来，银行作为国民经济的"寒暑表"，应灵敏、正确、全面地向当地政府和上级银行反映有关业务活动情况，定期或不定期地把简报送到上级手中，上级就可由此及时掌握情况、做出指示、解决问题，为领导机关制订方针政策提供参考。

（3）交流经验。简报可以在平级机关之间互通工作、业务、会议等情况，交流工作中的经验。情况可供参考，经验可以借鉴，教训可以吸取，这样就对工作有推动作用。此外，简报体现了领导机关的一定指导能力，可发往下级机关，使其了解本地区本系统全面的情况、动态，对工作有指导和推动作用。

（4）传播信息。简报本身就是一种信息载体，可以使各级机关及从事行政工作的人互相了解情况、吸收经验、学习先进、改进工作。而"经济信息""科技情报"等，更是直接为各行业的经营决策传递信息，对推动生产经营、提高经济效益具有重要意义。

（5）凭证作用。由于会议简报对会议的日程安排、中心议题、主要发言、决议事项等有较完整、客观的反映，还起到了记载、凭证、查考的作用，可以作为资料保存。

3. 简报的特点

简报具有简、快、真、新、密等特点。快、真、新也可以概括为新闻性。

（1）简。指简报篇幅简短、文字简洁、叙事简要、内容简明。一般简报一两千字，重点突出，一目了然，使人一看便能抓住要害。

（2）快。指简报的报道快，要求迅速及时地编发。简报要把情况迅速及时地反映给上级或通报给有关部门和单位，以供处理问题时参考，这样才能起到应有的作用。此外，简报的形式灵活，篇幅短小精悍，重点突出，比起其他文字材料来，编写、印刷都很方便省时。

（3）真。指简报的内容真，所用材料皆真实确凿。

(4) 新。指简报的信息新，反映的是新情况、新动向、新问题和新观点。

(5) 密。指简报的非公开性。简报主要供组织内部传阅，有的甚至需要保密。这是简报与新闻、消息的主要区别。

（二）简报的分类

简报按不同的标准可作多种分类。

1. 按性质划分，有综合（性）简报、专题（性）简报两大类

(1) 综合（性）简报。这是反映本部门、本系统各方面工作情况和问题的简报。它报道的内容主要是本部门、本系统管辖范围内发生的重大问题、事件及其处理，工作中的重要情况，两个文明建设中出现的新人、新事、新气象、新动态，工作中的新经验、新办法等，以便发现典型、及时推广经验，发现问题及时引起方方面面的注意，及时得到解决。这种简报一般是连续不断地编发，或定期或不定期，以指导、推动本部门、本系统的工作。

(2) 专题（性）简报。这是在一段时期内配合某项重要工作而专门编发的简报，专写某个人、某件事、某个侧面的情况或将某项专门工作的动态、进展、经验、问题等向上级部门汇报，或向有关部门通报情况，或下发所属基层单位借以推动工作。专题简报内容单一，一般一事一报，即总是围绕某一项专门工作或中心工作，但要求有一定深度。编发这种简报，更应注意及时、敏锐地反映该项工作中的新情况、新问题、新经验，以充分发挥指导作用。这种简报阶段性较强，工作一结束，简报也就随之停办。

2. 按内容，有（日常）工作简报、会议简报

(1) 工作简报：它是为推动日常工作而在一定范围内编发的简报，也是最常见的一种简报。它是定期（如一周、一月一期）或不定期（根据需要编发）连续发出的长期性或经常性简报。它主要是用来反映本地区、本部门、本系统的日常工作的，包括对党的方针、政策、上级指示的领会和贯彻执行情况以及工作中出现的新人新事、新经验、新问题。每一项工作在进行中抓了什么关键，用了什么方法，走了什么弯路，遇到什么困难，解决了哪些问题，有什么心得体会，随时需要用简报反映。特别是在工作告一段落或月底、季末、年终等，更需要及时反映和交流情况，除了写较完整的工作总结外，多数情况是用简报来反映的。工作简报还可反映典型调查的情况及其结论，根据不同情况，选择不同类型的点，进行深入的调查研究，内容丰富的写成调查报告，内容简单的就可写成简报；即使是长篇的调查报告，也可以视情况压缩成一个简报，或分成若干期简报。

工作简报又可细分以下几种：

①动态简报：反映工作进展情况，包括情况动态和思想动态。它着重反映与本部门、本地区有关的重大情况和发展动向，如干部群众对国内外重大事件和党的重大方针政策的认识，社会上的某种思潮、某种思想倾向等，为领导部门研究问题、决策提供依据，要求迅速编发。这种简报具有内部参考性质，发送范围有一定限制，在某一时期、某一阶段要保密。

②情况简报：反映有关动向及突发事件。

③经验简报：反映成绩及其经验。

④揭露简报：揭露问题和总结教训。

⑤指示简报：传达有关指示。

⑥信息简报：一种专门为传播信息而编发的简报。如"经济信息""科技情报"等，就属这一类。这种简报的编发，要做到及时、准确、适用，讲求信息价值。

⑦中心工作简报：又称阶段性简报。它是为推动某项工作、某些业务而办的专题性简报，用来反映这项工作的进展情况、工作中出现的问题、取得的经验等。这项中心工作完成了，简报也就不办了。

（2）会议简报。它是一种临时性的简报，专门报送、交流有关重要会议的筹备、进展情况和内容（包括重要的报告、讲话、对中心议题的讨论意见、会议决议事项），反映与会者意见和建议的简报。如全国人民代表大会、全国政协会议、中央各种重要会议、地方上的"两代"、各种重要的专门会议等都要编发会议简报。当然，并不是所有的会议都得出简报。一般来说，时间较长、人数较多、内容较为重要的会议才出简报。

会议简报又分为概况型会议简报和系列型会议简报。小型会议一般是一会一期简报，常常在会议结束后，写一期较全面的总结性的情况反映，即编发单篇概况型会议简报。大型会议（包括重大的、规模较大、时间较长的会议）一般可分阶段作连续报道，即编发多篇系列型会议简报，有时每个小阶段编发一期，有时天天编发。第一期一般是写预备会的情况，如没有预备会，就报告会议开始的内容，大体都是会议哪一天开始，参加的范围，应到和实到人数，某领导同志讲的会议目的、要解决的问题、时间安排，等等。这期简报的目的是向上级报告一下会议开始了，也让与会同志进一步明确会议的安排。以后的简报就是有关分组讨论的情况。对于一些特殊见解或长篇发言，也可单独出简报，写明是某某同志的发言。

会议简报突出的特点是特别迅速，有时上午讨论的情况，下午就出了简报；白天的重要发言，晚上就可见简报。一些重要的大型会议，有的一天可以出几期甚至十几期简报。会议简报是在会议期间编发出来的，会议一结束，简报就结束，这是会议简报与纪要的区别。

3. 按时间划分，有定期简报、不定期简报两大类

4. 按发送的对象划分，有上行简报、下行简报、平行简报三大类

上面所说的这几类简报也经常有交叉现象。比如会议简报也反映思想动态和工作情况，工作情况性质的简报也常常含有思想动态方面的情况，等等。

（三）简报的写法

简报的用途很广，种类繁多，不同种类的简报写作有不同的侧重点。下面介绍一下简报的常规写法。

简报一般分为三个部分：报头、报身、报尾。简报样式详后文。

1. 报头

报头一般是固定的，位于简报首页上部，约占1/3或1/4的篇幅。报头必备要素有简报名称、期数、编发单位、编印日期。另可根据需要标注编号（份号）、密级、紧急程度等。报头各项格式的标注可参照公文格式，亦可较为灵活地安排，如有些定期编发的简报刊物，其报头部分可制作成封面。

（1）简报名称。位于报头上部居中位置，一般用红色大号字体，名称中多含体现单位、部门或工作特点的限制词，如"市场简报""教学动态""政务信息"等；也可用简报类别名称，如"工作简报""情况简报""会议简报"等。

（2）期数。位于简报名称正下方，按年度编顺序号，有的连续出，还要注明总期数（一般用圆括号），即标注为："第×期（总第×期）"。

（3）编发单位。位于期数左下方，一般用单位全称。

（4）编印日期。位于期数右下方，以领导签发日期为准，标明具体的年、月、日。

有编号、保密和紧急程度要求的简报，可按公文格式标注。密级也可用"内部""内部刊物（参考/资料），注意保存"字样。编号一般放在左上角，密级和紧急程度标在右上角，也有的标注位置刚好相反。

报头下边一般用一条或两条红色粗线（报头线）把报头与报身隔开。

2. 报身

报身又称报核，是简报的本体，主要由标题和正文组成。此外，一期简报含多篇文章的，可在报头下设计"目录"一栏；需加"按语"的，置于目录之下、标题之上；需说明稿件来源或拟稿者的，置于正文之下，用外加圆括号的方式注明。

（1）目录。简报文稿通常是一期一篇，但根据需要也可以是一期为一组性质接近的文章。此时，需要编写目录，将各篇文章标题先录于此，然后再依次编写每篇文章。具体的编排原则是：①各篇文章要围绕一个中心，从不同角度反映某一个问题；②最突出中心的文章排在前头。一般不用标序号和页码。

（2）按语。即编者按，并不是每期都要加，要视具体情况而定。重要文章即触及转引、总结或重要的报道体、汇篇性简报文章前宜加按语，一般用"按""按语""编者按"等字样后加冒号领起。按语是编者代简报编制机关立言，是编者对稿件内容的一种表态方式，即对文稿及使用作出说明、评价或批注，包括工作任务来源、本期重点稿件的意义和价值、征稿通知、征求意见、转引目的、转发范围以及表明对简报内容的倾向性意见、表示对所提问题引起讨论研究的希望等。

常见的按语有说明性的、提示性的和批示性的。说明性按语，通常要写为什么编发这篇稿件，意义何在，有时也提供有关背景，帮助读者理解。提示性按语，一般加在重要的、篇幅较长的稿件上，作提纲挈领的摘要介绍，以便读者抓住中心、领会精神。批示性按语，主要用在有典型意义和指导作用的稿件上，一般要申明意义、表明态度、提出要求，这种按语要由领导同志起草或根据领导意见起草。按语重在引导，文字宜简明扼要，语气要平和，多用"供参考""希认真学习借鉴"等词语。如《陕西省就业工作联席会议简报》（2008年第1期）的按语为：

按：元月9日，省政府召开全省就业资金使用管理和解决企业拖欠职工工资问题专题会议，吴登昌副省长出席会议并作了重要讲话。参加会议的代表有各市分管市长、劳动保障局长、财政局长和国资委主任，省劳动保障厅、财政厅、国资委、农业厅、乡企局、总工会和妇联的负责同志参加了会议。会议由省政府办公厅副秘书长胡志强同志主持，省就业工作联席会议召集人、省劳动保障厅厅长高向前代表省就业工作联席会议通报了2007年度全省就业资金使用管理情况，省财政厅刘红春副巡视员就就业资金使用问题进行了发言，各市分管市长汇报了就业资金使用管理和解决企业拖欠职工工资问题情况。现将吴登昌副省长讲话和省就业工作联席会议关于2007年度全省就业资金使用管理情况的通报摘要刊登，供各市学习贯彻。

（3）标题。简报的标题比较灵活，主要是"直言其事"，力求确切、简明、醒目，一看就能抓住文中要表达的关键内容。常见的简报标题有新闻式标题和公文式标题两种形式。新闻式标题包括单标题和双行题，单标题如《我校通过"211工程"专家审查验收》《豫、鄂交界两个孟楼营业所实行特约通汇》；双行题中，正题概括全文的思想意义，副题交代单位及事件，对正题起补充说明作用，如《学习金融理论知识感到充实多了——部分学员座谈第一阶段学习体会》。

（4）正文。就是选刊的文章部分，一般由导语、主体和结尾三部分组成。

①导语。一般用简洁、明确的一段话（有的仅一句话），总括全文的主要事实，先给人一个总的印象，类似于新闻报道中的导语。一般应把时间、地点、人物、事件、原因、经过、结果等要素交代清楚。导语的具体写法灵活多样：总括式，简述主要事实及其结果；结论式，以判断句或肯定性词语对事实或某种做法表明观点，把结论摆到前面，然后再作必要的解释说明；提问式，针对事实的本质或主要方面设问，引起读者的注意；描写式，用生动形象的语言描述与主要事实相关的情景，营造气氛，吸引读者。以上几种写法，可以单独采用，也可结合使用。当然，这要从内容特点出发，择善而从。

②主体。这是正文的中间部分，是简报的主干，一般要紧扣导语，用富于说服力的典型材料，把导语内容进一步具体化。以叙述为主，叙议结合。其内容或反映当前情况、动态，或肯定取得的成绩，或表扬先进人物、先进事迹，或介绍工作方法、经验，或揭露存在的问题。写作时，一要注意紧扣观点，承接导语展开阐述；二要注意精选典型事例和数据，充分说明观点；三要注意安排层次，做到层次分明，结构严谨。为了让文章层次清晰，还可以在文中加小标题，用来概括主要内容的几个方面或者表达几个主要观点。常见的简报主体结构有两种：

一是按时间顺序安排结构即按事件发生、发展和结果这一自然顺序来安排结构。一般篇幅较短，内容较简单，又须反映事件全过程的稿件，常采用这种结构方式。

二是按逻辑顺序安排结构即按内容之间的内在联系（或因果关系，或主次关系，或并列关系，或递进关系）来安排结构。一般反映典型问题的稿件多是按因果关系来结构正文的。由于简报在某种程度上具有新闻的性质，根据读者的心理特点，采写者常在开头把最主要的成绩、最主要的问题用简洁的语言概括出来，主体部分再写造成这种事实的原因，即先交代"果"，后解释"因"，是因果倒置结构。如果一篇稿件的问题牵涉面很广（涉及几个地区、几个单位或几个方面），则常按内容之间的并列关系来安排结构，一个地区一个地区、一个方面一个方面地介绍，这样各个方面的情况在逻辑上形成了并列关系。

在实际写作中，有时将这两种结构方法综合起来使用。

③结尾。要不要结尾，应该根据内容而定。有的简报内容单一，篇幅短小，事情写完就行了，或者已经在开头写了结论，最后又不必提出什么要求，那就没有必要写结尾。有的简报写到最后需要作小结，或提要求，或作指示，或发号召，这样的情况下写个结尾，简报的内容就相对完整，结构也会更严谨。结尾的文字应简短有力，意尽言止。

(5) 供稿者。需说明稿件来源或撰稿人的,置于正文下一行靠右,用外加圆括号的方式注明。

3. 报尾

报尾位于简报末页最下方,上下各用一条横线框住。

左侧注明送发对象(范围),按上级、平级和不相隶属、下级的次序列出,同级单位之间用逗号隔开。不同级别单位既可放在同一行,前加一"送"字,用分号隔开;也可按级别分行排列,标注方式同法定公文,即末尾用句号,一般上级单位前加"报"(或"报送")、平级和不相隶属的单位前加"送"(或"转送")、下级单位前加"发"(或"印发")。在送发对象的下行靠右注明本期印刷份数,外加圆括号;印刷份数也可与送发对象平行居右侧。有的简报发送范围比较固定,就不写报尾,写完正文自然结尾;但如某一期简报需增发的话,必须注明报尾。也有的简报除上述内容外,还将责任编辑、电子邮箱等内容一并置于报尾。

(四)简报编写的注意事项

制作简报分采写和编辑两个环节。写作简报是采写人员深入实际进行采访和选材,然后写成稿件,提供给编辑人员。编辑简报是编辑人员将现成稿件经过选择、修改、编排,有时加上按语编辑成简报。简报编写应注意以下问题:

1. 立足简报特点,提炼报道主题,选择报道角度

简报力求反映新情况、新经验和新问题。为了做到内容真实,编写者要力争亲临现场,从时间、地点、人物、事件到前因后果、引用的数据等,都要一一核实准确,需要对工作情况做出评估时,要严格把握分寸。如果是会议简报,凡反映发言人观点的材料,都要送发言人本人进行核对。简报要简,否则就不成为简报,但简报让人看不明白也不行,所以要简而明;篇幅上要力求短小精悍。简报的功能决定了简报要快写、快编、快发。

2. 注重针对性和实用性,以利于指导和推动工作

简报和新闻报道一样,是靠用现实生活中活生生的生活事实来宣传党的路线、方针、政策。什么时候抓什么材料,要审时度势,决定取舍,做到有的放矢。作为单位"机关报"的简报,应该围绕本单位的职能和实际,确定选稿原则,选择反映那些最重要、最典型、最新鲜、最为群众关心、最需要引起注意的问题。

一是围绕领导决策,抓"超前型"问题。在领导进行某项活动或者将要讨论决定问题之前,努力收集与此有关的情况,经过筛选加工,研究提出可供领导参考的建议和方案。

二是在领导决策之中,抓"追踪型"问题。努力掌握决策贯彻执行的情况了解各方面的反映,找出工作中的偏差,并将之迅速地反馈给领导,使领导能及时纠正偏差,使决策逐步完善。

三是要着眼大局,小中见大。收集情况时,要站在单位领导的高度、全局的高度去观察事情、分析问题,从大局出发,从小处着手,抓住有代表性的小问题,作推广放大的思考,挖掘和开拓更广泛深刻的含义。

四是抓新情况、新经验、新问题。在深化改革开放的过程中,许多新情况、新问题,迫切需要领导去认真研究和解决,制定符合实际的方针、政策和措施。所以,必须花气力积极地收集，捕捉这类信息，以供领导参阅。

五是注意抓倾向性、苗头性的问题。这类问题有好的，也有不好的，不论哪一种，只要及时抓住，就能提炼出有针对性的好的简报主题。看问题要有预见性，掌握了事物发展的趋势，了解了本单位工作和生产下一步朝着哪个方向发展，再去观察问题，就能明辨是非。

六是抓突发性问题。如假期寝室大范围被盗，是直接关系到学校治安管理和全体学生切身利益的问题。得到这类信息后，应迅速向领导报告。

另外，加按语要能体现领导意图和编者观点，要写得简明，具有针对性和指导性。

3. 转引和摘录已成文的资料应充分考虑其价值、借鉴意义和指导作用

简短者可录其全文，篇幅较长者宜择要缩写或摘录。凡转摘的材料，均应注明来源，且宜加按语说明转摘的原因与目的。

附：简报格式

编号 密级★保密期

紧急程度

×× 简 报

第×期（总第×期）

××××办公室　　　　　　　　　　　　　　　　　　　　××××年×月×日

目　录

一、××××　　　　　　　　　　　　　　　　　　　　　　　　　　（×页）

二、××××　　　　　　　　　　　　　　　　　　　　　　　　　　（×页）

三、××××　　　　　　　　　　　　　　　　　　　　　　　　　　（×页）

按语：××××××××××××××××××××××。

×××××××××××（标题）

××××××××××××××××××××××××

×××××××××××××。（正文：导语、主体、结尾）

（供/撰稿人）

报：××，××。

送：××，××。

发：××，××。

（共印××份）

【例文】

昆山应急工作简报

2018 年第 10 期（总第 82 期）

昆山市人民政府办公室　　　　　　　　　　　　　　　　2018 年 10 月 10 日

本期目录

【工作动态】
1. 我市全面部署进博会期间安全生产工作
2. 我市成功举办江苏省应急科普巡演昆山站活动
3. 市应急办组织应急管理骨干素质提升专题培训班

【简讯】

【广角镜】
中办、国办印发《组建国家综合性消防救援队伍框架方案》

【工作动态】

我市全面部署进博会期间安全生产工作

　　10月19日上午，我市召开安全生产工作会议，进一步分析形势、明确重点、强化担当、狠抓落实，扎实推进安全生产各项重点工作，确保上海进博会期间和秋冬季全市安全生产形势平稳可控。市委常委、常务副市长金健宏出席会议。会上，市应急办通报了应急救援指挥体系、应急救援队伍体系、应急救援保障体系、应急预案演练体系、应急宣传培训体系建设情况，就全面做好加强应急救援能力建设三年行动计划收官工作，提出"全面完成建设任务，不断固化长效机制，持续提升救援能力"三点要求。市安委办通报了全市安全生产重点工作，市住建局、安监局、市场监管局、消防大队、交警大队分别就建筑施工、危险化学品、工贸企业、特种设备、人员密集场所消防安全和道路交通安全领域进行了交流发言。为做好进博会期间安全生产工作，会议强调：一要强化应急值班值守。严格执行领导干部到岗带班、关键岗位24小时值班制度和事故信息报告制度。二要狠抓隐患排查整改。针对尚未整改销案的火灾隐患，加大督促整改力度。对短时间内难以整改到位的隐患，要对有关场所采取关停措施；对无法关停的特殊建筑，要24小时严防死守。三要优化道路交通组织。排摸梳理进博会期间入沪重点车辆明细，开展全面巡查，完善交通标志标线等安全设施。四要强化信息平台管理。依托GPS监管平台，做到"一车一档"、24小时严格监管，切实强化车辆安全技术性能检查和驾驶员安全行车专题教育。五要狠抓重点场所防控。对相关宾馆、酒店开展全方位消防安全检查，排查整改火灾隐患。同时督促向上海供气、供电等企业落实主体责任，加强隐患自查自纠。（市安监局）

我市成功举办江苏省应急科普巡演昆山站活动

10月18日,由市民防局、应急办、市场监管局、地震局、卫计委、红十字会、科协、气象局和市预防医学会等单位联合主办的2018年江苏省应急科普文艺巡演昆山站活动在昆山大剧院顺利举行。省、苏州市有关单位领导出席了活动,市人民政府副市长徐敏中致辞并宣布巡演开幕。本次巡演活动有两大特色:一方面突出"大应急"概念,联动部门多方支持。于8月30日召开应急科普巡演活动筹备协调会,市民防局、住建局、地震局、文广新局、卫计委、应急办、总工会等部门分管领导到位,提前布局,精心谋划,就开展前期宣传、设计主题展板、排练参演活动等进行讨论,并建立了36名联络员的应急巡演工作群,分阶段部署、推进应急巡演工作任务。另一方面突出"社会性"特点,市民群众积极参与。巡演活动向各区镇、各城市管理办事处的群众免费发放了约400张门票,演出围绕"传播应急防护知识,提高自救互救技能"主题,通过歌曲、舞蹈、小品、情景剧、昆曲等形式,为现场观众宣传了防灾减灾、公共卫生、气象观测、食品安全与家庭急救等知识;演出还特别安排了应急知识现场抢答环节,以寓教于乐的方式培养现场观众的应急避灾意识,提升群众自救互救能力,最大限度地减轻突发事件可能造成的生命财产损失。
(市民防局)

市应急办组织应急管理骨干素质提升专题培训班

10月15日至19日,市应急办组织各区镇、各城市管理办事处应急办主任和相关部门、单位应急联络员共48人,赴湖南省韶山市毛泽东思想应用学院开展2018年昆山市应急管理骨干素质提升专题培训,并进行了踏寻红色遗迹、重温革命传统的主题教育。韶山市委常委、常务副市长崔旺出席开班仪式,勉励全体学员立足工作实际,准确把握形势,创新理念,不断提高应急管理工作水平。本次培训内容丰富,亮点纷呈。一是强师资,邀请行业领域专家授课。中国地震局应急预案管理专家组副组长夏保成、湖南省委党校公共管理教研部主任唐琦玉、绵阳市应急救援协会会长思扬、工信部应急产业联盟教授钱洪伟等四位专家发挥各自行业领域长期积累的宝贵经验,深入浅出地讲解了《应急预案编制与管理》《突发安全危机的应对与处置》《突发危机的媒体沟通与舆情引导》以及《地震灾害应急管理案例分析》等内容。二是重模拟,现场教学依托真实案例。半数以上的课程选取近年来国内影响较大的突发事件实例,采取情景切入、讨论决策、模拟处置的方式,分小组模拟报告事故信息、确定响应等级、建立指挥机构、组成工作小组、召集专业人员、制订救援方案、开展善后处置、应对舆情危机等环节,培养学员临场应变能力。三是见实效,学员专业素质显著提升。本次培训帮助学员熟悉了自然灾害、生产安全事故、公共卫生事件等不同类型突发事件的响应和处置流程,掌握了预案编制及修订的基本规则和技巧,进一步提升了全体参训人员在应急管理领域的理论水平、专业素质和业务能力。(市应急办)

【简讯】

• 9月29日,周庄小学组织1100余名师生开展地震避险及火灾逃生应急演练,全体

师生按照安全逃生路线快速疏散至学校操场,演练全程秩序井然。(周庄镇)

• 中秋灯会期间,市场监督管理局制定《食品安全监管与保障工作方案》,并安排监管人员对美食街现场开展巡查监督,查看各摊位及食品加工经营场所的卫生情况,进行现场抽样检测。(市市场监管局)

• 10月11日,市应急办联合民政局、安监局赴花桥经济开发区和周市镇督查基层应急工作站建设情况,实地察看了鑫茂社区、迎宾社区、书元机械企业(昆山)有限公司、绿地社区在组织体系、预案编制、演练开展、信息报送、物资储备、队伍建设、隐患排查等领域的建设及推进情况。(市应急办)

• 10月12日,张浦镇在斯博特印刷有限公司举办了职业卫生中毒应急救援实战演练,张浦镇19家职业卫生重点监管企业主要负责人及安全生产管理人员共计30余人观摩了此次演练。(张浦镇)

• 10月17—19日,市卫计委在卫生应急指挥中心举办了2018年卫生应急管理核心能力培训班,市各公共卫生单位、各医院、各镇社区卫生服务中心应急办主任参加培训。(市卫计委)

【广角镜】

中办、国办印发《组建国家综合性消防救援队伍框架方案》

近日,中共中央办公厅、国务院办公厅印发《组建国家综合性消防救援队伍框架方案》(以下简称《框架方案》),就推进公安消防部队和武警森林部队转制,组建国家综合性消防救援队伍,建设中国特色应急救援主力军和国家队作出部署。《框架方案》包括一个总体方案和职务职级序列设置、人员招录使用和退出管理、职业保障3个子方案,共有6个方面的主要任务。一是建立统一高效的领导指挥体系。省、市、县级分别设消防救援总队、支队、大队,城市和乡镇根据需要按标准设立消防救援站;森林消防总队以下单位保持原建制。根据需要,组建承担跨区域应急救援任务的专业机动力量。国家综合性消防救援队伍由应急管理部管理,实行统一领导、分级指挥。二是建立专门的衔级职级序列。国家综合性消防救援队伍人员,分为管理指挥干部、专业技术干部、消防员3类进行管理;制定消防救援衔条例,实行衔级和职级合并设置。三是建立规范顺畅的人员招录、使用和退出管理机制。根据消防救援职业特点,实行专门的人员招录、使用和退出管理办法,保持消防救援人员相对年轻和流动顺畅,并坚持在实战中培养指挥员,确保队伍活力和战斗力。四是建立严格的队伍管理办法。坚持把支部建在队站上,继续实行党委统一的集体领导下的首长分工负责制和政治委员、政治机关制,坚持从严管理,严格规范执勤、训练、工作、生活秩序,保持队伍严明的纪律作风。五是建立尊崇消防救援职业的荣誉体系。设置专门的"中国消防救援队"队旗、队徽、队训、队服,建立符合职业特点的表彰奖励制度,消防救援人员继续享受国家和社会给予的各项优待,以政治上的特殊关怀激励广大消防救援人员许党报国、献身使命。六是建立符合消防救援职业特点的保障机制。按照消防救援工作中央与地方财政事权和支出责任划分意见,调整完善财政保障机制;保持转制后消防救援人员现有待遇水平,实行与其职务职级序列相衔接、符合其职业特点的工资待遇政策；整合消防、安全生产等科研资源，研发消防救援新战法新技术新装备；组建专门的消防救援学院。

报：杜小刚书记、周旭东代市长、张月林副书记，市政府各位副市长，江苏省应急办，苏州市应急办。

第二节　诉状　策划书

一、诉状

诉状是指一方当事人为维护或者实现自身的权益，依法向人民法院提出某种诉讼请求，并陈诉有关事实和理由，或者另一方当事人针对一方当事人的诉讼请求和理由提出抗辩的法律文书。诉状主要有起诉状、上诉状、申诉状和答辩状等。如何写好诉状，既是法律写作研究的重要内容，也是应用写作研究的文体之一。

（一）起诉状

1. 起诉状的含义

起诉状亦称"诉状"，是指公民或法人因自身合法权益遭受侵害或与他人发生纠纷，依法向人民法院提起诉讼请求的法律文书。

2. 起诉状的分类

根据诉讼的性质和目的的不同，起诉状可以分为民事起诉状、刑事自诉状和行政起诉状三类。

（1）民事起诉状。它是指公民、法人或其他组织在认为自己的合法权益受到侵害或者与他人发生争议时或者需要确权时，向人民法院提交的请求人民法院依法裁判的法律文书。起诉状中提起诉讼的人叫原告，被起诉的人叫被告。民事起诉状的原告必须是与本案有直接利害关系的公民或法人，若原告是没有诉讼行为能力的人，如未成年人、精神病人等，可以由其法定代理人代为诉讼。根据《民事诉讼法》的规定，人民法院在立案后的五日以内应将民事起诉状的副本送至被告。

（2）刑事自诉状。它是法律规定的自诉案件中，由受害人或者其代理人，直接向人民法院控告刑事被告人，要求法院追究其刑事责任所递交的书面请求。其使用范围是：用于告诉才处理和其他不需要进行侦查，由人民法院直接处理的轻微的刑事案件（如情节轻微的侮辱罪、诽谤罪、干涉婚姻自由罪、虐待罪和轻伤害罪等）。如果自诉人认为被告的犯罪使自己还受到了民事侵害，要求同时追究被告人的民事责任，写作的起诉状称为"刑事附带民事诉状"。

（3）行政起诉状。行政起诉状是行政机关或行政机关工作人员的具体行为所涉及的公民、法人或者其他组织向人民法院递交的，请求人民法院对该行政行为是否合法予以裁决，用以保护当事人合法权益的行政诉讼文书。行政起诉状的原告，必须是具体行政管理行为的相对人，即被管理者。行政起诉状的被告，必须是做出具体行政行为的行政机关，而该行政机关的工作人员，在行使行政权力时产生侵害，以该工作人员所在的行政机关为被告，而不是该行政机关的工作人员个人。

根据《行政诉讼法》的规定，人民法院在立案后的三日以内应将行政起诉状的副本送至被告。

3. 起诉状的特点

（1）递交起诉状的直接性。任何公民的个人合法权益受到侵害时，任何国家机关、企事业单位、社会团体和公民在其民事权益受到侵犯或与他人发生纠纷时，当事人或其法定代理人都可以直接向人民法院递交民事起诉状和刑事自诉状。

（2）适用范围的特定性。民事起诉状主要适用于案件归人民法院管辖而未被法院审理的案件。刑事自诉状适用于"告诉才处理"的案件和不需要侦查的轻微刑事案件。

（3）处理案件的参证性。使用诉状来维护国家、集体或公民的权益，体现了我国社会主义法制的民主原则，能够促进诉讼程序的开始。

4. 起诉状的写作

起诉状虽然分为民事起诉状、刑事自诉状和行政起诉状三类，但它们的写法都大致相同。

起诉状一般由首部、正文、尾部三部分组成。

（1）首部

起诉状的首部包括"标题"和"当事人的基本情况"两项内容。

①标题。起诉状直接以诉状的类别名称作为标题，如民事起诉状或刑事自诉状或行政起诉状等。起诉状不能将事由写在标题之中，如"财产继承纠纷起诉状""离婚起诉状"等都是错误的用法。

②当事人基本情况。当事人基本情况要求写明原告、被告及代理人的姓名、性别、年龄、民族、籍贯、文化程度、单位或住址、邮箱、联系电话等项目内容。

（2）正文

正文内容包括"诉讼请求""事实与理由"两项基本内容。

①诉讼请求。诉讼请求指原告方向人民法院提出的对自己的权益和利益加以保护的主张，可以是要求对方停止正在实施的损害事实，也可以是就自己已经受到的伤害要求被告方进行赔偿。

②事实与理由。事实与理由指被告方对自己造成的伤害事实，如经济纠纷中自己承受的财产损失、轻微人身伤害时的伤害程度等。事实的主要内容有时间、地点、主要经过等情况，介绍宜实事求是，语言简明。不要过度渲染，随意推测或妄加评判。如有相关证据，应在事实部分加以交代。证据形式有票据、合同、影像资料、相关证人等。

理由主要写明诉讼请求的法律依据，这有利于自己的主张得到法院的支持。也可以在理由中适度谴责对方道德品质的低下，但必须点到为止，语言精要。

（3）尾部

起诉状的尾部由"送致法院""落款""附项"三部分组成。

①致送法院。在正文下一行居左空两格书写"此致"字样，再另起一行居左顶格书写送致法院名称"××人民法院"字样，最后不需要加标点符号。

②落款。在起诉状的右下方写上"起诉人：×××"字样，再在署名下一行写明成文日期。

③附项。在落款下一行，居左空两格写明"附项："字样，然而再分项列述副本的数量、证据的名称和数量。

5. 写作起诉应注意的问题

（1）坚持"以事实为依据，以法律为准绳"的原则。所述事实要真实准确，所提要求要合理合法。

（2）条理清晰，重点突出，语言准确精练，语气平和恳切。

【例文】

民事上诉状

原告：钟某，男，汉族，19××年××月××日出生，住址：北京市××区×××××，邮编：××××××，电话：×××××××

委托代理人：王××，××市律师事务所律师

被告：铁道部××局，地址：北京市××区×××××××，邮编：××××××，电话：×××××××

法定代表人：×××，职务：总经理

诉讼请求：

1. 请求贵院判令被告向原告支付赔偿金××××××元；
2. 本案的诉讼费用由被告承担。

事实与理由：

原告住北京市海淀区××路××号，20××年××月××日，被告要对原告住地实施土地开发与房屋改造，遂与原告签订了房屋拆迁安置补偿协议（合同编号：×××××××××），协议约定拆迁补偿方式为产权调换。

20××年××月××日，被告与原告联系，说置换房屋已竣工，要求原告回迁。但原告到已建楼盘实地观察才发现，原协议签订时被告说只盖16层，但实际上被告盖了18层。

根据《合同法》规定，当事人一方不履行合同义务或者履行合同义务不符合约定的，应当承担继续履行、采取补救措施或者赔偿损失等违约责任。被告的加层行为致使原告在签订协议时所预期的房屋状况与被告交付房屋的状况出现差异，被告的行为已构成实质上

的违约，应当承担相应的赔偿责任。

被告的设计规划由当初的16层变更为18层，首先要经过北京市规划委的许可，其次要通知原告，以便原告重新行使对回迁房屋的选择权。但时至今日，被告在未履行任何相关告知义务的情况下，就贸然强使原告回迁，并告知如果不及时回迁，到期就收回周转房。

原告本想就上述问题与被告友好协商，达到一个双赢效果，无奈被告一直态度强硬，拒绝原告的合理提议，从而给原告带来了精神和经济上的双重压力。

综上，根据《中华人民共和国民事诉讼法》第一百零八条，特向贵院提起民事诉讼，请求保护原告之合法权益。

此致
××市××区人民法院

具状人：钟××
20××年1月20日

附项：1. 本诉状副本2份；
　　　2. 书证及影视照片材料1册。

（此例文根据网络公开资料整理而成）

（二）答辩状

1. 答辩状的含义

答辩状是被告或被上诉人针对起诉状指控的事实和理由或上依诉的请求和理由进行回答和辩解的法律文书。

答辩状是与起诉状相对应的法律文书，按诉讼性质可以将答辩状分为民事答辩状、刑事答辩状和行政答辩状三类。答辩状有利于人民法院在全面了解案情的基础上，辨明是非，做出正确的判决，以减轻或免除答辩人的责任。答辩是被告的权利。被告可以作出答辩或不作出答辩，但是，如果被告不按时提交答辩状，并不影响人民法院对案件的审理。向人民法院递交答辩状应有正本一份，并按原告数量提交相同数量的副本。

2. 答辩状的特点

答辩状具有行文的被动性、内容的针对性、时间的有效性等三大特点。行文的被动性是指答辩状是因起诉状而被动产生的，答辩人必须是起诉状中原告指控的被告或其法定代理人和委托人。内容的针对性是指答辩状中的内容必须针对起诉状中对自己的有关指控进行有针对性的回答和辩驳。时间的有效性是指答辩状必须在收到起诉状副本之后于法定时间之内提交才具有法定效力。根据诉讼法的相关规定，被告在接到人民法院送达的起诉状副本之日起，提交民事答辩状的有效时间是十五日以内，提交行政起诉状的有效时间是十日以内。

3. 答辩状的写法

答辩状的写作结构模式与起诉状相近，一份完整的答辩状包括首部、正文、尾部三部分内容。

（1）首部

答辩状的首部由"标题"和"当事人的基本情况"两项内容组成。

①标题。答辩状直接以"民事答辩状"或"刑事答辩状"或"行政答辩状"作为标题，不需要将答辩的事由概括在标题之中。

②当事人基本情况。当事人基本情况要求写明原告、被告及代理人的姓名、性别、年龄、民族、籍贯、文化程度、单位或住址、邮箱、联系电话等项目内容。

如有代理律师，应写明代理律师姓名及其工作的事务所名称。

（2）正文

答辩状的正文一般由"案由"和"主体"两部分构成。

①案由。案由是正文的开头，答辩状的开头一般使用习惯性的语句结构模式，如"因原告××诉××××××一案，现提出答辩如下"。

②主体。答辩状的正文主体部分一般由"答辩事实""答辩理由""答辩请求"三部分内容构成。

答辩事实。它是答辩的基础。由于原告和被告所处的角度和利益不一样，原告在起诉状中陈述事实时，有可能隐瞒对被告有利而对原告不利的某些事实，或者夸大被告有过错的事实等。被告答辩时就要针对这些不实之处，重点作出答辩，还原事实真相？

答辩理由。应抓住起诉状中的事实分析，责任认定，引用法律、法规和政策等方面存在的错误，逐一进行反驳，作出正确的分析，并引用正确的法律、法规和政策驳倒起诉状中的错误。

答辩请求。在澄清事实和分析理由的基础上，请求法院驳回原告不合理、不合法的请求。也可以向法院提出自己不同于原告的诉讼请求。这是答辩状的最终目的。

（3）尾部

答辩状的尾部和起诉状的尾部基本相同，由"致送法院""落款""附项"三部分组成。

①致送法院。在正文下一行居左空两格书写"此致"字样，再另起一行居左顶格书写送致法院名称"××人民法院"字样，最后不需要加标点符号。

②落款。在起诉状的右下方写上"答辩人：×××"字样，再在署名下一行写明成文日期。

③附项。在落款下一行，居左空两格写明"附项："字样，然而再分项列述副本的数量、证据的名称和数量。

4. 写作答辩状应注意的问题

答辩状的受文对象是人民法院，而不是案件的原告方。所以，答辩状语言应冷静、平和、实事求是，忌鲁莽、冲动、出言不逊。其次，从自己的立场出发，客观地补充事实、阐述理由，纠正对方错误，要抓住重点，有理有据，以争取法院支持。

【例文】

民事答辩状

答辩人：李××，男，43岁，汉族，住北京市丰台区。
被答辩人：王××，男，24岁，汉族，住北京市海淀区。

答辩人因王×交通事故损害赔偿一案，进行答辩如下：
答辩人不同意被答辩人的诉讼请求，原告诉求的赔偿额部分缺乏事实和法律依据，答辩人不需要承担任何赔偿责任；并请法庭对诉讼费的承担依法判决。

事实和理由：
一、交通事故认定书对答辩人的责任认定错误
1. 交通事故基本事实

2019年10月25日06时40分，在海淀区北四环路主路中关村1桥，答辩人李×驾驶宝来牌轿车（京G6××××）由西向东正常行驶，适有李××驾驶骐达牌轿车（京JT×××）同向行驶至此，骐达轿车（京JT×××）前部与宝来轿车（京G×××）尾部发生碰撞，致使宝来轿车（京G××）的右前部将进入四环主路站在隔离设施一侧行车道上候车的张×、王×撞倒，发生交通事故。[事实见：交通事故认定书、道路交通事故技术鉴定意见书、交通事故现场图及现场勘查笔录。]

2. 交通事故现场勘查及调查情况

事故认定书查证核实："答辩人李×体内酒精含量为0 mg（毫克）/100 mL（毫升），宝来轿车（京G×××）已按规定定期检验，经人工检验，该车整车制动有效，答辩人具有合法的驾驶资格。"可见答辩人不存在任何不当驾车行为，所驾车辆也不存在任何事故隐患。

3. 交通事故认定书责任认定错误

交通事故认定书在事故形成原因分析及责任认定中认定："李××驾驶机动车未与前车保持安全距离，违反了《中华人民共和国道路交通安全法》第四十三条第一款：'同车道行使的机动车，后车应当与前车保持足以采取紧急制动措施的安全距离。……'的规定，是事故发生的主要原因。因此负主要责任。答辩人李×驾车未确保安全，违反了《中华人民共和国道路交通安全法》第二十二条第一款：'机动车驾驶人应当遵守道路交通安全法律、法规的规定，按照操作规范安全驾驶、文明驾驶。'的规定，是事故发生的次要原因。因此负次要责任。"

事故认定书在事实认定中并不存在答辩人不遵守道路交通安全法律、法规，不按照操作规范安全驾驶、文明驾驶的行为，相反，所查证事实都明确答辩人不存在任何不当驾车行为，所驾车辆也不存在任何事故隐患。对答辩人来说不存在任何过错，纯属一场意外事故，应确定无责任。《北京市实施办法》第六十八条第一款公安机关交通管理部门经过调查后，应当根据当事人的行为对发生交通事故所起的作用以及过错的严重程度，确定当事人的责任。当事人有过错的,应当确定当事人有责任;当事人没有过错的,应当确定当事人无责任。)

事故认定书对被答辩人的过错视而不见,认定其无责任是错误的。

根据事故认定事实,依据上述规定,被答辩人的行为明显是违反了相关规定,存在过错,应对交通事故的发生承担相应的责任,而不是无责任。

二、被答辩人诉求一的赔偿额部分缺乏事实和法律依据

1. 医疗费根据医疗机构出具的医药费、住院费等收款凭证,结合病历和诊断证明等相关证据确定。答辩人认为,被答辩人的医疗费应当符合上述规定,并由原始证据确定。

2. 误工费根据受害人的误工时间和收入状况确定。误工时间根据受害人接受治疗的医疗机构出具的证明确定。受害人有固定收入的,误工费按照实际减少的收入计算。答辩人认为,被答辩人的误工费应当符合上述规定,并由原始证据确定。

3. 护理费根据护理人员的收入状况和护理人数、护理期限确定。护理人员有收入的,参照误工费的规定计算;护理人员没有收入或者雇佣护工的,参照当地护工从事同等级别护理的劳务报酬标准计算。护理期限应计算至受害人恢复生活自理能力时止。答辩人认为,被答辩人的护理费应当符合上述规定,并由原始证据确定。

此致
北京××区人法院

答辩人:×××
2019年×月×日

二、策划书

(一)策划书的含义

策划书包括企业形象宣传策划书、产品营销策划书、广告策划书、活动策划书等。策划书通过对活动的背景、目的、可行性、具体步骤、经费、效果等各要素的介绍与分析,为决策者提供详尽的信息,以提高活动的经济效益和社会效益。

(二)策划书的内容

1. 序言/前言。介绍活动的缘由、目的、意义,以及服务企业和策划团队的基本情况。

2. 市场分析/市场背景。市场需要情况调查和预测,未来若干年市场前景分析,区域、国内市场和国际市场的发展情况。

3. 产品/服务优劣势分析。本企业产品与主要竞争对手产品的比较分析,自己的特色和发展方向,在竞争中取胜的策略。

4. 市场战略/推广策略/广告或促销策略。市场推广、树立品牌形象、占领市场的具体策略与方法。

5. 广告或促销文案。策划书文本。

6. 媒体投放分析/计划。媒体形式选择、时间时段选择、地域选择、受众群体选择等。

7. 费用预算。

8. 前景预测/效果评估。活动对品牌形象、市场占有、产品销售带来的具体效果的预测。

（三）策划书写作应注意的问题

1. 重视市场调查。市场调查结果的科学与否直接关系着活动的成败，如果策划的整体策略失误，必然会导致大量人力和财力的浪费。

2. 重视活动形式的创新。传媒的快速发展，让受众的欣赏要求越来越高，老套、陈旧的活动方式已难引起受众的注意。所以，如何设计人们喜闻乐见、既经济实惠又令人印象深刻的形式就显得尤为重要。

3. 重视活动内容的针对性。不同的受众群体，不同的产品，不同的媒体，甚至不同的场景和季节，都对活动形式产生影响和制约，永远没有一劳永逸的策划，必须不断思考，不懈努力，才能做出客户满意的策划书。

【例文】

大学迎新晚会活动策划书

一、晚会介绍

1. 晚会名称："×××之夜"商学院迎新大型文艺晚会

2. 晚会主题：歌舞青春（待定）

3. 晚会背景：他们带着青春蓬勃的朝气，和远大的志向加入到我们学校这个团结友爱的大家庭。我们通过举办迎新文艺晚会，师生共聚一堂，欢迎他们的到来，向大一新生展现我们学校师生最热情活泼的一面，也为他们的大学生活开启崭新的乐章。

4. 晚会目的及意义：这是一支为青春编排的舞蹈，这是一首为收获谱写的欢歌，这是一个展示大学生青春风采的舞台，这是一场欢迎××新生的盛会。热烈欢迎新同学，活跃校园文化，丰富课余生活。商学院已经成功举办了大型毕业文艺晚会数届，并且收到了非常好的反响，同学要求强烈。所以本次商学院将再次掀起校园娱乐狂潮，精英团队打造高品质迎新晚会！商学院这次融合了商学院全部的文艺精英和部分校园明星，以高品质的晚会内容，高素质的舞台监督，为全校同学献上一台视觉盛宴。

5. 时间：××月××日

6. 地点：高职礼堂（容纳1400人）

7. 主办单位：××大学商学院团委、学工部
   承办单位：××大学商学院学生会
   协办单位：赞助商

8. 晚会形式：以歌曲和舞蹈为主，其中穿插互动及曲艺、话剧类节目等

9. 面向对象：××大学商学院18级新生

二、幕前及幕后工作人员安排

1. 策划组

人员构成：文艺部全体成员

主要工作：完成晚会的最终策划

2. 节目组

前期阶段

人员构成：以文艺部全体成员为主

主要工作：①确定主持人

②完成节目的征集、评审，并确定最终节目名单

后期阶段（5人）

人员构成：幕后催场人员2名

场下催场人员3名

主要工作：提前根据节目安排进行催场，让演出人员提前做好准备，保证晚会现场的流畅性

3. 舞美组（8人左右）

人员构成：舞台设计6人

灯光操作1人

舞台效果操作1人

主要工作：①进行舞台设计

②配合演出人员完成灯光和舞台效果的操作、传达演出人员对灯光以及舞台效果的意见

4. 秩序组（16人）

人员构成：礼仪组8人

治安组8人

主要工作：①负责晚会现场的礼仪接待工作以及互动环节的颁奖工作

②现场秩序维护、治安疏导

5. 剧务组（12人）需要策划

人员构成：话筒4人

麦架2人

开闭幕2人

道具4人

主要工作：①保证话筒分配到个人，做好与主持人及演出人员话筒的传递

②闭幕要有1人引幕

③麦架和道具的搬运要及时

6. 后勤组（6人）

主要工作：①工作人员工作餐、工作用水等物资的购买

②负责采购晚会现场所需的物品

③晚会服饰和道具的整理、看管

7. 外联组（人数待定）

人员构成：学生会实践部全体成员

主要工作：①联系并确定晚会的赞助商，明确赞助商的要求

②负责领导老师和其他嘉宾的联络邀请工作，发放请柬

8. 宣传组（人数待定）

人员构成：以宣传部和新闻部为主

主要工作：①绘制晚会的海报，制作横幅和宣传板，购买气球

②将海报、横幅、宣传板张贴和悬挂到合适的位置

③做好活动筹备及晚会当天的一系列新闻采访及跟踪报道工作

9. 流动小组（5人）

主要工作：①协助人手不足的小组完成相应的工作

②晚会现场的突发应急工作

10. 化妆组（5人）

主要工作：负责演出人员的化妆工作，熟悉晚会每个节目的具体出场顺序，方便出厂之前对演员进行补妆

11. 视频组（10人）

主要工作：负责晚会期间外景的采集和相关视频的制作；技术较为复杂的部分可以找专业人员来处理

12. 文案组

主要工作：①负责晚会期间文案的撰写，包括邀请函和主持人串词等

②收集晚会期间的发票和收据，并做好详细统计，上交主席团

三、各阶段任务及工作分配

（一）晚会策划及准备期：

本阶段主要完成宣传、节目收集、主持人确定。

1. 节目收集：

（1）前期宣传及通知

时间：9月15日—25日

由节目组负责。①以系为单位将活动通知通知于各系的辅导员，并附活动策划及邀请函和报名表（印有负责人联系方式），然后由各辅导员向各系的学生会下达相应通知。要求每个系拿出规定数量的并且质量较高的节目。策划中将对于活动的具体流程、晚会的参与方式作出具体说明，鼓励广大商学院同学积极参与，展现自身风采和学院风采。节目参与的人数、形式均不做任何限制，要求节目内容积极健康向上，能够较好地迎合迎新晚会的主题和宗旨。

②除此之外，还应积极着手联络及邀请外来专业节目表演及校园明星亲情加盟。

节目基本完全到位，并进行初步彩排。一个主要主持人，每场晚会都有一到两名嘉宾主持。

(2) 节目初审

时间：9月底

地点：中心校区大学生活动中心

形式：对参选的节目进行初次筛选，最终保留15个左右节目，并对各节目提出指导性意见。

(3) 节目复审

时间：10月初

地点：东校区高职礼堂

形式：对参选的节目进行再次筛选，最终保留12个左右节目，并对各节目提出改进建议。

(4) 节目确定

时间：暂定10月中旬

地点：××东校区礼堂

形式：对各参选的节目进行最后筛选，并根据最终邀请到的节目数量，共保留12个左右（包括内部征集及对外邀请两部分节目）节目作为晚会表演节目，并对各节目表演中存在的问题进行集中说明，协助其提高改进，以确保晚会质量。

(5) 节目编排

时间：9月25日—10月10日

形式：将晚会最终确定的节目根据晚会主题和流程进行合理的编排，要考虑到每个节目与各个篇章的对应关系，以及晚会的高潮部分所需要的节目形式和晚会最后压轴的节目内容。将节目顺序以表格列出，确定晚会最终的节目表。此期间最终确定晚会主持人并由相应人员配合主持人完成晚会串词的编写。

(6) 节目彩排

时间：9月25日—10月10日

9月25日（第1次）

9月30日（第2次）

10月10日（第3次）

地点：中心校区大学生活动中心及东校区高职礼堂

形式：按照已确定的晚会流程及节目编排安排进行三次以上的彩排，彩排期间演出人员应根据指挥员所提出的建议以及专业人员的指导，对歌唱、演奏方面进行改进。对各节目的音乐统一采集整理备份，并统计各节目负责人及相关信息。

最后一次为在青大东校区高职礼堂的带妆全景彩排。进行正式的带妆彩排期间，所有的工作人员到场，全部节目按照晚会确定流程进行最后的检验和准备。

(二) 前期宣传：由宣传组负责。海报、看板、横幅等宣传物品全部到位。

1. 晚会协调及进展期：

本阶段主要完成节目筛选及排练、中期宣传、礼仪小姐确定、舞台灯光音响确定、物品购买。

(1) 节目筛选及排练：由节目组负责，进行排练。

(2) 中期宣传：由宣传策划组负责。该阶段开展海报宣传、传单宣传、看板宣传、条幅宣传等。

(3) 会场确定：由负责人负责。将在青岛大学东校区高职礼堂举行。

(4) 物品购买及礼仪小姐确定：由商学院学生会礼仪队负责。

2. 晚会倒计时期：

本阶段主要完成晚会全过程确定（包括节目单确定）、第一次彩排、末期宣传、领导邀请、场地布置。

(1) 晚会全过程确定及彩排：由节目组负责。节目单确定交由各部门，加紧排练节目，并进行第一次正式彩排。

(2) 末期宣传：宣传组负责。宣传单（抽奖券和节目单）设计和发放及晚会当日抽奖券的收集。

(3) 领导邀请及媒体报道确定：10月10日—15日。

由负责人负责。

邀请嘉宾：

学院方面：院方各领导。社会方面：各赞助公司代表。学生方面：各院学生会主席以及商学院学生会主席团。

3. 晚会后期工作：

(1) 为演员分发小礼品

(2) 费用处理

(3) 书面总结

(4) 视频制作及院报宣传

四、晚会当日流程

（一）8：00开始进行剧院内部（室外舞台）及舞台的装饰，租借的设备和服装要到位。

【装台】将制作好的主题在舞台上空挂起，用纸板做"×××××××"几字。舞台上放多个立体装饰。舞台前沿用荧光棒、气球、霓虹灯等进行装饰。

（二）15：00进行晚会的带妆全景彩排，要求工作人员和演出人员全部到位。

（三）18：00观众入场（循环播放赞助商宣传视频）

（四）18：30晚会正式开始。

第一阶段：第一篇章

时长：40分钟

主要是表现同学们考入大学的喜悦和初入大学校园时的那份懵懂，以及对探索未知事物的憧憬和渴望。本环节的节目色彩为喜悦神秘。

【节目形式】魔术、青春欢快的歌曲、动感舞蹈，歌剧

第二阶段：第二篇章

时长：40分钟

校园中的我们不仅为自己的学业和未来奋斗,更主要的是学习,学习的不仅是知识,还有能力。用正值青春的激情将自己的拼搏发挥到淋漓尽致。成绩、工作、友情……甘甜和苦涩的一切都将在大学中体会到,一起来讴歌这些日子。本章节主要是以激情昂扬和奋斗为基调。

【节目形式】高亢嘹亮的歌曲,情歌、大学生活的小品、相声,励志朗诵、歌曲。

第三阶段:第三篇章

时长:40分钟

美好的大学生活即将启程,所有的新人们都准备好了,充满了激情与振奋。并且用振奋的歌曲使场面的气氛达到最高潮。

【节目形式】温馨、激昂,美好的歌曲还有欢乐的颂歌、对大学期待的诗、歌。

①倒计时(1—20),以一个渐趋高潮的基调从而展开该部分的节目表演。

②主持人致开幕词。

③在场领导及老师致辞。

五、节目单

晚会节目单(暂定)

六、注意事项

1. 注意活动进行过程中各项宣传活动的连贯和有效。

2. 宣传组务必及时向全校同学公布活动进展情况以扩大活动影响。

3. 宣传组务必做好活动现场海报、横幅悬挂等工作,参与工作的成员务必佩戴工作牌。

4. 各小组要合理安排部署,制定切实有效和可行的工作方式、认真组织好组内成员的协同工作,务必服从统一安排、统一调度,确保活动顺利进行。

5. 参加工作的成员要端正工作态度,本着热情、文明、礼貌的服务理念,并保持好工作现场的秩序和环境卫生。活动所需的各种设备、工具等请各小组提前准备,活动后所有物料务必全部收回。请及时与负责人联系。活动结束后,请自觉清理现场。

七、应急措施

为更好地应对突发性事件,我们充分考虑可能会出现的状况,并针对这些状况采取相应的解决办法。

1. 表演者紧张,忘记内容。一方面我们会在晚会前与主持人进行沟通,采取措施应急救场,避免冷场;另一方面现场的工作人员将会积极调动现场气氛,例如鼓掌加油等,使表演者减轻压力,及时恢复状态。

2. 为避免晚会中出现主持人漏读、错读嘉宾名字和职称等问题,我们将在晚会前核对主持词并与主持人进行沟通。

八、活动预期成果

1. 丰富同学的学习和生活,促进学生多参加校园活动。

2. 促进并加深学生对商院学生会的了解,树立我们的旗帜。

3. 向全校展示××大学商院学子的风采。

第三节　自荐书　讲话稿

一、自荐书

（一）自荐书的含义

自荐书，也称求职信、自荐信等，是求职者根据用人单位的招聘要求，提出自己的求职愿望并介绍自己基本情况、业务水平和职业操守等内容的专用文书。

（二）自荐书的写法

求职信的格式和书信格式相近，由标题、称呼、正文、落款等要素构成。

求职信的正文内容为：

1. 表达求职愿望

一般写明"愿意成为公司的一员，希望能符合公司的选拔标准"等内容。

2. 介绍个人情况即个人信息和个人能力

个人信息主要介绍自己的毕业学校、所学专业等，如系在职员工重新择业，则应介绍近年工作简历和工作情况。个人能力专指符合职位要求的知识、技能、实践经历、工作或学习成就等内容。应届学生一般介绍自己的学习成绩、奖学金获得情况及主要社会实践经历、论文发表情况等。重新择业者应重点介绍近年来工作的单位、职务、取得的业绩、工作经验等。

3. 表明工作热情

一般写明自己对职业、对公司的热爱，表达自己将来为工作和公司而努力奋斗的决心。

（三）写作自荐书应注意的问题

1. 个人能力介绍的针对性

不同职位需要的能力是不同的，如会计需要细致，策划需要创新，销售需要口才，科研需要执着，等等岗位不同，需要的能力也不一样。如一味宣扬自己获得卡拉OK大赛、象棋大赛、书法大赛等比赛奖项，未必有实在的意义。

2. 自我表扬的含蓄性

求职信的核心是自我推销，介绍个人能力时务必把握好分寸，做到真实、诚恳、自信、得体。过分的谦恭和过分的夸耀都会适得其反，影响招聘官对你的正确判断。因此，在表明自己的长处和表述自己的优点时，要尤其注意如何恰如其分地把自己的优势表述清楚。

（四）自荐书的附件

投递简历时，应将个人的毕业文凭、从业资格证书、英语等级证、获奖证书、担任领导职位的聘书、发表的论文等资料复印件作为自荐书的附件一并递交。

【例文】

自荐书

×××老师：

　　您好！

　　我十分愿意成为学院管理系辅导员。希望我能符合学院的选拔标准。

　　我是管理系20级2班的学生，四年的学习生活使我成为了一个合格的大学生。在校期间，我各科成绩优秀，曾获得特等、一等、二等奖学金共6次，单科奖学金8次。我在政治上积极要求进步，在系党总支的培养下，我大二下期就被确定为入党积极分子，大三下期转为预备党员，现在我已经是一名正式的中国共产党党员了。实习期间，我被系里安排从事辅导员助理工作。三个月的实习，使我全面了解了辅导员的工作情况和工作的重要意义，我非常热爱这项工作。我相信，我一定能做一名优秀的辅导员。

　　老师，希望您能给我一个面试的机会。期待您的回复。

求职人：×××
××年××月××日

二、讲话稿

（一）讲话稿的涵义

　　讲话稿一般指领导讲话稿，包括工作会议讲话稿、动员会议讲话稿、座谈会议讲话稿等。讲话稿主要由领导亲自撰写，也可由秘书部门代为写作。讲话稿要符合国家政策、领导身份和会议具体内容与氛围要求，具有指导工作、鼓舞士气、稳定局势等作用。

（二）讲话稿的写法

　　讲话稿一般由标题、称呼、开头、主体和结尾构成。讲话稿根据目的不同，有动员性讲话稿、总结性讲话稿、指导性讲话稿等。动员性讲话稿正文内容包括：

1. 开头（介绍会议背景）

　　会议背景包括召开原因、主题、意义等内容。通过相关情况介绍，让与会人员对会议有一个大致的了解，引起大家对会议的重视。

2. 主体（成绩回顾）

　　成绩的取得，离不开上级的正确领导，更离不开广大劳动者的辛苦劳动。对各部门取得的成绩和付出的辛劳进行回顾与表彰，以便激发大家继续奋斗的动力。

3. 结尾（提出希望与要求）

　　在思想上、行动上，作出具体的部署与要求，让下级工作方向与目标更加明确，有利于又好又快地完成工作。

　　总结性讲话稿内容和总结相近，但总结是向上级机关汇报情况，对自己的成绩、经验和问题进行总结，总结性讲话则是上级对下级的成绩进行赞颂，其目的具有明显差异。指导性讲话稿和动员性讲话稿相似，不同之处在于，动员性讲话以激发斗志为核心，指导性讲话以交代事实、安排工作为重点。

三、写作讲话稿应注意的问题

1. 庄重得体的基本格调

领导讲话稿是以领导的职务身份对会议作出指示和提出希望，其内容往往代表了整个领导集体，对会议的进行和工作的开展都有着重要影响。因此，讲话稿的内容筛选、词语运用、语言风格都应该认真考虑。

当然，座谈会的气氛相对活跃一些。内容可以更宽泛，语言可以更诙谐。但也不能过度超越内容的指导性、格调的严肃性等基本要求。

2. 讲话稿要符合领导身份

出席会议的领导按身份大致可分为高层领导、直接责任领导、任务相关领导等。高层领导一般不直接参与工作具体指导，其会议出席表达上级对会议的重视与关心，其讲话可以表示对会议的祝贺、对工作的关注、对部属的期望等。语言华美，气势宏大，鼓舞人心。

直接责任领导的讲话稿的特点应该是"现实"或"实际"，或向上级表达必胜决心，或感谢各部门作出的努力，或预测未来工作的艰巨，或憧憬明天美好蓝图等。但是，直接领导讲话的核心应该是对工作的具体安排，任务落到实处，要求细致具体。

任务相关领导讲话内容相对简短，主要表达对会议精神的认同与赞许，表明自己和相关部门对工作的大力支持和全力配合即可。

3. 讲话稿要符合会议要求和氛围

动员会、工作会、庆功会、座谈会等会议性质不同，对讲话稿的要求也不同。动员讲话稿宜热烈欢快，令人鼓舞；工作指导讲话稿宜实事求是，准确、严肃；座谈会讲话稿宜轻松、活跃，气氛融洽。

【例文】

青年要自觉践行社会主义核心价值观
——习近平在北京大学师生座谈会上的讲话

各位同学，各位老师，同志们：

今天是五四青年节，很高兴来到北京大学同大家见面，共同纪念五四运动95周年。首先，我代表党中央，向北京大学全体师生员工，向全国各族青年，致以节日的问候！向全国广大教育工作者和青年工作者，致以崇高的敬意！

刚才，朱善璐同志汇报了学校工作情况，几位同学、青年教师分别作了发言，大家讲得都很好，听后很受启发。这是我到中央工作以后第五次到北大，每次来都有新的体会。在洋溢着青春活力的校园里一路走来，触景生情，颇多感慨。我感到，当代大学生是可

爱、可信、可贵、可为的。

五四运动形成了爱国、进步、民主、科学的五四精神，拉开了中国新民主主义革命的序幕，促进了马克思主义在中国的传播，推动了中国共产党的建立。五四运动以来，在中国共产党领导下，一代又一代有志青年"以青春之我，创建青春之家庭，青春之国家，青春之民族，青春之人类，青春之地球，青春之宇宙"，在救亡图存、振兴中华的历史洪流中谱写了一曲曲感天动地的青春乐章。

北京大学是新文化运动的中心和五四运动的策源地，是这段光荣历史的见证者。长期以来，北京大学广大师生始终与祖国和人民共命运、与时代和社会同前进，在各条战线上为我国革命、建设、改革事业作出了重要贡献。

党的十八大提出了"两个一百年"奋斗目标。我说过，现在，我们比历史上任何时期都更接近实现中华民族伟大复兴的目标，比历史上任何时期都更有信心、更有能力实现这个目标。

行百里者半九十。距离实现中华民族伟大复兴的目标越近，我们越不能懈怠、越要加倍努力，越要动员广大青年为之奋斗。

光阴荏苒，物换星移。时间之河川流不息，每一代青年都有自己的际遇和机缘，都要在自己所处的时代条件下谋划人生、创造历史。青年是标志时代的最灵敏的晴雨表，时代的责任赋予青年，时代的光荣属于青年。

广大青年对五四运动的最好纪念，就是在党的领导下，勇做走在时代前列的奋进者、开拓者、奉献者，以执着的信念、优良的品德、丰富的知识、过硬的本领，同全国各族人民一道，担负起历史重任，让五四精神放射出更加夺目的时代光芒。

同学们、老师们！

大学是一个研究学问、探索真理的地方，借此机会，我想就社会主义核心价值观问题，同各位同学和老师交流交流想法。

我想讲这个问题，是从弘扬五四精神联想到的。五四精神体现了中国人民和中华民族近代以来追求的先进价值观。爱国、进步、民主、科学，都是我们今天依然应该坚守和践行的核心价值，不仅广大青年要坚守和践行，全社会都要坚守和践行。

人类社会发展的历史表明，对一个民族、一个国家来说，最持久、最深层的力量是全社会共同认可的核心价值观。核心价值观，承载着一个民族、一个国家的精神追求，体现着一个社会评判是非曲直的价值标准。

古人说："大学之道，在明明德，在亲民，在止于至善。"核心价值观，其实就是一种德，既是个人的德，也是一种大德，就是国家的德、社会的德。国无德不兴，人无德不立。如果一个民族、一个国家没有共同的核心价值观，莫衷一是，行无依归，那这个民族、这个国家就无法前进。这样的情形，在我国历史上，在当今世界上，都屡见不鲜。

我国是一个有着13亿多人口、56个民族的大国，确立反映全国各族人民共同认同的价值观"最大公约数"，使全体人民同心同德、团结奋进，关乎国家前途命运，关乎人民幸福安康。

每个时代都有每个时代的精神，每个时代都有每个时代的价值观念。国有四维，礼义廉耻,"四维不张,国乃灭亡"。这是中国先人对当时核心价值观的认识。在当代中国,我们的民族、我们的国家应该坚守什么样的核心价值观?这个问题,是一个理论问题,也是一个实践问题。经过反复征求意见,综合各方面认识,我们提出要倡导富强、民主、文明、和谐,倡导自由、平等、公正、法治,倡导爱国、敬业、诚信、友善,积极培育和践行社会主义核心价值观。富强、民主、文明、和谐是国家层面的价值要求,自由、平等、公正、法治是社会层面的价值要求,爱国、敬业、诚信、友善是公民层面的价值要求。这个概括,实际上回答了我们要建设什么样的国家、建设什么样的社会、培育什么样的公民的重大问题。

中国古代历来讲格物致知、诚意正心、修身齐家、治国平天下。从某种角度看,格物致知、诚意正心、修身是个人层面的要求,齐家是社会层面的要求,治国平天下是国家层面的要求。我们提出的社会主义核心价值观,把涉及国家、社会、公民的价值要求融为一体,既体现了社会主义本质要求,继承了中华优秀传统文化,也吸收了世界文明有益成果,体现了时代精神。

富强、民主、文明、和谐,自由、平等、公正、法治,爱国、敬业、诚信、友善,传承着中国优秀传统文化的基因,寄托着近代以来中国人民上下求索、历经千辛万苦确立的理想和信念,也承载着我们每个人的美好愿景。我们要在全社会牢固树立社会主义核心价值观,全体人民一起努力,通过持之以恒的奋斗,把我们的国家建设得更加富强、更加民主、更加文明、更加和谐、更加美丽,让中华民族以更加自信、更加自强的姿态屹立于世界民族之林。

建设富强民主文明和谐的社会主义现代化国家,实现中华民族伟大复兴,是鸦片战争以来中国人民最伟大的梦想,是中华民族的最高利益和根本利益。今天,我们13亿多人的一切奋斗归根到底都是为了实现这一伟大目标。中国曾经是世界上的经济强国,后来在世界工业革命如火如荼、人类社会发生深刻变革的时期,中国丧失了与世界同进步的历史机遇,落到了被动挨打的境地。尤其是鸦片战争之后,中华民族更是陷入积贫积弱、任人宰割的悲惨状况。这段历史悲剧决不能重演!建设富强民主文明和谐的社会主义现代化国家,是我们的目标,也是我们的责任,是我们对中华民族的责任,对前人的责任,对后人的责任。我们要保持战略定力和坚定信念,坚定不移走自己的路,朝着自己的目标前进。

中国已经发展起来了,我们不认可"国强必霸"的逻辑,坚持走和平发展道路,但中华民族被外族任意欺凌的时代已经一去不复返了!为什么我们现在有这样的底气?就是因为我们的国家发展起来了。现在,中国的国际地位不断提高、国际影响力不断扩大,这是中国人民用自己的百年奋斗赢得的尊敬。想想近代以来中国丧权辱国、外国人在中国横行霸道的悲惨历史,真是形成了鲜明对照!

中华文明绵延数千年,有其独特的价值体系。中华优秀传统文化已经成为中华民族的基因,植根在中国人内心,潜移默化影响着中国人的思想方式和行为方式。今天,我们提倡和弘扬社会主义核心价值观,必须从中汲取丰富营养,否则就不会有生命力和影响力。比如,中华文化强调"民惟邦本""天人合一""和而不同",强调"天行健,君子以自强不息""大道之行也,天下为公";强调"天下兴亡,匹夫有责",主张以德治国、以文化人;强调"君子喻于义""君子坦荡荡""君子义以为质";强调"言必信,行必果""人而无信,不知其可也";强调"德不孤,必有邻""仁者爱人""与人为善""己所不欲,勿施于人""出入相友,守望相助""老吾老以及人之老,幼吾幼以及人之幼""扶贫济困""不患寡而患不均"等等。像这样的思想和理念,不论过去还是现在,都有其鲜明的民族特色,都有其永不褪色的时代价值。这些思想和理念,既随着时间推移和时代变迁而不断与时俱进,又有其自身的连续性和稳定性。我们生而为中国人,最根本的是我们有中国人的独特精神世界,有百姓日用而不觉的价值观。我们提倡的社会主义核心价值观,就充分体现了对中华优秀传统文化的传承和升华。

价值观是人类在认识、改造自然和社会的过程中产生与发挥作用的。不同民族、不同国家由于其自然条件和发展历程不同,产生和形成的核心价值观也各有特点。一个民族、一个国家的核心价值观必须同这个民族、这个国家的历史文化相契合,同这个民族、这个国家的人民正在进行的奋斗相结合,同这个民族、这个国家需要解决的时代问题相适应。世界上没有两片完全相同的树叶。一个民族、一个国家,必须知道自己是谁,是从哪里来的,要到哪里去,想明白了、想对了,就要坚定不移朝着目标前进。

去年12月26日,我在纪念毛泽东同志诞辰120周年座谈会上讲话时说:站立在960万平方公里的广袤土地上,吸吮着中华民族漫长奋斗积累的文化养分,拥有13亿中国人民聚合的磅礴之力,我们走自己的路,具有无比广阔的舞台,具有无比深厚的历史底蕴,具有无比强大的前进定力。中国人民应该有这个信心,每一个中国人都应该有这个信心。我们要虚心学习借鉴人类社会创造的一切文明成果,但我们不能数典忘祖,不能照抄照搬别国的发展模式,也绝不会接受任何外国颐指气使的说教。

我说这话的意思是,实现我们的发展目标,实现中国梦,必须增强道路自信、理论自信、制度自信、文化自信,"千磨万击还坚劲,任尔东南西北风"。而这"四个自信"需要我们对核心价值观的认定作支撑。

我为什么要对青年讲讲社会主义核心价值观这个问题?是因为青年的价值取向决定了未来整个社会的价值取向,而青年又处在价值观形成和确立的时期,抓好这一时期的价值观养成十分重要。这就像穿衣服扣扣子一样,如果第一粒扣子扣错了,剩余的扣子都会扣错。人生的扣子从一开始就要扣好。"凿井者,起于三寸之坎,以就万仞之深。"青年要从现在做起、从自己做起,使社会主义核心价值观成为自己的基本遵循,并身体力行大力将其推广到全社会去。

广大青年树立和培育社会主义核心价值观,要在以下几点上下功夫。

一是要勤学,下得苦功夫,求得真学问。知识是树立核心价值观的重要基础。古希腊哲学家说,知识即美德。我国古人说:"非学无以广才,非志无以成学"大学的青春时光,人生只有一次,应该好好珍惜。为学之要贵在勤奋、贵在钻研、贵在有恒。鲁迅先生说过:"哪里有天才,我是把别人喝咖啡的工夫都用在工作上的。"大学阶段,"恰同学少年,风华正茂",有老师指点,有同学切磋,有浩瀚的书籍引路,可以心无旁骛求知问学。此时不努力,更待何时?要勤于学习、敏于求知,注重把所学知识内化于心,形成自己的见解,既要专攻博览,又要关心国家、关心人民、关心世界,学会担当社会责任。

二是要修德，加强道德修养，注重道德实践。"德者，本也。"蔡元培先生说过："若无德，则虽体魄智力发达，适足助其为恶。"道德之于个人、之于社会，都具有基础性意义，做人做事第一位的是崇德修身。这就是我们的用人标准为什么是德才兼备、以德为先，因为德是首要、是方向，一个人只有明大德、守公德、严私德，其才方能用得其所。修德，既要立意高远，又要立足平实。要立志报效祖国、服务人民，这是大德，养大德者方可成大业。同时，还得从做好小事、管好小节开始起步，"见善则迁，有过则改"，踏踏实实修好公德、私德，学会劳动、学会勤俭、学会感恩、学会助人、学会谦让、学会宽容、学会自省、学会自律。

三是要明辨，善于明辨是非，善于决断选择。"学而不思则罔，思而不学则殆。"是非明，方向清，路子正，人们付出的辛劳才能结出果实。面对世界的深刻复杂变化，面对信息时代各种思潮的相互激荡，面对纷繁多变、鱼龙混杂、泥沙俱下的社会现象，面对学业、情感、职业选择等多方面的考量，一时有些疑惑、彷徨、失落，是正常的人生经历。关键是要学会思考、善于分析、正确抉择，做到稳重自持、从容自信、坚定自励。要树立正确的世界观、人生观、价值观，掌握了这把总钥匙，再来看看社会万象、人生历程，一切是非、正误、主次，一切真假、善恶、美丑，自然就洞若观火、清澈明了，自然就能作出正确判断、作出正确选择。正所谓"千淘万漉虽辛苦，吹尽狂沙始到金"。

四是要笃实，扎扎实实干事，踏踏实实做人。道不可坐论，德不能空谈。于实处用力，从知行合一上下功夫，核心价值观才能内化为人们的精神追求，外化为人们的自觉行动。《礼记》中说："博学之，审问之，慎思之，明辨之，笃行之。"有人说："圣人是肯做工夫的庸人，庸人是不肯做工夫的圣人。"青年有着大好机遇，关键是要迈稳步子、夯实根基、久久为功。心浮气躁，朝三暮四，学一门丢一门，干一行弃一行，无论为学还是创业，都是最忌讳的。"天下难事，必作于易；天下大事，必作于细。"成功的背后，永远是艰辛努力。青年要把艰苦环境作为磨炼自己的机遇，把小事当作大事干，一步一个脚印往前走。滴水可以穿石。只要坚韧不拔、百折不挠，成功就一定在前方等你。

核心价值观的养成绝非一日之功，要坚持由易到难、由近及远，努力把核心价值观的要求变成日常的行为准则，进而形成自觉奉行的信念理念。不要顺利的时候，看山是山、看水是水，一遇挫折，就怀疑动摇，看山不是山、看水不是水了。无论什么时候，我们都要坚守在中国大地上形成和发展起来的社会主义核心价值观，在时代大潮中建功立业，成就自己的宝贵人生。

同学们、老师们！

党中央作出了建设世界一流大学的战略决策，我们要朝着这个目标坚定不移前进。办好中国的世界一流大学，必须有中国特色。没有特色，跟在他人后面亦步亦趋，依样画葫芦，是不可能办成功的。这里可以套用一句话，越是民族的越是世界的。世界上不会有第二个哈佛、牛津、斯坦福、麻省理工、剑桥，但会有第一个北大、清华、浙大、复旦、南大等中国著名学府。我们要认真吸收世界上先进的办学治学经验，更要遵循教育规律，扎根中国大地办大学。

鲁迅先生说："北大是常为新的，改进的运动的先锋，要使中国向着好的，往上的道

路走。"党的十八届三中全会吹响了全面深化改革的号角,也对深化我国高等教育改革提出了明确要求。现在,关键是把蓝图一步步变为现实。全国高等院校要走在教育改革前列,紧紧围绕立德树人的根本任务,加快构建充满活力、富有效率、更加开放、有利于学校科学发展的体制机制,当好教育改革排头兵。我也希望北京大学通过埋头苦干和改革创新,早日实现几代北大人创建世界一流大学的梦想。

教师承担着最庄严、最神圣的使命。梅贻琦先生说:"所谓大学者,非谓有大楼之谓也,有大师之谓也。"我体会,这样的大师,既是学问之师,又是品行之师。教师要时刻铭记教书育人的使命,甘当人梯,甘当铺路石,以人格魅力引导学生心灵,以学术造诣开启学生的智慧之门。

各级党委和政府要高度重视高校工作,始终关心和爱护学生成长,为他们放飞青春梦想、实现人生出彩搭建舞台。要全面深化改革,营造公平公正的社会环境,促进社会流动,不断激发广大青年的活力和创造力。要强化就业创业服务体系建设,支持帮助学生们迈好走向社会的第一步。各级领导干部要经常到学生们中去、同他们交朋友,听取他们的意见和建议。

现在在高校学习的大学生都是20岁左右,到2020年全面建成小康社会时,很多人还不到30岁;到本世纪中叶基本实现现代化时,很多人还不到60岁。也就是说,实现"两个一百年"奋斗目标,你们和千千万万青年将全过程参与。有信念、有梦想、有奋斗、有奉献的人生,才是有意义的人生。当代青年建功立业的舞台空前广阔、梦想成真的前景空前光明,希望大家努力在实现中国梦的伟大实践中创造自己的精彩人生。

我相信,当代中国青年一定能够担当起党和人民赋予的历史重任,在激扬青春、开拓人生、奉献社会的进程中书写无愧于时代的壮丽篇章!

第四节 感谢信 慰问信 贺信

一、感谢信

(一) 感谢信的含义

感谢信是一种社交礼仪文书,用于在受到他人帮助与支持时,向对方表示自己的谢意。感谢信通过对对方美好品德的称颂,表达自己对双方关系的珍视,以加深彼此的友谊。

感谢信有个人感谢信和单位感谢信之分,通过媒体发布单位感谢信,对宣传单位形象,提高单位知名度有较大的积极意义。

(二) 感谢信的写法

感谢信的格式和书信格式相近,由标题、称呼、正文、落款等要素构成。

感谢信的正文内容为:一是简述基本事实,写明被感谢方帮助自己的具体事件;二是强调帮助意义,指出对方为此付出的努力和给自己带的巨大影响;三是表达诚挚谢意。

（三）写作感谢信应注意的问题

感谢信的重点是强调对方付出的努力和对自己影响的重大，语言和情感表达上既要做到热情洋溢，又要做到真挚得体。

【例文】

感谢信

尊敬的滨州市交运集团九公司的领导：

  你们好！

  本人于××××年11月份某一天下午乘坐滨州通沾化公交车上学时不慎将钱包落在了公交车上，钱包内含身份证、饭卡、现金，价值共数百元。幸得客车司机陈××师傅捡到，交给车站并由车站交回到我的手上。非常感谢他这种拾金不昧的精神，在现在这种物质社会，这更是一种尤为难得的高尚品质，特此感谢陈××师傅，万分感谢，希望公司对于陈××师傅拾金不昧的精神给予肯定和表扬，谢谢！

  在此我还要感谢滨州市交运集团九公司培养了这么优秀的员工，我为你们公司有这样的员工而感到荣幸，希望你们为我传达对陈××师傅的感谢，谢谢！最后祝愿滨州市交运集团九公司全体员工身体健康、万事如意！

  此致

敬礼

失主：郑××
××××年12月22日

二、慰问信

（一）慰问信的含义

  慰问信是表示向对方（一般是同级、或上级对下级单位、个人）关怀、慰问的信函。它是有关机关或者个人，以组织或个人的名义在他人处于特殊的情况下（如战争、自然灾害、事故等），或在节假日，向对方表示问候、关心的应用文。

（二）慰问信的写法

  慰问信的格式和书信格式相近，由标题、称呼、正文、落款等要素构成。

  慰问信的正文内容为：一是简述基本情况，写明慰问和被慰问双方的关系，慰问的简单原因如重大节日或面临重大事件等。二是详细表达慰问缘由，写明对方做出的贡献或面临的灾难等，以及对方在事件中表现出的优秀品质和崇高精神。三是再次表达慰问、希望或祝福。

（三）写作慰问信应注意的问题

  节日慰问信和取得重大成绩的慰问信，要表达对对方的支持与鼓舞，语言真挚、热情、充满喜悦与兴奋之情，内容上应突出对方在工作中付出的艰辛和面对困难时表现出的顽强意志。

【例文】

川煤集团2018年春节慰问信

川煤集团全体职工、家属、离退休老同志们：

金鸡辞旧岁，玉犬贺新春。值此岁序更迭、辞旧迎新的美好时刻，集团公司向大家致以节日最诚挚的问候和最美好的祝愿！

回首2017年，我们坚定信心，克难攻坚。国家经济运行稳中趋好，煤炭市场理性回暖，集团公司抢抓机遇，顺势勇为，外借国家供给侧结构性改革、煤炭行业去产能的东风，内抓改革脱困、结构调整与转型升级发展，做好增量、提质、稳价、增效、创新、减亏各项工作，实现了企业整体扭亏为盈，迈出了产业转型的坚实步伐，确保了生产秩序正常、经营秩序正常、安全状况可控、矿区和谐稳定，取得了改革脱困与转型发展阶段性的胜利。

成绩的取得，来之不易，这与省委省政府、省国资委的正确领导与精心指导是分不开的；与广大职工兢兢业业，创新拼搏是分不开的；与广大家属、离退休老同志的支持和理解是分不开的。在此，我们向全体职工、家属、离退休老同志们表示由衷的感谢和崇高的敬意！

展望2018年，我们砥砺奋进，激情满怀。集团公司将认真贯彻落实党的十九大、省第十一次党代会精神，按照省委省政府、省国资委的工作要求，围绕集团公司第二次党代会作出的工作部署，坚持以"解危脱困、改革攻坚、转型升级、创新发展"为工作主基调，奋力推进脱困发展，加快形成以煤炭为基础，现代物流、建筑施工为支柱，以新能源、康养和非煤矿业为支持的产业发展新格局，为实现川煤集团新的更高质量的发展努力奋斗。

"百尺竿头思奋进，策马扬鞭自奋蹄"。我们相信，只要大家不忘初心，牢记使命，必定会抓住新机遇，创造新业绩。我们坚信，只要我们众志成城、戮力同心，必定会克服千难万阻，实现各项工作目标。

新时代、新征程、新举措、新气象，川煤集团的明天会更加美好！

祝大家身体健康，阖家幸福，万事如意！

中共××省煤炭产业集团公司委员会
××省煤炭产业集团公司
××省煤炭产业集团公司工会工作委员会
二〇一八年一月

三、贺信

（一）贺信的含义

贺信是对方取得重大成绩、面临重大喜讯或节日、寿辰时，用于表达祝贺之情的专用文书。如寿辰贺信、庆典贺信、乔迁贺信等。贺信可以增添庆典的喜庆气氛，表达自己对庆典的高度关注及对双方友谊的重视。

（二）贺信的写法

贺信的格式和书信格式相近，由标题、称呼、正文、落款等要素构成。

贺信的正文内容为：一是表达祝贺之情，简单介绍祝贺的事件，致贺方的立场如朋友、上级等。常用格式如"值此……之际，我谨代表……"。二是歌颂对方成就或事件的意义。公司开业，可称颂其对区域经济或百姓生活的重大意义，工程竣工则表达对建设者们辛勤劳动的敬意。三是致以美好祝愿，期望对方在事业或生活等方面有着更美好的未来，为社会做出更大的贡献等。

（三）写作贺信应注意的问题

一般说来，为了配合庆典或节日的喜庆气氛，贺信的写作特别考究，力求做到情感真诚，热情豪迈，气势宏大，语言壮美典雅。如现场宣读，可以烘托氛围，鼓舞人心，把庆典推向高潮。

【例文】

习近平的贺信

值此中央电视台建台暨新中国电视事业诞生60周年之际，我代表党中央，向你们表示热烈的祝贺！向中央广播电视总台全体干部职工、全国广大电视工作者致以诚挚的问候！

电视事业是党的新闻舆论工作的重要组成部分。60年来，广大电视工作者在党的领导下，坚持正确的政治方向和舆论导向，围绕中心，服务大局，宣传党的主张，反映人民心声，唱响主旋律，传播正能量，为党和人民事业作出了积极贡献。

中央广播电视总台组建以来，同志们按照党中央统一部署，积极推进深度融合、优势集聚、资源共享，深入宣传党的理论和路线方针政策，着力打造精品力作，创新对外宣传，为人民提供丰富的精神食粮，向世界展现了真实、立体、全面的中国。

希望中央广播电视总台和全国广大电视工作者深入学习贯彻新时代中国特色社会主义思想和党的十九大精神，增强"四个意识"，坚定"四个自信"，坚持党的领导，坚持以人民为中心，忠实履行职责使命，统筹广播与电视、内宣和外宣、传统媒体和新兴媒体，加强国际传播能力建设，锐意改革创新，壮大主流舆论，努力打造具有强大引领力、传播力、影响力的国际一流新型主流媒体，奋力开创工作新局面，为实现"两个一百年"奋斗目标、实现中华民族伟大复兴的中国梦作出新的更大贡献！

习近平
2018年9月26日

第五节　章程　办法

规章是党政机关、企事业单位、社会团体为实施管理职能而制定的制度和准则。规章根据其制发单位和效力不同，可分为行政规章、普通规章、事务性规章等；按其性质、内容的不同，可分为行政规章、组织规章和一般规章。

行政规章需要以法定公文予以发布生效。常用规定、办法、细则等文种。按作者及其权限，可分两类：（1）国务院部门规章。即由国务院所属各部、各委员会制定、发布的规章。（2）地方政府规章。即由省（自治区、直辖市）、省和自治区政府所在市和经国务院批准的较大的市的人民政府制定的规章。

组织规章是指对一个组织或团体的性质、宗旨、任务、组织原则、成员及其权利义务、机构及职权、活动及纪律等做出系统规定的规章。组织规章的常用文种是章程。

一般规章是各级各类机关、团体、企事业单位，为实施管理、规范工作和活动，在其职权内制发的规章。这类规章便是通常所说的规章制度。一般规章的常用文种有规定、办法、准则、细则、制度、规程、守则、规则等。

一、章程

（一）章程的含义

章程是政党、企事业单位、社会团体关于组织规程和办事规则的法规性文书，如《中国共产党章程》《××公司章程》。章程对组织成员具有约束力，是组织共同遵守的最高纲领。章程的订立、修改要经过全体成员或代表大会的审议通过。

（二）章程的写法

1. 标题

章程的标题，一般由组织或社团名称加文种构成。如《××学院青年志愿者协会章程》。

2. 签署

一般采用题注式签署。即在标题下面，写明什么时间由什么会议通过，加上括号。

3. 正文

章程的正文，包括总则、分则和附则三部分。正文写作一般采用条目式。

总则又称总纲，从总体说明组织的性质、宗旨、任务和作风等。

分则规定：（1）成员条件、权利、义务和纪律；（2）组织机构、活动内容和方式；（3）经费来源和使用管理等。

附则，附带说明制订权、修改权和解释权等。

（三）章程写作应注意的问题

1. 遵守政策法规

章程涉及组织的活动、会员的权利义务等，所有内容都必须遵循法律法规和社会道德要求，不得触犯法规，也不得侵犯会员的合法权益。

2. 内容细致全面

权利、义务、纪律、经费等内容，务求完备，以便于组织的管理，保障组织的健康发展。

【例文】

×××大学图书馆学生管理委员会章程
（2015年修订版）

第一章　总　则

第一条　为了保障×××大学图书馆学生管理委员会的建设和发展，特此制定本章程。

第二章　性　质

第二条　图书馆学生管理委员会（简称"图管会"）是在图书馆直接领导下，学生民主参与图书馆管理和服务的校级组织。

第三条　图书馆学生管理委员会是联系图书馆与学生读者之间交流的纽带和桥梁，协助图书馆更好地履行教育职能和文献信息传递职能，为培养现代建设人才和发展教育科学文化事业做出更大贡献的学生组织机构。

第四条　图书馆学生管理委员会隶属于图书馆，根据学校有关部门规划组织开展校园文化活动，营造高品位的校园文化氛围，促进校园精神文明建设。

第三章　宗　旨

第五条　丰富校园文化生活，促进良好的读书、学习风气，促进校园文化建设，组织师生共建文明图书馆。

……

第十一章　附　则

第四十五条　章程的修改由主席团召开全体干部会议讨论修改。有关部门职能以及组织性质的修改，投票结果需要占到总人数的60%以上方可修改，否则无效；关于章程其他内容修改，投票结果需要占到总人数的50%以上方可修改，否则无效。

第四十六条　本章程自图书馆学生管理委员会全休会议通过，由图书馆批准公布之日起施行。解释权归图书馆。

二○一五年七月三十日

二、办法

（一）办法的含义

办法是法规规章的实施细则，法规性办法是行政机关对上级机关的法规规章的具体认识、理解和执行措施。事务性办法是各类组织对员工、工作或事项的管理制度。办法具有一定的强制性和约束力。

（二）办法的写法

1. 标题

由适用范围（发文机关）、内容和文种组成，也可省略发文机关，如《中华人民共和国发票管理办法》《药品召回管理办法》。

2. 签署

法规性办法一般采用题注式签署，在标题处标明发布办法的公文信息；事务性办法采用落款式签署，在文尾标明发文机关名称和时间。

3. 正文

办法正文采用条目式结构，依次将缘由、具体要求、执行范围等内容写明即可。

（三）办法写作应注意的问题

1. 法规性办法具体公文的法定效力，其制作、发布须遵循相应的程序。
2. 办法宜结合法规要求和客观实际，既要考虑政策原则，又要兼顾实际情况和执行难度。
3. 语言表述要清楚、细致、准确，便于理解和执行。

【例文】

毒品违法犯罪举报奖励办法

第一条　为动员全社会力量参与禁毒斗争，鼓励举报毒品违法犯罪活动，减少毒品社会危害，根据《中华人民共和国禁毒法》等有关规定，制定本办法。

第二条　本办法所称毒品违法犯罪，是指违反法律法规规定，依法应当追究刑事责任、给予治安管理处罚或者决定戒毒相关措施的涉及毒品的违法犯罪行为。

第三条　本办法所称举报人，是指通过书面材料、电话、来访等方式，主动向公安机关举报毒品违法犯罪活动或者线索的公民、法人和其他组织。

……

第十六条　本办法所称"以上"包括本数。

第十七条　各省、自治区、直辖市公安机关、财政部门、禁毒委员会办公室可以参照此办法制定本地毒品违法犯罪举报奖励办法。

第十八条　本办法自公布之日起施行。

第十三章

研究性应用文写作

第一节 调查报告

一、调查报告的涵义、作用与特点

(一) 调查报告的涵义

调查报告是"调查研究报告"的简称，是对某一现象、某一事件或某一问题进行深入细致的调查，并进而对调查所得材料进行认真分析研究之后写成的反映调查研究成果、揭示事物本质和规律的事务性文书。常见的"考察报告""调查记""调查汇报""调查与思考"等，均属于调查报告的范畴，甚至有的调查报告在标题中并不显示文种名称，但它又确属调查报告。调查报告在实际工作中使用频率较高，其写作能力被看成是从事各项工作的基本能力。

(二) 调查报告的作用

1. 决策依据作用。调查报告是认识客观事物的手段，是解决实际问题的起点，领导机关在制定方针、政策时，首先要了解情况，通过调查报告来掌握情况，是重要的途径之一。财经部门经常写调查报告为党政领导决策提供参考。调查报告通过真实地反映现实实际情况和问题，使制定的方针政策更符合实际。加强调查研究，掌握国民经济各部门发展情况和社会经济动态，及时予以反映，对财经等部门工作的开展将起到有力的指导作用。

2. 宣传启示作用。调查报告可以通过典型调查，宣传、介绍先进经验和先进人物事迹，借以推广新生事物、先进典型，指导全面工作。

3. 揭露问题作用。在现实生活中，各行各业新情况、新矛盾、新问题层出不穷，非常需要及时介绍一些行之有效的对策，披露一些失之偏颇的做法，以点带面、以一做百，帮助人们认识和适应新的形势，自觉地做好各项工作。在这方面，各单位通过业务联系和调查，有选择地写成调查报告，发挥了重要的作用。调查报告可以通过典型调查，揭露社会问题，鞭挞不良倾向，改正工作中的失误，从而引起有关部门的注意和重视，起到解决问题、教育广大干部群众的作用。

4. 澄清真相作用。调查报告可以在社会上对某一事件、某一问题争论不休或众说纷纭时，在真相不清、谣传离奇的情况下，澄清事实真相，帮助人们分清是非曲直，了解真相。

（三）调查报告的特点

调查报告是多栖文种，可以公开发表在报刊媒体上，它所反映的事实具有一定的新闻性，因而也被视为新闻报道的一种；它可以进行内部交流，作为机关内部的事务文书，属于公文；它也可以用于学术研究，如方言调查；它还可以进行市场调查，这又成了经济文书的一种。因而，调查报告往往兼具公文和新闻报道的一些特色。具体来说，调查报告一般具有叙述的客观性、强烈的针对性、内容的典型性及叙议结合等特点。

1. 客观性。调查报告是为解决实际问题撰写的，因此，客观事实是调查报告赖以生存的基础，真实是调查报告的生命。调查报告所反映的内容必须是经过调查了解到的情况，所有细节均应做到绝对真实。

2. 针对性。调查都是有目的的，或是为了制定某项政策而去调查有关的经济情况，或是为了推广某项经验而去调查其做法，或是为了揭露某个问题而去调查它的真相。所以说调查报告具有明显的针对性。针对性越强，调查的效果就越好，调查报告的作用也就越大。

3. 典型性。调查报告的典型性主要表现在内容上，即调查对象典型和文章所运用的材料典型。调查报告所选择的写作对象和材料，都是具有典型性的事例，这种典型性事例是对全局有普遍指导意义的，具有典型性的调查报告才有指导现实的作用。

4. 叙议结合。调查报告的写作一般以第三人称进行，以叙为主，叙议结合。调查报告主要是反映实际情况的，因此要以叙事为主，有对现象的有序描述，但也不能只罗列现象，而要适当地对现象进行分析、归纳，有深入的规律性本质探讨，即一边客观地叙述事实，一边又对客观事实进行概括、分析，形成观点；也有在议论中对客观事实进行叙述，用观点统率材料，使观点和材料融合在一起。调查报告的观点必须正确，并带有结论性，以帮助读者加深认识。

二、调查报告的分类

调查报告根据不同的标准，有不同的分类。

（一）按性质分为综合性调查报告和专题性调查报告。

（二）按功能分为指导型调查报告、定性型调查报告和咨议型调查报告。

1. 指导型调查报告。它是以社会生活中值得和应该推广的先进经验、优秀典型为调查对象，通过对这些对象进行调查研究，提出若干值得人们借鉴和思考的问题的调查报告，如《一个办得较好的外向型企业——蛇口经济发展调查》。

2. 定性型调查报告。它是通过对某件或某几件相关的事件或者某个引起争议的人物进行调查，并站在政策的高度作出某种定性且引起有关人员重视的调查报告。这类调查报告以核对事实、明断是非、得出正确的结论为写作目的，如《不要让子孙后代埋怨我们——关于北京河流污染情况的调查》。

3. 咨议型调查报告。它一般针对某个事关全局的问题和国情、民情进行调查，通过分析、对比、评述，向领导者和上级机关的决策者提供意见、建议和方案，如《农村剩余劳动力及其出路》、《关于何种原因引起大学生心理障碍的调查报告》。

（三）按调查的对象和报告的内容分为社情调查报告、经验调查报告、问题调查报告和学术调查报告。

1. 社情调查报告。它是指以反映社会基本情况（包括社会政治、经济、风气、群众意愿、婚恋、赡养、衣食住行、新生事物、事实真相等人民生活各方面的基本情况）的调查报告。这类调查报告着重反映和分析人民群众普遍关心的社会情况，新闻媒体也常开辟公众调查专版，为党和国家的路线、方针、政策的制定和修改提供有价值的第一手材料，供上级领导机关进行科学决策时参考，或作为单位内部改进工作或处理具体业务之用。如《高考前或后填报志愿民意调查》、《中国单亲家庭生活状况》及银行常用的现金流通情况调查、资金使用情况调查、储源调查、市场调查等均属此类。

2. 经验调查报告。它是以宣传和推广具有典范性和指导意义的成功经验（包括先进地区、先进单位或先进个人的典型经验）为目的的调查报告。这类调查报告要求写明开展工作的具体做法和实际效果，如《小城镇风帆正举——安徽省百镇调查报告》《任长霞同志先进事迹的调查报告》。再如在银行工作中，如何加强流动资金的管理，如何组织货币回笼、控制货币投放，如何提高银行信贷资金使用的经济效益等方面，都会产生好的典型经验，这些典型经验应该用调查报告加以推广。

3. 问题调查报告。它主要针对工作中存在的问题、某些典型的反面事例或社会现实的消极因素展开调查后写成的调查报告。这种调查报告反映事实真相，说明后果，分析原因，提出处理意见，宣传政策，如《福建沿海地区偷渡犯罪的调查报告》。

4. 学术调查报告。它主要指就某科学领域中的课题展开调查而写出的具有学术价值的报告。一般由专门的学术研究机构来完成。

三、调查的程序和方式、方法

调查报告实际上是"调查研究报告"的简称。因此，它的写作过程包含三个环节：调查—研究—报告写作。没有调查，就没有研究；没有调查研究，就写不出报告。先调查，后报告，也反映了调查报告的内容构成。

（一）调查报告与调研工作的关系

1. 调研工作是调查报告写作的前提。调查报告的主要材料来源于调查，科学客观的调查是写作调查报告的第一步，也是至关重要的一步。没有对工作的调研，就不会有写作调查报告的意图，也掌握不到鲜活的第一手材料。同时，调研工作实际上规定了调查报告的写作方向。写作什么类型的调查报告，与调查的对象、调查工作进展深入情况密切相关。大量占有第一手材料，是撰写成功的调查报告的关键。

2. 调查报告是调研工作的理想结果。有了调研工作，不等于就能写好调查报告。调查报告不是调研工作的简单实录，调查报告关注的是典型事实，是带有规律性的材料，因而有一个如何立题和选择材料的问题。不同的人去进行目的相同的调研工作，也可能会写出不同深度和角度的调查报告。

（二）调查的程序

1. 设定目标。包括调查对象、调查地点、调查时间、调查次数等。

调查报告写作时心中应有一个清晰的对象。在调查时，这个对象是被调查者；在写作时，这个对象是读者。调查伊始，须搞清调查对象。心中要先预设好问题，打好提纲，才能有的放矢地获得自己所要的答案，明确你要调查的问题，设定调查的人群。总之，要目的明确。

2. 划定调查资料的范围。以此来确定调查的方向和重点。

3. 选定调查人员，设计调查方法。根据调查的内容、对象、时间、条件等来决定以何种方式进行调查。

4. 实施调查。调查时一般应遵循以上程序中已设定的目标范围和方法，但也不排除在调查中进行调整和改换的可能。

以上程序中，前三项内容一般要分条列项写入调查报告中，如《农民工生活和健康状况调查报告》；也可以在调查报告的前言中概述，如《调查报告：大学生职业生涯规划现状分析》。

（三）调查的方式

按照调查对象的范围大小，我们通常把调查分为普遍调查和非普遍调查两大类。普遍调查和非普遍调查，是调查的两种最基本的方式。

1. 普遍调查。它是对论题所涉及的一定范围内的有关情况，作出全面性的调查。即对调查对象总体内所有单位无一例外进行调查。这是了解某一个问题全面情况的最可靠的方式，可以获得系统、完整、多项目的数据和资料，获得的信息最准确、最权威。但工作量大，难度高，需要花费较多的物力和人力，一般多用于重大项目。如人口普查、工业普查、国有资产普查等；再如探讨我国导游人员的整体素质水平等问题，就要对各地区、各单位作全面的了解，对其人员管理体系和管理机制、队伍建设的状况，作系统的调查分析，了解其全面情况，掌握各种有关数据和事例，在此基础上提出如何提高导游人员素质的管理方案。

2. 非普遍调查。即对调查对象总体中一部分单位所进行的调查。根据选择"一部分单位"的标准、方法和数量，非普遍调查又可分下列四种方式：

（1）典型调查。根据调查目的，在对被研究对象进行全面分析的基础上，有意识地选择若干具有代表性的单位，进行深入细致的调查，探索其内在规律性，然后以调查结果推论全面情况，如《高校大学生膳食结构的分析》。这是一种解剖麻雀的方式，从典型可以看到共性，即一般面上的情况。它的特点是范围小，单位少，节省人力、物力和时间，同时，又能够对被调查的对象做深入、细致的了解。总之，它能以较小的代价获取较大的利益。但是，由于典型样本是根据调查者主观判断决定的，所以难免带有某种程度的主观性。在对总体情况了解得不够的情况下，往往难于选好典型，这样就难免对调查结果的准确性产生一定影响。因此，在使用典型调查时，应尽可能在对调查对象总体情况有大致了解的基础上进行，并注意代表性，可以选取上下两头，也可以选取上中下三类。如要对湖南省商场上半年的零售情况进行调查，可选取大型商场 3 个、中型商场 3 个、大型超市 3 个为典型样本，而不必对每个商场都调查一番，调查得出的结果也能比较客观地反映实际情况。

（2）重点调查。它是在被调查对象的全部单位中，选取重点样本为对象进行调查，以求对总体状况有一个大致的了解。重点样本是指统计总体中各单位所共同具有的特征，因此重点调查的样本虽然为数不多，在数量上却占整个调查总体的绝大多数比重。我们的调查如果只是为了掌握基本情况，可以采取这种比较简便的形式。重点调查的关键是准确恰当地选取重点样本。一般采取系统分析、综合比较的方法，选择对总体能起主要或决定作用的因素。如对国有纺织行业不景气的调查，就可选取"不景气"的原因作为重点样本进行调查。再如《10 户由亏转盈企业的调查》黑龙江省企业调查队在对全省近百户亏损企业进行的专项调查基础上，选择其中 10 户由亏转盈的企业所进行的这一重点调查等。

（3）个案调查。也称个别调查。它是对某个特殊单位进行的全面、深入调查。它与典型调查有许多共同特征，是一种定性研究方法，而不是定量研究方法，如对某个先进典型单位或对某个落后典型单位的调查，都属于个别调查。它的优点是耗费的人力、财力相对较少，可全面深入，方法多样，得到的资料十分丰富、生动、细致，是其他方法不能比拟的，但缺点是主观随意性较大。由于调查对象单一，调查必须讲究深度和广度，注意挖掘现象背后的本质原因，总结经验教训，提供给人们理性的思考。如《贫困山区发展旅游业的思考》《透视脑白金的营销策略》（《销售与市场》2001 年第 10 期）就是分别对贫困山区旅游业、脑白金产品的营销策略展开的个别调查。

（4）抽样调查。它是按照科学的原理和计算方法从所要研究的现象的全部个体单位中，按随机原则抽取部分个体单位作为样本进行调查，取得资料，然后推算出全体数量特征的一种调查方法。抽样调查，可以进行大规模调查，它是非普遍调查方式中用来推算全面情况的最完善、最科学的方式。它一般是在总体数量庞大时运用。它有三个特点：一是样本按随机原则抽取，不加任何选择；二是抽取的全部样本，用来代表总体，而不是以个别样本代表总体；三是抽样误差和总体各单位之间的差异程度成正比，和抽样数目成反比，即样本差异越大，抽样误差越大；抽样数目越大，抽样误差越小。

当然，怎样选择调查对象、以何种方式进行调查，要根据调查的内容、对象、时间、条件等来决定，不能一律采取某种方式来进行。

（四）调查的方法

在确定好调查方式后，还必须选择合适的调查方法开展调查。常见的调查方法有以下几种：

1. 观察法

这是一种亲自获得第一手资料的调查方式，调查者亲自深入调查对象中，主动与调查对象接触，亲身体察实际情况。这种方式适合单一、小规模的调查。在调查前，应拟好详细的调查提纲，有的放矢地深入一线，得到自己想搜集的情况资料。

2. 问卷调查

这是一种书面调查的方式，以问卷形式提出若干固定问题来询问调查对象，从而获得信息数据。由于问卷调查采用无记名的方式，可减少被调查者的疑虑，表达出自己的真实想法和实际情况。特别是现在有了电子计算机等先进的统计手段，提高了问卷调查的效率，有利于节省时间，节约开支。而且问卷调查可通过访问、小型座谈会甚至邮件、电话、网络等方式在流动性人群和固定性人群中进行，不受时间、地点的限制，是大型调查的常用有效方式。

问卷调查按填写方式划分，可分为自填式问卷和代填式问卷。问卷调查的具体操作如下：

（1）明确调查目的。即要了解哪些情况，解决什么问题。因为调查通常要解决"是怎样""为什么"的问题，所以在问题设计上必须要能得出这两个答案的问题。如果只涉及"是怎样"，而没有"为什么"，那么这份调查报告势必写不出深度来。

（2）确定调查的总体。包括人数、人群。

（3）设计问卷。问卷的设计要注意科学性，应与调查目的紧密结合，数量以100以上为佳，否则不足以显示调查的科学性和普遍性。问卷一般由问卷标题、前言、主体和结束语四部分组成。

①问卷的标题。一般由"调查主题＋文种"组成，如《博士研究生教育质量问卷调查》。

②问卷的前言。主要是对调查目的、意义及填表要求等的说明，具体内容一般可包括调查说明和填表要求。

③问卷的主体。它是问卷调查所要收集的主要信息，是问卷的主要组成部分，主要由一个个问题和相应的选择项组成。每份问卷的问题数量，一般为10～20个，问题不宜过多，以免引起被调查者的厌倦情绪。问卷主体的设计应特别注意问题和答案本身的设计：

关于问题的设计。问题的设计必须以被调查者为中心，既要能达到调查的目的，又要能让他们愉快地作答。问题的设计从形式上来说，分为封闭式问题（即客观题）和开放式问题（即主观题），一般多采用封闭式问题的形式。封闭式问题，有固定答案供被调查者选择，包括两分式和多项式问题，有利于被调查者正确理解问题，迅速作出回答，也有利于最终调查结果的统计和分析，但它容易限制被调查者的思想，难以适应复杂的情况，问题设计本身难度也较大。除客观题外，也可配合少量开放式问题。这类问题，没有固定答案，由被调查者自己作答，能搜集到一些为调查者所忽略的信息内容，有利于发挥被调查者的主观能动性，畅谈自己的看法，适合于答案复杂、数量较多或者各种可能答案尚属未知的问题，但它对被调查者要求较高，且资料的整理加工比较困难，因此不宜过多，一般以1～2个为宜。问题的排列顺序一般应遵循先易后难、符合逻辑、开题置后的原则。问题的设计要有针对性、单一明确、清晰具体，用词通俗，不能模棱两可、有歧义或令被调查者无从作答，尽量避免使用专业化的术语，既要能将答案指向被调查的目的，又要让被调查者容易作答；忌用冗长复杂的句子，还要避免无效问题、诱导性问题、敏感性问题和否定形式的提问等。

关于答案的设计。答案的设计要利于被调查者思考选择和调查者统计整理，必须明确具体，没有歧义。答案设计主要是针对封闭型问题的，开放型问题的答案由被调查者作答。封闭型问题的答案项目的设计，根据要求选择的答案多少不同，分为两项选择法和多项选择法两种类型。两项选择法又称真伪法、二分法，如"是"或"否"、"有"或"没有"、"喜欢"或"不喜欢"、"想"或"不想"等，被调查者只能选择其中一项，要么肯定，要么否定，答案性质相反。多项选择法根据要求选择的答案多少不同，又分为单项选择型、多项选择型和限制选择型。单项选择型，要求被调查者对所给出的多项问题答案只选择其中的一项。多项选择型，在给出的多个备选答案中，不限制选择答案数量，便于从多个角度、多个方面去了解被调查者的意愿和看法。限制选择型，要求被调查者在所给出的备选答案中，选择自己认为合适的答案，但所选答案数量要受到一定限制。如针对"您在购买服装时，通常考虑哪些因素"这个问题，可设计如下几项答案："价格""款式""品牌""颜色""面料""做工"；针对"您在购买小轿车时，主要考虑哪些因素"这个问题，则可设计出这样一些答案："价格""款式""品牌""耗油量""安全性""售后服务""维修费用""乘坐舒适""行驶平稳""其他"。

④问卷的结束语。主要是对被调查者的合作表示感谢，同时也可以征询一下被调查者对问卷设计和问卷调查本身的看法和感受，要求简短明了。有的问卷也可以省略，或把感谢之意放在前言。如一份题为《教师需要状况与激励因素问卷调查》的开头：

敬爱的老师：

您好！

感谢您在百忙之中回答本问卷！本问卷仅限于研究之用，不署名，请您不要有顾虑，根据自己的情况做出选择即可。

祝您工作顺利，万事如意！

3. 实验调查

这是在事先确定调查的问题中，选择影响这些问题的诸多因素中的一个或几个因素，将其置于一定的条件下，进行小规模实验的方法。我国常见的展销、试销、试用、品尝、演示等都属于这种调查法。如在推行某种经销方法前，可先通过试点进行小规模的实验，对实验结果进行分析研究，再决定是否应该大规模推广。再如要改变某种产品的生产工艺、质量、包装设计、价格、广告等，也可以预先进行小规模的实验，调查用户和有关人员的反映，预测产品未来销售的潜力和趋势，然后决定这种产品的生产规模和产量。

四、调查报告的写法

不同类型的调查报告，其写法不完全一样，但一般由标题、正文、署名或落款三部分组成。这里仅介绍调查报告的基本写法。

（一）标题

调查报告的标题要求用高度概括而又简明扼要的语言揭示出主题，准确、简明、醒目。调查报告标题的写法主要有：

1. 公文式标题

这类标题往往重在表现调查报告的主题，一般由"调查者＋调查对象或主要事由＋文种（调查报告）"组成，如《湖南省交通厅关于我省私人轿车消费情况的调查报告》《××大学关于学生消费问题的调查报告》。也可酌情省略调查者、"关于"以及文种中"报告"二字，如《关于××事故的调查报告》《长沙市小食品质量调查》《中国工商银行××市××区办事处关于三十户企业的商业信用调查》。

2. 新闻式标题（文章式标题）

这类标题可择其要旨，也可提出问题，可单行也可双行、多行，灵活多样，不拘一格。

（1）单标题

或以直述式标明调查对象，概括调查内容，如《城镇居民消费观念新变化》。或以论断式表明观点，直接点明报告的中心，如《中学生法律意识教育亟待加强》《从一个大贪污案看银行工作的漏洞》。或写成疑问句式，提出调查研究的中心问题，如《药价为何居高不下》《大学生双休日是怎样度过的》《大学生心理工资价位：工资底线是多少》《战士对业余文化生活有哪些要求》。

（2）双标题

亦称正副式标题。主标题（正题）揭示观点，副题用公文式标题说明调查的对象和内容，如《靠高质量低成本开拓市场——春兰集团公司调查》《端掉大锅饭　抓出豆腐来——上海市豆制品熟食行业调查》《教师工资拖欠问题亟须解决——关于新疆教师工资拖欠情况的调查》。

（3）三行标题

引题交代背景或揭示意义，正题概括正文的内容，副题补充或说明正题。如：

一则报道引起央视关注

地下六合彩赌博祸害多

——实地调查××地区地下六合彩

（二）正文

调查报告的正文一般分为三个部分：前言（导语）、主体、结尾。一些公开发表在报刊媒体上的调查报告往往在前言之前加有"编者按"，如《高风险行业农民工社会保障现状调查》"编者按"的内容如下：

矿山、建筑、危险化学品、烟花爆竹等高风险行业，大都是农民工密集的行业，也是农民工干得最苦，死伤率最高的行业。仅以今年7月下旬为例：23日，山东章丘矿难，3人死亡；24日，河北张家口矿难，17人死亡；25日，黑龙江七台河矿难，6人死亡；27日，湖北兴山县矿难，3人死亡；28日，江苏省射阳县盐城氟源化工有限公司发生爆炸，22人死亡；29日，云南、河南、贵州三省同发矿难，共造成10人死亡，4人下落不明。7天时间，8起事故，61人死亡。

比事故率和死亡率更惊人的，是黑心老板的冷酷无情，是伤残者的孤苦无援，是冤死者的廉价入殓。而这些惊心动魄的事故背后，凸显的则是农民工社会保障制度的缺失和缺陷。为此，《半月谈》记者分赴广东、山西、重庆等地，深入矿山、建筑、金属冶炼等高风险行业，与农民工和行业主管部门密切接触，一起探讨高风险行业农民工社会保障问题的现状和症结，探寻新形势下构建农民工社会保障体系的思路和出路。

再如《龙头企业与农户利益关系调查》的"编者按"为：

农业产业化经营是促进农村经济发展、增加农民收入的重要途径，其中一个核心话题就是龙头企业与农户之间的利益分配关系。在以往的实践中，由于自然风险、市场风险等因素的影响，龙头企业的利益时常受损，而处于弱势地位的农民更是受害者。因此，在新农村建设过程中，如何构建龙头企业与农民之间"利益共享、风险共担"的利润分配关系，使两者成为真正的利益共同体，是推动生产发展、促进农民增收的重大课题。

1. 前言

调查报告的开头可以根据内容的不同来决定，没有固定的通用模式，写法多种多样，较灵活，但都力求简明概括，提纲挈领，紧扣主题，给人一个总的印象。一般以叙述说明为主。常见的有以下几种形式：

（1）总括式。这是新闻"导语"式的开头。概括全文基本内容，说明何时何地对什么问题作了调查，得出了什么结论，便于读者把握整体情况。

（2）缘由式。多以分条列项的形式说明调查的目的、依据、时间、地点、对象、经过、范围、方法、调查人员组成等，用以显示调查的科学性，从而取信于读者。有时也扼要地点明文章的基本观点或调查的重要意义。

（3）点题式。开头即以议论笔调摆出作者的观点，揭示调查报告的主旨，然后用调查所得的材料加以说明。如《××县水土流失现状调查报告》的开头：

水土流失是指表层土壤及其物质在水力的作用下位移并使表层土壤逐渐变薄、质地变粗的过程，是当土壤在水的浸润和冲击作用下，其组织发生破碎和松散，随水流动而大量流失的现象……我国黄土高原由于地表植被尤其是森林严重破坏……人类赖以生存的生态环境正在发生急剧变化，水土流失造成的危害极为严重。

（4）提问式。对现象的产生原因或调研结论以提问的形式加以表达，以引起读者关注和较自然地引出下文，然后再针对问题予以回答。如《游客冲着三峡来　老外不爱解放碑——重庆都市旅游调查》的开头：

重庆旅游业现状如何，游客最青睐哪些，游客对重庆旅游怎么看待等问题，如今有了科学的答案。由重庆市旅游学院院长罗兹伯牵头的重庆旅游调查报告目前已经面世，该调查以问卷方式对来渝的500名海内外游客进行了访问。

（5）直述式。开门见山地陈述某地出现了何种新的事物与情况，主体再作具体介绍。如《关于"打官司难"问题的调查报告》的开头：

针对近几年来民事案件数量逐年下降问题的状况，为贯彻落实院党组提出的"把司法为民具体落实到审判工作的每一个环节，紧密结合法院工作实际，着力解决群众关注和当事人反映强烈的问题"的指示精神，我庭……进行了专题调研，现将有关情况综述于后。

2. 主体

这是调查报告的主干部分，主要是用材料来说明观点，详细叙述调查报告研究的具体情况、做法和经验或问题。为了层次清楚，通常可以用小标题分成几个层次来写；也有用条列式和分段列项式的，围绕一个中心，平列几个问题；也有的一气呵成，不用小标题。

调查报告的主体通常包括三个层次：情况、分析或预测、建议或对策，即按通常所说的提出问题、分析问题、解决问题的思路进行。

（1）情况部分。主要是对调查情况（包括基本的统计数据、典型事例、社会反映等）的描述和说明。应将调查获得的材料归纳整理后，条分缕析为几个方面来表述。这样可以使情况不显凌乱，容易总结出规律性的东西。

（2）分析或预测部分。这是全篇的核心所在。这一部分是通过对调查得来的基本情况的分析研究，针对调查的目的写出结论；或是根据资料情况，预测未来的发展、变化趋势，准确地反映和揭示规律。分析可紧跟每条情况描述之后，也可另外列专项分析。

（3）建议或对策部分。这是调查报告的落脚点，是进行调查的目的所在。这一部分，应结合现实情况与调查结果一起综合分析量度，有针对性地提出建议或措施，以便指导现实和未来工作。

主体的结构安排多种多样，归纳起来，有以下几种形式：

（1）横式。又称平列式，在总题目之下，根据内容的特点和事物的性质，分几个并列的小题目写。以问题为序，并列组织材料，逐一论述，最后从总的方面集中说明一个中心思想。毛泽东的《湖南农民运动考察报告》就是这种平列式结构的典范。现在，不少调查报告，都是先概括说明一下情况，然后就分条写几条经验。在每条经验中有情况、有分析、有解决问题的做法。这种形式既简便又适用，多用于反映情况、研究政策（问题）的调查报告。如《关于"打官司难"问题的调查报告》即分为四部分进行论述：关于"打官司难"的具体内涵、当前"打官司难"的主要表现形式、造成"打官司难"的原因、克服"打官司难"的几点建议。横式结构又可分调查点写，如调查了几个地方（或几个点）就分几个点（即几个部分）来写，它适用于围绕一个目的，调查了几个点，而每个点所提供的情况或经验教训又各有其特点，不便合在一起，只得分成几个点来分别报告这样一种情况，如《高风险行业农民工社会保障现状调查》，即按粤、晋、渝几个调查点来写的。分几个点写要注意围绕一个中心，即不要离开调查目的。

（2）纵式。又称直叙式，即时序结构，按调查对象的自然发展过程，分成几个不同时期或几个不同阶段写。适用于对象单一的调查报告，如反映新生事物和揭露问题的调查报告，如《"梅花鹿"—"飞鹤"—"飞鸽"——长春自行车厂走技术管理联合之路调查》，写长春自行车厂进行技术改造的过程，就是按照自然顺序组织材料的。按这种结构行文，如检查问题的报告，就需要一个阶段一个阶段地把问题发生、发展和结果写清楚，最后再集中写问题产生的原因和解决问题的意见。为层次清楚，每个阶段可加上小标题。

（3）纵横结合式。这种结构兼有纵、横两式的特点，有的以纵式为主，横式为辅；有的以横式为主，纵式为辅。运用时，既要考虑到时间的顺序，又要考虑到事物的内在联系，分几个小标题，从几个不同的侧面来说明总题目。这种结构在写作实践中又可由于作者构思不同而灵活处理，比如用于总结经验，有先肯定成绩效果，再分析原因的；有先写做法，再写效果的；有先肯定成绩，然后再将做法和经验合在一起写的。又如用于检查问题时，有先把问题提出来，再分析产生问题的主客观原因，最后写解决问题的办法和建议的；也有先肯定成绩，再提出问题、分析原因，最后写解决问题的意见的。

（4）对比式。在掌握典型的正反事例和可供比较的材料的前提下，按对比方式安排层次。一般在列举情况之后略加综合，在综合中写出调查结论。

总之，以上几种结构各有所长。用什么形式，主要由写作者根据不同的实际情况、被调查的内容自行选用。但不管用什么结构方式，都要做到中心突出，条理分明，用最典型的材料说明观点。

3. 结尾

调查报告的结尾，可视情况而定。如主体部分已经收住全文，就可不写结尾。一般来说，写有导言的调查报告，应照应开头，写个结尾，但力求简明扼要，意尽言止。结尾的写法灵活多样，或概括全文，得出结论；或精辟议论，深化主题；或展望前景，提出希望；或点明问题，提出建议；或说明危害，引起重视等。下面是调查报告《不可忽视的中学生生日消费》的结尾：

中学生正处在成长发育的阶段，作为学校和学生家长应该正确引导，加强思想教育，同时最好通过组织一些活动，以使中学生的生日过得既简朴又有意义。

（三）署名或落款

以单位名义在报刊上发表的调查报告，可将单位名称放在标题中，也可在标题下一行居中位置署名（可用机关名称或调查组名称）；内部交流的调查报告，署名可在标题下，也可在文尾；如果是个人署名，一般在文尾右下方。调查报告的成文日期（年、月、日），一般在正文末尾、具名的下边。有附件的还应在署名之前注明附件的名称和件数，并将附件原文置于文后。

五、调查报告写作的注意事项

（一）写作目的要明确，选题要有针对性

调查报告在社会生活中发挥着越来越重要的作用，写作前应弄清写这篇调查报告要解决什么问题，回答什么问题，是干什么用的，立足针对性、典型性等特点，选择有价值的题目。一篇调查报告以集中反映一个问题为好，在实际工作中，这种专题调查报告是最常见的；内容多的综合调查报告也可以将全部内容分成若干篇来写，用"调查报告之一""调查报告之二"的形式表达。

（二）选用合适的调查方式、方法，充分占有材料

这是写好调查报告的前提。根据调查对象和调查的内容，选择最佳的调查方式、方法，深入调查，广泛搜集各种数据、事实材料和各类人群的反映，充分占有材料，包括现实材料和历史材料、具体材料和概括材料、正面材料和反面材料、主体材料和背景材料、群众语言等。总之，收集材料多多益善，并保证材料的真实性。

（三）精心选材，加强分析研究，确立正确观点

观点是作者对客观事物的看法和态度，是一篇调查报告的灵魂。材料就是用来说明观

点的客观事实，是调查报告的基础。观点和材料要统一，没有材料，无以说明观点；没有观点，材料就杂乱无章。但是，观点不是凭空得来的，而是从分析材料中得出来的。因此，在具体写作过程中就要对调查得到的材料进行分析，得出正确的结论，也就是说要形成总的观点。这个总的观点就是调查报告的主题。主题一经确定，就对调查得来的材料起制约作用。作者就根据这个主题对材料进行取舍，选取那些最能够表现主题的典型材料，舍弃那些与主题无关的材料。总之，运用材料要以一当十，贵精不贵多。特别要善于从数字材料中分析情况，找出问题，说明观点，从而增强调查报告的科学性和说服力。

（四）合理布局，揭示事物规律

选择恰当的结构形式，组织篇章，体现一定的逻辑性。同时，调查报告不能停留在一般的工作过程、具体事实和经验的叙述上，而应当从具体经验中找到事物的内在联系，揭示出事物的本质，概括出规律，这样才能起指导作用。

（五）注意时效，语言简明、准确

写调查报告要十分注意时效，一般都是围绕中心工作和重大任务来写的，时过境迁，调查报告的作用就不大了。调查报告的语言要简明、准确。语言要简明，首先要抓住最能说明观点的事例和数据，以收到最佳表达效果；其次，要反复修改文稿，删去与观点无关或关系不大的材料、不必要的背景材料和一般性的工作过程。对于语言的准确，在此只谈谈群众语言。许多调查报告为说明观点而引用生动的群众语言，对事件、问题作通俗的、生动的、一针见血的评价，这对揭示问题的本质有画龙点睛的妙处。但要注意，使用群众语言时需对原话稍加提炼，使之更加准确。

总之，写好调查报告必须掌握三个要素：周密调查、深入研究、精确表达。

【例文】

大学生生活费调查

2018年，我国在校大学生数量已经达到了3699万人，学生规模位居世界第一。对于每位大学生来说，除了学杂费和住宿费之外，每个月最关心的就是生活费了。但是，由于各个省份和各个高校的消费水平不一样，所以每个省的大学生生活费也是有很大差别的。为了帮助大学生能够更好地了解自己的消费情况，下面我们就来看看各省大学生每月的平均生活费情况。

根据大数据统计显示，东南沿海地区和一线城市的平均生活费是最高的。其中，位于海边的福建省，大学生平均生活费超过了北京、上海，达到了1486元，紧随其后的是上海市和浙江省，这两个地区的大学生每月花费也超过了1400元，分别是1467元和1411元。再往下是北京市、广东省和广西壮族自治区，这三个地区的消费标准在1300～1400元之间（见表1）。

表1　各地区大学生消费水平排名

排名	省区市	每月花费（元）	排名	省区市	每月花费（元）
1	福建	1486	14	重庆	1032
2	上海	1467	15	江西	1030
3	浙江	1411	16	湖南	1017
4	北京	1399	17	吉林	1013
5	广东	1349	18	四川	1088
6	广西	1304	19	贵州	988
7	黑龙江	1297	20	西藏	982
8	海南	1271	21	陕西	978
9	江苏	1208	22	云南	974
10	湖北	1103	23	山西	946
11	天津	1079	24	山东	943
12	新疆	1077	25	河南	933
13	辽宁	1058			

从总体来看，大部分省份的消费在1200元左右，包括高校和大学生众多的江苏省和湖北省。一般来说，中西部省份的平均消费会低一些，一共有7个省份的生活费低于1000元，除了山东省之外，全部位于中西部地区，最低的是河南省，由于物价较低，该地区大学生的平均消费仅为933元，消费标准仅为排名第一的福建大学生的60%左右。

那么大学生每月的生活费都花到哪里去了呢？

大学生像高中的孩子们一样每天下课就奔食堂？错了，根据最新报告显示叫外卖是女生的最爱，男生除了外卖，更爱去饭馆。有的人甚至一个学期在食堂吃饭的次数就那么一两次，有的同学可能连食堂在哪里都不知道，当然这个有点夸张。但是现在的大学生下课就奔食堂的人确实不多（见图1）。

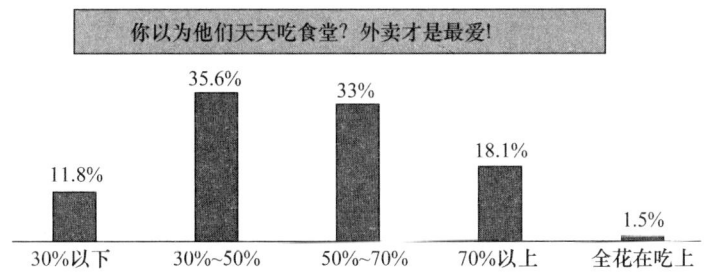

图1　大学生伙食费占整体开销比重

……

第二节　毕业论文

一、毕业论文的含义、种类和特点

（一）含义

毕业论文是学术论文的一种形式，又称学位论文，是学位授予制度的产物。毕业论文是毕业生总结性的独立作业，是学生运用在校学习的基本知识和基础理论，去分析、解决一两个实际问题的实践锻炼过程，是学生在校学习期间学习成果的综合性总结，也是整个教学活动中不可缺少的重要环节。撰写毕业论文对于培养学生初步的科学研究能力，提高其综合运用所学知识分析问题、解决问题的能力有着重要意义。

（二）种类

根据不同的分类方法，毕业论文可分为不同的类型。

1. 根据所申请的学位不同，分为学士论文、硕士论文、博士论文三种

学士论文是合格的本科毕业生撰写的论文。它应反映出作者能够准确地掌握大学阶段所学的专业基础知识，基本学会综合运用所学知识进行科学研究的方法，对所研究的题目有一定的心得体会。论文题目的范围不宜过宽，一般选择本学科某一重要问题的一个侧面或一个难点。选择题目还应避免过小、过旧和过长。

硕士论文是攻读硕士学位研究生所撰写的论文。它应能反映出作者广泛而深入地掌握专业基础知识，具有独立进行科研的能力，对所研究的题目有新的独立见解，论文具有一定的深度和较好的科学价值，对本专业学术水平的提高有积极作用。

博士论文是攻读博士学位研究生所撰写的论文。它要求作者在博导的指导下，能够自己选择潜在的研究方向，开辟新的研究领域，掌握相当渊博的本学科有关领域的理论知识，具有相当熟练的科学研究能力，对本学科能够提供创造性的见解，论文具有较高的学术价值，对学科的发展具有重要的推动作用。

2. 按照研究方法不同，学位论文可分为理论型、实验型、描述型三类

理论型论文运用的研究方法是理论证明、理论分析、数学推理，用这些研究方法获得科研成果；实验型论文运用实验方法，进行实验研究获得科研成果。描述型论文运用描述、比较、说明方法，对新发现的事物或现象进行研究而获得科研成果。

3. 按照研究领域不同，学位论文又可分为人文科学学术论文、自然科学学术论文与工程技术学术论文三类

这三类论文的文本结构具有共性，而且均具有长期使用和参考的价值。

（三）特点

1. 学术性

学术性是论文的根本特点，它要求文章有一定的深度，在专业上有深厚的功底，对所研究的课题有全面的了解，不但掌握它的现状，也要知道其历史，还要了解其发展动态及发展趋势等。

2. 创造性

科学研究是对新知识的探求，创造性是科学研究的生命。学术论文的创造性在于作者要有自己独到的见解，能提出新的观点、新的理论。没有创造性，学术论文就没有科学价值。

论文的创造性主要体现在以下几个方面：

（1）发现别人没有发现过或没有提出过的问题，创立新的学说。

（2）纠正前人的某些错误观点。

（3）补充前人的观点的某些不足。

（4）为他人的观点提供新的很有说服力的论据。

（5）运用新的方法，从新的角度去阐述已有的观点。

（6）对社会生活、社会生产提出新方式、新方法。

3. 理论性

学术论文在形式上属于议论文，但它与一般议论文不同，它必须是有自己的理论系统，不能只是材料的罗列，应对大量的事实、材料进行分析、研究，使感性认识上升到理性认识。

4. 平易性

指的是要用通俗易懂的语言表述科学道理，不仅要做到文从字顺，而且要准确、鲜明，力求生动。

二、毕业论文写作

要写好毕业论文，应遵循以下步骤。

（一）选题

选择研究课题是论文写作的第一步，必须遵循三个原则：

一是选择有价值的课题。主要表现在实际应用的价值和科学理论的价值两方面。

二是选择有新意的课题。主要表现在课题要有新意，有特色，或他人未曾涉足过，或虽然涉足过但尚有不完善、不确切而有待补充、修正的地方，或者有研究者自己的独特视点、创新角度等。

三是选择难易适中、大小适宜的课题。主要表现在一方面有追求真理，追求创新，不畏困难的精神，选择难度较大的课题；另一方面应量力而行，根据自身的主客观条件，选择适合于自己特长、兴趣、能力和实际条件的课题。选题太大，难以驾驭；选题大小，又不能充分发挥自己的水平和潜力。

（二）开展研究

选好研究课题后，明确了研究方向和目的，接下来的工作就是围绕课题开展研究。

1. 搜集材料

研究必须充分占有材料。搜集资料就是搜集关于课题的事实、数据、理论、含义、定理、技术、方法以及科学构思与假说、经验与教训等方面的资料。这是科学研究的前期工作，同时，它为论文写作提供必不可少的丰富素材，也是论文写作的具有基础意义的工作。资料可根据搜集途径分为两类：一类是间接资料，通过查阅文献资料获得；另一类是直接资料，通过研究者亲身考察和实践获得。

2. 整理资料

搜集和记录后的资料，零散、杂乱，要充分发挥资料的作用，必须对资料进行整理，使之条理化。

首先，为了便于使用资料，要对资料进行分类整理。其方法主要有两种：一是知识体系分类法，定出各级分类项目，据此将资料归类；二是课题体系分类法，即按照课题的理论构架，设计出各级分类项目，将资料集中归类。

其次，为了便于查找资料，要对分类整理后的资料编写目录索引。其编写方法可参照图书馆的各种目录索引加以选择。

3. 科学思考

将整理后的资料联系起来进行思考，使之发展成为一个完整的新理性认识。这一思考过程，从课题的角度讲，是科学研究的后期工作；从写作角度讲，是提炼主题的第三步工作。在此阶段，是否能实现认识上的新飞跃，完全取决于大脑的思维活动，所以掌握运用科学的思维方法是十分重要的。

（三）撰写文献综述

在搜集资料与分析研究之后，所要进行的重要工作就是撰写文献综述。

1. 文献综述的含义和特点

文献综述是在对文献进行阅读、选择、比较、分类、分析和综合的基础上，研究者用自己的语言对某一问题的研究状况进行综合叙述的情报研究成果。撰写文献综述是论文写作的重要环节，是论文写作的前提和基础。文献综述的好坏直接关系到论文的成功与否。它具有以下特点：

（1）综合性。综述要"纵横交错"，既要以某一专题的发展为纵线，反映当前课题的进展；又要从国内外进行横向比较。只有这样，才能对大量素材进行综合分析、归纳整理、消化鉴别，使材料更精练、更明确、更有层次和更有逻辑，进而把握本专题发展规律和预测发展趋势。

（2）评述性。是指比较专门地、全面地、深入地、系统地论述某一方面的问题，对所综述的内容进行综合、分析、评价，反映作者的观点和见解，并与综述的内容构成整体。一般来说，综述应有作者的观点，否则就不成为综述，而是手册或讲座了。

（3）先进性。综述不是写学科发展的历史，而是要搜集最新资料，获取最新内容，将最新的信息和科研动向及时传递给读者。

2. 文献综述的写法

文献综述一般包括引言、正文、结论、附录几部分。

（1）引言。包括撰写文献综述的原因、意义、目的，介绍有关的概念、含义以及综述的范围，扼要说明有关主题的现状或争论焦点，使读者对全文要叙述的问题有一个初步的了解。

(2) 正文。即是文献综述的主要内容，包括某一课题研究的历史、现状、基本内容，研究方法的分析、比较、评述，已解决的问题和尚存的问题，重点、详尽地阐述该课题对当前的影响及发展趋势。这样不但可以使研究者确定研究方向，而且便于他人了解该课题研究的起点和切入点，在他人研究的基础上有所创新。

(3) 结论。即文献研究的结论，概括指出自己对该课题的研究意见、存在的不同意见和有待解决的问题等。

(4) 附录。列出参考文献，说明文献综述所依据的资料，增加综述的可信度，便于读者进一步检索。

3. 撰写文献综述的注意事项

(1) 文献综述不应是对已有文献的重复、罗列和一般性介绍，而应是对以往研究的优点、不足和贡献的批判性分析与评论。因此，文献综述应包括综合提炼和分析评论双重含义。

(2) 文献综述要文字简洁，尽量避免大量引用原文，要用自己的语言把作者的观点说清楚，从原始文献中得出一般性结论。

(3) 文献综述不是资料库，要紧紧围绕课题研究的"问题"，确保所述的已有研究成果与本课题研究直接相关，其内容要围绕课题紧密组织在一起，既能系统全面地反映研究对象的历史、现状和趋势，又能全面地反映研究内容的各个方面。

④文献综述要全面、准确、客观，用于评论的观点、论据最好来自一次文献，尽量避免使用别人对原始文献的解释或综述。

(四) 执笔写作

执笔写作是用语言文字表述科学研究成果的过程。这是论文写作的最后一步。要注意准确把握写作的步骤、要求和基本格式。

1. 写作的步骤和要求

(1) 明确主题。将新见解上升到理论的高度进行概括，使之成为明确的观点——论文的主题，然后再确定阐发观点的若干小的观点。主题是论文的灵魂，表达主题必须鲜明、新颖、深刻。

(2) 选用材料。在搜集到的丰富资料中选择出真实、典型、必要的理论和事实材料。材料是为表达主题服务的，因此必须通过对材料的透彻分析来充分说明观点。

(3) 拟写提纲。以一定的逻辑形式，将观点和材料作合理的组织安排，制订出论文的整体构架。提纲是论文的蓝图，必须清晰、严谨、完整。

(4) 起草论文。用准确、简明、平易的语言和图表表述论文内容。语言是论文的载体，应具有单义性、规范性。

(5) 反复修改。论文写作往往不是一次就能够完成的，因此要对初稿进行全方位的反复推敲，一丝不苟地认真修改。

(6) 定稿。要求文面整洁，格式规范。

2. 学术论文的基本格式

学术论文的基本格式是为了便于作者简明地表述研究成果、读者迅速有效地掌握论文信息，在长期写作实践中被人们逐步完善并固定下来的、体现了思维规律的论文结构形式。论文写作既要以此为依据，又要根据论文内容特点作适当取舍。通用的学术论文基本格式由以下三部分构成：

（1）前置部分。包括封面、摘要、关键词、目录。

①封面。写明研究课题、作者姓名、培养单位、指导教师、专业名称（学科、方向）、完成时间等。

②摘要。它是对论文内容不加注释和评论的简短陈述，是一篇能独立使用的完整短文。它一般应说明研究工作的目的、实验方法、结果和最终结论等。一般须具备中英文摘要。

③关键词。是为文献标引，从论文中选取出用以表示全文主题内容信息款目的单词或术语，一般3~8个，中间用分号隔开。

（2）主体部分。包括引言（绪论）、正文、结论、致谢、注释及参考文献等。

①引言（绪论）。简要说明研究工作的目的、范围、相关领域的前人工作和知识空白、理论基础和分析、研究设想和方法、实验设计、预期结果和意义等。

②正文。它是论文的核心，以主要的篇幅表述研究成果。一般来说，学术论文的内容应包括以下三个方面：第一，事实根据（通过本人实际考察所得到的语言、文化、文学、教育、社会、思想等事例或现象）。提出的事实根据要客观、真实，必要时要注明出处。第二，前人的相关论述（包括前人的考察方法、考察过程、所得结论等）。在理论分析中，应将他人的意见、观点与本人的意见、观点明确区分。无论是直接引用还是间接引用他人的成果，都应该注明出处。第三，本人的分析、论述和结论等。做到事实根据、前人的成果和本人的分析论述有机地结合，注意其间的逻辑关系。

正文写作时应注意下列几个问题。第一，要把中心论点放在突出的位置，明显地展示自己富有创新性的研究成果。第二，把中心论点分解成若干个分论点展开论证，要把握好总论点与分论点之间、分论点与分论点之间的内在联系。第三，材料和观点必须统一，观点必须建立在可靠的材料的基础上，依靠材料来证明、支撑，材料必须为观点服务，观点必须能统摄材料。第四，论文中所涉及的概念要有确定的内涵，必要时应对重要的概念进行界定。对于命题所适用的范围，也应当严格地加以限定，而不要把自己提出的见解、命题随意推广开去。在阐述观点时，应当准确、明了，要有严密的逻辑性。

③结论。应是毕业论文最终的、总体的结论。换句话说，结论应是整篇论文的结局、整篇论文的归宿，而不是某一局部问题或某一分支问题的结论，也不是正文中各段小结的简单重复。结论应当体现作者更深层的认识，且是从全篇论文的全部材料出发，经过推理、判断、归纳等逻辑分析过程而得到的新的学术总观念、总见解。结论可采"结论"等字样，要求精练、准确地阐述自己的创造性工作或新的见解及其意义和作用，还可提出需要进一步讨论的问题和建议。结论应该准确、完整、明确、精练。

结论的内容一般应包括以下几个方面。第一，本文研究结果说明了什么问题。第二，对前人有关的看法做了哪些修正、补充、发展、证实或否定。第三，本文研究的不足之处或遗留未予解决的问题，以及对解决这些问题的可能的关键点和方向。结论要准确、完整、明确地阐述最终的、总体的结果。

④致谢。一般放在正文后，主要是感谢在论文写作过程中，给予资助或帮助的单位、企业、组织；协助完成研究工作和提供便利条件的组织或个人；在研究工作中提出建议和提供帮助的人；给予转载和引用权的资料、图片、文献、研究思想和设想的所有者；其他应感谢的组织和个人。

⑤注释及参考文献。在学术论文后一般应列出注释及参考文献（表），其目的有三：一是为了能反映出真实的科学依据；二是为了体现严肃的科学态度，分清是自己的观点或成果还是别人的观点或成果；三是为了对前人的科学成果表示尊重，同时也是为了指明引用资料出处，便于检索。

毕业论文的撰写应本着严谨、求实的科学态度，凡有引用他人成果之处，均应按论文中所出现的先后次序以注释形式列出。有关注释。注释是指在论文写作中，引用了别人文献中的资料，应标注出文献的作者及出处。具体标注方法是：按照文献在文中引用的先后顺序，用阿拉伯数字在引文末尾的右上角进行连续编码，采用圆圈加数字形式，即"①"。如：

赵谦翔提出了"我思故我在，我行故我在，我新故我在"，即将思考、行动、创新作为教师职责的观点。①

不同类型的文献有不同的著录格式，常见的文献类型有期刊文章、学术专著、学位论文几种。

首先是期刊文章。在论文写作中引用了某期刊上的文章内容，其著录格式为：

序号　作者：《题目名称》，载《期刊名称》，出版年份，卷号（期号），第×页。

如：

①高景德、王祥珩：《交流电机的多回路理论》，载《清华大学学报》（自然科学版），1987年第27卷第1期，第8页。（完整形式）

①高景德、王祥珩：《交流电机的多回路理论》，载《清华大学学报》（自然科学版），1987年第1期，第8页。（缺卷）

其次是学术专著。在论文写作中引用了某专著中的内容，其著录格式为：

序号　作者：《著作名称》，出版城市：出版社，出版年份及版次，第×页。如：

①童庆炳：《文学理论教程》，北京：高等教育出版社，2004年第3版，第35页。

第三是学位论文。在论文写作中引用了别人的学位论文中的内容，其著录格式如下：

序号　作者：《论文名称》（博/硕士学位论文），学校地址：学校名称，年份，第×页。

如：

①王建荣：《对话：学生与文本的视野融合》（硕士学位论文），上海：华东师范大学，2006年，第23页。

关于参考文献。论文写作过程中阅读或参考（未具体引用）的文献资料，用［1］［2］……序号列于文末注释之后。其著录格式为：

［1］〔美〕丹尼尔·贝尔著；高铦等译．后工业社会的来临［M］．北京：商务印书馆，

1986:76-79.

[2]〔美〕阿林·扬格著;贾良根译.报酬递增与经济进步[J].经济社会体制比较,1996(2):5-55.

文献类型和标识代码如表4-1所示。

表4-1　文献类型和标识代码

参考文献类型	文献类型标识代码
专著	M
论文集	C
报纸文章	N
期刊文章	J
学位论文	D
报告	R
标准	S
专利	P

（3）附录部分。对于一些不宜放入正文中但作为毕业论文又是不可缺少的部分，或有重要参考价值的内容，可编入毕业论文的附录中。如问卷调查原件、数据、图表及其说明等。

三、论文写作的原则及注意事项

（一）立论客观，具有创新性

文章的基本观点来自于对具体材料的分析和研究，所提出的问题在本专业学科领域内有一定的理论意义或实践意义，并通过独立研究，体现出写作者的认知和看法。

（二）论据翔实，富有确证性

论文做到旁征博引，多方佐证，有主证和旁证。论文中所用的材料应言必有据，准确可靠，精确无误。

（三）论证严密，富有逻辑性

提出问题、分析问题和解决问题，要符合客观事物的发展规律，全篇论文形成一个有机的整体，使判断与推理言之有序，天衣无缝。

（四）体式明确，标注规范

论文以论点的形成构成全文的结构格局，以多方论证的内容组成文章丰满的整体，以较深的理论分析辉映全篇。此外，论文的整体结构和标注应规范得体。

（五）语言准确、表达简明

论文最基本的要求是读者能看懂。因此，我们写出的论文应该想得清，说得明，想得深，说得透，做到深入浅出，言简意赅。

【例文】

论李白诗歌豪放飘逸的风格特征

××学院××专业××年级××班×××

指导教师 ××× （职称）

摘要：李白是我国唐代伟大的浪漫主义诗人，他的诗歌……

关键词：李白；诗歌；风格特征

Abstract：××××××××××××××××

Key Words：×××；×××；×××

第一部分：绪论（可以不标明"绪论"字样）

第二部分：本论（可不标明"本论"字样）

一、×××

（一）×××

1. ×××。……………………………

（1）………………

（2）………………

① ………………………

② ……………………………

2. ×××。………………………………………………

第三部分：结论（可不标出"结论"字样）

综上所述，……………………………………………

注释：

①×××：《××××》，北京：中国社会科学出版社，1990年版，第72页。

②×××：《××××》，载《中国文学研究》，2013年第2期，第100页。

参考文献

[1]（期刊文献的著录）作者名.文献篇名［文献类型］.刊物名称，年号，（期号）：文献所在页码.

例：

期刊文献著录实例：

[1] ×××.××× [J]．北京：中国高等教育，1998（3）：16—21.

（说明：冒号后面是页码，若无页码，其形式为1998（3）．表示发表年份与期数）

图书的著录：

第一作者名，第二作者名.书名［文献类型］.出版城市：出版社，出版年.

[2] ××，××.××××［M］.长春：东北财经出版社，1996.

（说明：如果是第一版，就直接写年份；如果不是第一版，就应写出年份及版数。如2008年第2版．）

第三节　申论

一、申论的含义和特点

（一）含义

申论是当前公务员考试的必备科目。"申论"一词，取自孔子的"申而论之"，是指根据所给材料提出观点并阐发议论。申论含有引申、申述、申辩、议论、论证之意。增加申论部分，是对公务员考试所做的一种尝试。它要求考生针对给定的材料，概括主要问题、提出解决方案、对所提观点展开论证。这种考试是根据目前机关工作的需要，对考生理解认识能力、文字表达水平，特别是分析和解决实际问题能力的一种综合考查方法。

（二）特点

1. 材料的广泛性与非专业性

申论考试的目的在于考查考生发现问题、阐述问题及解决问题的综合能力，本质上属于一种基本素质测试。因此，申论考试所给定的材料多为人们所熟知的、反映社会生活中热点问题的背景材料，政治、经济、法律、文化等均有涉及，可选的范围较广。一般不会向某种专业性知识特别倾斜，以便保证每个考生都能有论而发。

2. 命题的针对性

申论命题一般都具有较强的现实针对性，即要求考生就一些社会现实热点问题提出自己的看法与解决该问题的方法及途径。因此，考生应在充分把握所给材料的内容的基础上，抓住材料中预设的环境和条件，针对性地、有重点地去分析和论证问题。

3. 解决方案的可行性

申论考试中给定材料所反映的问题基本都是现实问题，这些问题不一定有现成的解决方案，但肯定是能够解决的。因此，考生应在抓住主要问题的基础上，从解决方法、措施、步骤、时间、人员安排等角度，提出具有现实可行性的方案。

二、申论考试的基本内容和试卷结构

（二）考试内容

申论考试"主要通过应考者对给定材料进行分析、概括、提炼后，用简明扼要的文字概括出给定资料所反映的主要问题，然后针对主要问题提出解决问题的对策和可行性方案，在完成上述两项程序的基础上，紧扣给定资料及其反映的主要问题，申明、阐述、论证对问题的基本看法和解决问题的方法，以此测查应考者解决实际问题的能力，以及阅读理解能力、综合分析能力、提出问题能力和文字表达能力"。

（二）试卷结构

1. 注意事项部分

（1）申论考试与传统作文考试不同，是对分析驾驭材料能力与表达能力并重的考试。

（2）作答时限：阅读材料 40 分钟，作答 110 分钟，考试时间总长 150 分钟。

（3）仔细阅读给定的材料，按照后面提出的申论要求依次作答。

2. 资料部分

给出约 1500 字的材料，内容可能涉及政治、经济、法律、教育等社会现象的诸多方面。从近年来的考试实际看，资料多少的伸缩性较大。

3. 申论要求部分

（1）请用 150 字的篇幅，概括出给定资料所反映的主要问题。

（2）请用不超过 300 字的篇幅，提出给定材料所反映问题的方案。要有条理地说明，要体现出针对性和可操作性。

（3）就给定资料反映的问题，用 1200 字左右的篇幅，自拟标题进行论述。要求中心明确，论述深刻，有说服力。

三、申论的解题环节和方法

在申论考试的全过程中，阅读材料、概括内容、提出对策、论述问题是四个主要的环节。阅读理解给定资料，是最基础的环节。这个环节虽然不能用文字直接在答卷上反映出来，却是完成其他三个环节必备的基础条件。只有认真地读懂全部给定资料，才能把握资料所反映的事件的性质，也才能准确地概括出给定资料所反映的主要问题，完成第二个环节的要求，才能针对主要问题，就给定资料所涉及的范围和条件，提出切实可行的解决问题的对策和方案，完成第三个环节的要求。最后，要充分利用给定资料，切中主要问题，全面阐明、论证应试者本人对给定资料所反映的主要内容的看法，以及解决问题的对策，完成第四个环节的要求。

（一）阅读的方法

阅读理解给定资料是申论考试最基础的环节。因此必须根据申论要求，认真地反复阅读全文，采取通读与细读的方法，对材料展开阅读。具体做法如下：

（1）通读法。即快速扫阅全文，了解材料的题材、体裁、结构和逻辑关系，了解材料的主要内容、主要问题以及主要问题的类别和性质。通读时，应注意提高阅读速度，防止时断时续。阅读中注意力不应过多地用在数据、人名、地名等某些细节问题上，而应抓住关键词语和关键语句快速扫阅全文。

（2）细读法。是指在通读的基础上，根据申论要求，带着问题有针对性地阅读材料，把握材料的细节，判断和推敲材料的言外之意，为作答申论要求做准备。进行细读时，就要进一步明确材料的主要内容和主要事实，弄清材料中涉及的具体的人名、地名、数字以及事情发展的前后逻辑联系；弄清主要问题形成的特殊原因和条件，把握其主要矛盾；挖掘隐含在材料中的深刻含义，归纳出可资论证的观点。

(二）概括的方法

概括主题是一个重要的承上启下的环节，一方面它是对前面阅读资料环节的一个小结；另一方面，又使提出的对策或可行性方案以及论证过程更具有针对性，是其据以立论和展开的基础。概括材料所反映的主要问题，就是用简明的语言文字，准确地概括主要问题的内容、性质，阐明主要观点和看法。具体到写作上，则没有固定的格式，一般地说，它类似于普通文体写作中的综述，即在综合叙述事实的基础上，适当地加以评论。概述主要问题是建立在对材料内容和问题进行分析和归纳的基础之上的。材料中所反映的内容可能是多方面的，包含的意思可能是多层次的，反映的观点可能差别很大。因此，分析和归纳问题时要有所侧重，即抓住主要矛盾和主要问题，搞清问题的针对性，不能面面俱到。在概述主要问题、阐明观点和看法时，要避免片面性和绝对性，应当把握分寸。

（三）提出对策的方法

提出对策是申论考试的关键环节，重点考查应试者的思维开阔程度、探索创新意识、应变和解决问题的能力。应试者可根据给定材料反映的主要问题及其类别与自己以往收集的这一类别的社会问题进行比较和印证，认识该主要问题形成的普遍规律以及一般的解决方案，同时根据该主要问题形成的特殊原因和条件，具体问题具体分析，在一般性解决方案的基础上，提出具体的解决方案。

提出对策的目的是为了解决问题。因此，提出的对策就要针对问题产生的现实原因、条件和具体环节，提出各种解决办法，消除问题在各个主要环节产生的原因和条件，从而使问题得以解决。提出对策不可能一步到位，方案中可能有不完善的方面，因此，要对方案反复论证评估，查找漏洞，不断进行调整和修正，从而使最终方案成为可选的最佳方案。所谓最佳方案，就是指方案首先必须合理、合法，不与国家现行的路线、方针、政策以及法律法规相抵触；其次，方案必须具有针对性和可操作性；最后，方案必须以较小的成本、较小的风险取得最大的社会效益。

在表述解决方案时，要有一定的逻辑顺序，要层次分明，前后照应，不能杂乱无章，更不能相互抵触。

（四）论述的方法

论证是申论考试最后一个环节，在一定意义上，它才算是申论的真正开始。它要求应试者充分利用给定资料，切中主要问题，全面阐明、论证自己对给定资料所反映的主要问题的基本看法以及解决问题的方案。其具体做法如下：

1. 立论

立论是写作议论文的关键环节，立论就是确定议论文的中心论点。由于申论考试的议论文部分是根据所给材料引申和归纳出论点，并在此基础上旁征博引，展开论证的。因此，立论就必须立足于给定材料，从中挖掘出可资议论的中心论点。这就需要抓住给定材料所反映的主要问题，表明自己对这个主要问题的立场，要么赞成，要么反对，不能模棱两可或骑墙居中。

在立论中，要注意处理好如下几个方面的问题：

（1）立论要有针对性。立论要联系社会现实。申论考试所给材料都是反映社会某一方面的问题，具有较强的现实针对性。因此，考生要在立足于给定材料所反映问题的基础上，广泛联系社会现实中相同性质的问题，即联系所有这一类的问题，从中引申归纳出自己的中心观点。只有这样的论点，才能具有更广泛的社会现实性，才更有意义。

（2）立论要正确、鲜明、集中、深刻、新颖。正确是指论点必须是从给定材料中引申出来的合乎社会普遍认同的观点，能够揭示问题的本质，符合客观规律。鲜明是指论点要是非明确、立场坚定。集中是指议论文中只能有一个中心论点，即论点要高度概括，能表明作者的主要看法和主要观点。深刻是指论点见解有独到之处，能发人所未发，见人所未见。新颖是指论点不人云亦云，不拾人牙慧，能给人新的启迪。

2. 确定标题

标题是作者给文章所起的名字，也称文题或题目。标题是文章的有机组成部分，是文章的眼睛，跟文章的思想内容、题材、情调、色彩有着密不可分的关系。好的标题往往有品位，能引起读者兴趣，产生急于读下去的强烈欲望；能帮助揭示主题，有助于读者理解文意；能打动读者，给人留下鲜明的印象和难忘的记忆。因此，写文章必须把标题拟好。

标题的确定因文而定，没有固定的格式。议论文中常见的标题拟定方法主要有如下几种：

（1）标题直接点明主题。这种标题开门见山，一目了然，使读者一看就能把握文章的题旨。

申论考试中一般用这种方法拟定标题，即把中心论点高度凝练和概括，并使其成为文章的标题，表明自己对给定材料所反映的主要问题的看法和观点，旗帜鲜明地表明自己的立场。

（2）标题概括文章的主要内容。这种标题只说明文章涉及的内容和范围，并不表明作者对这些问题的态度和观点。申论考试中若用这种方法拟定标题，就要使给定材料所反映的主要问题成为论题，并附表示议论文体裁的词语。

（3）标题运用设问、比喻或象征的手法。这类标题针对性强，引人注目，能启发人思考。

（4）标题引用语录或诗句。这类标题的拟定一般引用革命导师、英雄人物的话或现成的诗句。

当然，标题的拟定方法还有很多，但无论用什么方法拟定议论文的标题，都必须保证拟定好的标题准确、醒目、新颖、精练。标题准确是指标题切合文意，准确反映文章的思想内容，防止过宽或过窄。标题醒目是指标题必须鲜明地表现文章的内容，具有浓厚的时代色彩和强烈的战斗性。同时，也要有较强的视觉性，并要注意字数的安排和结构的整齐。

3. 安排结构

在解决了立论和标题后，就需要进行结构安排，即要对文章内部的观点和材料进行合理安排，也就是确定议论文的结构。结构安排得好，文章的思路就清晰，论点就突出，说理就"言之有序"。反之，不仅思路混乱，层次不清，还会影响说服效果。一般来说，议论文都有中心论点，它贯穿全文，统帅若干论点和论据。写议论文时，要对这些有全面的考虑，清楚地安排各分论点，使之有纲有目，科学化、条理化。议论文一般采用以下结构：

（1）绪论。概引材料，略作分析，提出论点。

绪论也叫引论，主要任务是把要议论的问题和阐述的中心论点介绍给读者，使人们对文章所要阐明的事物有一概括的了解。绪论写在文章之首，是文章的开头。开头写好写坏，写深写浅，将直接影响全文。

（2）本论。摆事实，讲道理，进行正面论证或反驳。

本论是文章的主体，是议论文分析问题的部分。它的任务是对文章的中心论点展开深入的分析，组织论据来证明论点的正确或反驳谬论的错误。本论的结构方式一般有如下几种方式：

①并列式。即对所论述的中心分几个方面来论证。

②递进式。即对论点论述层次或反驳论点批驳层次形成一个层层深入、步步发展的"阶梯式"的论证安排方式。

③分总式。即文章说理层次是先逐次展开论述，之后再综合分析归纳中心论点。

④总分式。即首先提出中心论点，再根据中心论点，或用几个分论点，或用几个分论据，来阐述这个中心论点。

⑤总分总式。即文章的说理层次是先总述，后分述，最后总论。

（3）结论。联系实际，引申论点，发出号召。

结论是议论文解决问题的部分，是引论提出问题、本论分析问题后所给出的答案。结论应当使人读后若有所思，深得启迪。结论的方法多种多样，常见的有如下几种：

①综合全篇，"卒章显志"；

②展示未来，鼓舞斗志；

③提出问题，引起注意；

④对症下药，提出办法；

⑤前后照应，首尾相连。

总而言之，论证部分的写作应该在深入思考、运筹帷幄的基础上进行，最好事先列一个扼要的提纲，做到胸有成竹，行文流畅，并要注意论题鲜明、重点突出、线索清晰、详略得当这些写作的基本要求和规范。

四、申论考试的注意事项

（一）认真审题，明确要求

规定的申论考试对字数、文体及范围都是有限制性要求的。在规定范围内，字数一般不能超过10%，否则就要被扣分。文体一般是议论文。

（二）紧扣给定资料，用语朴实简明

无论是概括主题，陈述看法，还是提出对策，都限于试卷的给定资料，而最后的论

证,也是在前述基础上,就给定资料和从中概括出的主要问题及其解决方案进行阐述和论证。切忌脱离给定资料,随意联想和发挥。申论写作完全是以实用为目的,文章的表达方式应以说明、陈述、议论等为主,以充分表达自己概括、分析的能力和提出问题、解决问题的能力,文风力求质朴。语言朴实简明,遣词造句应当准确、简明、规范,杜绝一切套话、空话。文章应当条理清晰,理据相谐,时间、地点、人员、范围、性质、程度等数据项目必须表达明确,范围应限定;用语肯定,避免歧义,剔除一切冗余信息;使用的词语符合身份,语出有据,做到庄重得体;语句、段落和篇章结构都要体现合理的逻辑关系。

(三) 临考前做适量的模拟题

申论对许多人而言是一门新的考试科目,应试者通过做模拟题可以了解考试试题的总体设计、考试时间的安排,把握做题的速度,并且熟悉、掌握各类题型的答题角度与答题技巧,有备而来,在考试现场就不致于手忙脚乱,影响临场发挥。

(四) 注意试题中设定的"虚拟身份"问题

申论考试着重考核的是发现问题和解决问题的能力。针对同一件事,不同的人由于不同的身份,处在不同的工作岗位,观察事物的角度会有所不同,其提出问题的侧重点及解决方案也会有很大的区别。为此,申论试题大多为考生设定了一定的虚拟身份,考生在作答时对此务必要特别留意,一旦忽略了,就会答非所问。

(五) 书写工整,无错别字

书写质量直接影响到考生思想意图的表达,即使在答卷中有精练的概括、中肯的对策、精彩的论述,潦草的字迹也无法让人了解文中的内容,让阅卷人进行艰苦的"考订"工作,会造成阅卷人视觉和心理上的疲劳,从而产生"质量较差"的先入为主的印象。而错别字更容易使考生思想表达变异,甚至与原意相反。因此,字迹工整、规范用字是申论写作的一个重要要求。

【例文】

2018年××省公务员申论考试题

一、给定材料

材料一

互联网的风起云涌,不仅从根本上颠覆了许多传统行业,同时也创造了新的行业和机遇。21世纪初,有学者提出了互联网时代协同消费的理念和发展模式,并将其分为若干阶段。最初,是代码共享,即通过互联网向用户提供信息,但信息流是单向的,用户不能参与其中进行评论和交流。当互联网进入Web2.0时代,用户开始通过网络平台向陌生人分享信息、表达观点,但其分享局限于内容或信息,不涉及实物交易,一般也不存在金钱报酬,仅仅是生活共享或是内容共享。

随着物物相联时代到来,网络平台公司通过互联网重新整合社会闲散资源和富余劳动力，然后再按需精准配置，实现物尽其用，社会分配从专业化向社会化转变，真正实现了离线资源的共享，即线上的分享协作渗透和延伸至线下，并由此改变了我们的文化和经济世界。如今，需求方不但可以享受到低价与个性化服务，也得到了社交机会。对于企业而言，随着加入网络的节点及节点间的连接增加，网络的价值会随着用户数量的平方数增加而增加。作为一种新的商业模式，其势必会对现行制度和秩序造成冲击，为此，政府应积极提供相应的法律制度保障，才能实现可持续发展。同时，任何商业行为都是以盈利为目标，任何市场的开发也都需要资金的支持，但过度的资本运作可能导致市场滥用其优势地位，甚至违背市场规律采取不正当竞争。政府理应鼓励相关企业采取科学的商业模式，新经济应当创造真正的消费者，而不仅是通过补贴来吸引消费者。

在新经济模式中，个体成为自由劳动者，劳动力价值能充分实现并完全由自己支配。供求双方通过互联网发布自己可供分享或需求的物品，不仅能为特定的供给者或需求者提供可选择的交易对象，还有助于掌握交易对象更多的信息，避免不公平交易，降低交易成本。对闲置物资的再利用使得前期投入的成本要么已得到回收，要么当作沉没或折旧成本而收费较低廉，从而令闲置物资的边际成本更低，体现出更大的成本和资源利用效率优势。由于这一系列商业活动完全有别于过往经济行为，加强政府的监督与引导，显得尤为重要。建立新的监管规则体系迫在眉睫。在新的规则出台之前，可以运用相关的法理，借鉴现行的法律法规，引导市场建立内部自律监督机制，维护市场的正常秩序。

材料二

美国某房屋租赁公司曾发生一起恶性事故。一名房东发现她的公寓被从该公司网站上招来的房客洗劫一空。她在给该公司的信上写道："他们在我的柜子上凿了个洞，劫走了里面的护照、现金、信用卡和我奶奶的珠宝首饰。不仅如此，他们又搜走了我的照相机、老式电脑和装有我所有相片、日志等备份的外接硬盘。他们掠走了我的一切。"这大概是所有人对互联网时代协同消费经济模式的顾虑了。某调查公司针对美国用户对这一经济模式的调研数据显示，参与其中的人群中，57%的人表示，"对这种消费模式感兴趣，但是仍有顾虑"，而在熟悉这种经济模式的人群中，69%的人认为，"除非信任的人推荐，否则将不会相信"。

共享充电宝在成为许多市民生活"标配"的同时，也引发了不少争议。除了共享充电宝自身的质量安全外，使用者可能还会面临个人信息泄露的风险。曹先生是一位互联网公司的程序员，他说："每次看到有人使用共享充电宝，我都为他们捏把汗。其实它本质上就是一台电脑，有电脑的地方就会有黑客。现在大数据、算法不断发展，数据公司和社交软件合作，无孔不入地对个人信息进行收集。如今，我们消费时常扫二维码，通过第三方支付对其进行授权，但是第三方支付其实都绑定了个人身份信息、银行卡信息，在扫码过程中，就存在信息泄露的可能。"

本应更方便、更优惠的互联网协同消费经济，有时还会让人陷入更大的麻烦。随着家庭用品加速升级换代，如何让闲置物品流转起来，使旧物出售和消费变成"动动手指就能办成的事"，成为商家瞄准的一片蓝海。不过，由于买卖无须"打照面"、交钱与交货环节分离等原因，网络二手交易平台的信誉难以尽如人意，"省时省力不省心"，是不少人的共同印象。与一般商品不同，非标准化是二手商品的最大特点，其损耗程度、保养情况等很难得到最合理的评估、考证。如何让踏实放心取代买卖双方的彼此猜忌，除了考验平台的服务智慧、相关部门的治理决心，还有赖于社会征信体系的建立。

由于制度建设的相对滞后，经济活动过程中产生的纠纷，也让人颇费思量。租车、私厨、保洁……"互联网+"催生了很多以APP为平台的服务业务，通过APP和客户建立联系进行服务，是否就相当于是和APP的运营公司建立了劳动关系？邓先生、孙先生等7名厨师，通过某公司的APP网约客户，成为上门掌勺的"私厨"。日前，他们起诉要求法院确认自己和该公司存在劳动关系，要求支付双倍工资、休息加班费等酬劳。该公司认为，根据双方签订的商务合作协议，孙先生等通过其旗下的APP平台，依照客户需求接单提供服务，是否接单和工作时间孙先生等人均自行掌握，他们不接受公司管理，因此双方非劳动关系。有法律界人士认为，"互联网+"劳务是近年来兴起的劳务形式，网络服务平台运营方与加入平台的劳动者间是否构成劳动关系是一个尚有争议的法律问题，这就造成了劳动权益被侵害的风险加大。

某些网站只需付费即可杜撰发布不实词条，让人对这场新经济的盛宴又多添了几分忧虑。有网友打趣，互联网平台在实现"与世界分享你的知识、经验和见解"的同时，也在分享着以假乱真的故事。一方面，这一创新模式让人们醉心于知识的海洋；另一方面，利益架构起来的知识岛屿往往会误导人们求知的航向。一位哲人曾说，一切背离了公正的知识都应叫作狡诈，而不应称为智慧。平台的开放性与真实性从来都不是背道而行的，更不容许贪婪的欲望主导信息的传播。每个人不管是主动分享还是被动接收，都应遵守规则、承担责任，用客观理性的观念培育知识的植株，做一名慧眼识珠的花匠、恪尽职守的护花使者，知识的花朵才会灿然盛开、传递芬芳。

材料三

2016年开始，A省省立医院尝试建立了"移动医疗平台"，上线临床医技科室53个、医生500余名，连接西南多省的市县医院及基层社区卫生服务中心100余家。2016年年底，位于西南边陲的某瑶族自治县人民医院骨科的张医生遇到一疑难病例，通过A省省立医院建立的"移动医疗平台"，张医生与省立医院医生联动，很快拿出会诊结论，确定了下一步治疗方案。

"移动医疗平台"让基层医院分享到优质的医疗资源，让基层患者分享到高水平的诊疗医术。通过它，让优质医疗资源上下贯通，提升基层医疗服务能力，一定程度上化解了民众"看病难、看病贵"的难题，提高了公众对医疗卫生服务的满意度。

在新技术不断出现的今天，提升公众对公共服务的满意度，既需要国家拿出顶层设计，也需要各行各业多一些改革探索，多一些奇妙创意，多一些以弱势群体为中心的行动自觉。

日前，B市一家养老机构探索"老少融合"养老新模式，养老院里不光住老人，年轻人也能入住。不过，年轻人必须为老人提供多种形式的志愿服务，通过累积服务时间来兑换住宿权和抵扣房租。

这家养老机构坐落在一栋大楼里，一楼是医院，老人的居住区分布在高层的几个楼层，共有300个床位。而在老人的居室之间，第13层则是专门开辟出来供年轻人居住的公益房——"志愿者之家"。走进"志愿者之家",首先看到的是公共活动区,区内干净整洁、设施齐全,配有桌球、跑步机、电视、沙发、冰箱等。该机构负责人表示,他们开设公益房的目的,就是为了吸引更多年轻人参与养老事业,增强敬老、爱老、助老之风,同时也为年轻人解决房租太贵的现实问题。

年轻人怎样才能住进养老院的公益房呢?该负责人表示,首先要具备养老服务的热情,然后要通过院方考核,最终达成入住协议。获得入住"志愿者之家"资格的志愿者需要填写《志愿者报名表》《志愿者承诺书》,承诺每周参与志愿服务不低于一定次数。志愿住进养老院的公益房,是不是就意味着可以免费入住,不用负担房租了呢?答案并非如此。年轻人要想抵扣房租,就要付出劳动。据介绍,目前租金抵扣的方式是:志愿者每周参与一定次数的服务活动且完成服务内容,即可获得具有租金抵扣资格的印花,凭印花抵扣房租,印花的多少决定抵扣房租的多少。

年轻人入住养老机构的模式,在业内也引发了热议。有业内人士指出,尽管此种模式在国外早有先例,但是在国内试水,要小心公益变味。对此,工作人员表示,此种模式目前在起步阶段,"志愿者之家"内部也提前制定了相应的考评规则,每次志愿服务后都会对老人进行满意度调查,目前并无强制规定能入住多久或者一定要服务到什么程度。不过,机构每半年进行一次志愿者服务考核,按照志愿者参与积极性及完成效果,决定其是否延续入住。

材料四

"游客想细看养心殿的文物,不用再趴窗户了。"据媒体报道,从 2017 年 9 月 28 日到 2018 年 2 月,深藏于故宫博物院养心殿的 268 件文物"移驾"首都博物馆,接受公众的检阅,这也是养心殿文物首次"出宫"。大批珍贵文物走出故宫,不仅仅是博物馆系统内部的一次完美合作,而且有着更为深广的意义。即文物不再一味地深"藏"不露,矜持内敛,而是正在以越来越开放的姿态、越来越亲民的路径,融入老百姓的生活。正如一位学者所言,一个一流的博物馆并不在于藏品多么丰富,而在于人们有机会看到这个馆里大量珍贵的藏品,并将博物馆文化融入自己的生活,从中汲取有助于现实生活的灵感。

如今飞入寻常百姓家的王谢堂前燕,可谓比比皆是。如公众像"追剧"一样密切关注海昏侯墓的考古挖掘。无论是展示时间,还是展览手段,均创下了纪录。这样的努力,既是一种文化普及,也是一次全民性的价值提升。遗憾的是,从全国范围看,文物休眠的情形不在少数。由于资金缺乏,在许多县级文保所,众多国宝级文物多年深藏在地库之中。有些文保所甚至连一个像样的仓库都没有,大量宝贵的出土文物随意堆放在地上,令人叹息。第三次全国文物普查数据显示,全国登记的不可移动文物高达 76 万处,而全国重点文物保护单位为 4295 处。这里面有多少文物常年深藏"冷宫"、不为人知?听任文物闲置,无疑是一种极大的文化浪费。国内不少地方,虽然也建起了宏伟富丽的博物馆,但由于理念的落后以及过度保护的错误意识,能够展出来与公众见面的文物仍十分有限。文物就应该走出封闭状态,接受公众的观赏,让民众共享。文化的传承、历史的重现、艺术的熏陶,往往在这种亲炙一面中得以完成。一个人若有幸在众多传承有序、历史和文化价值极高的文物精品中获得滋养,也一定会受用终生。

材料五

从 16 世纪开始，关于梁祝故里的争议就一直不断。在各地反映梁祝故事的戏曲和民间文艺作品中，梁祝的故乡一直没有得到确认。据考证，梁祝故事的流传涉及多个城市。一直以来，各地都言之凿凿，声称自己是正宗嫡派。相对于竞争故里的热闹，中国民俗保护开发研究中心的陈教授在田野调查时发现，如今能原汁原味将梁祝传说从头至尾讲一个钟头的人，只剩寥寥无几的几位老人了。"人们所熟悉的梁祝，只剩下一个简单的故事、一个概念。它所蕴含的精神实质和文化内核，实已到了濒危的境地！"面对这样的危机，各地都认识到，合作才能共赢，一花独放不是春，百花齐放春满园。经过多方协商，这些城市达成共识，共同发布"梁祝传说"联合申遗倡议书，确立起"天下梁祝文化是一家"的理念。终于，"梁祝传说"进入我国第一批非物质文化遗产名录。

在这些城市的共同协作下，对梁祝遗存的保护与抢救也取得了很大成绩：抢救了一批梁祝文化传承人的录音、录像；整理了一批梁祝传说、歌谣；收集了一批历代有关梁祝的记载与相关文物、资料；保护了一批与梁祝传说有关的遗址遗迹；创作了一批关于梁祝的文艺作品，出版了《梁祝文化大观》《梁祝文库》等专著。与此同时，共享"梁祝"品牌资源，也给各遗存地注入了发展活力。依托梁祝文化资源，有的城市举办中国梁祝婚俗节、建设梁祝文化园，有的打造梁祝文化小镇，以此带动婚纱摄影、婚庆、休闲旅游等文化产业发展，有的对景区进行改造，恢复传统的观蝶节等。

2011 年，全国美术馆开始实行免费开放。在一片叫好声中，也有人担心：面对国内美术馆缺少固定陈列、展览参差不齐的现状，观众愿不愿意走进去？即便走进去了，在公众审美需求不断变化的今天，怎样吸引他们驻足？2012 年开始，文化部年年组织推出"全国美术馆馆藏精品展出季"活动，除以国家重点美术馆为代表的一些大型综合类美术馆每年都推出重磅展览之外，还有一些地市级甚至县级的基层美术馆也积极参与其中。参与的美术馆多了，藏在深闺的作品露脸频繁了，公共教育与推广的手段也丰富了。各美术馆打破自身馆藏资源局限和束缚，加强合作，惠民措施层出不穷。像 D 省美术馆的"水印年华——省美术馆馆藏版画作品精选"巡展至西部多个省区，某著名画家私人艺术馆的"艺术回顾展"巡展至公立美术馆，都吸引了大量观众；C 省美术馆将展出的所有馆藏精品用微信平台展现，方便观众查阅、分享和收藏，吸引了 3500 余名观众参与。5 年来，"全国美术馆馆藏精品展出季"共推出展览 150 余个，展出藏品近 18000 件（套），观众总量约 800 万人次。一位知名学者说，当一件件文物、一幅幅佳作走出高墙深闺，来到寻常百姓中间，虽然它的容颜依旧，但它的价值却早已跨越了市场定位，带给百姓的不仅仅是自豪，还有自信，让他们更加坚定地沿着自己民族的道路走向未来。

材料六

只需缴纳 99 元押金，便可免费把书从书店带回家；10 天内归还可享免费借阅，押金随时退还；3 个月内读完 12 本可享返还押金的 8% 作为"阅读奖学金"……日前，W 省新华发行集团旗下的某书店以首创"共享书店"的身份正式亮相。这家书店一度走红网络，有着"全国最美书店""全国首家 O2O 智慧书城"等称号。"共享书店"实现了由买书到借书、把书店变成自家书房、由个人阅读到共享阅读的重大转变。

"共享书店"是基于对用户需求的分析和把握，依托实体书店的原有资源，通过运营模式的颠覆式变革，实现阅读服务的转型升级。该集团总经理说："近年来，消费者阅读习惯和购买方式发生了巨大变化，我们相信未来所有的书店都会实现共享。如今，我们的'阅＋线上平台'已经进驻100多家全国知名泛娱乐、自媒体、新媒体，未来还将推出更多理财产品、研学游产品等，打造'阅＋生态圈'。"

与W省新华发行集团异曲同工，商务印书馆的《新华字典》APP日前正式上线。据了解，这款APP提供了单字、词语、汉语拼音、部首、笔画数、四角号码等一框式检索渠道，并且支持手写、摄像头取字和语音输入等功能，全面满足了用户查字、输字需求。它还具有两大特色功能：一是提供了动态和静态两种标准笔顺，并支持屏幕跟写，用户可识别、掌握3500个基础汉字的笔画；二是由专业播音员对1万余个汉字进行播读，用户也可以点击"朗读"键测试自己普通话的准确性。此外，该APP还开发了生字本、知识问答、汉字游戏等增值服务，并完整收录了《新华字典》最新纸质版全部内容，提供数字版与纸质版对照查阅功能。但同时，该APP每天仅有2个字免费体验、完整版需付费40元的情况也引发了争议。有媒体认为《新华字典》的收费行为是"思维落后""缺乏诚意"的表现，单靠权威不足以赢得市场；也有媒体称，"《新华字典》作为一本工具书，具有较强的社会服务功能，但它本身也是一种文化产品，是商品。通过有偿服务来维护版权以及促进软件研发是行业通行惯例，有其合理性"。从现有的手机应用市场来看，国际流行的语言字典价格均在百余元甚至数百元人民币，远超《新华字典》的40元定价。

知识付费近年来已逐渐被社会接受，这是对知识的一种尊重，也是保持产品持续发展、服务用户的必要方式。《新华字典》作为有价值的知识产品，出品方推出APP时考虑盈利因素，无可厚非。但是，直接向用户收费的方式是否与现阶段新媒体产业的发展有些脱节？开放和共享是互联网经济的主要特征，一款收费的APP如果相对封闭，也无法体现共享精神。《新华字典》要在互联网时代取得成功，前提是符合互联网产品的逻辑、适应互联网发展的生态。

二、作答要求

问题一：根据给定材料二，概括互联网协同消费经济存在哪些问题。（15分）

要求：全面、准确、简明、有条理，字数不超过250字。

问题二：阅读给定材料三，简述材料中的做法在改善和提高公共服务方面有哪些可借鉴的经验。（20分）

要求：

（1）紧扣材料，内容具体；

（2）逻辑清晰，层次分明；

（3）字数不超过300字。

问题三：假设你是某文化报的记者，请根据给定材料四、五，以"文化共享惠民生"为题，写一篇短评。（25分）

要求：

（1）紧扣主题，内容具体；

(2) 层次分明，语言流畅；

(3) 字数不超过500字。

问题四：根据你对给定材料五中"当一件件文物、一幅幅佳作走出高墙深闺，来到寻常百姓中间，虽然它的容颜依旧，但它的价值却早已跨越了市场定位，带给百姓的不仅仅是自豪，还有自信，让他们更加坚定地沿着自己民族的道路走向未来"这句话的理解，自拟题目，写一篇议论性文章。（40分）

要求：

(1) 自选角度，立意明确；

(2) 联系实际，不拘泥于给定材料；

(3) 思路清晰，语言流畅；

(4) 字数在1000字左右。

【问题一答案要点】

互联网协同消费经济存在征信体系、产品和技术风险、法律体系缺位和虚假信息四方面的问题，具体问题为：一是缺少征信体系。互联网协同消费平台由于缺少征信体系，用户权益面临风险，导致平台信誉不佳。二是产品和技术本身存在风险。共享充电宝和第三方支付存在技术漏洞，易泄露用户信息。三是法律体系缺位。"互联网＋"带来新的劳务形式，引起劳动关系划定的法律争议。四是存在发布虚假信息行为。互联网分享属性导致利益驱动的虚假信息发布行为产生。

【问题二答案要点】

1. 尝试建立"移动医疗平台"，连接西南多省区的市县医院及基层卫生服务中心。

2. 让优质医疗资源上下贯通，提升基层医疗服务能力，在一定程度上化解了民众"看病难、看病贵"的难题。

3. 在新技术不断出现的今天，提升公众的就医品质，需要各地多一些改革探索，多一些以患者为中心的行动自觉。

4. 探索"老少融合"养老新模式，增加专供年轻人入住的"公益床位"。

5. 要具备养老服务的热情，通过院方考核，最终达成入住协议。

6. 获得入住资格的志愿者需要承诺书自愿每周参与一定次数志愿者服务活动且完成服务内容以抵扣房租。

7. 提前制订相应的考评规则，每半年进行一次志愿者服务考核，防范公益变味。

【问题三答案要点】

文化共享惠民生

深藏于故宫博物院养心殿的268件文物首次"出宫"，"移驾"首都博物院，接受公众的检阅。珍贵的文物正以开放的姿态、亲民的路径融入百姓生活，有助于让人们从中汲取现实生活的灵感，这正是文化共享惠民生的意义所在。

遗憾的是，全国文物休眠的情形不在少数。由于资金缺乏，众多国宝级文物多年深藏地库，甚至随意堆放在地上，令人叹息。国内虽博物馆众多，但由于理念落后和错误保护，顺利展出的文物十分有限。文物闲置无疑是一种极大的文化浪费。

文物理应走出封闭状态，接受公众的观赏。梁祝故里的争议一直不断，然而只有多城市合作申遗、共同抢救，才让众多珍贵资料得以流传，文化产业日益繁荣。全国美术馆免费开放后，文化部年年组织推出展出季活动，基层美术馆也积极参与。各馆打破局限，加强合作，甚至采用新媒体平台方便观众，惠民措施层出不穷，吸引大众观众踊跃参与。

文化共享的价值重大，带给百姓的不仅仅是自豪，更是文化自信，坚定民族发展的希望。我们不应深"藏"文物，而应坚持文化开放共享，惠及民众，让文化的传承、历史的重视、艺术的熏陶在这种亲近中得以完成，让人们在文物精品中获得滋养，受用终身。

【问题四参考例文】

以共享理念　达传承目的

自鸦片战争以来，中国屡遭西方欺辱。部分知识分子被西方文化折服，对本国文化丧失自信。中华人民共和国成立后，这种情况大大好转。但如今外来文化争相涌入，传统文化再次面临挑战。有学者认为，文物佳作走出高墙深闺，能够发挥跨越市场定位的价值。这是因为，当社会大众饱览文物佳作后，可以因传统文化的伟大而增强文化自信。

分析当前大众心理可知，近年来人们对西方文化的追求、崇拜有两大原因。一是西方文化的表象、内涵颇为新颖，人们对其追求，正源于天然存在的猎奇心理。二是随着现代化发展与城镇化建设，中国传统农耕社会结构解体，传统文化的生存、传承环境不断消失。它们与当前生活联系不多，受关注程度自然不及西方文化。虽说文化本身就具有新陈代谢的属性，只有兼容并蓄才能不断发展，但是目前中国传统文化的发展趋势依然令人忧惧不已。文化是一个国家、一个民族的灵魂，作为中国千年思想集中体现的传统文化，是中华民族最基本的文化基因，近年来人们对西方文化的过度推崇，极易导致本国文化独特性就此丧失。

要想扭转这一趋势，让传统文化薪火相传，需要增强人们的文化自信。可我国部分地区却采用硬性推广的手段，不是要求学生早起背《论语》，就是跟风举办"成人礼"，其效果并不显著。鉴于此，我们需要拉近社会大众与传统文化的距离，让他们在与传统文化的亲密接触中，了解其顽强的生命力、伟大的创造力，从而树立对中国文化的绝对信心。

目前，我国各地文化机构正以"共享"理念，推动着传统文化的传承发扬。如果说对"海昏侯墓"考古挖掘的现场直播，吸引了千万关注，激发了人们对传统文化的兴趣，那么故宫举办"石渠宝笈"特展，将"深藏宫苑"的书法名画提供给世人观赏，则让观众在鉴赏艺术的同时感受传统文化的美感。这些成功的经验无不证明："共享"理念的实行，让传统文化发挥了最大的价值，它们让国人对传统文化的自豪自信不断加深，为传承发扬奠定了坚实基础。

习近平总书记认为，中国共产党"不忘初心、继续前进"，需要坚持"道路自信、理论自信、制度自信、文化自信"，而文化自信是最根本、最基础、最广泛、最深厚的自信。这是因为文化自信源于中华优秀传统文化所蕴含的强大文化基因。只有不忘根本，才能赢得未来。在中国复兴发展的今天，我们要以"共享"理念树立自信心态，传承千年文化，开创美好未来。

第十四章

经济文书写作

第一节 意向书

一、意向书的概念、种类与特点

（一）概念

意向书是当事人双方或多方之间，在对某项事物正式签订条约、达成协议之前，表达初步设想的意向性文书。意向书为进一步正式签订协议奠定了基础，是"协议书"或"合同"的先导，多用于经济技术的合作领域。商务印书馆《英汉证券投资词典》解释：意向书，英语为：letter of indemnity，公司或个人对为某项业务出具的非正式函件。虽然它不具备合约的约束力，但表明签署人的严肃态度。如互惠基金持有人保证每个月的投资数额承诺，并购过程中买卖双方经过认真讨论签署的初步文件等。

根据不同的内容，意向书可分为投资意向书、合作意向书、就业意向书、购买意向书等。

（二）特点

其一是协商性，意向书是经过双方或多方平等协商，达成一致意见的情况下签订的。

其二是灵活性。意向书不像协议、合同那样，一经签约不能随意更改，意向书比较灵活，在协商过程中，当事人各方均可按各自的意图和目的提出意见，在正式签订协议、合同前亦可随时变更或补充，最终达成协议。

其三是简略性。其条款不像合同那样详细，只是意向的表达。

二、意向书的形式

意向书通常有三种形式：

（一）单签式

只由出具意向书的一方签署，但文件一式两份，由合作的另一方在副本上签字盖章，交付对方。

（二）联签式

由当事人双方签署的意向书。

（三）换文式

即以交换信件的形式表达合作的意向。

三、意向书的结构与写法

意向书的结构是：标题＋正文＋结尾。

（一）标题

意向书的标题一般是由项目名称与"意向书"构成。如：《国际黄金现货投资意向书》《红星美凯龙集团投资意向书》《就业意向书》《购房意向书》等，也可只以"意向书"为标题。

（二）正文

正文一般分为前言、主体和结尾三部分。

1. 前言。前言部分一般写明合作各方当事人单位的全称（并注明甲方、乙方），双方就某问题接触的简要情况，磋商后达成的意向性意见。然后以"本着×××原则，双方在×××方面达成本意向书"作为前言的结束语。

2. 主体。分条归纳双方的意愿。对实现意愿的条件、形势、可行性的看法以及意向目标和相应措施，进一步商谈的时间、内容、级别、任务等加以说明。如项目名称与规模；合作方式及投资方式；合作期限；双方的权利与义务；准备阶段的技术性工作；今后洽谈合作的工作日程等。最后通常还要写明"未尽事宜，在签订正式合同或协议书时再予以补充"一语，以便留有余地。

3. 结尾。写明意向书文本份数及各方持有情况。通常表述为："本意向书一式两份，甲、乙双方各持一份。"

（三）签署

意向书签订各方单位的名称、代表人姓名并加盖公章、私章，并在下面写明签订日期。

四、意向书写作应注意的事项

（一）要符合双方意愿，在法律规定的范围内通过平等协商达成一致意见。不要涉及有违政策法规的内容，也不要承诺属于上级部门和其他部门才能解决的问题。

（二）语言准确，表达清楚。

（三）忠实于洽谈内容。不可随意捏造、编撰。

（四）慎重。撰写意向书时对关键性问题不宜贸然做出实质性承诺，以免被动，给双方造成损失。

五、意向书与合同的关系

意向书是合同的基础，与合同有着密切的关系，主要表现在：

（一）相同点

1. 都是在平等自愿、协商基础上签订。意向书和合同都是双方在法律范围之内，通过双方平等协商而达成的一致性意见。
2. 都是在双方平等自愿的基础上共同签订的条约。

（二）不同点

1. 时间不同。意向书产生于合同签订之前，即正式签订合同的准备阶段。
2. 内容不同。合同所涉及的内容更加详细、周密，而意向书比较灵活、简约。
3. 效力不同。意向书一般不具有法律约束力，而合同一经签订，即具有法律效力，受法律保护。

【例文】

意向书

甲方：××集团有限公司

乙方：

鉴于乙方为即将毕业的大学在校生，乙方希望到甲方进行毕业见习以锻炼劳动技能，双方就见习问题达成如下协议：

一、乙方到甲方＿＿＿＿＿＿部＿＿＿＿岗位见习。见习期间，乙方应完成甲方安排的见习内容，甲方不收取见习管理费并付给乙方一定的见习补助，补助的标准为＿＿＿＿＿＿元/月。

二、本意向书生效期间，乙方需严格遵守甲方的各项管理制度；若乙方严重违反，则甲方有权解除本意向书，给甲方造成损失的，乙方应当赔偿损失。

三、乙方毕业后，本意向书自然失效；乙方若无违反甲方制度、不适合甲方安排的工作等情况，甲方与乙方签订劳动合同，劳动合同期限为一年。在签订正式的劳动合同之前，甲乙双方不是正式劳动关系，有关问题按人力资源和社会保障部、教育部有关大学毕业生实习问题的规定处理。

甲、乙双方对本意向书内容已清楚知悉，本着平等自愿、协商一致的原则，签订本意向书，明确双方的权利、义务，共同遵守履行。

甲方：（盖章）　　　　　　　　　　　乙方：（签名或盖章）
日期：　　　　　　　　　　　　　　　日期：

第二节 合同

一、合同的含义、作用与特点

（一）合同的含义

合同又称契约、协议书。《中华人民共和国合同法》（1999年10月1日起施行）第二条规定：合同是平等主体的自然人、法人、其他组织之间设立、变更、终止民事权利义务关系的协议。合同是用来证明买卖、抵押、租赁、转让等关系的文书。要正确理解合同的涵义，需先理解"法人"的涵义。法人是为法律所承认，受法律保护并依法行使法定权利、义务的独立单位和组织，是单位或组织在法律上的人格化。法人作为民事法律关系的主体，是与自然人相对称的。简单地说，法人在现实生活中多以单位、公司、企业的形式出现，而自然人在现实生活中多以单个的人出现。

（二）合同的作用

1. 约束作用

合同是对签约各方的权利和义务作出规定的文本。权利人依据合同的约定，要求义务人履行义务；在不履行义务时，权利人有权请求仲裁机构予以仲裁或请求人民法院予以判决。

2. 凭证作用

合同是履行约定条款的依据凭证。签约各方都要以此为凭履行约定条款，仲裁机构也以此为凭裁决违约争端。

（三）特点

1. 合法性

合同是一种合法的法律行为，其内容受国家法律、行政法规的制约。合同一经签订，则具有法律效力，受到国家法律的承认和保护。合法性是有效合同所具备的基本特征。

2. 制约性

合同是一种制约性文书，合同关系一旦成立，当事人就都受到法律的约束，不得随意违反，否则就要承担法律责任。

3. 平等性

合同的平等性，首先表现在当事人法律地位的平等，以及权利、义务关系的平等；其次表现在合同应在当事人平等协商、自主自愿的基础上签订，任何一方均不得以任何方式把自己的意志强加给对方。

二、合同的种类

按合同有效期限划分，可分为短期、中期和长期合同。

按合同内容（性质）划分，可分为买卖合同、租赁合同、建筑工程合同等15种（参见《中华人民共和国合同法》)。

按合同写作形式划分，可分为表格式合同、条款式合同和表格与条款综合式合同三种。

三、合同订立的基本原则

（一）平等公平原则

合同当事人的法律地位平等，一方不得将自己的意志强加给另一方。当事人应遵循公平原则确定各方的权利和义务，双方的权利和义务对等。

（二）自愿协商原则

当事人依法享有自愿订立合同的权利，任何单位和个人不得非法干预。

（三）诚实信用原则

当事人行使权利、履行义务应当遵循诚实信用原则。

（四）遵纪守法原则

当事人订立、履行合同，应当遵守法律、行政法规，尊重社会公德，不得扰乱社会经济秩序，损害社会公共利益。

四、合同的写法

合同的结构主要包括标题、首部、正文、结尾四大部分。

（一）标题

一般由合同的性质、事由和文种构成，如借款合同、租赁合同等，居于第一行中间位置，字体较大。

（二）首部

包括合同编号，签约单位名称、地址，并注明甲方、乙方。

（三）正文

包括前言及主体。前言写明双方签订合同的目的、依据、经过等。表述形式有："经双方协商签订本合同，共同遵守以下条款"；"根据《中华人民共和国合同法》及有关规定，经双方协商一致，签订本合同"。

主体即主要条款，包括标的、数量、质量、价款、履行期限、地点、方式、合同份数等。

主要条款：即双方协议的主要内容，包括《合同法》所规定的必备条款及其他内容。

1. 标的

合同的标的就是合同关系中确定的双方当事人权利和义务共同指向的对象，这是合同的中心内容。可以是物，如购销合同中出售的商品；可以是行为，如运输合同中承运人将旅客和货物运达目的地的行为；还可以是技术和成果，如技术合同中的技术、出版合同中作者的作品。

2. 数量

数量是衡量标的的尺度（是标的在量的方面的限度），是确定双方权利义务大小的标准，是标的的计量。没有一定的数量，权利与义务的大小就很难确定，因此，合同中必须明确规定标的的数量及其计量单位和计量方法。数量通常用数字和计量单位来表示。

3. 质量

质量是标的在质的方面的规定，是标的的内在素质和外观形态的基本要求。它不仅指标的物的优劣，还包括产品的品种、规格、型号等标准。

4. 价款或者报酬

价款或者报酬指取得对方的产品或劳务等成果时所支付的代价，是标的的价值。以实物为标的的叫"价款"，以劳务为标的的叫"报酬"或"酬金"。需要在合同的条款中分别写清。

5. 履行的期限、地点和方式

这是合同的必要条件。

期限是指履行合同的时间要求，是合同当事人实现权利、履行义务的时间界限，包括合同有效期限和履行期限，超过期限未能履行合同，就应当承担由此产生的后果。

地点指合同履行时的具体地点，即交付、提取标的地点，包括交货、验货或承建工程的具体地点，这是分清当事人责任的重要条款之一。必须规定具体、明确，不能产生歧义。

方式指当事人以什么方式来履行合同，包括时间方式和行为方式两方面。时间方式指的是一次性履行完毕还是分期履行；行为方式指当事人交付标的物的方式，如标的物的交付、运输、验收、价款结算等方式。一般说来，包括标的的交付、提取方式和价款或者报酬的结算方式。当事人在订立合同时，必须确定一种履行方式。

总之，期限、地点和方式是合同最容易引起纠纷的地方，因此，当事人双方在签订合同时，对此应做出十分具体、明确的规定。

6. 违约责任

违约责任又叫"罚则"，是指当事人一方或双方因为自己的过错，造成合同不能履行或不能全部履行而应承担的责任。是对不按合同规定履行义务一方的制裁措施，其核心是责任问题。明确违约责任，对维护合同的法律效力及督促当事人履行合同义务具有重要意义。

7. 解决争议的方式

解决争议的方式为解决可能在合同履行中出现的问题，应将合同的变更、解除、争议仲裁事项在签订合同时商议清楚，并明确地写入合同条款。当事人之间发生合同纠纷，应首先通过双方充分协商的办法解决；如果不能自行协商一致，可以考虑通过非诉讼调解的办法解决；如果非诉讼调解不成，就可以按照双方在合同中的约定向仲裁机构申请仲裁或者依法直接向有管辖权的人民法院提起诉讼。

以上七条为合同的主要条款。

其他附加条款。就是根据法律规定必须具备的要求和当事人一方提出而对方同意的特殊要求等。

（四）结尾

结尾部分主要写入以下内容：

1. 合同的生效时间，如"本合同经双方当事人签字后生效"。

合同的有效期限，是指合同自何时生效，至何时失效，即合同具有法律效力的起止日期。

2. 合同的文字形式及份数，如"本合同采用中×两种文字书写，两种文字具有同等的法律效力，两种文字有不符，以中文为准，合同的中文文本一式×份，各方各执×份"。

3. 合同的签订时间和地点，如"本合同于××××年×月×日在中国××省（自治区、直辖市）××市（县）签订"。

4. 订立合同的补充办法，如"本合同未尽事宜，已由双方约定后订立合同附件。合同附件与本合同具有同等法律效力"。

5. 附件名称和件数。

（五）签署

写明当事人双方各单位全称、代表人姓名、签字并盖章；各方当事人开户银行及账号；鉴证或监督机关审证意见及其签字盖章。

有的合同以"附则"的形式表述结尾部分的内容。

五、合同写作的注意事项

（一）必须遵守一定的原则

依据国家的法律和政策。合同的内容必须符合国家的法律、法令和政策规定。必须合理、合法，切实可行，不能损害国家、集体和他人的利益。

（二）内容应具体，条款要周全

合同的主要款项不能遗漏，行文应当严密。特别注意写清楚以下内容项目：法人的单位、名称、地址；标的明白，即写明实物、劳务、货币等；数量具体、质量要求；价款数量和酬金金额；履行合同的时限、地点、方式；违约以后应承担的责任；等等。

（三）措辞须严密，表达要准确

要使用规范化的现代汉语，词语不应有歧义。

（四）内容可增补，改动要协商

合同是具有法律效力的公文，因此，一旦确立，便不能任意涂改。如有不完善的地方需要修改，必须经双方当事人共同协商，取得一致意见后，在修改处加盖公章，才能生效。

（五）文体要规范，按通用合同结构形式写作

（六）体现平等、自愿、公平、诚信的原则

【例文】

房屋租赁合同

甲方（出租方）：
  工作单位：   电话：
  家庭住址：   邮编：
乙方（承租方）：
  工作单位：   电话：
  家庭住址：   邮编：

  根据《中华人民共和国合同法》《中华人民共和国城市房地产管理法》及其他有关法律、法规之规定，在平等、自愿、协商一致的基础上，甲乙双方就下列房屋的租赁达成如下协议。

  第一条 房屋基本情况。

  甲方房屋（以下简称该房屋）坐落于_____；位于第_____层，共_____（套），_____（间），房屋结构为_____结构，建筑面积_____平方米。

  第二条 房屋用途。

  该房屋用途为生活居住。除双方另有约定外，乙方不得任意改变房屋用途。

  第三条 租赁期限。

  租赁期限自_____年_____月_____日至_____年_____月_____日止。

  第四条 租金。

  该房屋月租金为（币）_____元整（大写：_____）。租赁期间，如遇到国家有关政策调整，则按新政策规定调整租金标准；除此之外，出租方不得以任何理由随意调整租金。

  第五条 付款方式。

  乙方应于本合同生效之日向甲方支付定金及房租（币）_____元整（大写：叁仟柒佰元整）。租金按_____结算，由乙方于每_____季_____的第_____个月的_____日交付给甲方。

  第六条 交付房屋期限。

  甲方应于本合同生效之日起_____日内，将该房屋交付给乙方。

  第七条 甲方对房屋产权的承诺。

  甲方保证在交易时该房屋没有产权纠纷；除补充协议另有约定外，有关按揭、抵押债务、税项及租金等，甲方均在交付房前办妥。交易后如有上述未清事项，由甲方承担全部责任，由此给乙方造成经济损失的，由甲方负责赔偿。

  第八条 维修养护责任。

  租赁期间，甲方对房屋及其附着设施每年检查、修缮一次，乙方应积极予以协助。不得阻挠施工。

正常的房屋大修修理费用由_____方承担；日常的房屋维修费用由_____方承担。

因乙方管理使用不善造成房屋及其相连设备的损失和维修费用，由乙方承担并负责赔偿损失。

租赁期间，防火安全，门前三包，综合治理及安全、保卫等工作，乙方应执行当地有关部门规定并承担全部责任和服从甲方监督检查。

租赁期间，保证水、电、气的使用安全，若因乙方使用不当造成的火灾及设备损坏、人员伤亡，一切后果由乙方承担。

租赁期间，若因乙方雇用家政服务人员，在其劳动过程中造成个人及他人伤亡、财产损失的，由乙方与相关家政服务人员及其单位协商解决，甲方不承担由此引起的相关责任。

第九条　关于装修和改变房屋结构的约定。

乙方不得随意损坏房屋设施，如需改变房屋的内部结构和装修或设置对房屋结构影响的设备，需征得甲方书面同意，投资由乙方自理，退租时，除另有约定外，甲方有权要求乙方按原状恢复或向甲方交纳恢复工程所需费用。

第十条　关于房屋租赁期间的有关费用。

在房屋租赁期间，以下费用由乙方支付，并由乙方承担延期付款的违约责任：

1. 水、电、气费；2. 物业管理费；3. 电视收视费；4. 网络使用费；5. 因乙方个性消费所产生的所有费用。

在租赁期间，如果发生政府有关部门征收本合同未列出项目但与使用该房屋有关的费用，均由乙方支付。

第十一条　租赁期满。

租赁期满后，本合同即终止，届时乙方须将房屋退还甲方。如乙方要求继续租赁，则须提前_____个月书面向甲方提出，甲方在合同期满前_____个月内向乙方正式书面答复，如同意继续租赁，则续签租赁合同。

租赁期满后，在退还房屋时，乙方须做到：

1. 保持房屋清洁（其清洁程度与甲方交付房屋时一致）；

2. 房屋内无物件损坏、减少；

3. 下水管道无堵塞；

4. 水、电、气等各项费用无拖欠。

如有上述情况发生，由乙方支付相关费用，或在押金中扣除（押金不足支付时，须以现金支付不足部分）。

第十二条　因乙方责任终止合同的约定。

乙方有下列情形之一的，甲方可终止合同并收回房屋；造成甲方损失的，由乙方负责赔偿：

1. 擅自将承租的房屋转让、转借他人或擅自调换使用；

2. 擅自拆改承租房屋结构或改变承租房屋用途；

3. 欠租金累计达_____个月；

4. 利用承租房屋进行违法活动；

5. 故意损坏承租房屋；

第十三条 提前终止合同。

租赁期间，任何一方提出终止合同，需提前_____个月书面通知对方，经双方协商后签订终止合同书，在终止合同书生效前，本合同仍有效。

如因国家建设、不可抗力因素或出现本合同第十条规定的情形，甲方必须终止合同时，一般应提前_____个月书面通知乙方。乙方的经济损失甲方不予补偿。

第十四条 违约责任。

租赁期间双方必须信守合同，任何一方违反本合同的规定，须按年度向对方交纳年度租金的_____。

第十五条 因不可抗力原因导致该房屋毁损和造成损失的，双方互不承担责任。

第十六条 本合同未尽事项，由甲、乙双方另行议定，并签订补充协议。补充协议与本合同不一致的，以补充协议为准。

第十七条 本合同在履行中发生争议，由甲、乙双方协商解决。协商不成时，甲、乙双方同意按（   ）项解决：1. 由_____仲裁委员会仲裁。2. 向_____人民法院起诉。

第十八条 本合同共____页，一式____份，甲、乙双方各执一份，均具有同等效力。

甲方（签字盖章）：   乙方（签字盖章）：
_____年____月____日   _____年____月____日

附件：甲、乙双方身份证复印件各一份。

第三节 经济活动分析报告

一、经济活动分析报告的含义和分类

经济活动分析报告是以国家经济政策为指导，根据会计报表、计划指标、会计核算、统计资料等数据材料对企业的经济活动状况有重点、有针对性地加以分析和考察，对企业的财务状况、理财过程和经营成果做出正确评价所形成的书面报告。

根据不同的标准，经济活动分析报告可分为不同的类型。例如：

按内容范围角度分，可分为综合分析报告和专题分析报告。

按时间期限角度分，可分为定期分析和不定期分析，年度分析、季度分析、月份分析。

按广度级次角度分，可分为宏观经济活动分析与微观经济活动分析。

二、经济活动分析的特点和作用

（一）经济活动分析报告的特点

经济活动分析报告是以经济活动数据的分析说明为主要内容的书面报告，具有：

1. 分析性

经济活动分析报告不仅要将各种数据进行定量、定性、定时的分析，以便找出相互间的关系，而且还要从不同的侧面、角度对宏观和微观的、全面和局部的、有利和不利的因素进行深入的分析和比较说明，这样才能综合地反映出一个时期以来的经济、金融形势。因此，分析性是经济活动分析报告的主要特点。

2. 说明性

报告必须对所涉及的经济现象、特征、指标、数据等进行详细的说明，以此揭示经济活动的变化规律，为经济工作提供决策依据。

3. 目的性

写分析报告的最终目的在于准确地指出经济活动存在的得失，从中寻找提高企业经济效益的最佳途径，使经济活动沿着正确的方向发展。

（二）经济活动分析报告的作用

1. 总结评价作用

为了进行正确的经济决策，企业必须了解过去的经营情况，如利润总额多少、投资报酬率的高低、资金的营运等，分析企业会计报表，有助于经营者和管理者正确评价过去的经济活动，总结经济活动的成败与得失。

2. 衡量财务状况

由于企业会计报表只能概括地反映企业的财务现状，只有运用会计报表分析，揭示各项数据的经济涵义，观测企业的营运绩效、获利能力，才能为企业的决策提供依据。

3. 预测未来的发展趋势

在市场经济环境里，企业在现代经营决策中必须拟定数项可供选择的未来发展方案，然后针对情况，权衡未来发展的可能趋势，从中做出最佳选择，并加以实施。因此，在决策之前，必须做好会计分析。只有这样，才能把经济活动中可能出现的各种因素及其作用弄清楚，明确重点、要点，促进有关因素的最佳组合，帮助有关决策者做出正确的经营决策。

三、经济活动分析报告的写法

经济活动分析报告的结构可分为标题、前言、分析评价、建议、落款五个部分。

（一）标题

标题一般由单位名称、时限、分析对象（内容）和文种组成，如：《×××2013年度经济活动分析报告》。也可以省略单位名称，如《2013年第一季度经济分析报告》；也可以以分析报告的主题或建议、意见作标题，如《中国人民银行为什么要实行稳健货币政策》。标题要求简要明确，高度概括地揭示出经济活动分析报告的主题思想，做到题文相符，使人一目了然。

（二）前言

前言是经济活动分析报告正文不可分割的部分。通常有两种写法：一是简要介绍一定时期的经济活动状况，以此作为分析的依据展开分析。二是首先说明作者的观点，然后说明分析对象的经济状况，以此作为分析的依据展开分析。

（三）分析评价

分析评价是经济活动分析报告的核心内容。运用科学的分析方法，评价效益和分析原因。目的在于检查计划执行情况，发掘企业内部潜力，检查经济制度和纪律的执行情况，从主要收获、经验或措施、存在问题等方面作出评价。

（四）建议

针对分析评价部分总结出经验教训、问题和差距，为今后的经济工作针对性地提出意见、建议、措施和方法。

（五）落款

一般写明单位名称、成文日期，并加盖印章。

四、定作经济活动分析报告的注意事项

（一）情况要清楚

经济活动分析报告虽然是从指标入手，以经济数据作为主要的分析依据，把指标数据的分析和具体情况紧密联系起来，相互印证和补充，才能去粗取精，去伪存真，使分析的结果既能正确说明问题，又能有效解决问题。

（二）表现要多样

经济活动分析报告虽然是使用文字语言描述，使用数学语言表述经济现象数量变化过程及变化规律，所以，分析报告不仅要用文字说明数字，还要应用分析表格列示，集中、直观、有序地显示数据，便于观察对比分析，易看易懂。还可以在必要的位置绘制精美的分析图形。它能够把事物的规模、结构、速度、发展过程及变化规律形象地显示出来，美观、醒目，增强对比分析的效果，使文字、表格、图形浑然一体，相辅相成，给人们清晰、明了、确切的感觉，增强分析报告的可读性。

（三）语言要简练

经济活动分析报告是用文字语言进行描述的，它阐明了经济现象变化过程和规律及发展趋势。所以，经济活动分析使用专业术语要通俗易懂，实事求是、恰如其分地表现经济现象的变化过程及结果，做到用语通顺简练，生动流利，描述准确，观点鲜明。

【例文】

东安县 2018 年上半年经济形势分析

（2018 年 10 月 29 日　东安县人民政府网）

今年以来，我县坚持稳中求进的工作总基调，落实高质量发展新要求，全面实施"六大战略"，深入推进"752121"工程，着力稳增长、促改革、调结构、惠民生，全县经济

社会实现平稳较快发展。

一、经济运行的主要特点

(一) 经济总体稳中有进

2018年上半年,我县经济运行向好,呈稳中有进的发展态势,从主要经济指标完成情况看,总体好于一季度,好于上年同期。一是速度加快。上半年,地区生产总值同比增长8.5%,比一季度加快0.3个百分点,比上年同期加快0.9个百分点。三次产业比上年同期分别加快0.5、1.5和0.2个百分点。二是位次前移。上半年11个主要经济指标中,有9个指标进入全市前六,有3个指标排名全市第一(第一产业、第二产业和规模工业增加值)。与一季度比较,11个指标中,除3个持平、2个后退外,其余6个指标均有所前移;与上年同期比较,除3个后退外,其余8个指标均明显前移,其中前移比较大的有:GDP前移4位、第一产业前移4位、城乡居民收入分别前移4位和6位。

(二) 质量效益不断提升

居民收入快于经济增长。上半年城镇居民人均可支配收入14451元,同比增长8.6%,增速比一季度、上年同期均加快0.3个百分点,快于经济增长0.1个百分点;农村居民人均可支配收入7820元,同比增长9.1%,增速比一季度、上年同期分别加快0.1和1个百分点,快于经济增长0.6个百分点。企业盈利能力提升。工业生产提速发力,上半年全县规模以上工业企业发展到83家,比上年同期增加6家;规模工业增加值同比增长8.2%,比上年同期加快0.2个百分点,增幅排名全市第1;1—5月,规模工业实现利润总额1.3亿元,同比增长73.5%,比上年同期提高23.9个百分点。国家能源集团永州电厂2018年建设任务基本得到落实。红狮水泥实现投产达效,自去年10月份投产至今,完成产值6.8亿元。

(三) 经济结构继续优化

服务业比重不断提高。上半年,三次产业结构比19.18:36.26:44.56,与上年同期比较,第一产业下降1.54个百分点,第二产业下降0.84个百分点,第三产业提高2.38个百分点。服务业拉动作用不断增强。上半年,三次产业对经济增长的贡献率分别为7.74%、36.66%和55.6%,第三产业对经济增长的贡献率比第二产业高18.94个百分点,是经济增长的主要动力。

(四) 发展后劲持续增强

关联指标支撑有力。1—6月,工业企业增值税完成8671万元,同比增长68.2%,排名全市第3位;工业用电量完成16877万千瓦时,同比增长29%,排名全市第1位;批发业、住宿业、餐饮业增值税分别增长35.5%、55%、26.1%,排位均居全市前列。企业入统形势良好。截至6月底,全县共新增入统"四上"企业18家,其中商业10家、工业6家、服务业2家,入统数量仅次于宁远,居全市第2位。

二、经济运行中存在的困难和问题

(一) 经济增长低于预期

与预期目标比较,11个主要经济指标中,有10个指标的增速没有实现预期目标,其中GDP低0.3个百分点、规模以上工业增加值低0.8个百分点、固定资产投资低2.8个百分点、社会消费品零售总额低0.9个百分点、财政总收入低13个百分点、城乡居民收

入低0.4个百分点。这些都表明当前稳增长存在不少压力。

（二）内部需求相对乏力

投资增速趋缓。上半年全县共有在库亿元投资项目49个，比上年末减少13个。上半年固定资产投资同比增长12.2%，比1—2月回落0.8个百分点，比上年同期低0.4个百分点。

市场消费回落。上半年全县社会消费品零售总额同比增长11.1%，比一季度回落0.5个百分点，比上年同期低0.2个百分点。关联指标零售业增值税同比下降21.9%，为今年以来首个月出现负增长，零售行业景气度持续下滑。

三、下半年对策建议

下阶段，我县将继续坚持稳中求进的工作总基调，坚持目标不变，力度不减，全力巩固经济运行回升向好的态势，保持经济平稳较快增长。

（一）对准目标找差距

要高度重视经济增长工作，对照今年县政府工作报告提出的经济增长目标任务，主动查找差距，认真分析原因，积极研究对策，有步骤、有针对性地开展工作，提高主要经济指标和关联指标的匹配度，确保完成全年目标任务。

（二）强化措施扩投资

强力推动投资建设。一是保进度。要加快重点财源建设项目的建设进度，确保项目按期竣工投产；对进度滞后的项目要制定切实可行的计划，跟踪落实，确保投资进度的完成。二是储项目。要继续加大招商引资力度，积极策划和推出一批科技含量高、市场前景好、发展潜力大、带动效应强的优质项目，加强项目储备，提高投资的发展后劲。

（三）挖掘潜力促消费

一要培育新热点。加快培育绿色消费、旅游休闲消费、养老健康家政消费等消费热点，促进消费升级。二是要发展新业态。大力发展电子商务、租赁消费等新兴消费业态，鼓励传统企业建立网上销售平台，加强政企联动，提高网络消费的市场份额。三是开拓新市场。以农村微旅游为依托，充分利用7月举办的"相约永州·微游东安"湖南夏季乡村旅游节效应，大力推动农村微旅游，带动农民增收，提高辐射能力，激活农村消费市场。

（四）协作入统强后劲

各企业入统成员单位要按照《企业入统工作方案》的要求，各负其责，全面落实县政府出台的"个转企"相关优惠政策，做好"个转企""小升规"工作，有针对性的培育和引导一批企业进入"四上"企业笼子，收集和整理好入统资料，及时进行申报入统，为我县经济持续健康增长奠定基础。

第四节　经济预测报告

一、经济预测报告的涵义与作用

经济预测报告是在经济理论的指导下，对未来一定时期的经济活动进行深入调查的基础上，运用科学的方法和手段对经济信息进行分析研究后，所写出的评估和预测未来经济活动发展状况及变化趋势的报告。

随着现代社会的发展，经济环境、市场需求不断变化，如果一个企业或部门不能对未来某个时期的经济发展作出正确的预测，就会在决策上处于盲目被动地位，给企业、部门的发展造成损失，因此必须做好经济预测工作。经济预测，有利于科学的经济决策，有利于改善经营管理，有利于企业开拓市场和扩大经营、增强市场的竞争性，有利于提高经营管理水平。

二、经济预测报告的特点与分类

（一）经济预测报告的特点

1. 预测性

经济预测报告是以预测经济活动未来状况和趋势为目的的报告，侧重于推断未知状况、反映未来经济发展的动向。

2. 陈述性

经济预测报告采用报告的形式，这就必然呈现它的陈述性特点。

3. 时效性

经济预测报告具有较强的时效性。经济预测必须迅速地反映经济活动中的新情况、新变化、新问题，并将预测结果快速反映给决策部门，使之为经济决策服务。

（二）经济预测报告的分类

按预测的范围分，可分为宏观经济预测报告和微观经济预测报告。宏观经济预测报告是指对全球经济、整个国民经济、一个地区、一个行业的经济发展前景的预测，如《2014年8月宏观经济预测报告》。微观经济预测报告是指针对微观经济的未来活动进行预测，如对一个企业、一个乡镇、一个家庭经济发展前景的预测。

按预测的时间分，可以分为长、中、短、近期经济预测报告。长期经济预测报告是对五年以上的经济发展远景进行预测而写出的预测报告，如《2014—2020年中国餐饮连锁行业市场分析预测报告》。中期经济预测报告是对2~4年内的经济发展前景进行预测写出的报告，如《2014—2018年中国优特钢行业发展预测报告》。短期经济预测报告是对一年左右时间的经济活动变化趋势进行预测而写出的报告，如《2013—2014年我国经济将稳定增长》。近期经济预测报告是对不到一年时间的经济活动变化发展趋势进行预测而写出的报告，是制定近期计划、决定近期经济活动具体任务的依据。

按预测的空间分，可分为国际性的经济预测报告、全国性的经济预测报告、地区性的经济性预测报告及更小范围的经济预测报告。

按预测的内容分，可分为市场预测报告、生产预测报告、销售预测报告、技术发展预测报告、社会购买力预测报告等。

三、经济预测方法

撰写经济预测报告常用的预测方法有：

（一）定性预测法

定性预测法，也称判断预测法、经验预测法，它是在缺少可以利用的历史数据的情况下，依据内行专业的经验和分析判断能力，取得同预测对象相关的各类因素的历史和现实资料，并在对这些资料加工整理分析研究的基础上，判断预测对象的未来情况的预测方法。

定性预测法在实际应用中主要有：

1. 调查研究法

就是在实际调查的基础上，对取得的各种信息资料进行整理加工和分析研究，结合以往经验来判断和推测未来市场的发展和变化趋势。调查预测的具体方法有具体调查法、抽样调查法、问卷调查法、展销调查法等。

2. 专家意见法

又称"德尔菲法"，是美国兰德公司在20世纪40年代末创立的一种定性预测法，一般选择一定数量的专家，用系统的程序，采取不记名和反复进行的方法，轮番征询不同专家的预测意见，经过几轮征询反馈，使专家的意见逐步趋向一致，从而得出一个比较一致的预测结果。

3. 业务人员估计法

又分经销人员意见法、销售人员意见法，就是将经营人员、销售人员所掌握的第一手资料统计、归纳起来，在一定的决策层进行分析比较、讨论研究，最后确定一个中间值作为预测值的方法。

（二）定量预测法

定量预测法，又称数字预测法、统计分析法等，是对预测对象的量化分析。它是根据已掌握的比较完备的历史统计数据，运用一定的数学方法进行科学的数量分析和预测，借以揭示整个变量之间的规律性联系，以此来预测未来经济发展的前景和变动趋势的一种预测方法。

定量预测基本可以分为：

1. 时间序列预测法

就是按时间顺序将排列起来的一组某项统计指标数据记录下来，根据从过去到现在的数据变化，分析推测未来经济某一方面的发展方向和变动程度，把未来作为过去历史的延续的一种预测方法。

2. 回归预测法

就是预测客观现象的因变量与自变量之间的一般关系而使用的一种数学预测方法。选定的因变量是指需要求得预测值的那个变量，即预测对象；自变量是影响预测时间变化的、与因变量有密切关系的那些变量。将根据已知现象的自变量的数值，推算出预测对象因变量的数值，然后对未来经济发展变化的情况进行预测。

四、经济预测报告的写法

经济预测报告的结构由标题、前言、主体和结尾组成。

1. 标题

经济预测报告的标题一般由单位名称、时间、内容与预测报告（文种）构成，如：《2014年我国汽车市场需求状况预测》。可以省略单位名称，如《20××年2月宏观经济预测报告》；也可以省略期限，如《中国大剪式举升机行业现状调查研究及市场前景分析预测报告》；还可以使用新闻式标题，如《未来两年农作物价格趋降》《20××年全社会用电量将增长6%左右》。

2. 前言

一般简述预测报告的写作目的，介绍有关情况，一般包括预测的时间、地点、内容、范围、目的及预测方法。或概述报告的基本内容或观点。

3. 主体

经济预测报告的主体一般由现状、预测与建议三部分组成。

（1）现状：用准确全面的数据和经济运行情况，概括说明预测对象的历史及现状。

（2）分析预测：这是预测报告的重点部分，是在深入分析预测对象现状的基础上，形成的对预测对象未来前景的估计。这一部分是对掌握的大量调查资料、数据、情报信息等，进行分析、综合、推理、判断，预测经济发展的趋势和规律。

（3）建议：这是预测报告的根本目的及现实意义的集中体现。在分析了现状、预测了未来、明确了预测对象发展的趋势及规律后，在此基础上提出一些结合实际的切实可行的建议，为未来出现的问题指出方向，提供办法。建议要有针对性，应具体明确，具有可操作性，便于实施。

4. 结尾

多数经济预测报告都没有专门的结尾，建议写完后就结束全文。若有结尾，可以照应开头，或者概括全文内容，或者提出注意的问题，具体情况可根据报告的内容而定。

【例文】

2018年下半年经济形势分析

（2018年8月2日 财新网）

2018年上半年对国内金融市场的机构投资者特别有挑战性。投资者不但要像以往一样研究经济基本面和资产价值，研究两者之间怎么相互映射，进而如何配置资产，还要研究对资产价格趋势产生重大影响，是很难分析判断的。下面，从两个角度来讲一下。

第一个角度，先抛开贸易战，单纯看一下经济基本面和周期。库存周期已经见顶，经济增长在下半年将会周期性向下摆动。库存周期对股票市场的牛熊市影响非常显著，因此股市调整有其必然性，要淡定些。

第二个角度，贸易战已经开打，它将会对未来若干年金融资产的风险溢价产生重大影响。但金融市场的投资者当中，绝大多数都不具备相关知识储备和经验去有效预判将如何演进。因此，当面对一个有巨大影响，却无法很好预判所带来影响的因素时，最稳妥的处理办法就是做好发生最坏情况的准备。对于未来的极端风险,可以从国外和国内两个角度观察事件进展。

第一,从正常金融资产周期角度看下半年。预测未来大概率会有不少偏差。但每次回头看时,都很容易发现金融市场在很明白无误地告诉你实体经济在发生什么。

截至今年6月底,国内金融资产中除利率债外基本都在跌。国内风险资产一片熊态,反映了很悲观的预期。和2017年同期比,彼时全球发达国家、新兴市场和中国风险资产都在涨,避险资产表现则不好,但今年涨势最好的资产是避险资产。

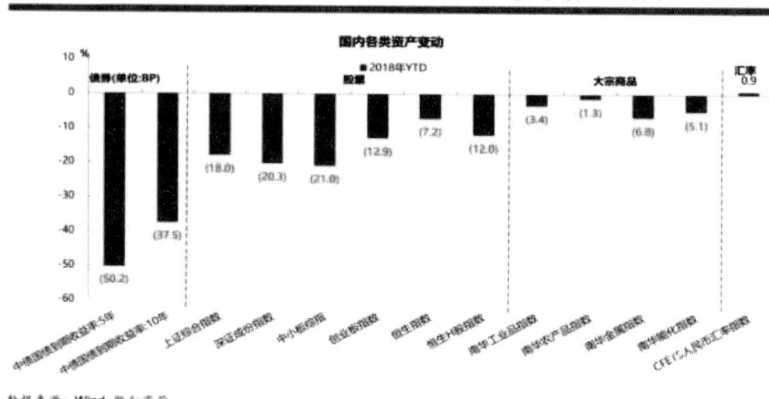

……

这么复杂环境下国内的政策会怎么走也充满不确定性,但要重点关注两个动向。第一,国内政策制定者是否对外围环境变化做了最坏的打算。若没有,投资者需将配置资产中现金比例大幅提高,以应对这个巨大的不确定性。若很不幸真的在美国下一个周期性衰退到来时,发生了类似1971年废除布雷顿森林体系的事情,风险资产波动一定是惊涛骇浪。第二,也是最重要的一点,当外部环境大幅恶化时,国内出台的应对政策是否会再次浪费"危机",为了应对而应对,进而透支中长期增长潜力?

……

附　录

附录一

党政机关公文处理工作条例

中办发〔2012〕14号

第一章　总则

第一条　为了适应中国共产党机关和国家行政机关（以下简称党政机关）工作需要，推进党政机关公文处理工作科学化、制度化、规范化，制定本条例。

第二条　本条例适用于各级党政机关公文处理工作。

第三条　党政机关公文是党政机关实施领导、履行职能、处理公务的具有特定效力和规范体式的文书，是传达贯彻党和国家方针政策，公布法规和规章，指导、布置和商洽工作，请示和答复问题，报告、通报和交流情况等的重要工具。

第四条　公文处理工作是指公文拟制、办理、管理等一系列相互关联、衔接有序的工作。

第五条　公文处理工作应当坚持实事求是、准确规范、精简高效、安全保密的原则。

第六条　各级党政机关应当高度重视公文处理工作，加强组织领导，强化队伍建设，设立文秘部门或者由专人负责公文处理工作。

第七条　各级党政机关办公厅（室）主管本机关的公文处理工作，并对下级机关的公文处理工作进行业务指导和督促检查。

第二章　公文种类

第八条　公文种类主要有：

（一）决议。适用于会议讨论通过的重大决策事项。

（二）决定。适用于对重要事项作出决策和部署、奖惩有关单位和人员、变更或者撤销下级机关不适当的决定事项。

（三）命令（令）。适用于公布行政法规和规章、宣布施行重大强制性措施、批准授予和晋升衔级、嘉奖有关单位和人员。

（四）公报。适用于公布重要决定或者重大事项。

（五）公告。适用于向国内外宣布重要事项或者法定事项。

（六）通告。适用于在一定范围内公布应当遵守或者周知的事项。

（七）意见。适用于对重要问题提出见解和处理办法。

（八）通知。适用于发布、传达要求下级机关执行和有关单位周知或者执行的事项，批转、转发公文。

（九）通报。适用于表彰先进、批评错误、传达重要精神和告知重要情况。

（十）报告。适用于向上级机关汇报工作、反映情况，回复上级机关的询问。

（十一）请示。适用于向上级机关请求指示、批准。

（十二）批复。适用于答复下级机关请示事项。

（十三）议案。适用于各级人民政府按照法律程序向同级人民代表大会或者人民代表大会常务委员会提请审议事项。

（十四）函。适用于不相隶属机关之间商洽工作、询问和答复问题、请求批准和答复审批事项。

（十五）纪要。适用于记载会议主要情况和议定事项。

第三章　公文格式

第九条　公文一般由份号、密级和保密期限、紧急程度、发文机关标志、发文字号、签发人、标题、主送机关、正文、附件说明、发文机关署名、成文日期、印章、附注、附件、抄送机关、印发机关和印发日期、页码等组成。

（一）份号。公文印制份数的顺序号。涉密公文应当标注份号。

（二）密级和保密期限。公文的秘密等级和保密的期限。涉密公文应当根据涉密程度分别标注"绝密""机密""秘密"和保密期限。

（三）紧急程度。公文送达和办理的时限要求。根据紧急程度，紧急公文应当分别标注"特急""加急"，电报应当分别标注"特提""特急""加急""平急"。

（四）发文机关标志。由发文机关全称或者规范化简称加"文件"二字组成，也可以使用发文机关全称或者规范化简称。联合行文时，发文机关标志可以并用联合发文机关名称，也可以单独用主办机关名称。

（五）发文字号。由发文机关代字、年份、发文顺序号组成。联合行文时，使用主办机关的发文字号。

（六）签发人。上行文应当标注签发人姓名。

（七）标题。由发文机关名称、事由和文种组成。

（八）主送机关。公文的主要受理机关，应当使用机关全称、规范化简称或者同类型机关统称。

（九）正文。公文的主体，用来表述公文的内容。

（十）附件说明。公文附件的顺序号和名称。

（十一）发文机关署名。署发文机关全称或者规范化简称。

（十二）成文日期。署会议通过或者发文机关负责人签发的日期。联合行文时，署最后签发机关负责人签发的日期。

（十三）印章。公文中有发文机关署名的，应当加盖发文机关印章，并与署名机关相符。有特定发文机关标志的普发性公文和电报可以不加盖印章。

（十四）附注。公文印发传达范围等需要说明的事项。

（十五）附件。公文正文的说明、补充或者参考资料。

（十六）抄送机关。除主送机关外需要执行或者知晓公文内容的其他机关，应当使用机关全称、规范化简称或者同类型机关统称。

（十七）印发机关和印发日期。公文的送印机关和送印日期。

第十条　公文的版式按照《党政机关公文格式》国家标准执行。

第十一条　公文使用的汉字、数字、外文字符、计量单位和标点符号等，按照有关国家标准和规定执行。民族自治地方的公文，可以并用汉字和当地通用的少数民族文字。

第十二条　公文用纸幅面采用国际标准 A4 型。特殊形式的公文用纸幅面，根据实际需要确定。

第四章　行文规则

第十三条　行文应当确有必要，讲求实效，注重针对性和可操作性。

第十四条　行文关系根据隶属关系和职权范围确定。一般不得越级行文，特殊情况需要越级行文的，应当同时抄送被越过的机关。

第十五条　向上级机关行文，应当遵循以下规则：

（一）原则上主送一个上级机关，根据需要同时抄送相关上级机关和同级机关，不抄送下级机关。

（二）党委、政府的部门向上级主管部门请示、报告重大事项，应当经本级党委、政府同意或者授权；属于部门职权范围内的事项应当直接报送上级主管部门。

（三）下级机关的请示事项，如需以本机关名义向上级机关请示，应当提出倾向性意见后上报，不得原文转报上级机关。

（四）请示应当一文一事。不得在报告等非请示性公文中夹带请示事项。

（五）除上级机关负责人直接交办事项外，不得以本机关名义向上级机关负责人报送公文，不得以本机关负责人名义向上级机关报送公文。

（六）受双重领导的机关向一个上级机关行文，必要时抄送另一个上级机关。

第十六条　向下级机关行文，应当遵循以下规则：

（一）主送受理机关，根据需要抄送相关机关。重要行文应当同时抄送发文机关的直接上级机关。

（二）党委、政府的办公厅（室）根据本级党委、政府授权，可以向下级党委、政府行文，其他部门和单位不得向下级党委、政府发布指令性公文或者在公文中向下级党委、政府提出指令性要求。需经政府审批的具体事项，经政府同意后可以由政府职能部门行文，文中须注明已经政府同意。

（三）党委、政府的部门在各自职权范围内可以向下级党委、政府的相关部门行文。

（四）涉及多个部门职权范围内的事务，部门之间未协商一致的，不得向下行文；擅自行文的，上级机关应当责令其纠正或者撤销。

（五）上级机关向受双重领导的下级机关行文，必要时抄送该下级机关的另一个上级机关。

第十七条　同级党政机关、党政机关与其他同级机关必要时可以联合行文。属于党委、政府各自职权范围内的工作，不得联合行文。党委、政府的部门依据职权可以相互行文。部门内设机构除办公厅（室）外不得对外正式行文。

第五章　公文拟制

第十八条　公文拟制包括公文的起草、审核、签发等程序。

第十九条　公文起草应当做到：

（一）符合国家法律法规和党的路线方针政策，完整准确体现发文机关意图，并同现行有关公文相衔接。

（二）一切从实际出发，分析问题实事求是，所提政策措施和办法切实可行。

（三）内容简洁，主题突出，观点鲜明，结构严谨，表述准确，文字精练。

（四）文种正确，格式规范。

（五）深入调查研究，充分进行论证，广泛听取意见。

（六）公文涉及其他地区或者部门职权范围内的事项，起草单位必须征求相关地区或者部门意见，力求达成一致。

（七）机关负责人应当主持、指导重要公文起草工作。

第二十条　公文文稿签发前，应当由发文机关办公厅（室）进行审核。审核的重点是：

（一）行文理由是否充分，行文依据是否准确。

（二）内容是否符合国家法律法规和党的路线方针政策；是否完整准确体现发文机关意图；是否同现行有关公文相衔接；所提政策措施和办法是否切实可行。

（三）涉及有关地区或者部门职权范围内的事项是否经过充分协商并达成一致意见。

（四）文种是否正确，格式是否规范；人名、地名、时间、数字、段落顺序、引文等是否准确；文字、数字、计量单位和标点符号等用法是否规范。

（五）其他内容是否符合公文起草的有关要求。

需要发文机关审议的重要公文文稿，审议前由发文机关办公厅（室）进行初核。

第二十一条　经审核不宜发文的公文文稿，应当退回起草单位并说明理由；符合发文条件但内容需作进一步研究和修改的，由起草单位修改后重新报送。

第二十二条　公文应当经本机关负责人审批签发。重要公文和上行文由机关主要负责人签发。党委、政府的办公厅（室）根据党委、政府授权制发的公文，由受权机关主要负责人签发或者按照有关规定签发。签发人签发公文，应当签署意见、姓名和完整日期；圈阅或者签名的，视为同意。联合发文由所有联署机关的负责人会签。

第六章　公文办理

第二十三条　公文办理包括收文办理、发文办理和整理归档。

第二十四条　收文办理主要程序是：

（一）签收。对收到的公文应当逐件清点，核对无误后签字或者盖章，并注明签收时间。

（二）登记。对公文的主要信息和办理情况应当详细记载。

（三）初审。对收到的公文应当进行初审。初审的重点是：是否应当由本机关办理，是否符合行文规则，文种、格式是否符合要求，涉及其他地区或者部门职权范围内的事项是否已经协商、会签，是否符合公文起草的其他要求。经初审不符合规定的公文，应当及时退回来文单位并说明理由。

（四）承办。阅知性公文应当根据公文内容、要求和工作需要确定范围后分送。批办性公文应当提出拟办意见报本机关负责人批示或者转有关部门办理；需要两个以上部门办理的，应当明确主办部门。紧急公文应当明确办理时限。承办部门对交办的公文应当及时办理，有明确办理时限要求的应当在规定时限内办理完毕。

（五）传阅。根据领导批示和工作需要将公文及时送传阅对象阅知或者批示。办理公文传阅应当随时掌握公文去向，不得漏传、误传、延误。

（六）催办。及时了解掌握公文的办理进展情况，督促承办部门按期办结。紧急公文或者重要公文应当由专人负责催办。

（七）答复。公文的办理结果应当及时答复来文单位，并根据需要告知相关单位。

第二十五条　发文办理主要程序是：

（一）复核。已经发文机关负责人签批的公文，印发前应当对公文的审批手续、内容、文种、格式等进行复核；需作实质性修改的，应当报原签批人复审。

（二）登记。对复核后的公文，应当确定发文字号、分送范围和印制份数并详细记载。

（三）印制。公文印制必须确保质量和时效。涉密公文应当在符合保密要求的场所印制。

（四）核发。公文印制完毕，应当对公文的文字、格式和印刷质量进行检查后分发。

第二十六条　涉密公文应当通过机要交通、邮政机要通信、城市机要文件交换站或者收发件机关机要收发人员进行传递，通过密码电报或者符合国家保密规定的计算机信息系统进行传输。

第二十七条　需要归档的公文及有关材料，应当根据有关档案法律法规以及机关档案管理规定，及时收集齐全、整理归档。两个以上机关联合办理的公文，原件由主办机关归档，相关机关保存复制件。机关负责人兼任其他机关职务的，在履行所兼职务过程中形成的公文，由其兼职机关归档。

第七章　公文管理

第二十八条　各级党政机关应当建立健全本机关公文管理制度，确保管理严格规范，充分发挥公文效用。

第二十九条　党政机关公文由文秘部门或者专人统一管理。设立党委（党组）的县级以上单位应当建立机要保密室和机要阅文室，并按照有关保密规定配备工作人员和必要的安全保密设施设备。

第三十条　公文确定密级前，应当按照拟定的密级先行采取保密措施。确定密级后，应当按照所定密级严格管理。绝密级公文应当由专人管理。公文的密级需要变更或者解除的，由原确定密级的机关或者其上级机关决定。

第三十一条 公文的印发传达范围应当按照发文机关的要求执行；需要变更的，应当经发文机关批准。涉密公文公开发布前应当履行解密程序。公开发布的时间、形式和渠道，由发文机关确定。经批准公开发布的公文，同发文机关正式印发的公文具有同等效力。

第三十二条 复制、汇编机密级、秘密级公文，应当符合有关规定并经本机关负责人批准。绝密级公文一般不得复制、汇编，确有工作需要的，应当经发文机关或者其上级机关批准。复制、汇编的公文视同原件管理。复制件应当加盖复制机关戳记。翻印件应当注明翻印的机关名称、日期。汇编本的密级按照编入公文的最高密级标注。汇编，确有工作需要的，应当经发文机关或者其上级机关批准。复制、汇编的公文视同原件管理。

复制件应当加盖复制机关戳记。翻印件应当注明翻印的机关名称、日期。汇编本的密级按照编入公文的最高密级标注。

第三十三条 公文的撤销和废止，由发文机关、上级机关或者权力机关根据职权范围和有关法律法规决定。公文被撤销的，视为自始无效；公文被废止的，视为自废止之日起失效。

第三十四条 涉密公文应当按照发文机关的要求和有关规定进行清退或者销毁。

第三十五条 不具备归档和保存价值的公文，经批准后可以销毁。销毁涉密公文必须严格按照有关规定履行审批登记手续，确保不丢失、不漏销。个人不得私自销毁、留存涉密公文。

第三十六条 机关合并时，全部公文应当随之合并管理；机关撤销时，需要归档的公文经整理后按照有关规定移交档案管理部门。

工作人员离岗离职时，所在机关应当督促其将暂存、借用的公文按照有关规定移交、清退。

第三十七条 新设立的机关应当向本级党委、政府的办公厅（室）提出发文立户申请。经审查符合条件的，列为发文单位，机关合并或者撤销时，相应进行调整。

第八章 附则

第三十八条 党政机关公文含电子公文。电子公文处理工作的具体办法另行制定。

第三十九条 法规、规章方面的公文，依照有关规定处理。外事方面的公文，依照外事主管部门的有关规定处理。

第四十条 其他机关和单位的公文处理工作，可以参照本条例执行。

第四十一条 本条例由中共中央办公厅、国务院办公厅负责解释。

第四十二条 本条例自 2012 年 7 月 1 日起施行。1996 年 5 月 3 日中共中央办公厅发布的《中国共产党机关公文处理条例》和 2000 年 8 月 24 日国务院发布的《国家行政机关公文处理办法》停止执行。

二〇一二年四月十二日

附录二

党政机关公文格式

中华人民共和国国家标准 GB/T 9704—2012

(中华人民共和国国家技术监督检验检疫总局　中国国家标准化管理委员会 2012 年 6 月 29 日发布，2012 年 7 月 1 日开始实施)

1　范围

本标准规定了党政机关公文通用的纸张要求、排版和印制装订要求、公文格式各要素的编排规则，并给出了公文的式样。

本标准适用于各级党政机关制发的公文。其他机关和单位的公文可以参照执行。

使用少数民族文字印制的公文，其用纸、幅面尺寸及版面、印制等要求按照本标准执行，其余可以参照本标准并按照有关规定执行。

2　规范性引用文件

下列文件对于本标准的应用是必不可少的。凡是注日期的引用文件，仅所注日期的版本适用于本标准。凡是不注日期的引用文件，其最新版本（包括所有的修改单）适用于本标准。

GB/T 148　印刷、书写和绘图纸幅面尺寸
GB 3100　国际单位制及其应用
GB 3101　有关量、单位和符号的一般原则
GB 3102（所有部分）　量和单位
GB/T 15834　标点符号用法
GB/T 15835　出版物上数字用法

3　术语和涵义

下列术语和涵义适用于本标准。

3.1　字 word

标示公文中横向距离的长度单位。在本标准中，一字指一个汉字宽度的距离。

3.2　行 line

标示公文中纵向距离的长度单位。在本标准中，一行指一个汉字的高度加 3 号汉字高度的 7/8 的距离。

4　公文用纸主要技术指标

公文用纸一般使用纸张定量为 60 g/m^2～80 g/m^2 的胶版印刷纸或复印纸。纸张白度 80%～90%，横向耐折度≥15 次，不透明度≥85%，pH 为 7.5～9.5。

5 公文用纸幅面尺寸及版面要求

5.1 幅面尺寸

公文用纸采用 GB/T 148 中规定的 A4 型纸，其成品幅面尺寸为：210 mm×297 mm。

5.2 版面

5.2.1 页边与版心尺寸

公文用纸天头（上白边）为 37 mm±1 mm，公文用纸订口（左白边）为 28mm±1mm，版心尺寸为 156 mm×225 mm。

5.2.2 字体和字号

如无特殊说明，公文格式各要素一般用 3 号仿宋体字。特定情况可以作适当调整。

5.2.3 行数和字数

一般每面排 22 行，每行排 28 个字，并撑满版心。特定情况可以作适当调整。

5.2.4 文字的颜色

如无特殊说明，公文中文字的颜色均为黑色。

6 印制装订要求

6.1 制版要求

版面干净无底灰，字迹清楚无断划，尺寸标准，版心不斜，误差不超过 1 mm。

6.2 印刷要求

双面印刷；页码套正，两面误差不超过 2 mm。黑色油墨应当达到色谱所标 BL100%，红色油墨应当达到色谱所标 Y80%、M80%。印品着墨实、均匀；字面不花、不白、无断划。

6.3 装订要求

公文应当左侧装订，不掉页，两页页码之间误差不超过 4 mm，裁切后的成品尺寸允许误差±2mm，四角成 90°，无毛茬或缺损。

骑马订或平订的公文应当：

a. 订位为两钉外订眼距版面上下边缘各 70 mm 处，允许误差±4mm；

b. 无坏钉、漏钉、重钉，钉脚平伏牢固；

c. 骑马订钉锯均订在折缝线上，平订钉锯与书脊间的距离为 3mm～5mm。

包本装订公文的封皮（封面、书脊、封底）与书芯应吻合、包紧、包平、不脱落。

7 公文格式各要素编排规则

7.1 公文格式各要素的划分

本标准将版心内的公文格式各要素划分为版头、主体、版记三部分。公文首页红色分隔线以上的部分称为版头；公文首页红色分隔线（不含）以下、公文末页首条分隔线（不含）以上的部分称为主体；公文末页首条分隔线以下、末条分隔线以上的部分称为版记。

页码位于版心外。

7.2 版头

7.2.1 份号

如需标注份号，一般用 6 位 3 号阿拉伯数字，顶格编排在版心左上角第一行。

7.2.2 密级和保密期限

如需标注密级和保密期限，一般用 3 号黑体字，顶格编排在版心左上角第二行；保密期限中的数字用阿拉伯数字标注。

7.2.3 紧急程度

如需标注紧急程度，一般用 3 号黑体字，顶格编排在版心左上角；如需同时标注份号、密级和保密期限、紧急程度，按照份号、密级和保密期限、紧急程度的顺序自上而下分行排列。

7.2.4 发文机关标志

由发文机关全称或者规范化简称加"文件"二字组成，也可以使用发文机关全称或者规范化简称。

发文机关标志居中排布，上边缘至版心上边缘为 35 mm，推荐使用小标宋体字，颜色为红色，以醒目、美观、庄重为原则。

联合行文时，如需同时标注联署发文机关名称，一般应当将主办机关名称排列在前；如有"文件"二字，应当置于发文机关名称右侧，以联署发文机关名称为准上下居中排布。

7.2.5 发文字号

编排在发文机关标志下空二行位置，居中排布。年份、发文顺序号用阿拉伯数字标注；年份应标全称，用六角括号"〔〕"括入；发文顺序号不加"第"字，不编虚位（即 1 不编为 01），在阿拉伯数字后加"号"字。

上行文的发文字号居左空一字编排，与最后一个签发人姓名处在同一行。

7.2.6 签发人

由"签发人"三字加全角冒号和签发人姓名组成，居右空一字，编排在发文机关标志下空二行位置。"签发人"三字用 3 号仿宋体字，签发人姓名用 3 号楷体字。

如有多个签发人，签发人姓名按照发文机关的排列顺序从左到右、自上而下依次均匀编排，一般每行排两个姓名，回行时与上一行第一个签发人姓名对齐。

7.2.7 版头中的分隔线

发文字号之下 4 mm 处居中印一条与版心等宽的红色分隔线。

7.3 主体

7.3.1 标题

一般用 2 号小标宋体字，编排于红色分隔线下空二行位置，分一行或多行居中排布；回行时，要做到词意完整，排列对称，长短适宜，间距恰当，标题排列应当使用梯形或菱形。

7.3.2 主送机关

编排于标题下空一行位置，居左顶格，回行时仍顶格，最后一个机关名称后标全角冒号。如主送机关名称过多导致公文首页不能显示正文时，应当将主送机关名称移至版记，标注方法见 7.4.2。

7.3.3 正文

公文首页必须显示正文。一般用3号仿宋体字，编排于主送机关名称下一行，每个自然段左空二字，回行顶格。文中结构层次序数依次可以用"一、""（一）""1.""（1）"标注；一般第一层用黑体字、第二层用楷体字、第三层和第四层用仿宋体字标注。

7.3.4 附件说明

如有附件，在正文下空一行左空二字编排"附件"二字，后标全角冒号和附件名称。如有多个附件，使用阿拉伯数字标注附件顺序号（如"附件：1.××××××"）；附件名称后不加标点符号。附件名称较长需回行时，应当与上一行附件名称的首字对齐。

7.3.5 发文机关署名、成文日期和印章

7.3.5.1 加盖印章的公文

成文日期一般右空四字编排，印章用红色，不得出现空白印章。

单一机关行文时，一般在成文日期之上、以成文日期为准居中编排发文机关署名，印章端正、居中下压发文机关署名和成文日期，使发文机关署名和成文日期居印章中心偏下位置，印章顶端应当上距正文（或附件说明）一行之内。

联合行文时，一般将各发文机关署名按照发文机关顺序整齐排列在相应位置，并将印章一一对应、端正、居中下压发文机关署名，最后一个印章端正、居中下压发文机关署名和成文日期，印章之间排列整齐、互不相交或相切，每排印章两端不得超出版心，首排印章顶端应当上距正文（或附件说明）一行之内。

7.3.5.2 不加盖印章的公文

单一机关行文时，在正文（或附件说明）下空一行右空二字编排发文机关署名，在发文机关署名下一行编排成文日期，首字比发文机关署名首字右移二字，如成文日期长于发文机关署名，应当使成文日期右空二字编排，并相应增加发文机关署名右空字数。

联合行文时，应当先编排主办机关署名，其余发文机关署名依次向下编排。

7.3.5.3 加盖签发人签名章的公文

单一机关制发的公文加盖签发人签名章时，在正文（或附件说明）下空二行右空四字加盖签发人签名章，签名章左空二字标注签发人职务，以签名章为准上下居中排布。在签发人签名章下空一行右空四字编排成文日期。

联合行文时，应当先编排主办机关签发人职务、签名章，其余机关签发人职务、签名章依次向下编排，与主办机关签发人职务、签名章上下对齐；每行只编排一个机关的签发人职务、签名章；签发人职务应当标注全称。

签名章一般用红色。

7.3.5.4 成文日期中的数字

用阿拉伯数字将年、月、日标全，年份应标全称，月、日不编虚位（即1不编为01）。

7.3.5.5 特殊情况说明

当公文排版后所剩空白处不能容下印章或签发人签名章、成文日期时，可以采取调整行距、字距的措施解决。

7.3.6 附注

如有附注，居左空二字加圆括号编排在成文日期下一行。

7.3.7 附件

附件应当另面编排，并在版记之前，与公文正文一起装订。"附件"二字及附件顺序号用 3 号黑体字顶格编排在版心左上角第一行。附件标题居中编排在版心第三行。附件顺序号和附件标题应当与附件说明的表述一致。附件格式要求同正文。

如附件与正文不能一起装订，应当在附件左上角第一行顶格编排公文的发文字号并在其后标注"附件"二字及附件顺序号。

7.4 版记

7.4.1 版记中的分隔线

版记中的分隔线与版心等宽，首条分隔线和末条分隔线用粗线（推荐高度为 0.35 mm），中间的分隔线用细线（推荐高度为 0.25 mm）。首条分隔线位于版记中第一个要素之上，末条分隔线与公文最后一面的版心下边缘重合。

7.4.2 抄送机关

如有抄送机关，一般用 4 号仿宋体字，在印发机关和印发日期之上一行、左右各空一字编排。"抄送"二字后加全角冒号和抄送机关名称，回行时与冒号后的首字对齐，最后一个抄送机关名称后标句号。

如需把主送机关移至版记，除将"抄送"二字改为"主送"外，编排方法同抄送机关。既有主送机关又有抄送机关时，应当将主送机关置于抄送机关之上一行，之间不加分隔线。

7.4.3 印发机关和印发日期

印发机关和印发日期一般用 4 号仿宋体字，编排在末条分隔线之上，印发机关左空一字，印发日期右空一字，用阿拉伯数字将年、月、日标全，年份应标全称，月、日不编虚位（即 1 不编为 01），后加"印发"二字。

版记中如有其他要素，应当将其与印发机关和印发日期用一条细分隔线隔开。

7.5 页码

一般用 4 号半角宋体阿拉伯数字，编排在公文版心下边缘之下，数字左右各放一条一字线；一字线上距版心下边缘 7 mm。单页码居右空一字，双页码居左空一字。公文的版记页前有空白页的，空白页和版记页均不编排页码。公文的附件与正文一起装订时，页码应当连续编排。

8 公文中的横排表格

A4 纸型的表格横排时，页码位置与公文其他页码保持一致，单页码表头在订口一边，双页码表头在切口一边。

9 公文中计量单位、标点符号和数字的用法

公文中计量单位的用法应当符合 GB 3100、GB 3101 和 GB 3102（所有部分），标点符号的用法应当符合 GB/T 15834，数字用法应当符合 GB/T 15835。

10　公文的特定格式

10.1　信函格式

发文机关标志使用发文机关全称或者规范化简称，居中排布，上边缘至上页边为 30mm，推荐使用红色小标宋体字。联合行文时，使用主办机关标志。

发文机关标志下 4 mm 处印一条红色双线（上粗下细），距下页边 20 mm 处印一条红色双线（上细下粗），线长均为 170 mm，居中排布。

如需标注份号、密级和保密期限、紧急程度，应当顶格居版心左边缘编排在第一条红色双线下，按照份号、密级和保密期限、紧急程度的顺序自上而下分行排列，第一个要素与该线的距离为 3 号汉字高度的 7/8。

发文字号顶格居版心右边缘编排在第一条红色双线下，与该线的距离为 3 号汉字高度的 7/8。

标题居中编排，与其上最后一个要素相距二行。

第二条红色双线上一行如有文字，与该线的距离为 3 号汉字高度的 7/8。

首页不显示页码。

版记不加印发机关和印发日期、分隔线，位于公文最后一面版心内最下方。

10.2　命令（令）格式

发文机关标志由发文机关全称加"命令"或"令"字组成，居中排布，上边缘至版心上边缘为 20 mm，推荐使用红色小标宋体字。

发文机关标志下空二行居中编排令号，令号下空二行编排正文。

签发人职务、签名章和成文日期的编排见 7.3.5.3。

10.3　纪要格式

纪要标志由"××××纪要"组成，居中排布，上边缘至版心上边缘为 35 mm，推荐使用红色小标宋体字。

标注出席人员名单，一般用 3 号黑体字，在正文或附件说明下空一行左空二字编排"出席"二字，后标全角冒号，冒号后用 3 号仿宋体字标注出席人单位、姓名，回行时与冒号后的首字对齐。

标注请假和列席人员名单，除依次另起一行并将"出席"二字改为"请假"或"列席"外，编排方法同出席人员名单。

纪要格式可以根据实际制定。

11　式样

A4 型公文用纸页边及版心尺寸见图 1；公文首页版式见图 2；联合行文公文首页版式 1 见图 3；联合行文公文首页版式 2 见图 4；公文末页版式 1 见图 5；公文末页版式 2 见图 6；联合行文公文末页版式 1 见图 7；联合行文公文末页版式 2 见图 8；附件说明页版式见图 9；带附件公文末页版式见图 10；信函格式首页版式见图 11；命令（令）格式首页版式见图 12。

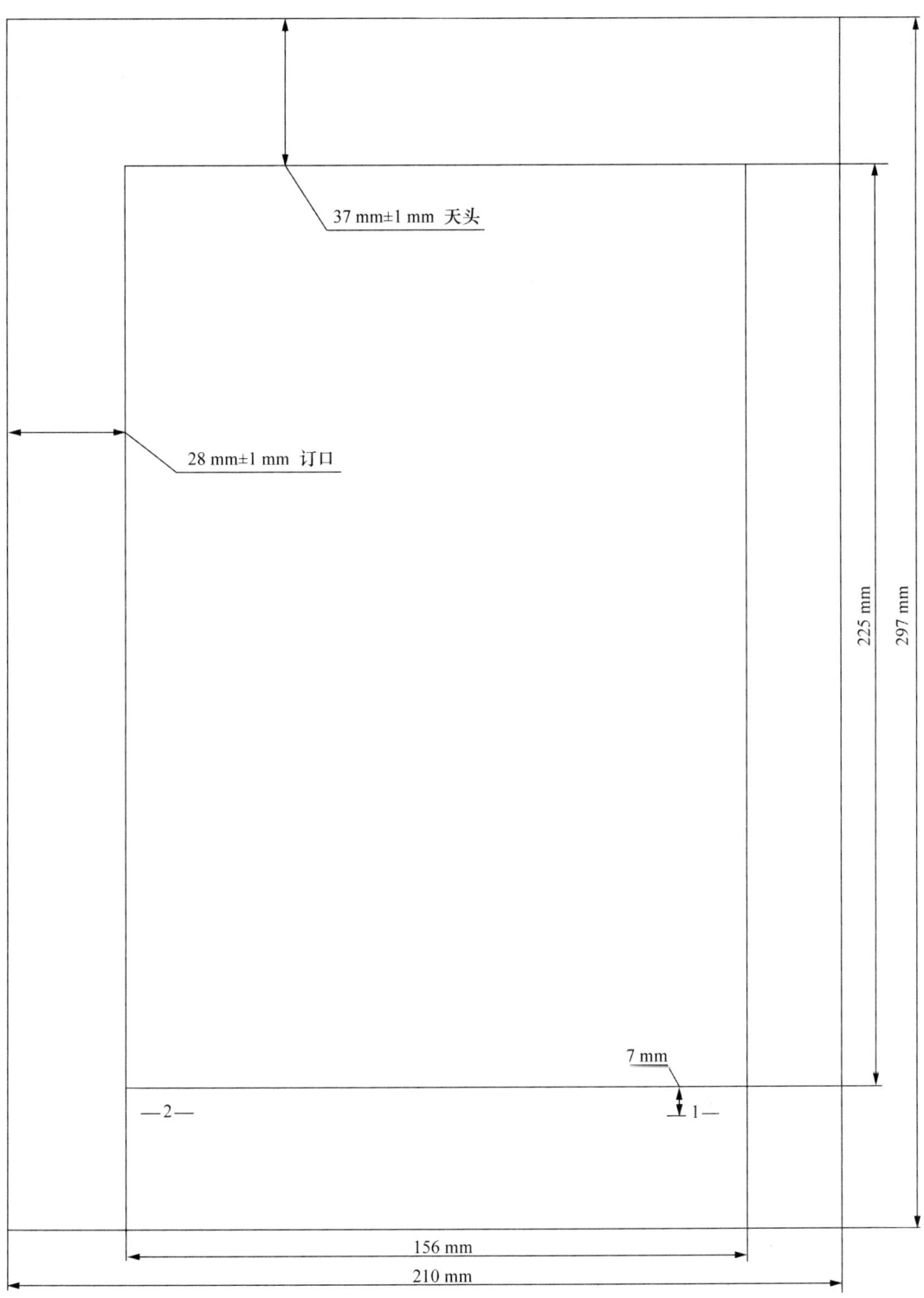

图1　A4型公文用纸页边及版心尺寸

图2 公文首页版式

注：版心实线框仅为示意，在印制公文时并不印出。

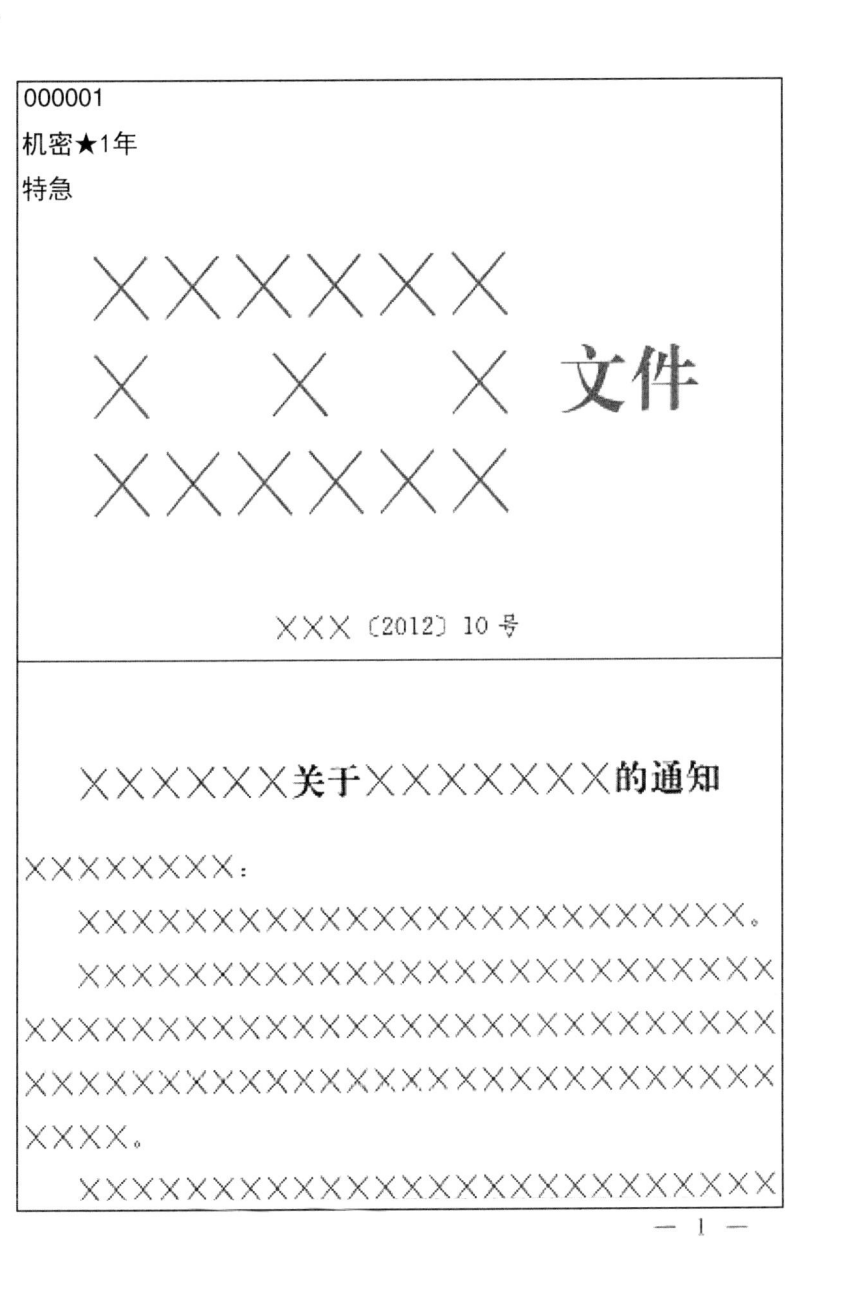

图 3　联合行文公文首页版式 1

注：版心实线框仅为示意，在印制公文时并不印出。

```
000001
机密
特急

                ××××××
                ×   ×   ×
                ××××××

                          签发人：×××  ×××
×××〔2012〕10号              ×××

        ××××××关于×××××××的请示

××××××××：
    ×××××××××××××××××××××××××
××××××××××××××××××××××××××××
××××××××××××××××××××××××××××
××××。
    ×××××××××××××××××××××××××

                                    — 1 —
```

图4　联合行文公文首页版式2

注：版心实线框仅为示意，在印制公文时并不印出。

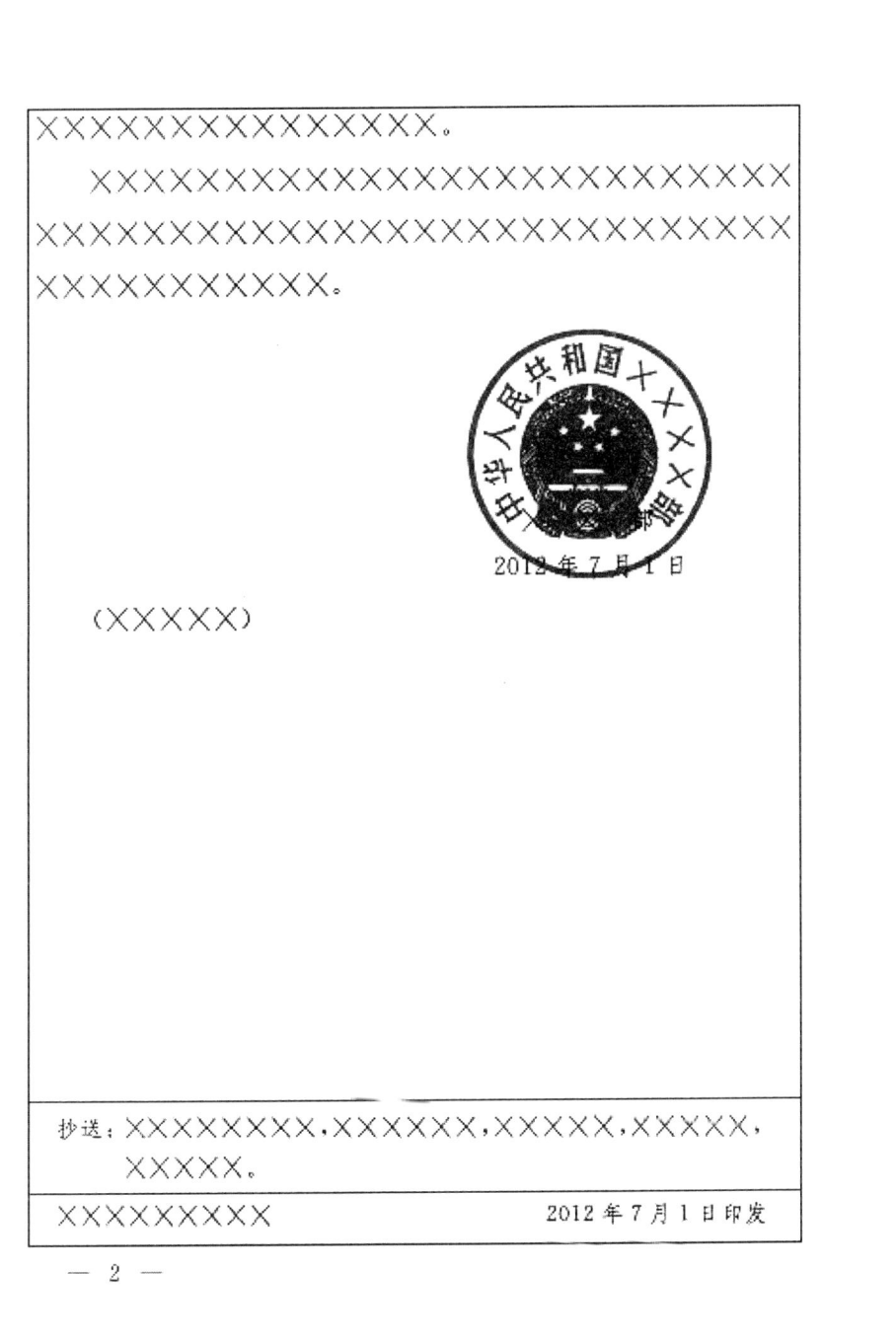

图 5　公文末页版式 1

注：版心实线框仅为示意，在印制公文时并不印出。

XXXXXXXXXXXXXXX。

　　XXXXXXXXXXXXXXXXXXXXXXXXXX
XXXXXXXXXXXXXXXXXXXXXXXXXXXX
XXXXXXXX。

XXXXXXXXXXX

2012年7月1日

（XXXXX）

抄送：XXXXXXXX，XXXXXX，XXXXX，XXXXX，
XXXXX。

XXXXXXXXX　　2012年7月1日印发

— 2 —

图6　公文末页版式2

注：版心实线框仅为示意，在印制公文时并不印出。

图 7　联合行文公文末页版式 1

注：版心实线框仅为示意，在印制公文时并不印出。

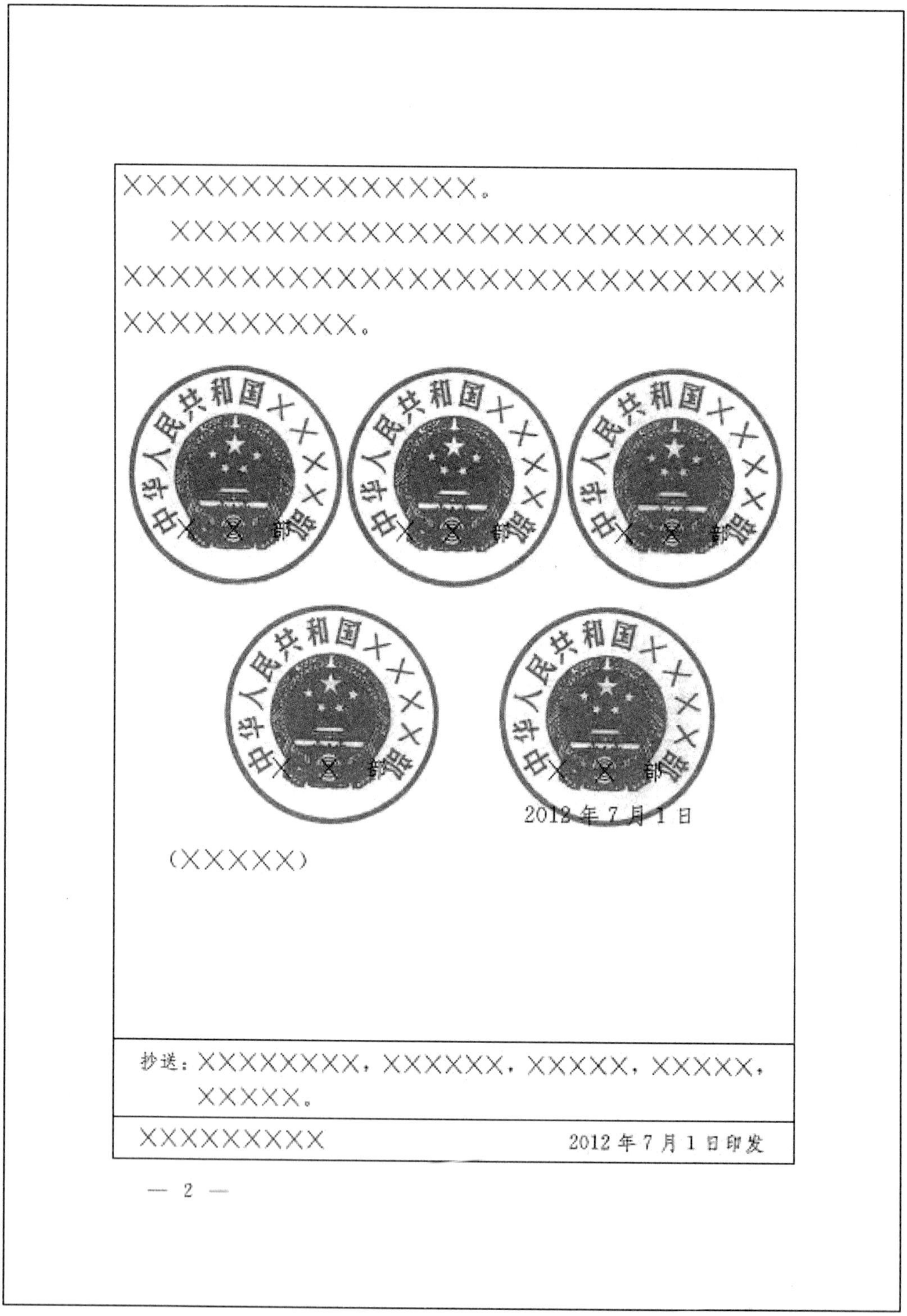

图8 联合行文公文末页版式2

注：版心实线框仅为示意，在印制公文时并不印出。

ⅩⅩⅩⅩⅩⅩⅩⅩⅩⅩⅩⅩⅩ。
　　　ⅩⅩ。

　　附件：1. ⅩⅩⅩⅩⅩⅩⅩⅩⅩⅩⅩⅩⅩⅩⅩⅩⅩⅩⅩⅩ
　　　　　ⅩⅩⅩⅩⅩ
　　　　2. ⅩⅩⅩⅩⅩⅩⅩⅩⅩⅩⅩ

　　　　　　　　　　　　　ⅩⅩⅩⅩⅩⅩⅩ
　　　　　　　　　　　　　Ⅹ Ⅹ Ⅹ Ⅹ
　　　　　　　　　　　　2012年7月1日

（ⅩⅩⅩⅩⅩ）

— 2 —

图 9　附件说明页版式

注：版心实线框仅为示意，在印制公文时并不印出。

附件2

××××××××××××

　××××××××××××××××××××××
××××××××××××××××××××××××
×××。
　××××××××××××××××××××
××××××××××××××××××××××××
×××××××××××××××××××××××
××××××××××××××××××××××××
××××××××××××××××××××××××
××××××××××××××。

抄送：×××××××，××××××，×××××，×××××，
　　　×××××。
××××××××  2012年7月1日印发

— 4 —

图10　带附件公文末页版式

注：版心实线框仅为示意，在印制公文时并不印出。

中华人民共和国×××××部

000001　　　　　　　　　　　　×××函〔2012〕10号
机密
特急

×××××关于×××××××的通知

×××××××：

　　××。

　　××。

　　××。

图 11　信函格式首页版式

注：版心实线框仅为示意，在印制公文时并不印出。

```
        ××××××令

           第×××号

    ××××××××××××××××××××××
    ××××××××××××××××××××。
    ××××××××××××××××××××××
    ××××××××××××××××××××。

               部 长  ×××
               2012年7月1日
```

— 1 —

图 12　命令（令）格式首页版式

注：版心实线框仅为示意，在印制公文时并不印出。

参考文献

[1] 徐中玉,陶型传.大学语文[M].北京:北京大学出版社,2006.
[2] 徐中玉,齐森华.大学语文[M].上海:华东师范大学出版社,2013.
[3] 过常宝.高等院校中华优秀传统文化教材[M].北京:北京师范大学出版社,2017.
[4] 朱东润.中国历代文学作品选[M].上海:上海古籍出版社,2010.
[5] 袁行霈.中国文学史[M].北京:高等教育出版社,2009.
[6] 郭预衡.中国古代文学史长编[M].北京:首都师范大学出版社,2000.
[7] 刘建军.外国文学作品选[M].北京:高等教育出版社,2013.
[8] 项晓敏.外国文学史教程[M].北京:北京大学出版社,2015.
[9] 张家恕,等.现代应用写作教程[M].重庆:重庆出版社,2006.
[10] 林心治,等.应用写作教程[M].重庆:重庆大学出版社,2001.
[11] 刘宏彬.新编应用文写作教程[M].北京:新华出版社,2008.
[12] 徐德明,等.现代应用商务文书范本[M].北京:中国大百科全书出版社,1994.
[13] 孙秀秋,吴锡山.应用写作教程[M].北京:中国人民大学出版社,2006.